UTB

FÜR WISSEN
SCHAFT

Eine Arbeitsgemeinschaft der Verlage

Wilhelm Fink Verlag München
Gustav Fischer Verlag Jena und Stuttgart
A. Francke Verlag Tübingen und Basel
Paul Haupt Verlag Bern · Stuttgart · Wien
Hüthig Fachverlage Heidelberg
Leske Verlag + Budrich GmbH Opladen
Lucius & Lucius Verlagsgesellschaft Stuttgart
J. C. B. Mohr (Paul Siebeck) Tübingen
Quelle & Meyer Verlag · Wiesbaden
Ernst Reinhardt Verlag München und Basel
Schäffer-Poeschel Verlag · Stuttgart
Ferdinand Schöningh Verlag Paderborn · München · Wien · Zürich
Eugen Ulmer Verlag Stuttgart
Vandenhoeck & Ruprecht in Göttingen und Zürich

Franz J. Mönks
Alphons M. P. Knoers

Lehrbuch der Entwicklungspsychologie

Unter Mitarbeit von
Alfons Marcoen und Ernest C. D. M. van Lieshout

28 Abbildungen
14 Tabellen

Ernst Reinhardt Verlag München Basel

Prof. Dr. Franz J. Mönks, Lehrstuhl "Entwicklungspsychologie, mit Schwerpunkt Begabungsforschung", Universität Nijmegen

Prof. Dr. Alphons M. P. Knoers, Lehrbereich Pädagogik und Psychologie des Jugendalters, Universität Nijmegen

Prof. Dr. Alfons Marcoen, Lehrstuhl "Lebenslaufpsychologie", Universität Leuven

Dr. Ernest C. D. M. van Lieshout, Dozent für Sonderpädagogik, Universität Nijmegen

Aus dem Niederländischen von Yves W. Fuchs, Nijmegen
Schlußredaktion: Dr. phil. Heinrich Halm, Bonn

Titel der Originalausgabe:
Mönks/Knoers, Ontwikkelingspsychologie

Die Deutsche Bibliothek – CIP-Einheitsaufnahme

Mönks, Franz J.:
Lehrbuch der Entwicklungspsychologie / Franz J. Mönks ;
Alphons M. P. Knoers. Unter Mitarb. von Alfons Marcoen und
Ernest C. D. M van Lieshout. [Aus dem Niederländ. von Yves
W. Fuchs]. – München ; Basel : Reinhardt, 1996
(UTB für Wissenschaft)
Einheitssacht.: Ontwikkelingspsychologie <dt.>
ISBN 3–8252–8080–2 (UTB)
ISBN 3–497–01316–1 (Reinhardt)
NE: Knoers, Alphons M. P.:

Einbandgestaltung: Alfred Krugmann, Freiberg/Neckar

Printed in Germany

ISBN 3-8252-8080-2 (UTB-Bestellnummer)

Inhaltsverzeichnis

Vorwort

Dieses Buch mit dem Titel *Lehrbuch der Entwicklungspsychologie* erschien im Original bereits in der neunten Auflage. Es wurde damit zu einem Standardwerk, das den heutigen Stand der Wissenschaft auf dem Gebiet der Lebenslaufpsychologie so aktuell wie möglich wiedergibt. Jeder, der sich den Inhalt dieses Buches zu eigen gemacht hat, verfügt über ein fundiertes und differenziertes Wissen der heutigen Entwicklungspsychologie. Das Buch will Grundkenntnisse vermitteln und zum Weiterstudium anregen.

Die theoretische Einführung in Kapitel 1 macht deutlich, daß in der Entwicklungspsychologie unterschiedliche Theorien und Auffassungen bestehen. Die Autoren entschieden sich für eine makrotheorethische Betrachtungsweise, in der Entwicklung als das Resultat des Interaktionsprozesses zwischen inneren und äußeren Bedingungen gesehen wird. Dabei wird auch in Betracht gezogen, wie der Mensch sein Dasein und seine Bestimmung zu verwirklichen sucht. In Angleichung an soziologische und pädagogische Literatur nannten wir diesen Vorgang Emanzipationsprozeß. Damit ist gemeint, daß es für den Heranwachsenden notwendig ist, sich von irrationalen Bindungen an Situationen und Gruppenbeziehungen zu lösen, damit sich eine Entwicklung vollziehen kann, die ihn befähigt, als selbständige Person in der Gesellschaft aktiv zu werden.

Unsere methodische Vorgehensweise versucht, ein Gleichgewicht zwischen einer lebensaltersspezifischen und einer thematischen Annäherungsweise herzustellen. Dies kommt vor allem darin zum Ausdruck, daß im Zusammenhang mit den verschiedenen Altersperioden besonders jene Themen ausführlich behandelt werden, die zum jeweiligen Zeitpunkt von besonderer Bedeutung sind. Hier wurde an die Lebenslaufpsychologien von Erikson, Havighurst, Ch. Bühler und Thomae angeknüpft. Die eher thematische Annäherungsweise hat zur Folge, daß gelegentlich Wiederholungen auftreten, wenn ein Thema in verschiedenen Kontexten behandelt wird. Ein ähnlicher Versuch der Verbindung von Lebensabschnitten und thematischer Darstellung der menschlichen Entwicklung ist u.a. auch von Oerter und Montada (1982) unternommen worden.

So liegt der Akzent im 2. und 3. Kapitel auf der körperlichen und der psychomotorischen, im 4. Kapitel auf der kognitiven Entwicklung, im 5. Kapitel auf der biosexuellen und der psychosozialen Entwicklung; im 6. Kapitel steht die gesellschaftliche, moralische und weltanschauliche Entwicklung im Mittelpunkt. Im 7. Kapitel wird die Entwicklung im Erwachsenenalter und im reiferen Alter besprochen, wobei betont wird, daß der Mensch verschiedene Wege gehen kann, um ein zufriedenes Alterserleben zu erreichen. Und schließlich werden im 8. Kapitel Entwicklungs- und Verhaltensstörungen thematisiert, die vor allem in den Kinder- und Jugendjahren entstehen können.

Diese Gliederung nach thematischen Schwerpunkten öffnet den Blick darauf, wie das Kind, der Jugendliche, der Erwachsene und der alternde Mensch in jeweiliger Daseinsperspektive zunehmend eine Erweiterung erleben. Im 2. und 3. Kapitel sehen wir die erste, körperliche, Raum-Erweiterung durch die Mutter und in der Familie; im 4. Kapitel wird die Raum-Erweiterung durch Nachbarschaft und Schule, im 5. Kapitel durch die Alters- bzw. Peergruppe, im 6. Kapitel durch Beruf und Studium und durch die Teilnahme am gesellschaftlichen und kulturellen Leben dargestellt. Im 7. Kapitel zeigen wir, daß Erwachsene und älter werdende Menschen Selbstbestätigung in dem ihnen anvertrauten Aufgabengebiet suchen und sich schließlich davon loszulösen beginnen. Im 8. Kapitel werden Störungen und Probleme besprochen, die den Entwicklungsraum einengen und beeinträchtigen.

Zu den verwendenten Quellen gehören eigene Untersuchungen und empirische und theoretische Literatur sowohl angelsächsischer als auch kontinental-europäischer Herkunft. Dies bedeutet gleichzeitig, daß das Material nicht nur aus experimentellen Forschungsergebnissen, sondern auch aus der klinischen und biographischen Forschung stammt.

In theoretischer wie in methodischer Hinsicht wurde nach einem vernünftigen Gleichgewicht gesucht. Die Autoren sind der Ansicht, daß sie ein Lehrbuch anbieten können, das dem Stand der Wissenschaft entspricht, das von praktischer Relevanz ist und sich daher in hohem Maße für all jene eignet, die einen Sozialberuf ergreifen oder ihre entwicklungspsychologischen Kenntnisse vertiefen oder erweitern wollen.

Nijmegen, Januar 1996

Franz Mönks
Alphons Knoers

1. Grundlagen der Entwicklungspsychologie

1.1 Entwicklungsbegriff

Wann spricht man in der Psychologie von Entwicklung? Es ist nicht die Entwicklung der Gesellschaft, die den Psychologen hauptsächlich fasziniert, sondern es ist die Entwicklung des Menschen. Psychologen (Muchow 1962) haben sich damit beschäftigt, inwieweit die Entwicklung der Person von der Entwicklung der Gesellschaft beeinflußt wird. Wir werden uns mit dieser Frage befassen, wobei die Entwicklung des Menschen als Person im Mittelpunkt stehen wird. Die Entwicklung der Gesellschaft wird jedoch als eine der möglichen, wichtigen Bedingungen betrachtet, unter denen sich die Entwicklung der Person vollzieht.

Aber was ist die Entwicklung der Person eigentlich? Und was bedeutet es, wenn gesagt wird, daß sie "sich vollzieht"? Wenn wir untersuchen wollen, was psychische Entwicklung ist, so müssen wir folgendes im Auge behalten: Entwicklung ist "Entfaltung", d. h. eine Veränderung bestehender Strukturen. Entwicklung bedeutet einen Verlauf, das heißt, sie vollzieht sich in der Zeit. Weiterhin besitzt sie Merkmale eines Prozesses, der Fortschritt beinhaltet und daher nicht wiederholbar ist wie beispielsweise ein Theaterstück. Bei der psychischen Entwicklung des Menschen treten Veränderungen in der Person auf, die nicht umkehrbar (reversibel) sind. Entwicklung deutet auf Veränderungen hin, die sich durch zunehmende Differenzierung irreversibel vollziehen (Werner 1959).

Einige Psychologen treffen zwischen den Begriffen Entwicklung und Wachstum keine Unterscheidung. Wir verwenden den Begriff Wachstum ausschließlich für das physische Wachstum.

Das physische Wachstum hat jedoch zweifellos Auswirkungen auf die psychische Entwicklung. So ermöglicht beispielsweise die Zunahme der Gehirnfunktionen, daß Kinder zu lächeln, zu laufen, zu sprechen usw. beginnen. Daß man aufgrund von Wachstum ein höheres Entwicklungsniveau erreicht, wird auch als Reifung bezeichnet. Bevor man z. B. mit der Reinlichkeitserziehung beginnen kann, müssen erst die Sphinktermuskeln (Schließmuskeln der Blase) ausgebildet sein. Man spricht zwar vom Laufen*lernen*, weiß jedoch, daß erst bestimmte Reifungsprozesse stattgefunden haben müssen, die das Lernen ermöglichen.

Was sich entwickelt, hat mit Lernen zu tun. Es gehört jedoch auch dazu *wie* gelernt wird – z. B. durch Memorieren (auswendig lernen), durch Nachahmen oder durch Verstehen von Zusammenhängen (Knoers 1985).

Wir können Entwicklung also als einen fortlaufenden, irreversiblen Prozeß definieren, der zu einer Organisation auf höher integriertem Niveau führt und auf Wachstum, Reifung und Lernen basiert. Es entsteht eine höhere Organisation des Verhaltens. Der Begriff "höher" bedeutet hier, daß das Verhalten differenzierter ist und daß es nicht nur aus einem erweiterten, sondern auch aus einem vielfältigere Möglichkeiten bietenden *Repertoire* besteht. Der Begriff "Organisation" (Struktur) bedeutet, daß die differenzierteren Verhaltensmöglichkeiten einen Zusammenhang aufweisen, der kennzeichnend für eine bestimmte Person in einem bestimmten Alter ist. Daher definieren die Autoren dieses Buches menschliche Entwicklung wie folgt: *"Psychische Entwicklung ist ein dynamischer und lebenslanger Prozeß. Die Interaktionen (Wechselwirkungen) zwischen individuellen Anlagen und sozialer Umgebung bestimmen, welches Verhalten (Handeln) und welche Verhaltens- bzw. Handlungsmotive geweckt und manifestiert werden. Das Kalenderalter ist hierbei keine unabhängige Variable, sondern als Zeitdimension ein Rahmen für das Ordnen der Entwicklungsdaten"* (Mönks 1975a, 5).

1.2 Persönlichkeitspsychologie und Entwicklungspsychologie

Im vorangegangenen Abschnitt wurde der Zusammenhang zwischen Entwicklung und Person oder Persönlichkeit aufgezeigt, wobei Person oder Persönlichkeit als Gesamtheit von Charakteristika oder Verhaltensmerkmalen betrachtet werden müssen, die eine Person im allgemeinen kennzeichnen. Der Begriff Persönlichkeit bedarf jedoch näherer Betrachtung, da es viele verschiedene Theorien über Persönlichkeit gibt.

Trotz aller Meinungsverschiedenheiten, die zwischen Persönlichkeitstheoretikern bestehen, herrscht Übereinstimmung darüber (Thomae 1968a), daß die Persönlichkeit insofern einmalig ist, als kein einziges Individuum vollkommen dieselben Merkmale aufweist wie ein anderes, jeder Mensch also ganz und gar *einmalig* ist. Weiterhin ist man sich darüber einig, daß eine gewisse Stabilität in der Persönlichkeit besteht, wodurch im Laufe der Entwicklung tatsächlich von Identität gesprochen werden kann: Trotz Veränderungen bleibt die Person ein und dieselbe und sie selbst.

Nach Pawlik (siehe Auhagen 1994) muß Persönlichkeitspsychologie von Differentieller Psychologie abgegrenzt werden. Die Persönlichkeitspsychologie erforscht "die Gesamtheit der Erlebens- und Verhaltenseigentümlichkeiten, die einen einzelnen Menschen zeit- und situationsüberdauernd von anderen Menschen unterscheiden", während die Differentielle Psychologie "Unterschiede zwischen Menschen im Erleben und Verhalten untersucht und die Ursachen und Wirkungen dieser Unterschiede erforscht"(Auhagen, 394). Die Persönlichkeitspsychologie erforscht demnach die strukturierte Gesamtheit des Individuums.

"Wie nur selten in der Psychologie konvergierte ein Forschungsaufwand über Jahrzehnte", stellt Auhagen (1994, 394) fest. Ergebnis war das Fünf-Faktoren-Modell, d. h. die fünf zentralen Persönlichkeitsmerkmale, die bekannt wurden unter dem Begriff die "Big Five". "Big" bedeutet, daß es sich um sehr breite und abstrakte Dimensionen handelt. "Jeder Faktor setzt sich aus einer Vielzahl an teils unterschiedlichen Eigenschaften zusammen, und zu seiner Kennzeichnung muß man daher mehrere Teileigenschaften heranziehen" (Sader & Weber 1996, 109). Diese faktorenanalytisch gewonnenen Persönlichkeitsfaktoren, die als relativ zeit- und situationsstabil angesehen werden (Amelang & Bartussek 1990), werden wie folgt umschrieben (siehe Kline 1994, 662; Sader & Weber 1996, 109/110):

- *Extraversion:* gesellig, selbstbewußt, gesprächig;
- *Verträglichkeit:* angenehm, liebenswürdig, vertrauenswürdig, warmherzig;
- *Gewissenhaftigkeit:* zuverlässig, organisiert, geradlinig, effizient;
- *Emotionale Stabilität* bzw. als Gegenpol *Neurotizismus:* ängstlich, unruhig, besorgt;
- *Offenheit* für neue Erfahrungen oder *Intellekt* oder *Kultiviertheit:* phantasievoll, neugierig, vielseitig interessiert.

Die Entwicklungspsychologie interessiert sich vor allem für die allgemeinen Faktoren, die den Prozeß der Entwicklung (der Veränderung) innerhalb der selbstbleibenden Persönlichkeit im Laufe der Zeit beeinflussen. Die starke Betonung, die Entwicklungspsychologen auf den Zusammenhang zwischen Persönlichkeit und Entwicklung legen, hängt mit der weit verbreiteten Auffassung zusammen, daß es die gesamte Persönlichkeit ist, die sich entwickelt. Bestimmte Komponenten können dabei in der jeweiligen Periode der Entwicklung stärker beteiligt sein als andere (in den ersten zwei Lebensjahren z. B. die sinnlichen und motorischen Funktionen).

Der Entwicklungspsychologe ist an den verschiedenen Strukturen, die die sich entwickelnde Persönlichkeit im Laufe der Zeit aufweist, an deren Aufeinanderfolgen sowie an deren Zusammenhang interessiert. Aus diesem Grund spricht man manchmal von aufeinanderfolgenden Stadien, wenn es sich um eine bestimmte Komponente (z. B. die Intelligenzentwicklung) handelt. Von Phasen spricht man, wenn es sich um den Zusammenhang von Komponenten in einer bestimmten Periode der Entwicklung handelt, die sich einigermaßen von anderen Perioden abgrenzen lassen. So sprechen wir von verschiedenen Altersabschnitten, in denen sich deutlich Kindheit, Erwachsensein und Alter voneinander unterscheiden lassen (siehe auch Kapitel 7). Weniger klar ist die Grenze zu den Jugendjahren, obwohl Merkmale existieren, durch die sich der Jugendliche vom Kind unterscheidet, und etwas weniger deutliche Merkmale, die ihn vom jungen Erwachsenen unterscheiden.

Aufgrund der Einzigartigkeit des Individuums und seines Entwicklungsverlaufs wird in der *Entwicklungspsychologie* auch von Lebenslaufpsychologie gesprochen. Vor allem Thomae (1968a; 1985) wußte der Lebenslaufpsychologie empirische Gestalt zu verleihen. Er befürwortet die biographische Methode: den möglichst objektiven Erwerb von Wissen über die Entwicklung des Individuums auf eine möglichst vollständige Weise. Faktisch ist dies eine Kombination des nomothetischen (= gesetzgebenden) Ansatzes der empirischen Wissenschaften und des idiographischen (= das Einzigartige des Individuums beschreibenden) Ansatzes der Geisteswissenschaften.

1.3 Entwicklungstheorien

"Entwicklung" ist ein Komplex von Prozessen und deren Organisation. Je nachdem, wie bestimmte Aspekte innerhalb dieser Komplexität akzentuiert werden, entstehen verschiedene Betrachtungsweisen *(Theorien)* über Entwicklung. Wir unterscheiden zwischen drei verschiedenen Ansätzen, die im Zusammenhang mit empirischen Daten stehen (Marx 1963):

(a) *Deduktive Theorie:* Eine hypothetische Annahme wird mittels empirischer Daten überprüft.
(b) *Induktive Theorie:* Anhand empirischer Daten wird auf eine Theorie geschlossen.
(c) *Funktionale Theorie:* Eine Wechselbeziehung zwischen empirischen Daten und theoretischer Annahme: empirische Daten beeinflussen die Theoriebildung, und die Theorie wirkt sich wiederum auf die Daten aus.

Anhand dieser drei Ansätze können wir sagen:

1. Eine Theorie verweist auf eine Gruppe logisch organisierter Gesetze. Diese stehen meistens deduktiv zueinander in Beziehung. Ein Gesetz bildet somit eine Aussage über einen regelmäßig voraussagbaren Zusammenhang zwischen empirischen Variablen.
2. Eine Theorie kann auch eine in beschreibender Form dargestellte Zusammenfassung eines Clusters mit Gesetzen sein, die innerhalb eines bestimmten Bereichs empirisch entwickelt wurden. Hier geht man meistens von Daten aus, die als Grundlage für ein theoretisches Konzept gesammelt wurden.
3. Eine Theorie kann auch auf ein generalisiertes Erklärungsprinzip verweisen. Dabei handelt es sich meistens um funktionale Beziehungen zwischen den Variablen und um funktionale Beziehungen zwischen Daten und theoretischen Auffassungen.

Ganz allgemein kann man daraus schließen, daß eine Theorie eine generalisierte Konzeptualisierung ist. Ob es sich um eine Theorie handelt läßt sich folgendermaßen überprüfen: Eine Theorie muß falsifizierbar (widerlegbar) sein.

Eine Theorie kann die Phänomene nicht nur erklärend, sondern auch kritisch analysierend und interpretierend aus einem vom Wissen geleiteten Interesse heraus betrachten (Habermas 1968). Die Beschreibung beispielsweise eines Generationskonflikts wird bei einem emanzipatorisch interessierten Theoretiker anders ausfallen als bei einem Theoretiker, der dieses Interesse nicht besitzt. Die Fakten sind in beiden Fällen dieselben, jedoch wird ihr Zusammenhang unterschiedlich erklärt.

Da in der Wissenschaft oft Modelle verwendet werden, ist es wichtig, zwischen Theorie und Modell zu unterscheiden. Betrachtet man ein Phänomen als ein Ganzes von Teilen, die durch gegenseitige Beziehungen verbunden sind, dann kann man dies als konkretes System bezeichnen. Man kann ein Modell dann wie folgt definieren (nach L. Apostel, zit. bei Bertels/Nauta 1969, 28): "Benutzt man ein bekanntes System B, das unabhängig ist von einem System O, um durch B Informationen zu erhalten über O, dann ist B ein Modell von O".

Oft dienen Modelle dazu, mehr Informationen über ein Phänomen zu erhalten (= die *heuristische* oder suchende Funktion des Modells). Dadurch erhält man eine Arbeitshypothese, die einen Beitrag zur weiteren Theoriebildung liefern kann. Ein Modell ist im Gegensatz zu einer Theorie nicht falsifizierbar. Es dient mehr der Beschreibung oder Erklärung bestimmter Phänomene. Die Beschreibung oder Erklärung ist niemals vollständig, sondern bezieht sich nur auf die für wichtig gehaltenen Aspekte eines Phänomens. So hat man in bezug auf das Altern des Menschen das sogenannte *Maschinen-* oder *Defizit-Modell* verwendet. Maschinen sind dem

Verschleiß ausgesetzt; die einzelnen Teile und allmählich auch das System werden alt; hier und da treten Ausfallerscheinungen auf, und durch diesen zunehmenden Verschleißprozeß ergibt sich ein defizitäres (= unzulängliches) Funktionieren. Analog muß man sich nach diesem Modell auch das Älterwerden vorstellen.

Zur Verdeutlichung des Defizit-Modells wollen wir hier etwas näher auf das biologisch orientierte Defizit-Modell von Charlotte Bühler (1933) eingehen, das aus fünf Niveaus der psychisch-geistigen Entwicklung besteht:

(a) generatives Wachstum (b) Steigerung	Eintritt in die Welt: bis ± 25 Jahre
(c) Lebenshöhe	25-50 Jahre
(d) Rückgang (e) Ende	Zurückziehen aus der Welt, nach etwa 50 Jahren

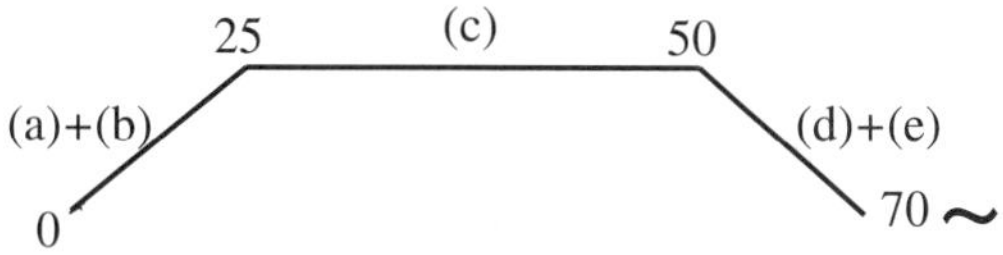

Ch. Bühler zufolge gibt es vier entscheidende Wendepunkte in der psychischen Entwicklung des Menschen:

(a) Der Beginn der Geschlechtsreife: bei Jungen ± 15 Jahre, bei Mädchen ± 13 Jahre.
(b) Das Ende des körperlichen Wachstums: Frauen ± 18 Jahre, Männer ±25 Jahre.
(c) Das Ende der Fähigkeit zur Fortpflanzung: Frauen ± 40-46 Jahre, Männer können bis ins hohe Alter fortpflanzungsfähig sein.
(d) Beginn des biologischen Abbaus, ± 50 Jahre.

Kriterien für diese Wendepunkte sind immer biologische Prozesse. Laut Ch. Bühler steigt die Lebenslinie bis zum 25. Lebensjahr an, danach folgt eine relative Stabilität (Lebenshöhe), worauf abschließend der biologische Abbau beginnt (also die fallende Linie). Natürlich kann ein derartiges Modell nicht auf alle Aspekte des menschlichen Verhaltens Bezug nehmen. Biologischer Abbau mag eine Tatsache sein, aber besagt noch nichts über die geistigen Fähigkeiten eines Menschen. Später wird deutlich werden, daß dieses Modell für Untersuchungen über Intelligenz oder intelligentes Handeln nur teilweise anwendbar ist. Bevor wir eine vertretbare Auswahl aus den bestehenden Entwicklungstheorien treffen, stellen wir die wichtigsten kurz zusammengefaßt vor (auch wenn diese teilweise nicht mehr zeitgemäß sind). Der Gegensatz zwischen dem "nature"- und dem "nurture"-Ansatz (natürliche Veranlagung versus Erziehung) wird in den Abschnitten 1.3.1 und 1.3.2 ausführlich diskutiert werden.

1.3.1 Biologisch orientierte Theorien

Das Wort Entwicklung ist ein Synonym für "Evolution". Die älteste Theoriengruppe ist analog der Evolutionstheorie auf das menschliche Individuum zugeschnitten. Theorien dieser Art, wie z. B. die Reifungstheorie von Gesell (1953; 1954), betonen den Einfluß der "nature", der natürlichen Veranlagung zur Entwicklung, die vor allem als Wachstum und Reifung des Organismus betrachtet wird. Veranlagung bedeutet: Vererbung und Konstitution, d. h. der angeborene psychophysische Zustand. Die Entwicklung vollzieht sich endogen, d. h. nicht nur spontan aus dem Organismus heraus, sondern sie kann auch als Entfaltung von bereits im Keim vorhandenen biologisch bedingten und unveränderlichen Prädispositionen *(Genotyp)* erklärt werden. Der Einfluß des Milieus besteht lediglich aus dem Bereitstellen von mehr oder weniger günstigen Voraussetzungen, vergleichbar mit Beleuchtungs-, Temperatur-, Düngungs- und Bewässerungsbedingungen beim Züchten von Pflanzen. So gesehen ist Entwicklung also ein spontaner Prozeß, den Piaget (1970) als Fortsetzung der *Embryogenese*, aber auch als Fähigkeit, diese zu überwinden (Piaget & Inhelder 1973), bezeichnet. Die begrenzenden und fördernden Einflüsse der Umgebung sind mitbestimmend dafür, welche wahrnehmbaren Merkmale der Organismus in einer bestimmten Periode der Entwicklung aufweist *(Phänotyp)*.

In diesem strengen Sinn werden Varianten dieser Theorie kaum noch vertreten. Die Schwäche dieser Theorie manifestierte sich in Untersuchungen über Zwillinge, die ergaben, daß identische (eineiige) Zwillinge sich in unterschiedlichen Milieuverhältnissen doch ziemlich verschieden entwickelten. Dieser Unterschied kann nicht allein aus einer Reaktion des Kindes auf mehr oder weniger Wärme (Zuwendung) oder mehr oder weniger Bildung usw. erklärt werden. Das Kind ist keineswegs nur ein Reaktionswesen, sondern es sucht und findet in unterschiedlichen Situationen auch verschiedene Möglichkeiten zur aktiven persönlichen Entfaltung. Die Schwäche dieses Ansatzes wurde auch deutlich, als Kinder unter bestimmten Voraussetzungen zu *Operationen* (Denkhandlungen) in der Lage zu sein schienen, die nicht in das Entwicklungsstadium paßten, in dem sie sich hinsichtlich einer bestimmten Fähigkeit gerade befanden (z. B. konnten sie sehr früh lesen). Offensichtlich gibt es also Unterschiede in der Art und Weise, wie Kinder mit übereinstimmenden Erbanlagen Informationsangebote verarbeiten.

1.3.2 Milieutheorien

Lerntheorien und soziologisch geprägte Sozialisierungstheorien gehören zur Gruppe der *Milieutheorien* (dem "nurture"-Ansatz). Bei ihnen steht der Einfluß des Milieus auf die Entwicklung des Kindes im Mittelpunkt. Man kann sie auf einen Nenner bringen, da Sozialisierung im Prinzip eine Form des sozialen Lernens ist. Dies gilt ebenso für die Enkulturation (d. h. den Erwerb der Verhaltensmuster der eigenen Kultur), die von Kulturanthropologen wie M. Mead (1958; 1959) und anderen beschrieben wurde. Deren Einfluß auf die Entwicklungspsychologie wird in Abschnitt 1.4.1.2 kurz zusammengefaßt.

Es existieren Lerntheorien der unterschiedlichsten Art (Knoers 1973). Das Gemeinsame dieser Theorien ist, daß sie das Lernen alle als eine Form oder verschiedene Formen der Veränderung beschreiben, die sich über einen längeren Zeitraum erstrecken und die nicht durch Wachstum bedingt sind (= Fähigkeit zum Handeln, auf die Umgebung zu reagieren).

Entwicklung ist diesen Theorien zufolge hauptsächlich die Zunahme des Handlungspotentials. "Lernen" muß man das Laufen, den Umgang mit Menschen und das räumliche Denken, um drei völlig unterschiedliche Formen des sensomotorischen, des sozialen und des kognitiven Lernens als Beispiele zu nennen. Jemand, der diese und noch viele andere Verhaltens- und Handlungsweisen erlernt hat, ist ein "entwickelter Mensch". Die Fähigkeit zum Verrichten von Handlungen auf höherem Niveau – zumindest nach den ersten Lebensjahren – ist nicht von spontanen Strukturveränderungen im Organismus, von der Psyche oder der Person, sondern von dem, was man mit Hilfe der richtigen Fertigkeiten gelernt hat, abhängig. Bezogen auf das Milieu, in dem das Kind aufwächst, bedeutet dies, daß das Kind hauptsächlich milieuspezifische Verhaltensmuster aufweisen wird. Es ist bekannt, daß z. B. die Sprachentwicklung ebenso wie Erfolg in der Schule durch das soziale Umfeld geprägt sind.

Zur Persönlichkeitsentwicklung gehört auch die Herausbildung eines *sozialen Charakters.* Fromm (1941), von dem dieser Begriff stammt, deutet damit den Kern der Charakterstruktur an, den Mitglieder derselben Kultur oder Subkultur gemeinsam haben. Im Gegensatz dazu steht der *individuelle Charakter,* durch den sich Mitglieder derselben Kultur voneinander unterscheiden. Diese Theorien widmen jedoch dem relativ starken Einfluß, den die Erbanlagen auf die Entwicklung haben, zu wenig Aufmerksamkeit.

1.3.3 Psychodynamische Theorien

Diese Theorien haben mit den Lerntheorien gemeinsam, daß sie von Einflüssen des Milieus ausgehen, in diesem Falle von dem Einfluß des primären Milieus auf die Entwicklung. Der Unterschied zu den Lerntheorien besteht darin, daß sie die sozioaffektive Komponente in der Persönlichkeit und deren Entwicklung als fundamental betrachten. Die sozio-affektive Komponente bestimmt diesen Theorien zufolge die Dynamik, also die Spannungsverhältnisse innerhalb der Ganzheit der Persönlichkeit.

1.3.3.1 Freud

Nach der Theorie von Freud wird angenommen, daß das Kind mit zwei fundamentalen Formen biologischer Energie auf die Welt kommt, der Libido und dem Todestrieb. Diese Energie "beansprucht" alle Personen oder Dinge, mit denen das Kind in Berührung kommt – vor allem jene, mit denen es häufigen Kontakt hat – durch einen Prozeß, den Freud *Kathexis* nennt, d. h. das Bündeln psychischer Energie auf ein spezifisches Objekt, eine Idee oder eine spezifische Person.

Die Struktur, mit der das Kind geboren wird, ist das "Es". Dieses "Es" spornt das Kind dazu an, seine *Triebe* zu befriedigen (Lustprinzip). Das Kind stößt jedoch in seiner Entwicklung auf die es umgebende Realität, mit der ein Kompromiß geschlossen werden muß (Realitätsprinzip). Unter diesem Einfluß entwickelt sich innerhalb der ursprünglichen Struktur des "Es" das "Ich", das als Selbstbestätigung dient, sowohl gegenüber der Außenwelt als auch gegenüber dem "Es".

Innerhalb des "Ich" bildet sich unter dem Einfluß der sozialen Umgebung (vor allem der Eltern) im Laufe der Kinderjahre das "Über-Ich", das die Handlungsweise des "Ich" und die Forderungen des "Es" reguliert. Wenn es dem "Ich" nicht gelingt, die Forderungen des "Es" und des "Über-Ich" in Einklang zu bringen, können die Triebe unter dem Druck des "Über-Ich" verdrängt (= unbewußt unterdrückt) werden. Das hat zur Folge, daß die Triebe nicht mehr manifest sind, sondern ihren Einfluß latent ausüben. Das Individuum kann dann Handlungen begehen, deren Ursache und Bedeutung ihm unbegreiflich sind.

Die psychodynamische Entwicklungstheorie nach Freud verwirft die zu Freuds Zeit allgemeingültige Ansicht, daß die Entwicklung der Sexualität mit dem Wachstum der Geschlechtsorgane in der Pubertät beginnt. Der Sexualtrieb hat die Funktion, Lust an bestimmten Körperteilen zu erleben. Er wird erst in einer späteren Phase der Entwicklung in den Dienst der Fortpflanzung gestellt. In dieser Entwicklung sind nacheinander drei Körperzonen lusterregend (erogene Zonen): der Mund, der Anus und die Genitalien.

Der Mund ist der erste "Lustbrunnen", nicht nur, weil durch den Mund die Nahrung aufgenommen und – beim Stillen – auch die Wärme der Mutterbrust erfahren wird, sondern vor allem deswegen, weil die rhythmisch saugende Bewegung an sich schon Lustgefühle erzeugt. Dadurch ist der Mund in der *oralen Phase* das Organ, mit dem das Kind Eindrücke aufnehmen will, und es bringt daher alles zum Mund, um es zu belutschen. Wenn die ersten Zähne da sind, entstehen in dieser Phase aggressive (sadistische) Impulse, die in der anschließenden *anal-sadistischen* Phase ihr volles Ausmaß erreichen. Diese Phase kennzeichnet sich durch Lust an der Exkretionsfunktion: festhalten von und schmieren mit Fäkalien, sich beschmieren mit Schlamm, Brei, dicker und dunkler Farbe. Aus diesen Verhaltensweisen wurde das "fingerpainting" (= direkt mit den Fingern malen) abgeleitet, da von diesem Verhalten ein therapeutischer Effekt erwartet wird, z. B. das Abreagieren von Angst und Aggression. Nach Auffassung der Psychoanalyse kann die Familie in dieser Phase einen nachteiligen Einfluß auf die Entwicklung des Kindes haben, z. B. wenn das "Toilettentraining" mit allzu strengen Erziehungspraktiken verbunden ist.

Diese Phase geht allmählich in die *phallische Phase* über, benannt nach dem männlichen Geschlechtsteil (Phallus: das [erigierte] männliche Glied), mit dem der Junge nun Lustgefühle erfährt. Das Mädchen hingegen erfährt seine Klitoris als das Fehlen eines Penis. Ab dieser Phase entwickeln sich Jungen und Mädchen unterschiedlich. Der Junge tritt in die Phase des *Ödipuskonflikts* ein, nach dem mythischen griechischen König Ödipus genannt, der, ohne es zu wissen, seine Mutter heiratete, nachdem er seinen ihm unbekannten Vater getötet hatte. Die Neigung des Jungen, nicht nur seinen Penis zu betasten und zu manipulieren (masturbieren), sondern mit diesem Penis auch an seiner Mutter Lust erleben zu wollen, kombiniert mit der Angst, daß der Vater sich an ihm durch Kastration rächen wird (eine Angst, die durch den Anblick des Körpers der Schwester noch verstärkt werden kann), führen zu einem derartigen Schockeffekt (Trauma), daß das Kind dieses Verlangen ins Unterbewußtsein verdrängt. Dadurch entsteht die *Latenzzeit,* in der die Sexualität zu schlummern scheint, latent (verborgen) bleibt. Auch für die geistige Entwicklung

(Schuljahre) ist diese Zeit funktionell. Das Mädchen erfährt vor allem nach der anal-sadistischen Phase eine äußerst starke Rivalität (Penisneid), die seine Persönlichkeitsentwicklung bestimmt, u. a. durch ein Gefühl von Minderwertigkeit. Der Penisneid kann auch zu einer Abkehr von der Sexualität führen, was Konsequenzen für die erotische Entwicklung hat. So entsteht später das Unvermögen, mit einem anderen Freude (Lust) am sexuellen Umgang zu erleben. Nach der Latenzzeit entwickeln sich während der körperlichen Pubertät die Geschlechtsteile zu erwachsenen Formen. In dieser letzten, der *genitalen Phase*, erhalten die Genitalien das Primat des Lusterlebens.

Die psychodynamische Entwicklungstheorie, deren Schwäche in der geringen Möglichkeit zur empirischen Prüfung liegt (De Waele 1961), ist vor allem eine Theorie der sozio-affektiven Entwicklung. Wenngleich die zentrale Rolle in dieser Theorie die Sexualität zu spielen scheint, sollte man nicht übersehen, daß Libido und Aggression – der Ausdruck des Todestriebs – immer Hand in Hand gehen. Wenn die Sexualität verdrängt wird (z. B. durch den Einfluß der Eltern), wird auch die Aggression verdrängt, was nach dieser Theorie einen entscheidenden Einfluß auf die Entwicklung der Persönlichkeit hat.

1.3.3.2 Erikson

Es war Erikson (1957; 1963), der die relativ einseitige freudsche Betrachtungsweise weiterführte. Er versuchte, zwischen psychischen und pädagogischen Phänomenen einerseits und gesellschaftlich-kulturellen Phänomenen andererseits eine Beziehung herzustellen. Grundlegende Strukturen jeder Gesellschaft zeigen sich demnach in der Art und Weise, wie Kinder in der natürlichen Umgebung, in der sie aufwachsen, erzogen werden. So versuchte Erikson beispielsweise, die Erziehung des amerikanischen Bürgers aus der zentralen Position des "Heimathafens" abzuleiten, den die Mutter verkörperte, während die Väter in der Pionierzeit des Landes ständig Grenzen überschritten. So entwickelte sich die Mutter zu der im primären Milieu alles organisierenden "Mom", die ihre Liebe denen schenkte, die an ihren Röcken hingen, und die sie jenen verweigerte, die ihre Führung ablehnten. In einer solchen Gesellschaft konnten Abweichler, die die Kraft der Gemeinschaft untergruben, nicht geduldet werden. Bereits hier wollen wir darauf hinweisen, daß Erikson den Einfluß der modernen gesellschaftlichen Institutionen auf die Erziehung unterschätzte.

Und doch ist sein normopsychologischer Ansatz (siehe 6.1) aus der Sicht der hier vertretenen *Lebenslaufpsychologie* relevant genug, um noch kurz bei ihm zu verweilen. Erikson sieht das Leben des Menschen aufgrund bestimmter Prozesse und deren Folgen in Phasen unterteilt. Diese Prozesse können günstig, aber auch ungünstig verlaufen. Ein günstiger Verlauf fördert die Entwicklung, ein ungünstiger Verlauf behindert sie. Entwicklungspsychologisch betrachtet, hat das Individuum in jeder Phase die "Aufgabe", einen positiven Prozeßverlauf zu erreichen. Dadurch wird diese Betrachtungsweise zu einem Vorläufer der Theorie der *Entwicklungsaufgaben,* die später näher besprochen wird.

Tabelle 1 enthält eine Übersicht über die von Erikson unterschiedenen Entwicklungsphasen sowie die dazugehörigen grundlegenden Komponenten der Entwick-

Tabelle 1. Schematische Übersicht über die 8 Entwicklungsphasen nach Erikson* (1957, 247).

Stadium	A	B	C	D
	Zeitpunkt, zu dem die Phase einsetzt (vor allem biologisch)	Inhaltlicher Teil der Phase; zwei bipolare Komponenten	Umgebungsaspekt, der eine Rolle spielt; Voraussetzung	Basistugenden als Resultat der unterschiedenen Stadien für gesunde Ich-Entwicklung
(1)	Oral-sensorisches Stadium Säuglingsalter	Vertrauen gegen Urmißtrauen	Geborgenheit; Beziehung zur Mutter	*Hoffnung* und Streben
(2)	Anal-muskuläres Stadium Kleinkindalter	Autonomie gegen Scham und Zweifel	Gerechte und urteilsfähige Eltern	*Willensstärke* und Selbstkontrolle
(3)	Lokomotorisch-genitales Stadium Vorschulalter	Initiative gegen Schuldgefühl	Gesunde Familiensituation	*Zielstrebigkeit*
(4)	Latenzstadium Schulalter	Leistung gegen Minderwertigkeitsgefühl	Interessierte Eltern; kooperative Altersgenossen	*Fertigkeit* und Methodik
(5)**	Jugendperiode (ab hier keine psychoanalytischen Begriffe mehr)	Identität gegen Rollendiffusion	Bestätigende Erwachsene; affirmierende Altersgenossen	*Treue* und Hingabe
(6)	Frühes Erwachsenenalter	Intimität gegen Isolierung	Geschlechtspartner	*Liebe* und Verbundenheit
(7)	Erwachsenenalter	Zeugende Fähigkeit gegen Stagnation	Kinder; Familie und Arbeit	*Sorgsamkeit* und Fruchtbarkeit
(8)	Alter	Ich-Integrität gegen Verzweiflung	Nachkommen im weiteren Sinne	*Weisheit* und Verweigerung

* Die unterstrichenen Begriffe sind laut Erikson "Tugenden", die nicht kultur- oder zeitgebunden sind.

** In Bosma & Graafsma (1982) werden die Publikationen über das Thema Identität und Identitätsproblematik und die sich hierauf beziehenden Untersuchungen kritisch analysiert und besprochen.

lung. Beispiel: Ein Säugling in der oralen Phase wird fundamentales Vertrauen in das Leben und die Welt erfahren bzw. entbehren als Folge der vertrauenweckenden bzw. mißtrauenweckenden Art und Weise, mit der ihm sein primäres Milieu (insbesondere die Mutter) bei der Suche nach Lustgewinn durch den Mund begegnet. So kann schon im frühesten Kindesalter ein tiefes Mißtrauen gegen die als Unlust erfahrene Welt entstehen, das die Basis für späteres Störverhalten und Kriminalität sein kann. Hat das Kind die erste Phase gut überstanden, ist damit zwar eine wichtige Entwicklungsgrundlage gelegt, jedoch kann es in jeder folgenden Phase scheitern, wenn auch auf einem weniger grundlegenden Niveau. Spätere Störungen auf einer weniger tiefgreifenden Ebene können leichter korrigiert werden, wenn die vorangegangenen Phasen gut verarbeitet wurden. Eriksons Theorie ist nur teilweise empirisch verifiziert und daher auch kritisiert worden (Bosma & Graafsma 1982).

1.3.4 Geisteswissenschaftliche Theorien

Der wichtigste Vertreter dieser Richtung ist Eduard Spranger (1882-1963). Er faßt die Psyche (Seele) des Individuums als einen Strukturzusammenhang von Leistungs- und Erlebnisdispositionen auf und ist nach dem Vorbild von Dilthey (1833-1911) der Ansicht, daß der Versuch, psychische Phänomene gleich physischen Phänomenen zu erklären, zum Scheitern verurteilt ist. Zwar kann man auf diese Weise physiologische Phänomene erklären, die z. B. zu Beginn der genitalen Reifung (Pubertät) auftreten, psychische Erscheinungen jedoch kann man nur "verstehen", d. h. ihren Inhalt innerhalb einer gegebenen Ganzheit begreifen. Dieses Verstehen ist kein rein rationaler Prozeß sondern erfordert die Fähigkeit, sich in eine Situation einfzufühlen. Dann können Phänomene aus ihrer Gesamtstruktur heraus begriffen werden. Das gilt auch für Entwicklungsphänomene. So ist das sexuelle Heranreifen in der Pubertät ein physiologischer Prozeß. Der junge Mensch gibt ihm Inhalt innerhalb der Ganzheit seiner psychischen Struktur, in der Einfühlungsvermögen und Sympathie für einen Partner eine wichtige Rolle spielen. Aufschub der sexuellen Befriedigung bis nach den Jugendjahren ist laut Spranger (1955) sinnvoll, da sich erst im erwachsenen Individuum "Sexus" (Geschlechtstrieb) und "Eros" (ein im Wesen ästhetisches Gefühl der Zuneigung) integrieren. Integration von diesen und anderen Werten in ein persönliches Wertesystem, zusammen mit einem allmählichen Selbstentdecken und der Heranbildung eines persönlichen Lebensplans, ist laut Spranger Sinn der Entwicklung.

Obwohl die Auffassungen von Spranger ziemlich spekulativ sind – man könnte auch sagen, er geht von einem anthropologischen Wissensinteresse aus – wurde eine Reihe seiner Ideen von Autoren aufgegriffen und durch entsprechende Untersuchungen bestätigt. Dies gilt für seine Ansicht über die getrennte Entwicklung von Sexualität und Zuneigung (Eros) und für seine Ideen über die Bildung eines Lebensplans, wozu mehr gehört als die Wahl eines Berufs. An geeigneter Stelle (5.1) werden wir hierauf näher eingehen.

1.3.5 Interaktionstheorie

Eine Synthese der vorangegangenen Theorien stellt die Interaktionstheorie dar, die von der Mehrheit der westlichen Entwicklungspsychologen vertreten wird. Als Vorläufer kann William Stern (1871-1938) betrachtet werden, der in seiner *Konvergenztheorie* davon ausging, daß es sich bei jedem Akt um ein Zusammenspiel (= Konvergenz) von persönlichen Faktoren und Umweltfaktoren handelt.

In den ehemaligen Ostblockländern bevorzugte man die Milieutheorie, was im Hinblick auf die marxistische Ideologie naheliegend ist. Die Milieutheorie betrachtet Entwicklung als Spiegelbild, d. h. als eine sich im Wissen und Handeln manifestierende Dialektik mit der Umgebung, insbesondere der gesellschaftlichen Umgebung (Kossakowski 1966; Davidow 1961). Laut Vygotsky (1967) ist die kognitive Entwicklung nicht "natürlich", sondern kulturell bedingt (Van Parreren 1979). Daher ist es im Unterricht nicht unbedingt erforderlich, beim Entwicklungsstadium des Kindes anzusetzen – wie Piaget meinte —, sondern bei der nächsten Stufe der Entwicklung. Das heißt, man stimuliert ein Kind durch gezielte Aufgaben, Probleme zu lösen, die es noch nicht selbständig bewältigen kann, weil sie eine Stufe höher liegen und daher noch nicht dem Fähigkeitsniveau des Kindes entsprechen (siehe auch 4.4.4).

Der große Theoretiker des Interaktionismus ist Piaget (1947), dessen Einseitigkeit jedoch darin liegt, daß sein Interesse sich fast nur auf die intellektuelle und die damit zusammenhängende moralische Entwicklung des Kindes richtet. Wir besprechen hier kurz die wichtigsten Begriffe dieser Theorie sowie deren gegenseitige Beziehungen. Eine ausführliche Beschreibung folgt in Abschnitt 4.4.

Wie bereits gesagt, muß Entwicklung nach Piaget als eine Fortsetzung der Embryogenese betrachtet werden. Die Entwicklung vollzieht sich in Stadien und bringt das Kind auf ein stets höheres Niveau seiner Fähigkeiten, in eine höhere Struktur. Für deren Entstehen sind verschiedene Faktoren verantwortlich. Zuerst kommt die *Reifung,* wodurch Aktivitäten eines Individuums überhaupt erst möglich werden. Eine bestimmte Struktur paßt zu einem bestimmten Alter. Reifung ist Voraussetzung dafür, daß bestimmte geistige Handlungen (Operationen) überhaupt ausgeführt werden können. Andere Einflüsse sind die *Erfahrung* und die *soziale Übermittlung* (Transmission), d. h. die Informationsübertragung durch die Erziehung, aber auch durch die Sprache, die durch ihre eigene Struktur neue Möglichkeiten schafft. Der zentrale Faktor ist jedoch die spontane Aktivität des Individuums, wodurch es in neuen Phasen der Reifung lernt (unter Verwendung von Erfahrungen und den Einflüssen der sozialen Transmission), sich anzupassen *(adaptieren),* d. h. immer adäquater auf die Forderungen der Realität zu reagieren.

Piaget nennt diese Anpassungsform *Assimilation,* wenn es darum geht, neue Eindrücke in ein bereits bestehendes Anpassungsmuster aufzunehmen. Dieser Begriff ist ebenso wie der Begriff *Adaptation* aus der Biologie entnommen. Von *Akkommodation* spricht er, wenn sich das Individuum anpassen muß, um sich auf neue Umstände in der Umgebung einstellen zu können. Vor allem letztere Form der Anpassung erfordert eine völlig neue Einstellung des Individuums, nämlich kreative Aktivitäten oder Operationen, die einen wesentlichen Einfluß auf die Entwicklung der Fähigkeiten und den Erwerb einer höheren Struktur haben. Jede Struktur beinhaltet, daß man als Individuum ein Schema entwickelt hat, mit dem man in einem bestimmten Stadium der Entwicklung ein für dieses Stadium adäquates Gleichgewicht zwischen den Tendenzen der Assimilation und der Akkommodation gefunden hat. Darum wird eine weiterreichende Akkommodation, die nötig ist, um auf eine völlig andere Weise zu operieren, dieses Gleichgewicht durchbrechen. Dieses aktive Durchbrechen des bestehenden Gleichgewichts, wodurch eine höhere Struktur erworben wird, nennt Piaget *Äquilibration* (französisch: équilibre = Gleichgewicht), d. h. den aktiven Erwerb eines neuen Gleichgewichts, also eine Form von echter *Selbstregulierung.*

Wenn der *Interaktionismus* eine wirkliche Synthese sein will, darf das einseitige Interesse Piagets an der intellektuellen Entwicklung nicht richtungweisend für diese Theorie sein.

Der Ausdruck Interaktionismus verweist auf den Begriff *Interaktion,* d. h. Wechselwirkung. Gemeint ist hiermit nicht nur der wechselseitige Einfluß von Veranlagung (Vererbung und Konstitution) und Milieu, von Reifung und Lernen, sondern auch die Interaktion von Person und Umwelt. Die Wechselwirkung beinhaltet, daß die Person reagierend und vor allem agierend (also aktiv) ihre Welt mitgestaltet (Familie, Verwandtschaft, Freunde, Nachbarn, soziale Klasse, Berufsgruppe). Andererseits erfährt die Person auch den Einfluß der Umwelt, und zwar in einem solchen Ausmaß, daß dadurch ihr Personsein in Gefahr geraten kann. Neben der Interaktion zeigt sich eine Kovarianz von Vererbung und Milieu, d. h. es entsteht – basierend auf einem gemeinsamen Faktor – ein Zusammenspiel dieser Faktoren. So haben Eltern z. B. sowohl einen erblichen als auch einen sozialen Einfluß auf die Entwicklung des Kindes. Das Wissen, das sich ein Kind zu eigen macht, ist ein Produkt der Spannung zwischen seiner eigenen Konstruktion der Realität und seiner Akzeptanz des in der Gesellschaft vorhandenen Wissens (Elbers 1988).

Im Rahmen der interaktionistischen Auffassung darf auch die *ökologische Sichtweise* (Spiel 1994; Oerter 1992) und die Verhaltensgenetik (Scarr & McCartney 1983) nicht unbesprochen bleiben. Nach der ökologischen Sichtweise ist Entwicklung im Sinne einer wechselseitigen Beziehung immer eine Anlage(Genotyp)-Umwelt-Interaktion. Im Laufe der Entwicklung werden drei Arten von Genotyp-Umwelt-Effekten unterschieden.

(a) *Passive Genotyp-Umwelt-Effekte* entstehen dadurch, daß Eltern ihren Kindern Umweltangebote bereitstellen, die ihren eigenen Anlagen entsprechen. So werden Kinder, deren Eltern Musikliebhaber sind, vom frühen Alter an mit Musik und Musizieren konfrontiert, werden diesem Umweltangebot passiv ausgesetzt. Diese Art Effekte entstehen vor allem beim Vorschulkind.
(b) *Evokative Genotyp-Umwelt-Effekte* entstehen dadurch, daß unterschiedlich veranlagte Kinder in ihrer sozialen Umgebung verschiedenartige Reaktionen hervorrufen. Dies betrifft vor allem Schulkinder. Kinder in diesem Alter tun gerne das, was ihnen Spaß macht. Dadurch wecken sie beim anderen (Eltern, Geschwister, Schulfreunde usw.) Formen der Zuwendung und Förderung, die ihr eigenes Verhalten wieder beeinflussen.
(c) *Aktive Genotyp-Umwelt-Effekte* kommen dadurch zustande, daß "Menschen sich selbst die Umwelten auswählen, die am besten zu ihnen passen" (Spiel

1994, 25). Diese aktive Suche nach dem, was am besten zu einem paßt, setzt verstärkt ab dem Jugendalter ein. Dies geht oft einher mit der Frage nach Ichidentität, nach dem Selbstkonzept. Wer bin ich und was kann ich?

Der Wechsel von "passiv" zu "aktiv" wird vom individuellen Entwicklungsfortschritt und von dem Begabungsniveau beeinflußt. So unterscheiden sich offensichtlich Hochbegabte von anderen Menschen in zweierlei Hinsicht: "Erstens suchen sie früher aktiv Umwelten, die zu ihnen und ihrer Begabung passen. Zweitens selektieren und verarbeiten sie Informationen bei gleichen Umweltbedingungen in anderer und effizienterer Weise als weniger begabte Individuen" (Spiel 1994, 25).

Im weiteren Verlauf dieser Ausführungen wird deutlich werden, daß der biologische Begriff *Adaptation* von Piaget im soziologischen Sinne erweitert werden muß. Weiterhin wird sich zeigen, daß sich zur Beschreibung dieses Prozesses der Begriff Emanzipation viel besser eignet. Dieser Begriff stammt ursprünglich aus der Rechtsprechung. Im römischen Recht betraf er das Zurückziehen der auf den Kopf des Sklaven oder Leibeigenen aufgelegten Hand (wörtliche Übersetzung von *emancipatio*), wodurch dieser symbolisch seine Freiheit erlangte. Soziologen haben diesen Begriff übernommen, um damit das Streben nach Gleichberechtigung benachteiligter Gruppen anzudeuten. Auch in der Pädagogik und Psychologie wird er verwendet: Es ist der Prozeß, der Kinder und Jugendliche individuell und als Gruppe dazu veranlaßt, sich zu behaupten im Streben nach Loslösung und Selbstbestimmung.

Bevor wir näher darauf eingehen, ist es nötig, erst das Verhältnis zwischen Erziehung und Entwicklung näher zu betrachten. Die Theorie von Piaget wird ausführlich in Kapitel 4 besprochen, in dem die kognitive Entwicklung behandelt wird.

1.3.6 Entwicklungstheorie und Erziehung: Die Konzeption der Entwicklungsaufgaben

In Abschnitt 1.1 wurde Entwicklung als ein Prozeß dargestellt, der zu einem Verhalten auf höherem Niveau führt. Der Begriff "höher" bedeutet differenzierter bzw. umfangreicher, beschreibt also ein Verhaltensrepertoire, das mehr und/oder andere Möglichkeiten bietet. Demzufolge darf man nicht mehr von der ursprünglichen Auffassung ausgehen, daß das Erwachsensein das Endstadium der Entwicklung darstellt. In Kapitel 7 werden wir auf diese Problematik und deren Konsequenzen für die Entwicklungspsychologie eingehen.

Havighurst (1967) hat die Konsequenzen dieser Entwicklungstheorie in Amerika untersucht; Ausubel (1965) und Wall (1968) haben die Theorie für das Jugendalter weiter ausgearbeitet (wir kommen darauf in Kapitel 5 zurück). Wichtig ist in dieser Phase das sogenannte "coping", der persönliche Einsatz, der notwendig ist, um die Aufgaben, die im Laufe seiner Entwicklung an den Einzelnen gestellt werden, lösen zu lernen. Havighurst geht davon aus, daß der menschliche Lebenslauf aus dem Erfüllen von Aufträgen besteht, die spezifisch für die jeweiligen Lebensabschnitte sind. Er spricht von *Entwicklungsaufgaben* ("developmental tasks"), also Aufgaben, die in einer bestimmten Gesellschaft und Kultur aufeinanderfolgenden Altersabschnitten zugedacht sind. Um zu verdeutlichen, um welche Art von Aufgaben es sich hierbei handelt, haben wir in Tabelle 2 die Liste der Entwicklungsaufgaben von

Havighurst in der Bearbeitung von Andriessen (1984) aufgenommen. Neuere Untersuchungen unterstützen Havighursts Konzeption, relativieren sie jedoch auch in dem Sinne, daß amerikanische Jugendliche sich zwar hauptsächlich mit den Entwicklungsaufgaben ihrer Altersgruppe befassen, darüber hinaus aber auch in starkem Maße mit denen des älteren Schulkindes ("middle childhood") und in geringerem Maße schon mit denen des Jung-Erwachsenen; hierdurch wird die marginale Position des Jugendlichen noch in besonderem Maße hervorgehoben (Roscoe & Peterson 1984). Auch deutsche Untersuchungen unterstützen die Konzeption der Entwicklungsaufgaben (Schenk-Danzinger 1993).

Die Aufgaben stehen in Zusammenhang mit der Erziehung und Bildung bzw. Ausbildung, die die Person erhält. Schließlich ist Erziehung darauf gerichtet, daß der Mensch in den jeweiligen Altersabschnitten die ihm zugedachten Aufgaben erfüllen kann. Das Selbstkonzept (self-concept) und die Selbstachtung (self-esteem) einer Person werden durch die Reaktionen seiner sozialen Umgebung ungünstig beeinflußt, wenn die Entwicklungsaufgaben, die ihr in einer bestimmten Periode zugedacht sind, nicht gelöst werden können. Dies führt dazu, daß sich die Person unglücklich fühlt, während Erfolg bei der Ausführung der Aufgaben zu einem Gefühl der Lebensmeisterung beitragen kann.

Aus seinen Untersuchungen in den Vereinigten Staaten, West-Europa und Skandinavien ergibt sich für Havighurst die Unterscheidung in Jugendjahre, Jung-Erwachsensein und Früh-Erwachsensein. Teenagerzeit und Jung-Erwachsensein besitzen dabei einen *Interimstatus,* d. h. einerseits ist das Kindsein abgelegt, andererseits ist der selbständige Status des Erwachsenen noch nicht vollständig erreicht. Beim Teenager liegt dies daran, daß er gesellschaftlich noch nicht die Gelegenheit dazu hat, selbständig zu sein; der Jung-Erwachsene distanziert sich vom Erwachsenenstatus, da er sich mit der ihm zugedachten Position und Rolle in der Gesellschaft (noch) nicht vertraut gemacht hat.

Wohlbefinden und Glück sind nur teilweise abhängig von der Erfüllung der Entwicklungsaufgaben. Zumindest sind nicht alle Entwicklungsaufgaben dafür gleich wichtig. Zum Beispiel kann es wichtiger sein, einen guten Lebensgefährten zu finden und Arbeit zu haben, in der man sich entfalten kann, als gesellschaftliches Ansehen.

Erziehung ist immer auch kulturell bedingt. Das bedeutet, daß Lern- und Sozialisierungsprozesse dem Einfluß einer bestimmten Gesellschaft und Kultur in einer bestimmten Periode der Geschichte unterworfen sind. Die damit zusammenhängenden Entwicklungsaufgaben können daher für einen Europäer anders sein als für einen Amerikaner, und dessen Aufgaben wieder anders als die eines Chinesen oder Arabers. So kennen z. B. mohammedanische Mädchen, die im Alter von 15 Jahren einen viel älteren Mann heiraten, keine psychische Pubertät. Aus dem Kind wird direkt eine "Erwachsene". Die Entwicklungsaufgaben nach Havighurst müssen also für Deutsche an der deutschen Gesellschaft und Kultur gemessen werden. In einer späteren Ausgabe seiner Untersuchungen (1976) stellt Havighurst die Frage, welche der von ihm formulierten Aufgaben typisch amerikanisch sind und welche zu den allgemeinen Entwicklungsaufgaben des jungen Menschen gehören. Diese allgemeinen Entwicklungsaufgaben für den Altersabschnitt von 12 bis 18 Jahren leitet er aus kulturvergleichenden Untersuchungsresultaten ab, die in Abschnitt 5.1 näher besprochen werden.

Tabelle 2. Übersicht der Entwicklungsaufgaben nach Havighurst (siehe Andriessen 1984).

Baby-/Vorschulkindalter	*Schulkindalter*	*Jugend (Pubertät, Adoleszenz)*
Laufen lernen		
Feste Nahrung aufnehmen lernen		
Sprechen lernen		
Körperkontrolle	Physische Behendigkeit	
Physiologische Stabilität	Gesunde Einstellung gegenüber sich selbst als wachsendem Organismus	Akzeptieren der Körperlichkeit
Geschlechtsunterschied lernen	Lernen der Geschlechterrolle; Kontakt mit Altersgenossen	Akzeptieren der Geschlechterrolle; Vorbereitung auf Ehe und Familie
Gefühlskontakt mit Eltern, Familie und anderen	Lernen der Einstellung gegenüber Gruppen und Institutionen	Lernen der emotionalen Unabhängigkeit gegenüber Eltern; Lernen von Beziehungen mit Jungen und Mädchen
Einfache Begriffsbildung: hinsichtlich physischer Realität, hinsichtlich dem Sozialen	Lesen, Schreiben, Rechnen lernen; Lernen von Begriffen in bezug auf das tägliche Leben	Lernen der gesellschaftlichen Verantwortung Verlangen nach und Erreichen von sozial verantwortlichem Verhalten
Lernen, was gut und schlecht ist	Gewissen Entwicklung der Moralität	Entwicklung einer bewußten Werteskala; Entwicklung eines adäquaten Weltbilds
Entwicklung eines Gewissens	Skala der Werte	Vorbereitung auf wirtschaftl. Selbständigkeit Berufswahl und -ausbildung

Frühes Erwachsenenalter	*Mittleres Alter*	*Spätes Erwachsenenalter*
	Akzeptanz und Anpassung an körperliche und physiologische Veränderungen	Anpassung an abnehmende Körperkraft
Wahl des Lebenspartners	Partner als Person betrachten	Fertigwerden mit dem Tod des Lebenspartners
Mit Ehepartner leben lernen; Kinder erziehen Haushalt führen Soziale Gruppen finden	Teenagern helfen, erwachsen zu werden	Beziehungen mit der Altersgruppe finden
Gesellschaftliche Verantwortung übernehmen	Erreichen der vollwertigen gesellschaftlichen und sozialen Verantwortlichkeit	Gesellschaftlichen und sozialen Verpflichtungen nachkommen
Mit einem Beruf beginnen	Den ökonomischen Lebensstandard etablieren und aufrechterhalten Erwachsensein entspannt realisieren	Anpassung an die Verringerung des Einkommens und an die Pensionierung Angepaßte physische Lebensumstände realisieren

Havighurst betont unserer Meinung nach etwas zu stark, daß bestimmte Aufgaben vom kulturellen und gesellschaftlichen Umfeld zugeteilt werden. Obwohl dies bei Aufgaben ein wichtiger Aspekt ist, kommt zu wenig zum Ausdruck, daß die sich entwickelnde Person – vor allem ab den Jugendjahren – die Aufgaben selbständig auf sich nimmt oder sie ablehnt. Im Spannungsfeld zwischen seinem Verlangen nach Geborgenheit und dem Drang nach Selbständigkeit – vor allem hinsichtlich des elterlichen Milieus – ist das Streben des Jugendlichen darauf gerichtet, 'Eigenverantwortlichkeit beim Einrichten seines eigenen Lebens zu erwerben'. Für diese wichtige integrative Aufgabe benutzen Slansky u. a. (1969) den Begriff *Emanzipation,* der im folgenden Abschnitt näher erläutert wird.

1.3.7 Entwicklungspsychologie und Emanzipationsbegriff

Langeveld (1954; 1959; 1964) verwendet im Rahmen der Entwicklungspsychologie den Begriff Emanzipationsprinzip. Als Ausdruck des Explorationsprinzips, des aktiven Eingehens auf die Welt, deutet das Emanzipationsprinzip also an, "*daß das Kind selbst jemand sein will*". Ebenso wie Slansky u. a. sieht Langeveld (1954) den Begriff Emanzipation als einen Aspekt der Identitätsbildung oder der Individuation, d. h. der Bildung des Selbst(bewußt)seins.

Gesellschaftlich hat der Begriff der Emanzipation allmählich eine spezifischere Bedeutung angenommen. Er beschreibt einen Prozeß *sozialer* oder *gesellschaftlicher* Aktion, in dem das Streben nach Gleichberechtigung bestimmter Gruppen zum Ausdruck kommt: z. B. Frauenemanzipation. So gesehen handelt es sich um einen soziologischen Begriff, der umschrieben werden kann "als kollektives Erwerben sozialer Anerkennung in einer Situation, in der die Ambitionen einer Gruppe nicht (mehr) zufriedengestellt werden" (Jonkergouw 1971, 39).

Um vor allem den Charakter von Jugendgruppen und -bewegungen zu begreifen, ist es für Entwicklungspsychologen sinnvoll, die soziologische Bedeutung im Auge zu behalten. Ein Emanzipationsbegriff wie bei Langeveld und Slansky ist zu begrenzt, da er zu sehr aus der Perspektive der Entwicklung des Individuums in seinem primären Milieu gesehen wird: der Familie. Dann müßte man eigentlich eher von Mündigkeit (sich nicht mehr bevormunden lassen) sprechen als von Emanzipation. Auch die Erweiterung des Begriffs *Mündigkeit* von Adorno (1970) deckt sich nicht vollständig mit dem, was wir unter Emanzipation verstehen. Adorno verbindet Mündigkeit mit dem Mut zur Rationalität ("der Mut, sich seines Verstandes zu bedienen") und betrachtet Mündigkeit auch als eine dynamische Kategorie, also als etwas, das ständig erkämpft werden muß.

"Emanzipation" bedeutet laut Mollenhauer "die Befreiung der Subjekte ... aus Bedingungen, die ihre Rationalität und das damit verbundene gesellschaftliche Handeln beschränken" (1973, 11). Diese Bedingungen sind im besonderen von überflüssigen Formen der Macht verursacht (Giesecke 1974). Dies gilt sowohl für die Art als auch für die Ausübung der Macht. Folgende Arten der Macht lassen sich u. a. unterscheiden: Belohnungsmacht, zwingende Macht (Zwang), legitimierte Macht (Autorität), Identifikationsmacht und Expertenmacht (French & Raven 1968). Nur die zweite Form (Zwang) ist – außer in Ausnahmesituationen – überflüssig, aber jede Macht kann mißbraucht werden: rechtmäßige Macht kann unrechtmäßig angewendet werden, Laster und Dummheit können belohnt werden, Autorität kann auf überholten Legitimationen beruhen, die Identifikationsfigur kann ein falsches Vorbild geben und der Experte kann mit seiner Ansicht schiefliegen.

Es wurde auf das Emanzipationsproblem hingewiesen, das durch den Mangel an genügend *interner Kontrollüberzeugung* in diskriminierten Gruppen entstehen kann. Mit diesem Begriff meinen Rotter u. a. (1966), daß Belohnung als Folge des eigenen Verhaltens betrachtet wird und nicht als Effekt der externen Macht (*externe Kontrollüberzeugung*). So kommt beispielsweise die interne Kontrollüberzeugung bei Mädchen später zustande als bei Jungen (Deci 1976) und bei anderen diskriminierten Gruppen (Farbigen, sozial Schwachen) in geringerem Maße als bei Nichtdiskriminierten; demnach könnte ein Zusammenhang zwischen Sozialisierungsfaktoren (Erziehungsfaktoren) und Emanzipation bestehen. Lefcourt (1967) hat auf den Zusammenhang zwischen dem "Ort der Kontrolle" (intern oder extern) und der Informationsverarbeitung hingewiesen. Menschen, die besser über ihre Situation informiert sind, weisen eine interne Orientierung auf. Verbesserung der Information kann dazu beitragen, daß sozial Schwächere erkennen, daß ihre Bemühungen unter bestimmten Voraussetzungen lohnend sind. Phares (1976) hat darauf hingewiesen, daß der "Ort der Kontrolle" auf ein Kontinuum festgelegt werden muß; jemand reagiert also eigentlich nicht intern oder extern, sondern *eher* intern oder *eher* extern.

Die Verbindung des Emanzipationsbegriffs mit der kritischen Theorie wurde von Habermas hergestellt. Es ist der emanzipatorische Wissensdrang, der Wissen und Interesse kritisch in der Kraft der Selbstreflexion vereint (Habermas 1968).

Entwicklungspsychologisch betrachtet ist der Emanzipationsbegriff von großer Bedeutung. Die Entwicklung einer Person verläuft anders, wenn sie in der Erziehung die Möglichkeit erhält, ihren Explorationsdrang zusammen mit Altersgenossen zu entfalten. Exploration (die Langeveld mit Emanzipation in Zusammenhang bringt) kann zu der Entdeckung führen, daß man selber eigene Wege gehen kann (individuelle Identitätsbildung), aber auch dazu, daß man dies besser mit anderen zusammen tun kann, die sich in derselben diskriminierten Position oder Bevormundung befinden (Bildung der Gruppenidentität). Diese Entdeckung setzt beim Kind jedoch ein gewisses Reifeniveau voraus, ab dem es sich von seinem primären Milieu zu distanzieren beginnt. Dies geschieht frühestens in den späten Grundschuljahren, in ausgeprägter Form in den Jugendjahren.

Zusammenfassend kann *Emanzipation* umschrieben werden als ein Prozeß, in dem Individuen während ihrer Entwicklung zusammen mit denjenigen, die sich in derselben Situation befinden, lernen, sich als gleichberechtigte Gruppe zu behaupten sowie auch als Personen, die innerhalb der Gruppe ihre Individualität besitzen. Sie versuchen, sich aus Bindungen, die sie zu einer diskriminierten oder bevormundeten Gruppe machen, zu befreien. Erziehung kann Kindern und Heranwachsenden bei einem solchen Prozeß helfen, indem sie sie immer wieder zur kritischen Reflexion und Selbstreflexion herausfordert.

Die Theorie der interaktionistischen Synthese eignet sich am besten dazu, die Entwicklung des Menschen zu erklären und zu verstehen und steht weder im Widerspruch zu der Konzeption von Entwicklungsaufgaben noch zum Emanzipationskonzept. Dieser Standpunkt stimmt mit Kagans (1980) Ansicht überein, daß es "äußerst schwierig ist, eine Disposition zu finden, die unter bestimmten Milieubedingungen nicht verändert werden kann". Der Interaktionismus vereinigt auf ausgewogene Weise die Faktoren, die die Entwicklung beeinflussen – Veranlagung und Umgebung, Reifung und Lernen —, da deren Interaktion nicht als Spiel von willkürlichen endogenen (von innen kommenden) und exogenen (von außen kommenden) Faktoren gesehen wird, sondern Entwicklung ausdrücklich als ein Prozeß gesehen wird, der mitbestimmt wird von persönlicher Initiative und der Selbsteinschätzung des sich entwickelnden Menschen. Entwicklung als Resultat von Interaktionen ist ein *dynamischer Prozeß*.

Die gesellschaftliche Einbindung persönlicher Initiative ist sowohl das Thema der Theorie der Entwicklungsaufgaben als auch das Thema der Emanzipationstheorie, da beide sowohl den Einfluß der Kultur als auch den der Gruppe in einer gleichen sozialen Situation akzentuieren. So sind endogene und exogene Ursachen, persönliche Initiative und Selbsteinschätzung, Gruppenverbundenheit und gesellschaftliche sowie kulturelle Bindungen und deren gegenseitige Beziehungen in *einer* Theorie vereinigt. Dies stimmt mit Auffassungen wie denen von Hill (1973) und Thomae (1968a) sowie mit dem *Isomorphismus*-Modell von Oerter (1981) überein. Hill stellt an eine Entwicklungstheorie vier Forderungen, nämlich (1) daß nur der Lebenslauf der richtige Rahmen ist, in dem sich Kontinuitäten und Diskontinuitäten (Bruchlinien in der Entwicklung) beurteilen lassen; (2) daß das Begriffssystem sowohl anwendbar ist auf Veränderungen in der Person als auch auf Veränderungen in der Umgebung; (3) daß die Theorie interaktionistisch ist; (4) daß das Verhalten immer als eine Funktion von persönlichen und situationellen Variablen beurteilt wird. Die letzte Forderung verweist auf die life-space-Theorie von Lewin (1963), in der die zentrale Frage steht, wie die Person ihre Welt erlebt.

Thomaes thematische Analyse des Lebenslaufs geht ebenfalls davon aus, daß das Individuum selbst bestimmt, was für seine Persönlichkeit wichtig ist. Bestimmte Themen, z. B. das Finden des Gleichgewichts (Regulation, Äquilibration), Erweiterung des Daseinshorizonts (Exploration), sich zu unterscheiden und zu aktualisieren, sich sozial integriert zu fühlen und den Normen entsprechen zu wollen, spielen während des Lebenslaufs stets aufs neue eine Rolle und stehen weitgehend im Blickpunkt dessen, was man als emanzipatorische Entwicklung bezeichnen kann, worin die Theorie also ihren Zusammenhang findet. Laut Oerter kann man Entwicklung beschreiben als die Erzeugung einer Gestaltgleichheit (Isomorphie) auf stets höherem Niveau zwischen der objektiven (gesellschaftlichen) Struktur und der subjektiven Struktur des Individuums. Dieser interaktionistische Zeugungsprozeß geht einher mit Veränderungen im Individuum und in der Umgebung. Neben den bisher besprochenen "Makrotheorien", die das Entwicklungsgeschehen als Ganzes betreffen, wurden unzählige "Mikrotheorien" oder Theorien von niedrigerer Ordnung entworfen, die vor allem bestimmte Entwicklungserscheinungen zu erklären versuchen. Es ist auch oft noch zu früh, um zu beurteilen, welche der gegebenen theoretischen Alternativen am besten in eine emanzipatorische Annäherung an das Entwicklungsphänomen paßt. Will man eine umfassende Makrotheorie prüfen, wird man nicht mit Methoden auskommen, die nur einen Aspekt berücksichtigen. Eine Kombination verschiedener Methoden scheint daher am geeignetsten. Darauf gehen wir im Verlauf dieses Kapitels noch näher ein.

1.4 Methoden der Entwicklungspsychologie

In diesem Buch wird den Methoden der Entwicklungspsychologie nur soviel Aufmerksamkeit geschenkt, wie nötig ist, um zu begreifen, wie Entwicklungspsychologen arbeiten.* Einige Methoden dienen vor allem dazu, unser Wissen über die Entwicklungsphänomene zu erweitern, andere wiederum dazu, um bei individuellen Entwicklungsschwierigkeiten Hilfe bieten zu können. Wir können also unterscheiden zwischen allgemeinen Ansätzen und spezifischen Methoden. Ein allgemeiner Ansatz liefert einen Einblick in den gesamten Entwicklungsverlauf oder in bestimmte Aspekte davon, z. B. in die intellektuelle Entwicklung oder in die Bedeutung der endogenen und exogenen Faktoren in der Entwicklung. Zu den spezifischeren Methoden gehören spezielle Techniken, die dazu verwendet werden, den Entwicklungsphänomenen auf die Spur zu kommen.

1.4.1 Allgemeine Forschungsmethoden

Oben wurde in zwei Gruppen unterteilt: Die eine Gruppe liefert mehr Informationen über die Gesamtheit der Entwicklung oder über bestimmte Aspekte; die andere Gruppe liefert ein Bild darüber, was in der Entwicklung auf Veranlagung zurückzuführen ist und was durch die Umgebung (insbesondere durch die Kultur) bedingt wird.

1.4.1.1 Längsschnitt- und Querschnittmethoden

Mit der *Längsschnittmethode* versucht man über mehrere Jahre, Jahrzehnte oder gar über den ganzen Lebenslauf hinweg, den Entwicklungsverlauf von Personen oder Personengruppen zu erforschen und festzustellen, ob und wodurch Veränderungen auftreten oder auch, ob und in welchen Verhaltensdimensionen Gleichförmigkeit vorherrscht. Bestimmte Aspekte werden bei denselben Menschen über mehrere Jahre hinweg untersucht, so daß man ein Bild von der gesamten Entwicklung erhält (siehe Terman, Abschnitt 4.7). Vorteil dieser Forschungsmethode ist, daß man den Verlauf exakt verfolgen kann. Von Nachteil ist jedoch, daß Menschen über eine lange Periode hinweg für Untersuchungen zur Verfügung stehen müssen. Dies erweist sich in der Praxis zuweilen als schwierig.

Im Gegensatz hierzu untersucht man mit Hilfe der *Querschnittmethode* Gruppen verschiedenen Alters. Durch die Wahl von einander folgenden Altersgruppen erhält man zwar ein Bild von Entwicklungsabschnitten bestimmter Persönlichkeitsaspekte, jedoch ist dieses Bild weniger zuverlässig oder zumindest weniger deutlich, da es – im Gegensatz zur Längsschnittuntersuchung – immer wieder andere Personen betrifft. Ein Vorteil besteht jedoch darin, daß man einen besseren Einblick in Faktoren erhalten kann, die spezifisch bzw. nicht spezifisch für eine Gruppe sind, da es in der Praxis nicht schwierig ist, Gruppen im Hinblick auf zu vergleichende Faktoren zusammenzustellen, z. B. Gruppen mit einem unterschiedlichen gesellschaftlichen Status. Mit der Querschnittmethode erfaßt man Alters*unterschiede*, während man mit der Längsschnittmethode Alters*veränderungen* erfaßt.

* siehe dazu Baltes (1977).

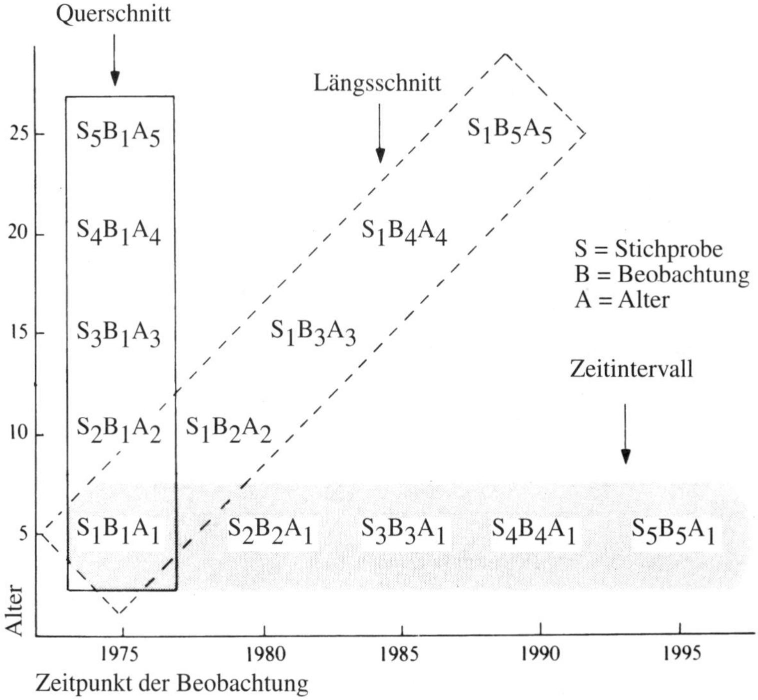

Abbildung 1. Eine Querschnittmethode umfaßt verschiedene Stichproben (S1-S5) der verschiedenen Altersabschntitte (A1-A5), die zu einem Zeitpunkt je einmal beobachtet werden (B1). Ein Längsschnittmodell folgt derselben Stichprobe (S1) durch alle Altersabschnitte (A1-A5), wobei von wiederholten Beobachtungen Gebrauch gemacht wird (B1-B5). Das Schema illustriert auch die Zeitintervall-Methode (time-lag-Methode) (Schaie, 1965): Das Kontrastieren von Stichproben von verschiedenen Kohorten (S1-S5), jedoch im selben Alter. Die Zeitintervall-Methode zeigt die potentielle Bedeutung historischer Veränderungsprozesse im Hinblick auf psychische Entwicklung (Baltes u.a. 1977).

Bei der *Zeitintervall*-Methode (time-lag) vergleicht man gleichaltrige Menschen, die jedoch zu verschiedenen Kohorten gehören (eine *Kohorte* ist die Gesamtheit der zu einem bestimmten Zeitpunkt geborenen Individuen). So fand Wheeler (1942), daß gleichaltrige Kinder aus derselben Gegend bei intellektuellen Aufgaben im Jahre 1940 höhere Punkte erzielten als 1930.

Eine *Kombination* von Längsschnitt- und Querschnittmethode kann erreicht werden, indem man Gruppen zusammenstellt, die sich altersmäßig überlappen und sie über einige (z. B. drei) Jahre hinweg beobachtet. Stellt man z. B. Gruppen von Jugendlichen im Alter von 12, 13 und 14 Jahren einerseits und Gruppen im Alter von 14, 15 und 16 Jahren andererseits zusammen, so kommt die Längsschnittmethode einigermaßen zu ihrem Recht, da man dieselben Gruppen drei Jahre hintereinander beobachten kann. Auch die Querschnittmethode kommt zu ihrem Recht, da man die verschiedenen Gruppen so zusammenstellen kann, daß die sich überlappenden 14jährigen hinsichtlich bestimmter Faktoren verglichen werden können. Das in Nij-

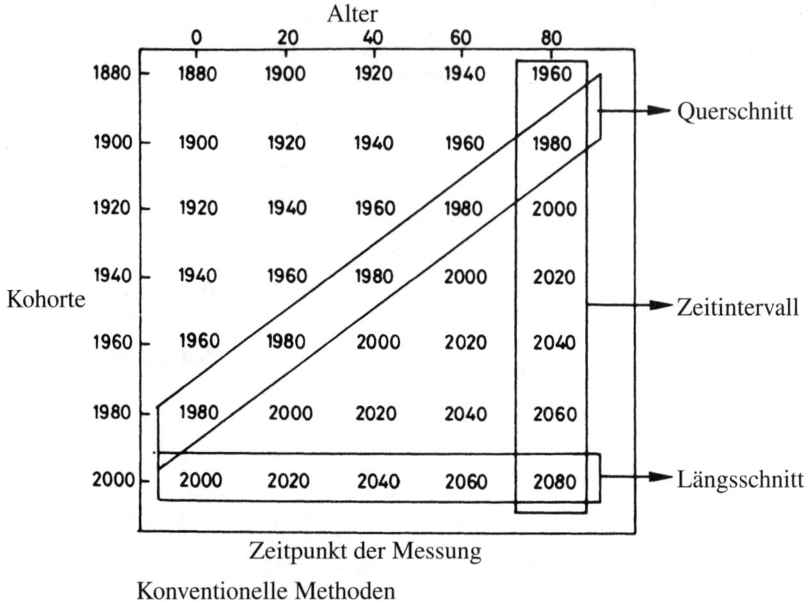

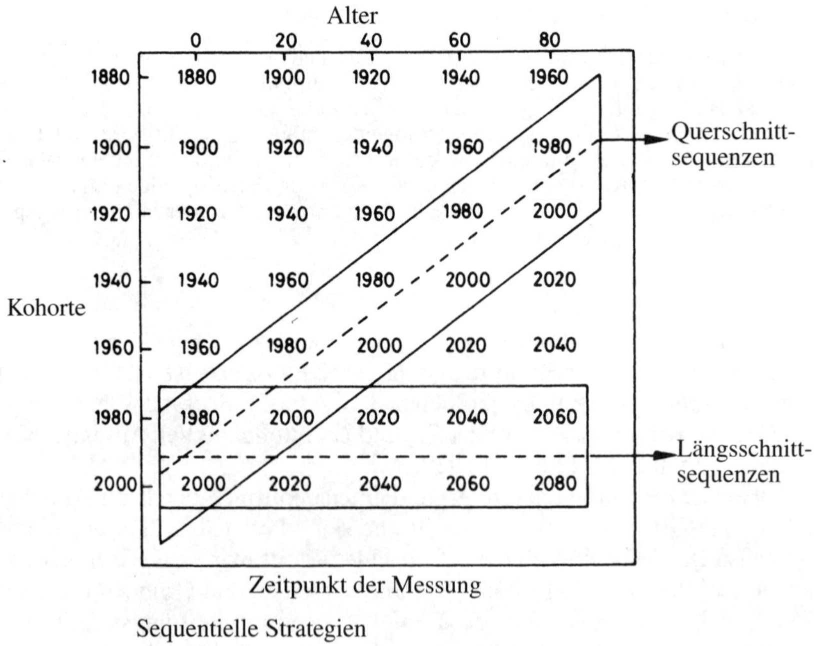

Abbildung 2. Erläuterung einfacher Querschnitt-, Längsschnitt- und Zeitintervall-Modelle (oben) und Querschnitt- und Langzeitsequenzen (unten). Entnommen aus Baltes u. a. 1977.

megen durchgeführte Wachstumsprojekt ist ein derartig kombiniertes Forschungsprojekt (Mönks u. a. 1975; Prahl-Andersen u. a. 1979).

Eine vergleichende Übersicht der drei genannten Methoden geben Baltes u. a. (Abbildung 1). Schaie (1965) hat auch auf die Bedeutung von unabhängiger und wiederholter Beobachtung hingewiesen, so daß Personen derselben Kohorte aufeinanderfolgend z. B. zweimal untersucht werden. Baltes u. a. (1977) kommen dann zu einem Unterschied zwischen konventionellen und sequentiellen Strategien (Abbildung 2) (siehe hierzu auch Trautner 1995, 157-165).

1.4.1.2 Kulturvergleichende Forschung

Es war die kulturelle Anthropologie, die deutlich gemacht hat, daß Faktoren, die früher oft als Reifungsfaktoren bezeichnet wurden, eigentlich den kulturellen Kontext, in dem Kinder aufwachsen, betreffen. M. Mead (1959) konnte zeigen, wie stark z. B. das Erleben der Geschlechtsreifung in den Jugendjahren abhängig ist von der Art und Weise, wie diese in bestimmten Kulturen bewertet und wie mit ihr umgegangen wird. Kulturen wie die abendländische, in der eine Diskrepanz besteht zwischen Geschlechtsreife und Toleranz des sexuellen Verhaltens, die bis vor kurzem (zumindest formell) an das Hochzeitsdatum gebunden war, gehen mit der Sexualität ganz anders um als Kulturen, in denen die an Erwachsene gestellten Verhaltensforderungen anders und weniger komplex sind.

Dies gab Anlaß zu vergleichenden Studien über gleichaltrige Personen verschiedener Kulturen (und Subkulturen), die einen besseren Einblick in viele Aspekte der Persönlichkeitsentwicklung ermöglichten. So meint Piaget (1937), daß die Entwicklung der Intelligenz mit einem "egozentrischen Stadium" beginnt, in dem das Kind noch nicht zwischen sich selbst und der Außenwelt unterscheidet. Mit Entwicklung der Intelligenz wird das Kind zu dieser Unterscheidung fähig. Bruner (1972) konnte zeigen, daß bei Kindern aus Senegal eine derartige Entwicklung nicht stattfindet, ebenso wie der Forscher Reich zeigen konnte, daß bei Eskimos Gegensätzlichkeiten zwischen Individuum und Umwelt, wie wir sie aus unserer westlichen Kultur kennen, nicht bestehen. Die Entwicklung von egozentrischen zu objektiverem Denken ist offensichtlich typisch für die Entwicklung des Kindes in der individualistisch orientierten abendländischen Gesellschaft.

Durch kulturvergleichende Forschung kann entwicklungspsychologisches Wissen vertieft werden. Auch innerhalb der abendländischen Welt ist eine derartige Betrachtungsweise, die man auch bei marxistischen Autoren (Kossakowski 1966; Davidow 1961) antrifft, durch Vergleiche zwischen Kindern der verschiedenen Rassen innerhalb einer Gesellschaft zustande gekommen (z. B. Farbige in der amerikanischen Gesellschaft). Solche kulturellen Unterschiede werden manchmal als subkulturell bezeichnet, d. h. sie beziehen sich auf verschiedene Gruppen innerhalb derselben Gesellschaft. Jensens Untersuchungen (1969) ergaben, daß Farbige (anhand von Intelligenztests untersucht) im Durchschnitt einige Punkte weniger erzielten als Weiße, was dann zu Aussagen führte wie: Farbige sind weniger intelligent als Weiße. Diese Untersuchung betraf vergleichbare Gruppen mit Farbigen und Weißen, vergleichbar sowohl hinsichtlich des sozial-ökonomischen Status als auch hinsichtlich der Ausbildung. Verwendet wurden dabei "culture-fair"-Tests, d. h.

sprachfreie Tests, so daß eventuelle Sprachprobleme keine Rolle spielen konnten. Dies ist wichtig, da u. a. Soziologen plausibel machen konnten, daß Sprachentwicklung subkulturell bedingt ist (Bernstein 1970). Offen bleibt die Frage, ob man angesichts des häufig beobachteten unterschiedlichen Leistungsdrangs, des unterschiedlichen sozialen Charakters – um einige auffallende Unterschiede zu nennen – Farbige und Weiße auf diese Weise überhaupt vergleichen kann. So ist beispielsweise offensichtlich auch der 'sprachfreie' Raventest in starkem Maße vom kulturellen Hintergrund abhängig (Drenth 1973, 116). Die kulturvergleichende Forschung hat deutlich gemacht, daß vor allem das Leistungsprinzip in der Entwicklung eine wichtige, kulturell und subkulturell unterschiedliche Rolle spielt.

1.4.2 Spezifische Methoden

Innerhalb der oben beschriebenen Forschungsmethoden können verschiedene spezifische Untersuchungsmethoden angewendet werden. Sehr verallgemeinert kann man eine Einteilung in experimentelle und nicht-experimentelle Methoden vornehmen.

1.4.2.1 Experimentelle Methoden

Hier können wir unterscheiden zwischen strikten *Experimenten* und sogenannten Feldexperimenten. Der Unterschied liegt vor allem in den Möglichkeiten, kausale Beziehungen zwischen bestimmten Faktoren und dem Entwicklungsgeschehen aufspüren zu können. Bei strikten Experimenten kann man die Situation im allgemeinen besser kontrollieren, so daß man berechtigtere Aussagen über die Zusammenhänge machen kann; Feldexperimente gehen von einer Situation aus, die dem wirklichen Leben näher steht.

Ein *Experiment* wird so eingerichtet, daß alle Faktoren, die sich unterscheiden können (Variablen), bis auf einen (die unabhängige Variable) konstant gehalten werden, so daß untersucht werden kann, welche verschiedenen Effekte (abhängige Variablen) die Änderung (Manipulation) dieser Variablen zur Folge hat.

Man macht bei Experimenten Gebrauch von einer experimentellen Gruppe, die man mit der unabhängigen Variable konfrontiert, und von einer Kontrollgruppe, die hinsichtlich aller Variablen – außer der unabhängigen – so weit wie möglich gleich ist. So kann man zwei Gruppen von Kindern, die sich hinsichtlich Alter, Intelligenz, sozial-ökonomischem Status, Rasse, Ausbildung usw. (je mehr übereinstimmende Faktoren, desto besser) nicht unterscheiden, in eine je unterschiedliche Situation bringen. Man läßt sie denselben Auftrag ausführen, z. B. eine Prüfung ablegen. Die eine Gruppe erhält die Mitteilung, daß die Prüfung nur eine Übung ist. In der anderen Gruppe wird hingegen mitgeteilt, daß die, die die Prüfung am besten machen (z. B. eine Zwei oder sogar eine Eins bekommen), eine materielle Belohnung erhalten. Das Experiment prüft die "Hypothese", daß die experimentelle Gruppe die Prüfung besser machen wird als die Kontrollgruppe. Signifikante, d. h. nicht als Zufall zu erklärende Unterschiede zwischen den durchschnittlichen Ergebnissen der beiden Gruppen geben an, ob die Hypothese falsifiziert, d. h. verworfen werden muß. Ist dies nicht der Fall, dann darf man annehmen, daß ein *kausaler* Zusammenhang zwischen Belohnung (unabhängige Variable) und Testleistung (abhängige Variable) besteht. Man kann also davon ausgehen, daß die Form der Belohnung die Testleistung unter diesen Bedingungen beeinflußt. Eine Generalisierung, nämlich daß Belohnung zu besseren Leistungen motiviert, geht eigentlich schon über die experimentellen Bedingungen hinaus und daher zu weit. Dies zeigt, wie vorsichtig man mit den Ergebnissen von Experimenten umgehen muß; es zeigt auch die Einschränkungen, denen experimentelle Methoden bei psychologischen Untersuchungen von sozialen Situationen unterliegen.

Wenn wir mit einer gewissen Vorsicht die oben erwähnte Generalisierung doch wagen, ist es entwicklungspsychologisch gesehen relevant, ob ein derartiger Zusammenhang auch bei Kindern in einem anderen Alter nachgewiesen werden kann. Sollte dieser Zusammenhang z. B. für Kinder im Alter von 10 Jahren, jedoch nicht für Jugendliche im Alter von 17 Jahren gelten, dann sagen diese Daten etwas über den Einfluß der materiellen Belohnung in verschiedenen Altersstufen aus.

Die Schwäche der experimentellen Forschung liegt in der fehlenden ökologischen Validität, d. h. sie besitzt zu wenig Merkmale der natürlichen Umgebung (Bronfenbrenner 1976). Darum werden Experimente oft in einer freieren Situation durchgeführt, z. B. wenn ganze Schulklassen miteinander verglichen werden. In einem solchen Fall spricht man aus verschiedenerlei Gründen lieber von einem *Feldexperiment.* Vorerst ist es beinahe unmöglich, Klassen hinsichtlich einer großen Anzahl von Faktoren gleichzuschalten. Man muß sich mit einigen Faktoren begnügen: Das Alter ist in Klassen desselben Niveaus ungefähr gleich; man kann Schulen in der Stadt oder auf dem Land wählen, sich für bzw. gegen Arbeiterviertel entscheiden. Aber es besteht noch ein anderer Unterschied zu strikten Experimenten: Der Ausbildungsgrad von Schulkindern im selben Alter aus verschiedenen Klassen kann unterschiedlich sein, z. B. schon wegen der Verwendung unterschiedlicher Schulbücher. Die Ergebnisse eines solchen in der Schulsituation durchgeführten Feldexperiments sind zum Falsifizieren von Hypothesen weniger gut geeignet. Die Untersuchung bleibt *explorativ* anstatt *überprüfend,* d. h. sie gibt eine Tendenz an, die in einer nachprüfenden Untersuchung näher erforscht werden muß.

Oft muß sich der Entwicklungspsychologe mit den Ergebnissen einer solchen explorativen Untersuchung zufriedengeben. Indem er auch andere als nur experimentelle Methoden verwendet, erreicht er manchmal, daß die Ergebnisse konvergieren, d. h. in dieselbe Richtung weisen, so daß die sich daraus ergebende Wahrscheinlichkeit erhöht wird.

1.4.2.2 Nicht-experimentelle Methoden

Ein Experiment dient dazu, Beobachtungen zu sammeln, deren Objektivitätscharakter so groß wie möglich ist. Der Entwicklungspsychologe ist nicht immer in der Lage, die Situation so gut unter Kontrolle zu halten. Er kann jedoch Dinge wahrnehmen, die sowohl praktisch als auch theoretisch von Bedeutung sind. Seine *Beobachtungs*methoden können dabei unterschiedlich sein. Er verwendet verschiedene Instrumente (= Mittel) und Techniken, wie z. B. die *Geschehensstichprobe* ('event sample' = Verhaltenskategorien verwenden und registrieren, wann immer diese auftreten; siehe 3.3.7) oder die *Zeitstichprobe* (spezifische Verhaltensweisen am Ende eines Zeitintervalls registrieren).

Die *klinische Methode* unterscheidet sich von der experimentellen Methode vor allem dadurch, daß keine standardisierte Manipulation erfolgt, sondern eine, die abhängig ist von der Interaktion zwischen Versuchsleiter und Versuchsperson, so daß die Situation je nach Kind unterschiedlich sein kann. Das Kind muß einen Auftrag argumentierend ausführen, der Versuchsleiter geht auf die individuelle Antwort des Kindes ein. In verschiedenen Altersstufen werden gleichaltrige Kinder entweder nacheinander oder gleichzeitig durch verschiedene Beobachter befragt. Als Instrumente verwendet man *Tests* der unterschiedlichsten Art oder andere zielgerichtete Aufträge. Piaget (1947) ließ Kinder unterschiedlichen Alters lange Regenwürmer aus Knetmasse formen. Die Kinder im Alter von vier Jahren meinten, daß die nun geformten Regenwürmer aus mehr Knetmasse bestehen als die anfangs an einem Stück vorhandene Menge. Die Achtjährige machten diesen Fehler nicht mehr. Sie sahen ein, daß die Verformung kein magischer Vorgang ist; sie kannten das Gesetz der Erhaltung (Konservierung) der Menge beim Verformen des Materials.

Gilt dies für eine Anzahl beobachteter Fälle, muß dies noch lange nicht für alle oder die überwiegende Mehrheit der Kinder in diesem Alter gelten. Selbstverständlich untersucht der Experimentator nicht alle Kinder, wohl aber versucht er mittels bestimmter Techniken zu vermeiden, daß die Ergebnisse seiner Untersuchung nur für die von ihm getesteten Kinder gelten. Dies geschieht, indem er z. B. zwei Gruppen auswählt und in diesen alle Variablen, außer der experimentellen, konstant hält. Eine Garantie kann Piaget in seiner Betrachtungsweise nicht geben, ebensowenig wie der Kliniker, der eine Reihe beliebiger Kinder in einem bestimmten Alter mit denselben Testtechniken untersucht.

Der Entwicklungspsychologe bedient sich auch anderer Untersuchungsmethoden, wie z. B. der *Survey-Untersuchung,* bei der Stichproben aus großen Bevölkerungsgruppen untersucht werden (z. B. mit Hilfe von *Interview* oder *Befragung*). Da hierbei keine Hypothesen auf der Grundlage des Manipulierens von Variablen geprüft werden können, wird diese Art der Untersuchung oft als *ex post facto* (= nachträglich) bezeichnet: Die Zusammenhänge werden erst nachträglich festgestellt (Albinski 1967). Diese Fragebogenmethode gewinnt immer mehr Bedeutung in den Sozialwissenschaften. Hierbei kann dann noch unterschieden werden (wie bei den Beobachtungsmethoden auch) zwischen 'Selbstmitteilung' ('selfreport') und Berichterstattung durch Dritte. So kann man über das religiöse Verhalten von Kindern und Jugendlichen (Kirchgang, Beten, Teilnahme am Abendmahl oder an der Kommunion, Beichten, kirchliche Trauung usw.), bei den beteiligten Personen selbst oder bei ihren Eltern, Lehrern, den Pfarrern usw. nachfragen.

Ein *Fragebogen* umfaßt eine Reihe von Fragen, die sich auf eine konkrete Fragestellung beziehen. Die Fragen können offen sein, wobei die Antwort frei gegeben wird, oder vorformulierte Antwortmöglichkeiten haben, z. B. eine abgestufte Skala.

In letzterem Fall wird die Frage oft in Form einer These gestellt, mit der man sich einverstanden erklären oder die man ablehnen kann. So kann man z. B. Eltern die These vorlegen:

Das Lesen einer Zeitschrift wie Playboy ist nicht geeignet für junge Kinder (unter 12 Jahren)

Völlig richtig ... ☐
Richtig ... ☐
Weiß ich nicht ... ☐
Falsch ... ☐
Völlig falsch ... ☐

Beantwortet wird durch Ankreuzen hinter einer der Alternativantworten dieser Fünf-Punkte-Skala. Mehrere solcher *Items,* die zusammen die Skala bilden, vermitteln dann einen Eindruck über die Einstellung der Eltern z. B. zu bestimmten Aspekten der sexuellen Erziehung ihrer Kinder.

Wenn in dem Fragebogen auch persönliche Fragen enthalten sind (z. B. über Konfession, sozial-ökonomischen Status, Ausbildung, Wohnort, Alter der Eltern usw.), können damit nicht nur relevante entwicklungspsychologische Erkenntnisse über Eltern unterschiedlichen Alters gewonnen werden (z. B. ihre Toleranz gegenüber dem sexuellen Verhalten der Kinder), sondern auch über die Entwicklung der Kinder, da die sexuelle Entwicklung von Kindern u. a. auch durch die Erziehungsverhältnisse beeinflußt wird.

Werden Skalen mit Beurteilungskategorien verwendet, zu denen die eigene Beurteilung gegeben werden soll, so spricht man von *rating.* Die Interrater-Reliabilität, die Übereinstimmung zwischen den Beurteilern, wird dann als Maß für die Objektivität der Beurteilungen angesetzt. Ein wichtiger Unterschied zwischen der klinischen Methode der Datensammlung und der Fragebogenmethode ist, daß die klinische Methode Informationen über tatsächliches Verhalten oder Denkhandlungen liefert (oder zumindest liefern kann), während die Fragebogenmethode Meinungen über das Verhalten registriert. In diesen Meinungsaussagen werden oft Wünsche enthalten sein, die nicht in Übereinstimmung mit der Realität sind. Oft sagen sie mehr über das ideale Ich des Befragten als über sein wirkliches Ich. Ist man sich dessen bewußt, dann sind diese Daten sehr nützlich, da das ideale Ich – ebenso wie die Idealbilder, die man sich zum Vorbild nimmt – wichtig ist, um Einblick in die sich entwickelnde Persönlichkeit zu erhalten, die sich u. a. durch Ideale in ihrer Entwicklung leiten läßt.

Auch mit diesen Methoden kann man Hypothesen prüfen. Man könnte z. B. die Hypothese formulieren, daß junge Menschen zwischen 15 und 25 Jahren der Abtreibung toleranter gegenüberstehen als Personen zwischen 35 und 45 Jahren, was als Indikator für eine Verschiebung der ethischen Norm gelten könnte. Letzteres könnte man dann die Theorie nennen, die den Hintergrund der Hypothese bildet. Durch eine Untersuchung mit einem Fragebogen muß die "Hypothese" geprüft werden. Außerdem können Zusammenhänge hinsichtlich der religiösen Auffassungen usw. nachträglich entdeckt werden. Hypothetisch könnte man auch behaupten, daß der Toleranzunterschied zwischen den Altersstufen z. B. bei gläubigen Christen größer ist.

Bis jetzt haben wir spezifische Methoden besprochen, die zwar nicht typisch sind für die Entwicklungspsychologie, mit denen der Entwicklungspsychologe jedoch oft arbeitet. Bedenkt man, daß Entwicklung mit dem ganzen Lebenslauf zusammenhängt, dann müssen schon eine ganze Menge Daten über den Lebenslauf einer Person registriert werden, um als Material für entwicklungspsychologische Untersuchungen in Betracht zu kommen. Als allgemeine Betrachtungsweise ist hier also die Längsschnittmethode von Bedeutung. In Kombination mit dem Registrieren von *Aufzeichnungen* (Datensätze, Niederschriften, Spezimenbeschreibungen von charakteristischen Verhaltensweisen) ergibt sich daraus die *biografische* Methode, bei der Tagebücher, Briefe, Gedichte, Aufsätze und andere persönliche Dokumente verwendet werden, die natürlich auch ein autobiografisches Gepräge haben können (Introspektion, Selbstdarstellung). Ein gutes Beispiel dafür ist das *Das Tagebuch der Anne Frank.* 12. Juni 1942 - 1. August 1944 (1950). Bei solchen Aufzeichnungen kann mit Hilfe eines bestimmten Kategoriensystems eine *Inhaltsanalyse* vorgenommen werden, so daß man auf objektive Weise systematisch quantitative und qualitative Informationen gewinnt.

Bei Untersuchungen mit Hilfe von z. B. *Aufsätzen* fordert man junge Menschen dazu auf, ihre Gedanken über das eine oder andere Problem zu formulieren, wobei man die gestellte Aufgabe strukturieren kann. So ist es möglich zu ergründen, wie Jugendliche sich zu einem bestimmten Problem äußern, wie etwa zu ihren Erwartungen an die Zukunft (Lutte u. a. 1970). Diese Methode setzt verbale Äußerungsmöglichkeiten voraus, die kleine Kinder noch nicht besitzen, so daß die Methode bei ihnen nicht anwendbar ist. Daneben kann man Tests verwenden, in denen Personen mit ihren eigenen Wertvorstellungen konfrontiert werden. Wenn dies periodisch wiederholt wird, sagt dies etwas über die Veränderungen aus, die in der Zwischenzeit stattgefunden haben. Hierzu kann man wie Mönks (1975) den Konfrontationstest von Hermans (1974) verwenden.

1.5 Das Multitrait-Multimethod-Paradigma

Wir haben einige Methoden und Techniken besprochen, die in der Entwicklungspsychologie angewendet werden. Jede dieser Methoden hat ihre ganz besonderen Vor- und Nachteile. Um so präzise und zuverlässig wie möglich Untersuchungsergebnisse zu erhalten, verwendet man in der psychologischen Forschung gerne eine Untersuchungsmethode, die das Multitrait-Multimethod-Paradigma genannt wird. Zunächst müssen wir jedoch der Frage nachgehen, aus welchen Elementen sich ein psychologisches Meßresultat zusammensetzt. Hierbei kann man mindestens drei Elemente unterscheiden:

1. Variationen, die Unterschiede wiedergeben, die in den gemessenen Eigenschaften auftreten (z. B. Variationen der Leistungen einer Versuchsperson aufgrund von Ermüdung, Konzentrationsverlust, verminderte Motivation usw. während der Testabnahme).
2. Variationen in den erhaltenen Messungen, die durch Fehler beim Meßvorgang entstehen.
3. Variationen, die auf Zufallsfehler beim Messen zurückgeführt werden müssen.

Bei Anwendung des Multitrait-Multimethod-Paradigmas werden mehrere psychologische Eigenschaften mit Hilfe mehrerer Methoden gemessen. Um die drei oben erwähnten Elemente zu bestimmen, die gemeinsam das Meßresultat bilden, mißt man mit Hilfe einer Meßmethode (z. B. einem bestimmten Test) die verschiedenen Eigenschaften (multitrait), um festzustellen, ob das Meßinstrument die untersuchten spezifischen Eigenschaften mißt. Andererseits mißt man mit Hilfe mehrerer Meßinstrumente (multimethod: z. B. Test, Fragebogen, Beobachtung) dieselbe Eigenschaft, um so das Maß an Übereinstimmung zwischen verschiedenen operationalen Definitionen ein und derselben Eigenschaft bestimmen zu können.

Wendet man das Multitrait-Multimethod-Paradigma konsequent an, so können die einzelnen Elemente der Meßdaten bestimmt werden. Hierbei vergleicht man die folgenden Korrelationen (ein Übereinstimmungsmaß, siehe hierzu z. B. Ferguson 1966):

1. Die Korrelation zwischen wiederholten Messungen derselben Eigenschaft unter Verwendung derselben Methode; ist die Korrelation hoch, bedeutet dies, daß das Meßinstrument zuverlässig ist.
2. Die Korrelation zwischen den Ergebnissen der verschiedenen Methoden, die dieselbe Eigenschaft messen, gibt das Maß an Übereinstimmung zwischen zwei operationalen Definitionen ein und derselben Eigenschaft an.
3. Die Korrelation zwischen den Messungen von zwei verschiedenen Eigenschaften, gemessen unter Verwendung derselben Meßmethode, gibt an, inwieweit Übereinstimmung zwischen diesen Eigenschaften besteht.
4. Die letzte Korrelation ist die zwischen einer Eigenschaft, gemessen mit einer bestimmten Methode, und einer anderen Eigenschaft, gemessen mit einer anderen Methode. Hier erwartet man dann nur ein geringes Maß an Übereinstimmung, da die Meßmethoden und die gemessenen Eigenschaften relativ unabhängig voneinander sind.

Kontrollfragen und -aufgaben

1. Warum kann der Begriff Entwicklung nicht mit Reifung gleichgesetzt werden?
2. Die Entwicklungspsychologie hat sich von einer Psychologie der Kinder- und Jugendjahre zu einer Lebenslaufpsychologie entwickelt – eine Veränderung, die bereits im Jahre 1933 von Charlotte Bühler von einer biologischen Perspektive her eingeleitet wurde. Erläutern Sie, inwiefern die Hinwendung zur 'Psychologie der Lebenssspanne' in den letzten Jahrzehnten sich losgelöst hat von einer ausschließlich biologischen Erklärungsweise!
3. Wo liegen die Gemeinsamkeiten und wo die Unterschiede zwischen Persönlichkeits- und Entwicklungspsychologie?
4. Worin besteht das Charakteristische der biologisch orientierten Theorien, der Milieutheorien, der psychodynamischen und der geisteswissenschaftlichen Theorien?

5. Laut Piaget spielen in der Entwicklung neben der Reifung die Erfahrung, die soziale Transmission und vor allem die Äquilibration oder Selbstregulierung eine Rolle. Erläutern Sie, warum der Interaktionismus in der Zusammenfassung (1.3.8) als Synthese bezeichnet wird!
6. Was versteht man unter der marginalen Position des Jugendlichen? Erklären Sie unter dem Gesichtspunkt der 'marginalen Position' das Emanzipationsstreben von Jugendlichen!
7. Erklären Sie, warum gerade für die Entwicklungspsychologie Längsschnittmethoden so wichtig sind. Warum beschränkt sich die Entwicklungspsychologie dann nicht auf diese Methode?
8. Worin unterscheidet sich die klinische Methode von der experimentellen Methode?

2. Die pränatale Periode und das erste Lebensjahr

2.1 Die Entwicklung von Embryo und Fötus

Die Diskussionen um die Abtreibung haben eindringlich die Frage aufgeworfen, wo die menschliche Lebensentwicklung beginnt. Beginnt sie bei der Geburt oder beginnt sie schon früher? Die biologische Entwicklung beginnt bei der Empfängnis. Wären wir Anhänger der im Mittelalter herrschenden Auffassung der Homunkulusidee, dann müßten wir konsequent sagen: Auch die psychische Entwicklung beginnt bei der Empfängnis. Der Homunkulus-Auffassung zufolge ist bereits bei der Empfängnis alles mikroskopisch klein vorhanden. Veränderungen, die nach der Empfängnis stattfinden, sind lediglich quantitativer und nicht qualitativer Art. Dieser Gedanke kommt auf alten Gemälden zum Ausdruck, auf denen Kinder dieselben alten Gesichter haben wie erwachsene und alte Menschen: Kinder werden dargestellt als Miniaturerwachsene, Erwachsene im Kleinformat.

Wir neigen eher dazu, den *Beginn der psychischen Entwicklung* beim ersten Reagieren des ungeborenen Individuums auf Reize von außen anzusetzen. Diese Reaktion auf Reize von außen beginnt sehr früh. Man hat festgestellt, daß das ungeborene Baby schon nach einigen Wochen reagiert und spontanes Verhalten, Wiederholungsverhalten wie Daumenlutschen und Habituation (Gewöhnung) zeigt. Letzteres bedeutet, daß das Kind sich beispielsweise an Geräusche von außen gewöhnt, d. h. nicht mehr darauf reagiert. So wurde der folgende Versuch gemacht: Bei schwangeren Frauen wurde in regelmäßigen Abständen ein klingelnder Wecker leicht gegen die Bauchdecke gedrückt. Zunächst reagierten die Föten mit erhöhter Pulsfrequenz, die jedoch nach mehrmaliger Wiederholung wieder auf die Normalfrequenz zurückging. Wiederholtes Darbieten desselben Reizes rief keine Reaktion mehr hervor. Dies bedeutet, daß sich die Habituation, die Gewöhnung an den Klang des klingelnden Weckers vollzogen hatte.

Menschlich-biologische Entwicklung beginnt bei der Empfängnis, bei der Befruchtung der weiblichen Eizelle durch ein Spermatozoon, einen Samenfaden. Wenn ein Spermatozoon des Mannes durch die Zellwand des Eies (Ovum) der Frau dringt, vollzieht sich in diesem Augenblick die Empfängnis. In einer schematischen Übersicht (Abbildung 3) wird dargestellt, wie sich dieser Vorgang vollzieht.

Die Möglichkeit zu einer derartigen Befruchtung ist von der Natur festgelegt und vorbestimmt. Einmal in 28 Tagen, in der Regel in der Mitte des Menstruationszyklus, reift ein Ei in einem der beiden Eierstöcke. Von dort aus wandert es langsam zur Gebärmutter. Dieser "Abstieg" dauert gewöhnlich drei bis sieben Tage. Wird das Ei während dieser Zeit nicht befruchtet, löst es sich innerhalb weniger Tage in der Gebärmutter auf. Trifft es jedoch auf ein Spermatozoon und dringt dies durch die Zellwand des Eies, so vollzieht sich im selben Augenblick folgendes: Samenzelle und Ei stoßen beide jeweils 23 Chromosomen aus, die miteinander verschmelzen und das Erbgut des Kindes von Vater und Mutter bilden. Die Chromosomen wiederum enthalten die Gene, die die eigentlichen Träger der Erbfaktoren sind.

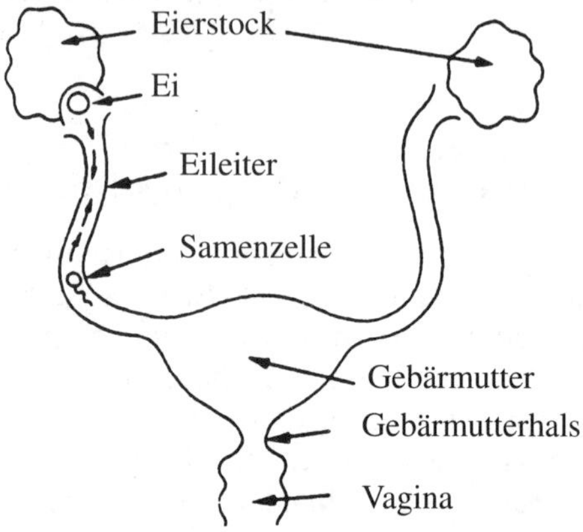

Abbildung 3. Schematische Übersicht des weiblichen Fortpflanzungssystems. Die Abbildung zeigt, wie die Befruchtung stattfindet.

Jede Keimzelle enthält ursprünglich 46 Chromosomen bzw. 23 Chromosomenpaare. Vor der Befruchtung spaltet sich die Samenzelle, so daß Ei und Sperma nur je 23 Chromosomen besitzen, die bei der Befruchtung wieder verschmelzen. So besitzt jedes Individuum 46 Chromosomen. Dieser Prozeß hat zur Folge, daß Kinder derselben Eltern einander nicht ähnlich sehen müssen. Eine schematische Übersicht zeigt, wieviel verschiedene Kombinationsmöglichkeiten bei der Festlegung der Erbanlagen bestehen (Abbildung 4). Wenn sich z. B. Sperma A mit Ovum D vereinigt, besitzt das neue Individuum einen anderen Chromosomensatz, als wenn es sich mit C vereinigt.

Eines der 23 Chromosomenpaare ist das Geschlechtschromosomenpaar. In der Regel sind bei der Frau beide Geschlechtschromosomen gleichförmig und werden als X-Chromosomen bezeichnet. Der Mann dagegen besitzt ein ungleiches Geschlechtschromosomenpaar: Ein X-Chromosom und ein kleineres Y-Chromosom. Beide sind auch in den Körperzellen enthalten. Bei der Zellteilung (Meiose) wird die Anzahl Chromosomen auf die Hälfte verringert. Während die Samenzelle als Geschlechtschromosom dann entweder ein Y- oder ein X-Chromosom enthält, ist es bei der Eizelle immer ein X-Chromosom. Wenn sich nun ein weibliches Ei, das ein X-Chromosom trägt, bei der Befruchtung mit einem Sperma, das ein Y-Chromosom enthält, vereinigt, so entwickelt sich ein Junge. Vereinigt sich hingegen ein Ei mit einem X-Chromosom des Mannes, so entwickelt sich ein Mädchen.

Da die eine Hälfte der Spermazellen X- und die andere Hälfte Y-Chromosomen enthalten, besteht theoretisch betrachtet eine Chancengleichheit hinsichtlich der Empfängnis von Mädchen oder Jungen. Faktisch ist es jedoch so, daß mehr Jungen als Mädchen geboren werden. Im allgemeinen ist das Verhältnis 106:100. Als Ursache hierfür sieht man die Tatsache, daß das Y-Sperma kleiner und beweglicher ist und daher schneller als das X-Sperma in das Ei eindringen kann.

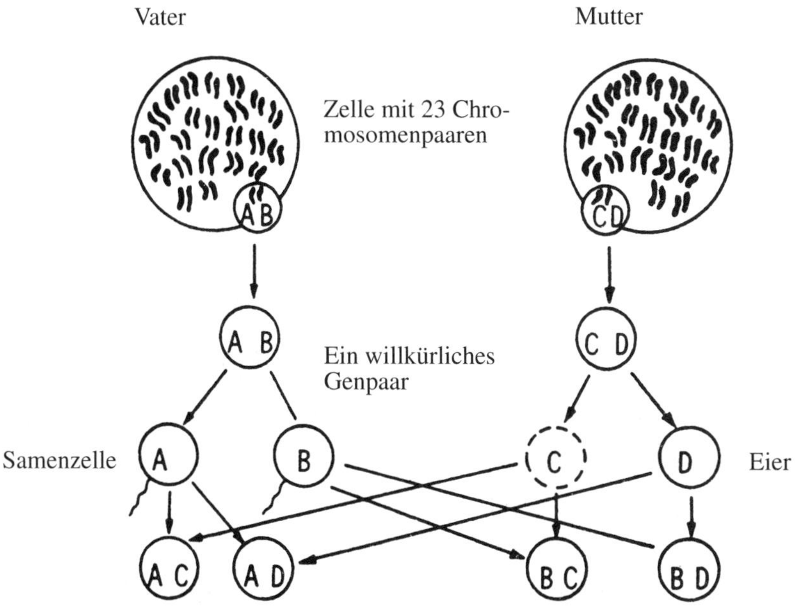

Abbildung 4. Schematische Übersicht der möglichen Genkombinationen der Nachkommen, entstanden aus den Genpaaren der Eltern.

Die physische Entwicklung in der pränatalen Periode ist festgelegt und verläuft nach einem "eingebauten" Plan. Der Kopf, die Augen, der Rumpf, die Arme, die Beine, die Geschlechtsteile und die inneren Organe entwickeln sich in der genannten Reihenfolge und auch ungefähr im selben pränatalen Alter bei allen Föten gleich. Die gleichmäßige und einem bestimmten Schema folgende Entwicklung vor der Geburt und kurz danach ist von großer Bedeutung.

Ein geregeltes Wachstum zeigt sich an der Tatsache, daß alle Föten ihren Kopf drehen können, bevor sie ihre Hände ausstrecken können. Bei kleinen Kindern sehen wir, daß sie sitzen können, bevor sie stehen können. Sie lallen, bevor sie sprechen, sie zeichnen einen Kreis, bevor sie ein Viereck zeichnen.

Obwohl die pränatale Entwicklung biologisch festgelegt ist, wirken natürlich auch Einflüsse von außen auf die Entwicklung ein. Insgesamt gesehen wissen wir noch nicht sehr viel über diese Einflüsse von außen, aber die Forschungen zum pränatalen Ablauf nehmen in den letzten Jahren ungemein zu, insbesondere auch im Bereich der Wahrnehmung.

2.2 Prä- und perinatale Einflüsse auf postnatales Verhalten

In der pränatalen Phase unterscheiden wir drei Perioden: (1) die germinale Periode: die ersten zwei Wochen; (2) die embryonale Phase: die darauffolgenden 6-8 Wochen; (3) die fötale Phase: ab der achten Woche bis zur Geburt. Die Schwangerschaftsperiode dauert gewöhnlich ± 270 Tage oder durchschnittlich 40 Wochen nach dem ersten Tag der letzten Menstruation.

Einer Definition der Weltgesundheitsorganisation zufolge spricht man von *Prämaturität (Frühreife)*, wenn das Gewicht bei der Geburt unter 2500 g liegt und die Schwangerschaftsperiode weniger als 37 Wochen gedauert hat. Prämaturität wird immer wieder als einer der auslösenden Faktoren für Verhaltensstörungen angesehen. Auch hier sind die Daten – soweit vorhanden – von unterschiedlicher Güte.

Zusammenfassend können die normale Geburt und deren Abweichungen folgendermaßen beschrieben werden:

Geburt (Entbindung, normaler Partus): 38 bis 42 Wochen nach dem Beginn der letzten Menstruation der Mutter.

Fehlgeburt (Abortus): Ausstoßung der Frucht (des Eies) innerhalb der ersten 28 Wochen.

Frühgeburt (Partus praematurus): Geburtsgewicht ist weniger als 2500 g und Schwangerschaftsperiode ist weniger als 37 Wochen, vom ersten Tag der letzten Regel an gerechnet. Durchschnittlich 7% der Lebendgeborenen in West-Europa sind Frühgeburten.

Spätgeburt (Partus serotinus): übermäßige Dauer der Schwangerschaft, über 42 Wochen hinaus.

Bezüglich prä- und perinataler Einflüsse auf postnatales Verhalten bestehen vielerlei Meinungen, Spekulationen und Vermutungen, aber auch in zunehmendem Maße empirische Daten (pränatal = vor der Geburt; perinatal = während der Geburt; postnatal = nach der Geburt). Lange Zeit war Joffes Veröffentlichung aus dem Jahre 1969 tonangebend und eine der besten Studien auf dem Gebiet der pränatalen Entwicklung, auch wenn sie sich vorwiegend auf Tierforschung stützte.

Mögliche Fehlentwicklungen in der pränatalen Periode können in zwei große Gruppen eingeteilt werden: genetische Fehler und Fehlentwicklungen. Genetische Fehler entstehen bei der Empfängnis, während vorgeburtliche Fehlentwicklungen zu jedem Zeitpunkt ab der Empfängnis entstehen können.

2.2.1 Genetische Fehler

Die bekannteste chromosomale Abweichung ist das Down Syndrom. Es entsteht dadurch, daß das Chromosom 21 in dreifacher, statt in zweifacher Form vorhanden ist. Kinder mit Down Syndrom zeigen den typisch mongoloiden Gesichtsausdruck und einen deutlichen Entwicklungsrückstand.

Zwischen dem Alter der Mutter und dem Auftreten des Down Syndroms wurde ein Zusammenhang gefunden. Liegt das Alter der Mütter bei der Geburt zwischen 35 und 39, so kommt auf 280 Geburten ein Fall von Down Syndrom; ist die Mutter älter als 45, dann ist das Verhältnis 1:50 (Bee 1994, 60).

Zu den bekanntesten genetischen Abweichungen gehören noch Anomalien des Geschlechtschromosoms, das fragile X-Syndrom und Einzel-Gen-Defekte. Bekannt bei der letzten Gruppe ist Phenylketonuria, ein Stoffwechselschaden. Falls nicht direkt nach der Geburt eingegriffen wird mit Diätvorschriften (u. a. keine Milchprodukte), entsteht geistige Behinderung. Diese Anomalie kann nicht vorgeburtlich, jedoch bei der Geburt diagnostiziert werden.

2.2.2 Vorgeburtliche Fehlentwicklungen

Krankheiten der Mutter können einen schädigenden Effekt auf Embryo oder Fötus haben. Die bekanntesten Krankheitszustände mit schädlichen folgen sind: Röteln, AIDS und Zytomegalovirus. Durch vorgeschriebene Schutzimpfungen bilden Röteln heutzutage kaum noch eine Gefahr. Nach Bee (1994) gibt es jedoch etwa 3000 Kinder, die HIV infiziert sind, und die Zahl der HIV infizierten Mütter nimmt zu. Ebenso steht fest, daß die Kinder dieser Mütter nicht alle infiziert werden. Nach europäischen und amerikanischen Untersuchungen liegen die diesbezüglichen Schätzungen bei 13 bzw. 30 Prozent. Die Erforschung der Übertragung dieser Krankheit steckt noch in ihren Anfängen. Weniger bekannt ist die Zytomegalie, eine Virusinfektion. Sie gehört zur Herpesgruppe und tritt in der zweiten Hälfte der Schwangerschaft als Herpes gestationis (gestatio = Schwangerschaft) als Hauterkrankung (Schwangerschaftsbläschen) auf. Bekannt ist, daß dieser Virus Taubheit und geistige Retardierung verursacht (Bee 1994, 63).

Drogen- und Medikamentengebrauch der Mutter können eine schädliche Wirkung auf das ungeborene Leben haben. So wurden in zahlreichen Untersuchungen Rauch- und Trinkgewohnheiten schwangerer Frauen und deren Folgen für die Kinder untersucht. In individuell unterschiedlichem Ausmaß verursachen sowohl Rauchen wie Trinken von alkoholischen Getränken auch schon bei geringen Mengen kindliche Entwicklungsschäden. Bei übermäßigem Rauchen und bei Alkoholikern sind die Schäden oft sehr gravierend. So sind Kinder von alkoholabhängigen Müttern im allgemeinen kleinwüchsiger, haben ein kleineres Gehirn, haben oft Herzbeschwerden und ein aufgedunsenes Gesicht.

Auch der Gebrauch von Kokain hat eine nachgewiesene schädliche Wirkung auf das ungeborene Leben wie: Risiko der Frühgeburt, niedriges Geburtsgewicht, verlangsamtes vorgeburtliches Wachstum, neurologische Abweichungen und Herzbeschwerden, welche erst später zutage treten können (siehe Bee 1994, 65/66).

Nach Joffe (1969) haben Untersuchungen gezeigt, daß das postnatale Verhalten von Säugetieren durch Röntgenbestrahlung beeinflußt wird und zwar auf folgenden Gebieten: motorisches Verhalten, Bewegen in freier Wildbahn, Defäkation (Stuhlentleerung), Aktivität, Fährtenwitterung, Unterscheidungslernen und Paarungsverhalten. Untersuchungen hinsichtlich der Strahlungseffekte haben ergeben, daß ein Zusammenhang besteht zwischen dem Alter bei der Schwangerschaft und der Dosierung einerseits und dem hervorgerufenen Effekt andererseits: Je höher die Dosierung, desto verhängnisvoller der Effekt.

Diese Daten stammen aus der Tierforschung. Dazu muß gesagt werden, daß der prinzipielle Unterschied zwischen Tierforschung und der Erforschung des Menschen darin besteht, daß man am Menschen keine Experimente durchführt, und daß ein Vergleich zwischen tierischem und menschlichem Verhalten nur mit Einschränkungen gezogen werden kann.

Medikamentöse Beeinflussung hat deutliche Auswirkungen auf das Verhalten; in vielen Fällen ist jedoch der Einfluß auf die Morphogenese, d. h. die Gestalt- und Formentwicklung, unbekannt. Wie katastrophal die Einnahme von Beruhigungsmitteln sein kann, wurde z. B. deutlich, als sich herausstellte, daß *Contergan* zu schweren Verunstaltungen führte. Untersuchungen ergaben, daß die Contergan-

Mißbildungen aus den Jahren 1959 bis 1962 zwischen dem 34. und 50. Tag der Schwangerschaftsperiode entstanden sind, d. h. in der fünften bis siebten Woche der Schwangerschaft. Das Entstehen von angeborenen Herzfehlern muß laut Knebel (1973) auch in einer sehr frühen Schwangerschaftsperiode zu suchen sein. Gezeigt werden konnte auch, daß erfolglose Bemühungen, in dieser frühen Schwangerschaftsperiode medikamentös abzutreiben (mit Chinin), zu Entwicklungssstörungen führten (Knebel, 41).

2.2.3 Emotionaler Streß

Aus einigen Fallstudien aus der Fels-Untersuchung (erhoben am Fels Research Institute in Yellow Springs, Ohio, wo seit 1929 Längsschnitt-Untersuchungen durchgeführt werden, siehe Sontag u.a. 1958) wird deutlich, daß Frauen mit einem labilen autonomen Nervensystem die aktivsten Föten haben. In acht Fällen konnte das Fels-Institut eine dramatische Zunahme der fötalen Aktivität als Folge einer emotionalen Streßsituation, in der sich die Mutter befand, konstatieren (z. B. in einem Fall wiederholte Morddrohungen des Mannes, in einem anderen Fall ein Verkehrsunfall mit schwerwiegenden Folgen für die Familie).

Aktive Föten haben bei der Geburt, verglichen mit der Körperlänge, ein zu geringes Gewicht. Beim Heranwachsen haben diese Kinder oft Ernährungsstörungen. Untersuchungen ergaben, daß psychische Schockeinwirkung während der ersten zwei Schwangerschaftsmonate zentrale Störungen zur Folge haben. So scheint auch das Down-Syndrom* in bestimmten Fällen mit anhaltenden psychischen Streßperioden während der ersten zwei Monate der Schwangerschaft in Zusammenhang gebracht werden zu können. Tritt psychischer Streß in der fötalen Periode – also nach dem zweiten Monat – auf, so entsteht als Symptom eine Antriebshemmung, d. h. es entwickeln sich zu wenig Aktivität und Spontaneität. Im allgemeinen kann dieses Verhalten als apathisch charakterisiert werden.

2.3 Einstellung der Mutter

Lange Zeit wurde angenommen, daß eine abweisende Haltung der Mutter gegenüber dem ungeborenen Kind sich nach der Geburt fortsetzen würde. Deutsche und amerikanische Untersuchungen haben jedoch gezeigt, daß 90% der abweisenden schwangeren Frauen nach der Geburt eine positive Haltung ihrem Neugeborenen gegenüber einnahmen. Eine deutsche Längsschnittstudie konnte zeigen, daß während der Schwangerschaft ein stetiger Wechsel von einer positiven zu einer negativen und von einer negativen zu einer positiven Einstellung stattfindet und daß diese wechselnde Haltung nach der Geburt in den meisten Fällen in eine positive, akzeptierende Einstellung dem Kind gegenüber umschlägt. Inzwischen wurde ein Fragebogen entwickelt, um einen besseren Einblick in die Einstellung zur Schwanger-

* Beim Down-Syndrom ist das Chromosom 21 drei- statt zweimal vorhanden. Diese chromosomale Abweichung geht einher mit einer typischen Gesichtsform: Schlitzaugenbildung und Abplattung der Nasenwurzel. Wegen dieses mongoloiden Gesichtsausdruckes hieß diese Abweichung früher auch Mongolismus.

schaft zu erhalten (Lukesch & Lukesch 1976). Die Autoren betrachten den Fragebogen vor allem als Instrument, mit dem psychische Schwangerschaftskomponenten im Rahmen einer gynäkologischen Untersuchung besser erkannt werden können; gleichzeitig sollen hierdurch individuelle Anknüpfungspunkte für Gespräche über Schwangerschaft gewonnen werden.

Daß starke Gefühle der Mutter für das Kind spürbar sind, veranschaulicht auch die biblische Geschichte (Lukas 1,44), in der Maria zu Elisabeth kam. Elisabeth, die schwanger war, sagte: " Siehe, sobald die Stimme deines Grußes an mein Ohr drang, hüpfte das Kind in meinem Schoß vor Freude". Das emotionale Ereignis überträgt sich auf das ungeborene Kind. Die meisten klinischen Berichte, in denen emotionale Erregung eine Rolle spielt, berichten jedoch eher von negativen als von angenehmen Gefühlen. Offen bleiben die beiden folgenden Fragen:

1. Warum treten bei manchen Kindern mit einer deutlich gestörten pränatalen Umgebung keine Störungen auf?
2. Warum weist eine große Gruppe von Kindern Verhaltensstörungen auf, obwohl keine deutlichen pränatalen Störeinflüsse zu erkennen sind?

Insgesamt tritt gestörtes Verhalten seltener auf, als man aufgrund von negativen prä- und perinatalen Einflüssen erwarten würde.

2.4 Pränatale Forschung

1971 wurde in Wien die "Internationale Studiengemeinschaft für Pränatale Psychologie" gegründet. Schon 1972 fand der erste (Graber & Kruse 1973), im März 1978 in Salzburg der fünfte Kongreß dieser internationalen Studiengemeinschaft zum Thema "Geburt – Eintritt in eine neue Welt" statt. Die Entwicklungen, die die Veröffentlichungen der verschiedenen Kongresse auf dem Gebiet der pränatalen Forschung dokumentierten, zeigen, daß sich neben die anfänglich psychoanalytisch geprägten Vermutungen immer mehr auch experimentelle Forschung stellte. Mittels experimenteller Schlafuntersuchungen konnte die Bedeutung der schnellen Augenbewegungen während des Schlafs analysiert werden (Rapid Eye Movements – REM). Es konnte nachgewiesen werden, daß Schlafperioden, in denen REM-Perioden vorkommen, zusammen mit Träumen auftreten. Es konnte auch gezeigt werden, daß REM-Phasen bei Neugeborenen eine größere Rolle spielen als bei Erwachsenen. Während bei Neugeborenen 50% der Schlafzeit aus REM-Phasen besteht, sind es beim 3 bis 5 Monate alten Baby 40%, bei Zweijährigen 25% und bei Dreijährigen sowie bei Erwachsenen 20%. Schindler weist darauf hin, daß auf jeden Fall während der letzten Monate des intrauterinen Lebens (das Leben innerhalb der Gebärmutter) mehr Träume auftreten als in der Periode nach der Geburt. Die Tatsache, daß davon wenig im Gedächtnis hängenbleibt, könnte mit der Schwierigkeit zusammenhängen, die Träume aus dem Kurzzeitgedächtnis in ein Langzeitgedächtnis zu übertragen. Schindler (siehe Hau & Schindler 1982) kommt aufgrund einer Anzahl physiologisch-epidemiologischer Untersuchungen zu folgenden Befunden: Während der ersten drei Monate der Schwangerschaft hat sich der Fötus zu einem relativ gut funktionierenden Organismus entwickelt. Nach einer kurzen Übergangsperiode lebt der Fötus unter optimalen Umständen; Aktivitäten können nun mühelos entfaltet, die Körperlage kann verändert werden. Schon jetzt existieren Verhaltensmöglichkeiten und -weisen, die der Fötus wiederholen möchte. Die Wiederholung von Aktivitäten wird später in den ersten Lebensjahren beim Erlernen von Verhalten eine wichtige Rolle spielen. Daß es sich hier um ernstzunehmendes wissenschaftliches Neuland handelt, erläutert Schindler (1988), einer der Pioniere auf diesem Gebiet.

Das zunehmende Wachstum in den letzten drei Monaten der Schwangerschaft einerseits und die räumliche Begrenzung andererseits beeinträchtigen die Bewegungsmöglichkeiten des Fötus. Der Drang nach mehr Bewegung geht einher mit einem zunehmend besser koordinierten zentralen Nervensystem. Durch Träumen hat das ungeborene Kind die Möglichkeit, sein aktives Potential zumindest teilweise zu koordinieren. Der Traum erfüllt somit eine vorbereitende Funktion im Hinblick auf die wirkliche Aktivität nach der Geburt.

Durch verfeinerte Registrierverfahren wie der Ultraschalldiagnose (Reinhold & Gitsch 1977) können beispielsweise spontane und induzierte Bewegungen studiert werden. Der Bewegungsverlauf sowie Umfang, Art und Anzahl der Bewegungen können auf diese Weise systematisch analysiert werden. Mit dem Ultraschalldetektor kann auch verfolgt werden, welchen Einfluß Medikamente auf das fötale Bewegungsverhalten haben.

Trotz der experimentell exakt erhaltenen Daten über Traumaktivität und motorische Aktivität tappt man, was ihre Bedeutung und ihren eventuellen Einfluß auf das postnatale Verhalten angehen, noch im Dunkeln. Zusammenhänge werden oft aus abweichenden Entwicklungsprozessen abgeleitet (z. B. dem Einfluß von Contergan). Sie erhalten erst dann entwicklungspsychologische Relevanz, wenn Prozesse längsschnittlich aufgezeigt werden können. Hier liegt noch ein weites Feld offen, in dem Gynäkologen und Psychologen zusammenarbeiten können. Die Erforschung des Lebens vor der Geburt ist – wie Kruse (1973) sagt – eine Herausforderung: Ihr Ziel ist der Einblick in die tiefsten Ursachen des menschlichen Verhaltens. Die gewonnenen Einsichten könnten einen wirksamen Beitrag zur Verminderung von Verhaltensstörungen leisten. Wie wichtig die wissenschaftliche Beschäftigung mit der pränatalen Psychologie ist – ein noch immer vernachlässigtes Gebiet der Entwicklungspsychologie –, geht aus einem Beitrag von Nickel (1995, 79) hervor, in dem er hervorhebt, "daß *Gegenstand einer pränatalen Entwicklungspsychologie nicht nur das sich entwickelnde Kind ist, sondern in gleichem Maße sind es auch die Eltern einschließlich der Umgebung, in der es sich entwickelt und in die es einmal hineingeboren wird*".

Wie stark das wissenschaftliche Interesse am vorgeburtlichen Leben und die damit einhergehende empirische Forschung zugenommen hat, zeigt u. a. die Fachzeitschrift *Pre- and Peri-Natal Psychology Journal,* die seit 1986 erscheint. Verny (1989) bespricht in einem Artikel dieser Zeitschrift folgende wichtige Parameter der prä- und perinatalen Psychologie, ausgehend von Forschungsdaten: Forschungsergebnisse zur Entwicklung und Funktion des Zentralnervensystems, Ergebnisse zum intrauterinen Lernen, mögliche Auswirkungen des Geburtsvorgangs auf die Persönlichkeitsentwicklung, und die Möglichkeit, daß Drogenabhängigkeit einen perinatalen Ursprung hat.

Eine gute und zusammenfassende Übersicht über die pränatale Verhaltensforschung geben Smotherman & Robinson (1988). Sie betonen, daß die pränatale Forschung im allgemeinden disziplinär ausgerichtet ist und sich auf folgende Bereiche verteilt: Entwicklungspsychologie, Kindermedizin, Gynäkologie, Verhaltensembryologie, Neurobiologie und Psychobiologie. Die Einzelbeiträge sind wichtig, aber kaum zugänglich, da sie sich über verschiedene Fachgebiete und Fachzeitschriften erstrecken. Diese 'Verzettelung' erschwert oder verhindert sogar die interdisziplinäre Zusammenarbeit. Smotherman & Robinson tragen verschiedene Einsichten und Resultate zusammen und verbinden damit theoretische Ausgangspositionen und Forschungsplanung.

2.5 Theorien über die Geburt

Die Geburt und die faszinierende Entwicklung vom völlig hilflosen Fötus zum unabhängigen Kind bewegten Autoren immer zu neuen Erklärungen und Deutungen. So spricht der Schweizer Zoologe Portmann (1951; 1956) vom sogenannten "extrauterinen Frühjahr". Ihm zufolge wird der Mensch, verglichen mit höheren Säugetieren, ein Jahr zu früh geboren. Die gesamte Schwangerschaftsperiode müßte bis zum Ende des ersten postnatalen Lebensjahres dauern, aber durch ein unbekanntes Ereignis in unserer Evolution sei eine Zweiteilung entstanden: "In die Schwangerschaft im Mutterleib und in eine zweite Periode nach der Geburt, dem Jahr des sozialen Uterus, das hinüberführt in die eigentliche Kindheit" (Portmann 1976, 54/55).

Die Tatsache, daß der Mensch eine soziale Uterusphase durchläuft, ist laut Portmann kein zufälliges und undurchsichtiges Gesetz der Natur, sondern steht im Dienst der Entwicklung von drei wichtigen menschlichen Verhaltensweisen: *Stehen, Sprechen und Denken.* Diese Verhaltensweisen können sich nur durch den Kontakt mit der sozialen Umgebung entwickeln. Es handelt sich hierbei nicht um eine willkürliche oder zufällige Kombination, denn: "Unser Sozialkontakt ist obligatorisch!" (52).

Die soziale Uterusphase ist so gesehen gerade für die soziale und persönliche Entwicklung des Kindes von außerordentlicher Bedeutung. Auf diese Tatsache haben auch Autoren wie Hartup (1973) und Richards (1974) hingewiesen. Laut Richards verfügt das Baby über alle Voraussetzungen eines sozialen Wesens, aber dies setzt seine Entwicklung in einer sozialen Umgebung voraus.

Gehlen (1941) spricht vom Menschen als einem "Mängelwesen". Damit meint er, daß der Mensch, verglichen mit höheren Säugetieren, Mängel aufweist. Das Neugeborene benötigt Schutz, der Bewegungsapparat ist unterentwickelt, Nahrung muß verabreicht werden, kurzum: Es ist rundherum hilfsbedürftig. Der Mensch wird also geboren als jemand, der von Anfang an mit Unzulänglichkeiten behaftet ist, und dadurch ist er, verglichen mit anderen Lebewesen, im Nachteil.

Ein Schüler Freuds, der Psychoanalytiker Rank (1924), spricht von einem *Geburtstrauma.* Ihm zufolge ist das Geborenwerden für das Kind eine traumatische Erfahrung, denn die Nabelschnur wird nicht nur biologisch, sondern auch psychisch durchgetrennt. Das Kind erfährt einen Wechsel von völliger Geborgenheit zu völliger Ungeborgenheit. Auch sieht er in dem Geburtsschrei das Urphänomen aller menschlichen Angst. Das Kind erfährt die Angst so intensiv, daß alle späteren Ängste nur eine Kopie dieser allerersten Erfahrung in dieser Welt sind. Er bringt aus seiner psychoanalytischen Praxis dann auch Beispiele von Träumen, die davon handeln, wie einer sich mit übermenschlicher Kraft und heftig transpirierend durch enge Kanäle hindurcharbeitet, um schließlich irgendwo herauszukommen, wo es viel ungemütlicher und unangenehmer ist. Aus der Geborgenheit wird das Kind in die totale Unsicherheit gestoßen.

Anfangs bewertete Freud die Ideen von Rank als den bedeutendsten Fortschritt seit der Entdeckung der Psychoanalyse. Seine Kritik an der Idee nahm jedoch mehr und mehr zu, bis er sich schließlich weitgehend davon distanzierte. Das Akzeptieren eines derartigen Basistraumas hätte seine Theorie und deren weitere Entwicklung praktisch blockiert. Sollte es nämlich wahr sein, daß das Leben nach der Geburt ständig unbewußt durch das Geburtstrauma bestimmt wird, hätte dies die Erforschung der ersten Lebensjahre, die in der Theorie von Freud so wichtig sind, nicht nur erschwert, sondern weitgehend auch gebremst (Graber 1956).

Zwei Jahre vor Erscheinen von Ranks Buch "Das Trauma der Geburt" schrieb Graber (Graber & Kruse 1973) "Die Ambivalenz des Kindes". Darin geht er von dem Grundgedanken aus, daß durch die Geburt eine existentielle Veränderung des menschlichen Daseins stattfindet und nicht – wie Rank – durch die traumatisierenden Einflüsse, die durch die Geburt entstehen. Die grundlegende Daseinsveränderung besteht laut Graber darin, daß von diesem Augenblick an eine Ambivalenz entsteht, die kennzeichnend für das ganze menschliche Leben wird. Einerseits entstehen *progressive* Tendenzen, die eine völlige Objektbindung anstreben, während andererseits *regressive* Tendenzen entstehen, die wiederum eine Loslösung von allen Bindungen anstreben.

Alle diese Vermutungen und Behauptungen lassen sich nicht oder nur unzureichend empirisch beweisen. Beweisen kann man jedoch, daß der Geburtsschrei eine ganz gewöhnliche Erklärung haben kann: Dieser erste Schrei dient der Atmung. Das Kind muß, sobald es geboren ist, die Atmung selbst in Gang bringen und dieser erste Schrei ist dabei der Auslöser für den ersten Atemzug.

2.6 Das erste Lebensjahr

Nach der Geburt treten beim Baby vor allem reflexartige Verhaltensweisen auf. Früher dachte man, daß die psychische Entwicklung in dieser Periode noch nicht so interessant wäre, da das Kind hauptsächlich instinktiv handeln würde. Untersuchungen dieser instinktiven Handlungen in der ersten Zeit nach der Geburt ergaben, daß 7% der Zeit zur Nahrungsaufnahme (also positive Reaktionen) verwendet wird, 1% der Zeit dem spontanen Verhalten gewidmet ist und ungefähr 88% der Zeit mit Schlafen oder schlafähnlichen Verhaltensweisen verbracht wird. Aus diesem Grunde wurde der erste Lebensmonat in früheren Lehrbüchern als Schlafperiode bezeichnet.

Erst in den letzten Jahrzehnten hat die Entwicklungspsychologie entdeckt, daß das erste Lebensjahr lange ein vernachlässigtes Forschungsgebiet gewesen ist. Obwohl Gesell (1880-1961) – einer der größten Pioniere auf dem Gebiet der Entwicklungspsychologie – der Untersuchung der individuellen Entwicklung des Kindes Aufmerksamkeit schenkte, betrachtete auch er die Entwicklung im ersten Lebensjahr mehr als einen physiologischen Reifungsprozeß. Er neigte zu der Annahme, daß die Entwicklung nicht von außen beeinflußt werden kann, sondern daß ein von innen aus gelenkter Prozeß stattfindet. Erst mit den Erkenntnissen der sozialen Lerntheorie, derzufolge unser Verhalten vor allem angelerntes Verhalten ist, gewann die erste Lebensperiode an Bedeutung.

Aber auch die Meinung von Bloom (1964), die in *Stability and change in human characteristics* zum Ausdruck kam, hat dazu beigetragen, daß den ersten Lebensjahren mehr Aufmerksamkeit geschenkt wurde. Er ging von der Annahme aus, daß der Einfluß der Umgebung auf die Entwicklung eines Kindes in bezug auf ein bestimmtes Merkmal am stärksten in der Periode ist, in der sich das betreffende Merkmal am schnellsten entwickelt. So sehen wir, daß in der embryonalen Phase (dritte bis achte Schwangerschaftswoche) der Entwicklung zentrale Störungen auftreten können, wenn die Mutter Zeugin eines Unglücks ist oder wenn sie eine Überdosis bestimmter Medikamente zu sich nimmt. Ursache hierfür ist, daß sich in dieser Schwangerschaftsperiode das Gehirn am schnellsten entwickelt. Daher kommt es auch, daß eine Störung in den ersten zwei Monaten eher zu zentralen Störungen führt, als wenn diese in der dritten Periode der Schwangerschaft (der fötalen Periode) auftreten.

Zur Bekräftigung seiner Theorie über die an bestimmte Altersstufen gebundene Beschleunigung der Entwicklung wies Bloom auf die schnelle und intensive Entwicklung der Intelligenz während der ersten Lebensjahre hin. Auf der Grundlage eines der Längsschnittforschung entlehnten Modells kam er zu dem seither ziemlich umstrittenen Schluß, daß sich die Entwicklung der Intelligenz im Alter von einem Jahr zu 20% und im Alter von 17 Jahren zu 100% vollzogen hat. Eine hierauf aufbauende Argumentation führt zu der folgenden Annahme: Mit 4 Jahren hat sich 50% und mit 8 Jahren bereits 80% der Intelligenz entwickelt. Diese Zahlen zeigen lediglich den Prozeß, der abläuft und stellen keine exakte Wiedergabe der Realität dar. Sie machen jedoch deutlich, daß die ersten Lebens- und Schuljahre ein wichtiges Glied in der Entwicklung der Intelligenz sind. Darüber hinaus zeigt eine derartige Analyse deutlich, daß die pädagogische Beeinflussung gerade in dieser Periode wichtig ist und daß schwere Schäden entstehen können, wenn das Kind keine optimalen Entwicklungschancen erhält. Andererseits bedeutet dies jedoch nicht, daß die intellektuelle/kognitive Entwicklung mit etwa 12 Jahren im großen und ganzen abgeschlossen und kaum noch zu beeinflussen ist. Menschliche Entwicklung verläuft nicht nach dem Prinzip der Kuckucksuhr: Einmal gut "aufziehen", damit die weitere Entwicklung gut verläuft. Menschliche Entwicklung zeichnet sich in hohem Maße durch Elastizität aus, die dafür sorgt, daß entwicklungsbegleitende und -stimulierende Einflüsse auch nach den Kinderjahren und selbst bis ins Erwachsenenalter hinein von Bedeutung sind und zu beeindruckenden Ergebnissen führen können (Ewert 1978).

Die hier im Zusammenhang mit der frühen Entwicklung zur Diskussion gestellte Frage der Flexibilität oder "Offenheit" (nicht festgelegt sein), das alte Problem von *Konstanz* und *Variabilität* des menschlichen Verhaltens (siehe Thomae 1960), wird durch einige amerikanische Autoren als neue Betrachtungsweise der menschlichen Entwicklung präsentiert. Sie gehen dabei völlig an der Diskussion über "Konstanz und Variabilität" vorbei, die in Europa bereits 1933 durch Charlotte Bühler eingeleitet und durch andere (z. B. Thomae 1955; Oerter 1970) fortgeführt wurde.

Eine der in diesem Zusammenhang am häufigsten herangezogenen Untersuchungen ist die von Skeels & Dye (1939). In einer Nachuntersuchung verfolgten sie die Entwicklung von 25 Kindern, die in einem schlecht geführten Waisenhaus aufwuchsen. 13 dieser Kinder wurden nach 19 Monaten in ein anderes Waisenhaus aufgenommen und nach $3^1/_2$ Jahren adoptiert. Die übrigen Kinder blieben in dem alten Waisenhaus. Nach 25 Jahren wurden beide Gruppen miteinander verglichen. Es stellte sich heraus, daß alle adoptierten Kinder einen Beruf erlernt hatten und für sich selbst sorgen konnten; sie führten ein "normales" Leben. Die nicht-adoptierten Kinder, also jene, die im Waisenhaus geblieben waren, hatten sich – bis auf eine Ausnahme – längst nicht in diesem Maße entwickelt. Ihre geistigen Fähigkeiten hatten sich, im Gegensatz zur adoptierten Gruppe, nicht verbessert; sie waren abhängig geblieben, und ihre Leistungen bewegten sich auf einem niedrigen Niveau. Auch die Daten von Clarke & Clarke (1976) zeigen, daß früher erlittene Entwicklungsrückstände wieder wettgemacht werden können, wie am Beispiel der adoptierten Kinder gezeigt wurde

2.6.1 Soziale und Persönlichkeitsentwicklung

In der Persönlichkeitstheorie von H. Thomae, die er 1944 in dem Buch "Das Wesen der menschlichen Antriebsstruktur" umrissen hat, steht das Bindungsverhalten des Menschen im Mittelpunkt. Die Möglichkeit, Bindungsverhalten zu entwickeln, betrachtet er als Kernpunkt einer gesunden Entwicklung des Kindes. Was Thomae vor mehr als 50 Jahren als zentrales Merkmal menschlicher Entwicklung beschrieb, konnte sich – sehr mühsam – erst in den letzten Jahrzehnten in der amerikanischen Psychologie durchsetzen. Erste Untersuchungen zum Bindungsverhalten von Babys und Kleinkindern liegen noch gar nicht so lange zurück (siehe Hartup 1963). Dies liegt wahrscheinlich daran, daß neben der strikt experimentellen Annäherung inzwischen auch die Beobachtungsmethode Einzug als Forschungsinstrument gehalten hat. Das Verhalten von Babys und Kleinkindern läßt sich nur zum Teil und nur für bestimmte Fragestellungen experimentell untersuchen; daher benötigt man Beobachtungsstudien in natürlichen Situationen.

Bindung muß als arteigenes Verhalten des Menschen betrachtet werden; es ist der Drang des Menschen, die Nähe des anderen zu suchen und Kontakte mit bestimmten Personen als wertvoll und befriedigend zu erfahren. Bei der Bindung steht – im Gegensatz zur Abhängigkeit – nicht die Erfüllung von Wünschen im Vordergrund. Abhängigkeit kann sich auch willkürlich auf andere Menschen richten. Das Bindungsverhalten kommt beim jungen Kind wie folgt zum Ausdruck: Weinen und traurig werden, wenn sich das Bindungsobjekt entfernt, lachen und glücklich sein, wenn es wieder erscheint; das Kind folgt dem Bindungsobjekt visuell oder motorisch, wenn dieses sich entfernt. Das Bindungsverhalten entwickelt sich in der zweiten Hälfte des ersten Lebensjahres. Für das Entstehen von Bindungsverhalten wurden verschiedene Erklärungen gegeben:

(a) Die *sekundäre Triebhypothese* besagt, daß soziale Abhängigkeit sich aus erlernter physischer Abhängigkeit entwickelt: Wenn die Befriedigung der primären Triebe eines Kindes (z. B. Hunger, Durst, Temperatur) wiederholt in Anwesenheit einer bestimmten Person und durch sie geschieht, erhält diese Person für das Kind eine positive Bedeutung, und es entsteht ein sekundärer Trieb für sie. Das Kind bindet sich an die Personen, die es versorgen. Gegenargument: Bei Tieren (Vögeln, Affen) treten oft bereits Bindungen auf, bevor die Befriedigung der primären Triebe stattgefunden hat; auch bei Menschenkindern entstehen oft Bindungen an Personen, die nicht an der Versorgung beteiligt sind.

(b) Die *Wahrnehmungshypothese* besagt: Ein Kind fühlt sich zu einer Person hingezogen aufgrund deren Wahrnehmungsmerkmale. Anfänglich ist das Kind von Natur aus auf die Wahrnehmungsmerkmale des menschlichen Gesichtes ausgerichtet. Wenn ein Kind eine bestimmte Person wiederholt sieht, lernt es die dieser Person eigenen Gesichtsmerkmale kennen. Wenn die Person anwesend ist, fühlt sich das Kind sicher. Entfernt sich diese Person und kommt ein Fremder, erkennt das Kind die Diskrepanz als beunruhigend. Das Entstehen der Bindung wird in diesem Erklärungsversuch als das Resultat von Wahrnehmungslernen umschrieben: Die wiederholte Wahrnehmung einer bestimmten Person führt zur Bindung.

Unserer Meinung nach schließen die beiden Erklärungsweisen einander nicht aus, sondern ergänzen sich. Die Bedürfnisbefriedigung durch die Mutter oder eine andere, ständig mit der Versorgung betraute Person bringt automatisch mit sich, daß das Kind diese Person wiederholt sieht und deren Wahrnehmungsmerkmale besser kennenlernt. Bindung kommt auch nicht plötzlich während der zweiten Hälfte des ersten Lebensjahres zustande. Schon kurz nach der Geburt erfährt ein Kind soziale Zuwendung, die im Laufe des ersten Lebensjahres allmählich differenzierter wird.

2.6.1.1 Soziales Verhalten in den ersten Monaten nach der Geburt

Schaffer (1971) sagt, daß das Kind bei der Geburt eine bestimmte arteigene kognitive Struktur besitzt. Dadurch ist es selektiv auf vom Menschen ausgehende Wahrnehmungsreize eingestellt, wodurch seine Überlebenschancen erhöht werden. In den ersten drei Monaten steht die Wahrnehmung von Menschen im allgemeinen im Vordergrund; später verändert sich die entsprechende kognitive Struktur, so daß das Kind mehr auf spezifische Personen eingestellt ist. Das Sich-hingezogen-Fühlen zu Menschen im allgemeinen in den ersten drei Monaten ist auf die menschlichen Wahrnehmungsmerkmale zurückzuführen.

Um Schaffers Hypothese zu prüfen, muß zunächst untersucht werden, ob die Wahrnehmungsmöglichkeiten des Kindes in den ersten drei Monaten so beschaffen sind, daß Gesichtsmerkmale überhaupt wahrgenommen werden können. Im Gegensatz zu früheren Auffassungen sind nach neueren Erkenntnissen die visuellen Fähigkeiten beim Neugeborenen bereits gut ausgebildet:

- Schärfe: Im Alter von zwei Wochen kann ein Kind bereits Linien unterscheiden, die – bei einem Abstand von 20 cm – 3 mm voneinander entfernt sind.
- Der Pupillenreflex (Reaktion auf Veränderungen der Lichtintensität) entsteht schon nach einigen Tagen.
- Konvergenz (beide Augen auf einen Punkt richten) ist nach 4-8 Wochen möglich.
- Das Mit-den-Augen-Folgen eines sich bewegenden Objekts verläuft nach zwei Monaten reibungslos.
- Akkommodation: Die Scharfeinstellung des Auges durch Anpassung der Augenlinse an

die Entfernung des Gegenstandes ist anfangs noch begrenzt; der Fokus der Linse liegt dann bei ± 20 cm, so daß ein Neugeborenes Dinge am besten sieht, deren Abstand zum Auge 20 cm beträgt.

Zur Prüfung von Schaffers Hypothese ist es weiterhin erforderlich zu untersuchen, welche Wahrnehmungsreize das Kind in den ersten Monaten *bevorzugt.* Dazu gehören:

1. Wahrnehmungsreize mit einem deutlichen Muster (Kontrast). Vor allem sogenannte *bulls eyes* (konzentrische Kreise) wecken das Interesse.
2. Wenig bis mittelmäßig komplexe Wahrnehmungsobjekte wecken in den ersten Monaten mehr das Interesse als komplexe Konfigurationen.
3. *Bewegende,* vorzugsweise *nicht vorhersagbare* Wahrnehmungsmuster.
4. Dreidimensionale Konfigurationen; diese Vorliebe entsteht nach etwa zwei Monaten.

Es ist gerade das menschliche Gesicht, das diese die Aufmerksamkeit auf sich ziehenden Merkmale besitzt. Allein die Tatsache, daß diese Wahrnehmungsreize im Gesicht vorhanden sind, und nicht die Tatsache, daß sie ein Gesichtsmuster bilden, erweckt die Aufmerksamkeit des Kindes. Dies wurde anhand eines Experiments gezeigt, bei dem Kinder zwei Abbildungen zu sehen bekamen: Ein Gesicht, bei dem sich die einzelnen Elemente auf dem verkehrten Platz befanden und ein Gesicht, bei dem sich alle Elemente auf dem richtigen Platz befanden (Abbildung 5). Bis zum dritten Monat scheint das Interesse der Kinder für beide Abbildungen gleich groß zu sein, während im dritten Monat ein Vorzug für die Abbildung mit der korrekten Gesichtskonfiguration entsteht.

Die Hypothese von Schaffer scheint also richtig: In den ersten Monaten hat das Kind – aus einem Überlebensdrang heraus – aufgrund der anziehenden Wahrnehmungsmerkmale, die einem Gesicht eigen sind, ein angeborenes Ausgerichtetsein auf Menschen im allgemeinen.

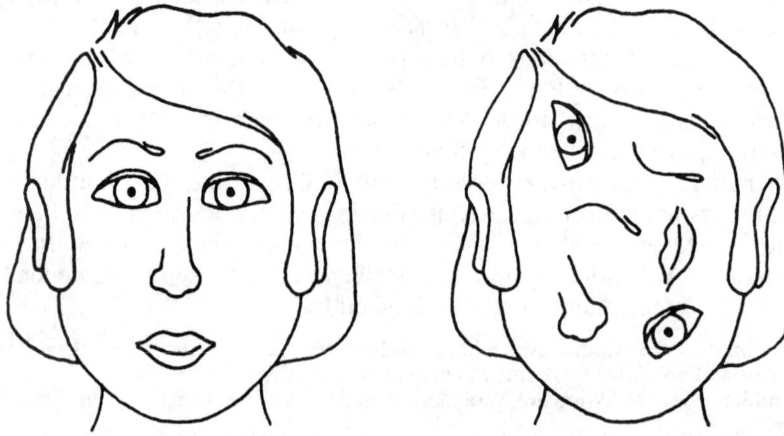

Abbildung 5. Zwei menschliche Gesichter: Eines mit den Elementen an der richtigen Stelle und eines mit den Elementen an der verkehrten Stelle. Diese Konfigurationen dienen dazu, festzustellen, welche Wahrnehmungsreize das Kind bevorzugt.

Außer dem visuellen Ausgerichtetsein auf Menschen vergrößert das Kind auch durch die Verwendung von Signalen seine Chance zu überleben. Eine Mutter lernt schnell zu unterscheiden zwischen den verschiedenen Arten des Weinens ihres Kindes (z. B. Hunger, Schmerz). Das Lachen des Kindes wird in den ersten Monaten – ebenso wie das visuelle Interesse – durch Stimuli ausgelöst: Ein paar Punkte auf einem Stück Papier können genauso stark das Lachen des Kindes hervorrufen wie das Gesicht der Mutter.

Das soziale Verhalten des Kindes steht in den ersten Monaten noch nicht unter dem Einfluß von Lernprozessen. Erst etwa im dritten Monat zeigt das Kind einen Ausdruck des Erkennens von bestimmten Personen und von erlernter Differenzierung von Signalen. Es ist bemerkenswert, daß der dritte Monat, der hinsichtlich des Verhaltensniveaus ein deutlicher Wendepunkt ist, auch einen Meilenstein bildet beim Aufbau und der physiologischen Entwicklung des *Zentralnervensystems.* Folgende Veränderungen finden ab dem dritten Entwicklungsmonat statt:

1. Eine Reihe angeborener Reflexe (u. a. Greifreflex, Moro-Reflex) verschwinden nach dem fünften Monat. Treten diese Reflexe nach diesem Alter noch immer auf, betrachtet man dies als Zeichen einer verzögerten Entwicklung oder einer Hirnschädigung. Das Verschwinden dieser Reflexe deutet stark darauf hin, daß der Kortex zu funktionieren beginnt. Reflexe kommen durch den Gehirnstamm zustande; der Kortex kann Reflexe inhibieren (hemmen).
2. Das Elektroenzephalogramm (EEG) zeigt, daß erst gegen Ende des dritten Monats der Alpha-Rhythmus entsteht, der das EEG von Erwachsenen kennzeichnet.
3. Sektionsbefunde ('Leichenschau') zeigten, daß der DNA- (und RNA-)Gehalt im Gehirn im dritten Monat plötzlich zunimmt und beinahe das Niveau eines Erwachsenen erreicht (DNA und RNA spielen eine wichtige Rolle beim Speichern von Informationen; DNA = Desoxyribonukleinsäure; RNA = Ribonukleinsäure. Unter dem Einfluß der DNA spielt RNA die wichtigste Rolle bei der Eiweißsynthese in den Zellen).
4. Die Myelinisation (Entwicklung der Markschicht um den Nerv herum) einiger wichtiger Nerven (z. B. des Augennervs) wird im dritten Monat abgeschlossen. Die Myelinschicht um den Nerv dient als Leiter der Impulse.

Es ist anzunehmen, daß diese eingreifenden Veränderungen im Gehirn die Grundlage für den Beginn der kognitiven Entwicklung von Kindern bilden (etwa im 3. oder 4. Monat). Während andere Formen des Lernens (z. B. klassisches und operantes Konditionieren) bereits in den ersten Monaten möglich sind, läßt sich Beobachtungslernen (Aufbau von Bildern von Objekten mittels Wahrnehmung) erst nach 3 Monaten nachweisen.

2.6.1.2 Erkennen von Menschen und Dingen

Wie kann *festgestellt* werden, ob ein Kind etwas erkennt? Das Erkennen eines Wahrnehmungsreizes kann abgeleitet werden aus der Verminderung des *Interesses* am Wahrnehmungsobjekt, wenn dieses wiederholt angeboten wird. Als Gradmesser für das Interesse wird meistens die *Fixierungszeit* verwendet, das ist die Zeit, die das Kind für das Betrachten des Wahrnehmungsobjektes aufwendet.

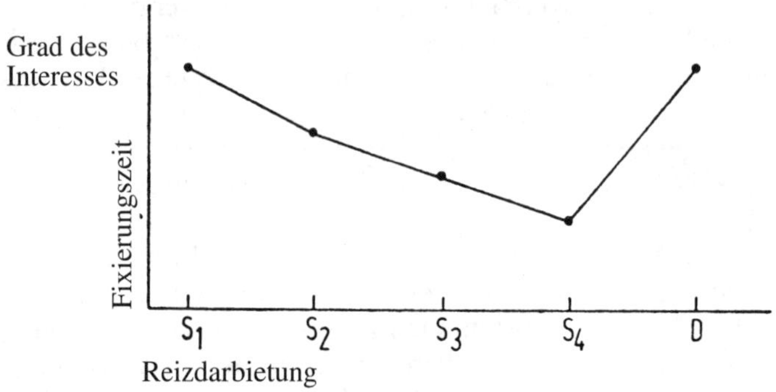

Abbildung 6. Verminderung des Interesses für einen visuellen Reiz, wobei die Fixierungszeit als Index für das Interesse genommen wird.

Abbildung 6 zeigt, daß das Interesse an S bei wiederholtem Anbieten kleiner wird. Diesen Prozeß nennt man Habituation: gemeint ist die Verringerung des Interesses bei wiederholter Darbietung, die nicht auf eine Rezeptormüdigkeit (nichts mehr oder nur noch wenig in sich aufnehmen können) zurückzuführen ist. Daß von Rezeptormüdigkeit keine Rede ist, zeigt die Zunahme des Interesses beim Anbieten von Wahrnehmungsreiz D, der bei der ersten Darbietung für das Kind genauso interessant ist wie S es war. Diesen Prozeß nennt man "recovery". Man nimmt an, daß Habituation die Widerspiegelung eines kognitiven Geschehens ist: Das Kind baut bei jeder Darbietung von S eine "interne Repräsentation" (Bild, Schema) von S auf. Sokolov (1960) nennt die Repräsentation ein "neurales Modell": Durch wiederholte Darbietung wird im Kortex eine bestimmte Organisation von Nervenzellen aufgebaut, wodurch allerlei Merkmale des Wahrnehmungsobjektes (wie Dauer, Intensität und Größe) festgelegt werden. Bei jeder Darbietung kommt ein Stück der Repräsentation (Bild, Schema, Modell) hinzu. Ist die Repräsentation beendet, d. h. ist der Aufbau des Bildes abgeschlossen, so endet der Habituationsprozeß, denn die Wahrnehmungskonfiguration ruft kein weiteres Interesse mehr hervor. Es gibt verschiedene Anzeichen dafür, daß das Habituationstempo als *Maßstab für die kognitive Entwicklung* betrachtet werden kann:

1. Je älter ein Kind ist, desto schneller erfolgt die Habituation: Bei einem Kind von 3 Monaten verläuft die Linie in Abbildung 6 noch horizontal (keine Habituation). Je älter das Kind wird, desto steiler verläuft die Linie nach unten.
2. Je höher ein Tier auf der phylogenetischen Skala steht (der Umfang des Gehirns hängt damit zusammen), desto schneller habituiert es: Ein Rhesusaffe habituiert schneller als eine Katze oder ein Kaninchen, die wiederum schneller als ein Vogel und der wiederum schneller als ein Fisch.
3. Wenn ein Teil des Kortex eliminiert ist (z. B. durch eine Gehirnverletzung), dauert die Habituation länger.
4. Im Schlaf, wenn die Funktion niedrigerer Gehirnzentren vorherrscht, erfolgt keine Habituation.

5. Das Habituationstempo hängt mit Lernaufgaben zusammen: Je schneller die Habituation eines wiederholt angebotenen Reizes erfolgt, desto weniger Fehler werden bei den Lernaufgaben gemacht.

Mit etwa 3 bis 4 Monaten kann ein Kind seine Mutter erkennen. Aus der Tatsache, daß das eine Kind seine Mutter früher erkennt als das andere, darf jedoch nicht der Schluß gezogen werden, daß das früher erkennende Kind intelligenter ist. Beim Erkennen der Mutter spielen auch Umgebungsfaktoren eine Rolle. Will ein Kind seine Mutter erkennen lernen, muß es sie auch immer wieder sehen. Wenn ein Kind in einer chaotischen Umgebung lebt, in der es immer wieder andere Menschen sieht, bietet sich ihm kaum die Gelegenheit, ein Bild einer bestimmten Person aufzubauen. So konnte nachgewiesen werden, daß Kinder, die in einem Heim mit oft wechselndem Personal lebten, viel später bestimmte Personen differenziert anlächelten als Kinder in einer Familiensituation.

2.6.1.3 Entwicklung des Bindungsverhaltens

Das erste Bindungsverhalten entwickelt sich im Durchschnitt mit etwa sieben Monaten; die individuellen Unterschiede sind jedoch sehr groß: Eine Streuung von etwa 5 bis 15 Monaten ist feststellbar. Über die genauen Faktoren, die den Zeitpunkt der ersten Bindung bestimmen, besteht noch wenig Sicherheit; man konnte jedoch feststellen, daß *extreme soziale Deprivation* die Bildung von Bindungen verzögern kann. Schaffer untersuchte Kinder, die schon sehr früh – noch bevor sie Bindungen hatten formen können – für einige Monate nicht bei ihren Familien leben konnten, und die im Alter von etwa sieben Monaten wieder nach Hause kamen. Diese Kinder befanden sich deutlich mehrere Monate lang in einem sozialen Deprivationszustand. Eine Gruppe Kinder war in einem Heim mit einer großen Anzahl festen Personals untergebracht, in dem reichlich Interaktion zwischen Erwachsenen und Kindern bestand; eine andere Gruppe verblieb wegen Krankheit in einem Krankenhaus, wo der Sozialkontakt äußerst gering war. Die Kinder aus der ersten Gruppe zeigten in der ersten und zweiten Woche nach ihrer Heimkehr Bindungsverhalten; die meisten Kinder aus der zweiten Gruppe dagegen hatten auch nach einem Monat noch keine Bindung geformt.

Die Frage, die sich aufgrund dieser Daten sowie aufgrund der sogenannten alternativen Lebensgruppen (in denen eine weiträumige und nicht so "fremdelnde" soziale Orientierung des Kindes angestrebt wird) stellt, ist folgende: Erfüllt die Mutter eine unersetzbare Rolle, ist nur zwischen Mutter und Kind eine *Dyade,* d. h. eine symbiotische Beziehung möglich? Oder liegt der Kernpunkt in einer derartigen Beziehung beim Erwachsenen, einer Beziehung, die gekennzeichnet wird durch Anteilnahme und Herzlichkeit, durch Dauerhaftigkeit und Bedingungslosigkeit? Die Autoren Papousek & Papousek (1978) kommen aufgrund jahrelanger Kleinstkindforschung zu dem Schluß: Nicht die Mutter oder der Versorgende sind der Mittelpunkt, um den sich alles dreht. Vielmehr geht es darum: Inwieweit ist der Erwachsene in der Lage, seine Aufmerksamkeit nicht nur dem Kind zu schenken, sondern in befriedigender Weise die Bedingungen zu erfüllen, die für die kognitive und emotionale Entwicklung des Kindes erfüllt werden müssen?

Welche Faktoren bestimmen, wer als Bindungsobjekt ausgewählt wird? Der Faktor "Versorgung" scheint nicht der ausschlaggebende zu sein: Bei etwa 20% der Kinder erfolgt die erste Bindung an eine Person, die nichts mit der Versorgung zu tun hat. Es wurden zwei Verhaltensweisen gefunden, die die Chance vergrößern, als Bindungsobjekt ausgewählt zu werden:

1. Oft auf Signale reagieren, die das Kind von sich gibt, um Aufmerksamkeit auf sich zu lenken.
2. Oft spontan mit dem Kind eine Interaktion eingehen.

Bindungsobjekt ist nicht immer nur eine Person: Ein Drittel der Kinder hat von Anfang an eine Bindung an mehrere Personen, und im Alter von 1½ Jahren ist dies die Regel. Meistens besteht jedoch eine *Hierarchie* unter den Bindungspersonen. In der Regel steht die Mutter obenan in der Hierarchie, aber im Alter von 1½ Jahren hat ein Drittel der Kinder eine andere Hauptbezugsperson.

Gegen Ende des ersten Lebensjahres zeigen sich bei Kindern oft zwei Formen der Angst:

(1) *Angst vor Fremden* (Achtmonatsangst). Einer der Faktoren, die die Intensität dieser Angst bestimmen, ist die Anzahl verschiedener Personen, mit denen das Kind regelmäßig zu tun hat: Untersuchungen haben gezeigt, daß Kinder, die viel Interaktion mit ihrem Vater hatten, weniger ängstlich vor Fremden waren als Kinder, die beinahe nur mit ihrer Mutter Kontakt hatten.

(2) *Trennungsangst* (9-12 Monate) tritt auf, wenn das Bindungsobjekt fortgeht. Außerdem tritt eine Hemmung des normalen Verhaltens auf: Während das Kind in Anwesenheit der Mutter seine Umgebung untersucht, hört dieses explorative Verhalten auf, sobald die Mutter weg ist.

Schlimmer ist für ein Kind in den ersten Lebensjahren der *Verlust des Bindungsobjekts* für längere Zeit (z. B. durch einen Krankenhausaufenthalt). Bowlby hat drei typische Stadien beschrieben, die bei einem Kind in einer derartigen Situation auftreten:

(a) Protestphase: Weinen, Aggression, Nahrungsverweigerung.
(b) Verzweiflungsphase: Normale Interaktion mit anderen (z. B. Krankenschwestern), jedoch Gleichgültigkeit gegenüber den Eltern, wenn diese zu Besuch kommen.
(c) Bei längerer Trennung: Apathisches Verhalten, als ob Kontakt mit Menschen für das Kind nicht mehr von Bedeutung sei.

2.6.1.4 Institutionalisierung

Was geschieht, wenn ein Kind wenig oder keine bleibenden Kontakte mit bestimmten Menschen hat und dadurch nicht in der Lage war, Bindungsverhalten zu entwickeln? Diese Situation wurde am besten in Studien über *institutionalisierte Kinder* beschrieben. Bei diesen Kindern scheint die Entwicklung auf verschiedenen Gebieten vom normalen Verhalten abzuweichen:

1. Es treten stereotype Haltungen und Bewegungen auf (z. B. wiegende Bewegungen mit dem Oberkörper, sich auf dem Boden herumwälzen, Daumenlutschen).
2. Das Kind zeigt völlige Apathie.
3. Abnormales Verhalten auf sozialem Gebiet: Übermäßige Angst vor fremden Menschen und Dingen, Aggression, Hunger nach Zuwendung von Erwachsenen.
4. Allgemeiner Entwicklungsrückstand: Motorisch, kognitiv und verbal.

Auch bei Tieren tritt diese Verhaltenskonstellation bei lang andauernder Isolation nach der Geburt auf. Dies nennt man das "Primaten-Deprivations-Syndrom" (Deprivation = Verlust, Wegnehmen). Den Psychoanalytikern Bowlby (1951) und Spitz (1946) zufolge besteht lediglich *eine Ursache* für dieses abweichende Verhalten: "lack of emotional interchange with a love-object"; das Kind hat einen Mangel an *Liebe,* die notwendiger Bestandteil für eine gesunde Entwicklung sein soll. Wenn man lediglich von dieser Erklärung ausgeht, sind einige Phänomene schwierig zu erklären:

– Retardation tritt oft schon auf, bevor überhaupt ein emotionales Band geknüpft ist (6-9 Monate); (Retardation = Verlangsamung, Rückstand).
– Retardation tritt auch oft auf, obwohl das Kind ein emotionales Band hat.
– Oft tritt keine Retardation auf, obwohl das Kind zu wenig Liebe empfängt.

Es muß noch ein weiterer Faktor genannt werden, der die Retardation bei institutionalisierten Kindern verursacht: Visuelle Deprivation, d. h. die Umgebung bietet zu wenig oder keine entwicklungsfördernden Anreize.

Im anschließenden Abschnitt folgt eine kurze Übersicht über die Rolle der Stimulation in der Entwicklung. Die wichtigste Aufgabe fällt hier der Mutter oder dem ständigen Versorger zu, denn sie bestimmen in hohem Maße, welche Anregungen dem Kind geboten bzw. ihm vorenthalten werden.

2.6.1.5 Die Rolle der Stimulierung

Bei Affen wurde untersucht, welche Auswirkungen das Aufwachsen in völliger Dunkelheit hat: Nach einigen Monaten wurde ein Wachstumsstop und sogar ein Abbau der Gehirnzellen im visuellen Kortex konstatiert. Eine derartig extreme Deprivation kommt bei Menschen kaum vor, aber auch eine weniger ernste Deprivation kann Folgen haben.

Wenig *visuelle Stimulanz* in den ersten Monaten (in denen das Kind meistens in der Wiege liegt), kann die visuelle Aufmerksamkeit verringern: White (1969) fand heraus, daß das Anbringen einer beschränkten Anzahl visueller Stimulanz (z. B. ein Mobile) in der Wiege die Aufmerksamkeit eines Kindes für seine Umgebung erheblich verstärkt; *zuviel* Stimulanz hingegen hatte eine gegenteilige Auswirkung: Die Aufmerksamkeit nahm ab, und das Weinen nahm zu.

Das erste Jahr wird oft die "period of readiness to listen" genannt: Das Kind lernt zuzuhören, was unentbehrlich für die Sprachentwicklung ist. Aus zwei Gründen ist vor allem die *verbale Stimulanz* im ersten Jahr wichtig für die Sprachentwicklung:

– Der Umfang und die Qualität der Vokalisation des Kindes kann durch schnelle verbale Bekräftigung vergrößert werden.

– In der zweiten Hälfte des ersten Jahres beginnt das Kind Wörter, die es *hört,* zu imitieren.

Ein in Nijmegen (Niederlande) durchgeführter Versuch (Walraven 1973) ergab in der Tat, daß Babys, mit denen die Mutter viel sprach und denen die Mutter Dinge oft benannte, ein höheres Entwicklungsniveau hatten als Babys, bei denen dies nicht geschah. Ebenso schlimm, wenn nicht sogar schlimmer als zu wenig auditive Stimulanz, ist übermäßige auditive Stimulanz. Wenn ein Kind in einer Umgebung lebt, in der ständig Lärm herrscht, kann es die benötigte auditive Stimulanz nicht unterscheiden. Auch in der Untersuchung von Walraven (1973) stellte sich heraus, daß Lärm in der Umgebung des Kindes negativ mit seiner Entwicklung korreliert. Untersuchungen von Kindern, die in Elendsvierteln (viele Menschen auf engem Raum, dazu Radio, Fernseher und andere Geräuschkulissen) aufgewachsen waren, ergaben, daß diese Kinder in der ersten Klasse der Grundschule Schwierigkeiten beim Unterscheiden von Lauten hatten, was wiederum mit Leseschwierigkeiten zusammenhing.

Abweichendes soziales, emotionales und motorisches Verhalten kann zum Teil Folge einer Deprivation der *taktilen Stimulanz* sein: Bei Affen, die seit ihrer Geburt eine statische "Kunstmutter" hatten, war das Primaten-Deprivations-Syndrom (im allgemeinen wenig Aktivität, Verhaltensstörungen wie mit dem Kopf stoßen, Nägelbeißen, wiegende Bewegungen des Oberkörpers; darüber hinaus Kontaktarmut und Störungen in sexuellen Beziehungen) viel stärker ausgeprägt als bei Affen, deren Kunstmutter sich stets, wenn auch unregelmäßig, bewegte. Es ist anzunehmen, daß taktile Stimulanz Einfluß auf das Cerebellum (Kleinhirn) hat, das (zusammen mit anderen Gehirnteilen) auch das sozial-emotionale Verhalten regelt. Bei Affen, die taktiler Deprivation ausgesetzt waren und sich aggressiv verhielten, wies das EEG des Cerebellums abnormale Werte auf; nach operativer Entfernung von Teilen des Cerebellums wurden Verhalten und EEG wieder normal.

Prämature Kinder, die lange Zeit stationär in einem Inkubator (Brutkasten oder Wärmebett) verbleiben müssen, entwickeln sich deutlich besser, wenn sie durch einen Wiegeapparat ständig in Bewegung gehalten werden.

Das *Variieren der Stimulierung* ist wichtig im Zusammenhang mit dem Interesse (Motivation) des Kindes, das sich in seiner Aufmerksamkeit äußert. Zwischen 3 und 6 Monaten scheint das Interesse des Kindes an einem wiederholt angebotenen Wahrnehmungsreiz abzunehmen; von nun an baut das Kind eine interne Repräsentation des Wahrnehmungsobjektes auf.

Die *Diskrepanzhypothese* besagt, daß ein Kind, wenn es einmal eine interne Repräsentation von S aufgebaut hat, das meiste Interesse für Konfigurationen hat, die einerseits der Repräsentation von S ähneln, aber andererseits nicht zu viel davon abweichen (Abbildung 7). Aus dieser Diskrepanztheorie könnte man schließen, daß Eltern und Erzieher die Aufmerksamkeit ihres Kindes durch Anbieten von neuer, jedoch nicht allzu neuer Stimulanz maximalisieren können. Auch der Zeitpunkt der Stimulierung ist von nicht geringer Bedeutung für die Entwicklung des Kindes. Oft und schnell auf das Verhalten des Kindes zu antworten, hat verschiedene Folgen:

(a) Eine Reihe von spezifischen Verhaltensweisen kann hervorgerufen oder verstärkt werden, z. B. Laut- und Wortbildung, indem bekräftigend geantwortet

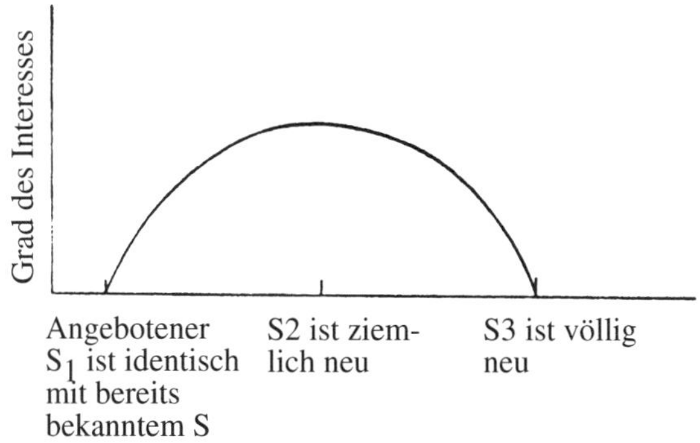

Abbildung 7. Schematische Wiedergabe der Diskrepanzhypothese. Kurvilinearer Zusammenhang zwischen Interesse und altem (bekanntem), ziemlich neuem S2 und völlig neuem Stimulus S3.

wird, und Lachen, indem bekräftigend durch Sprechen, Lachen und Berühren hierauf eingegangen wird.

(b) Wenn der Erzieher zum richtigen Zeitpunkt auf die Signale des Kindes eingeht, kann dies wichtige Konsequenzen für das Selbstbewußtsein des Kindes haben. Wenn ein Kind Zustimmung oder eine Reaktion auf sein Verhalten erhält, wird es die allgemeine Erwartung entwickeln, daß sein Verhalten Auswirkungen auf die Umgebung hat oder daß es die Bekräftigung (reinforcement) selbst steuern kann.

Hier spricht man von einem *erlernten* Motiv zum Handeln, das *interne Kontrollüberzeugung* (der Bekräftigung) genannt wird. Dem gegenüber steht die allgemeine Erwartung, daß das eigene Verhalten keinen Einfluß auf die Umgebung hat, wahrscheinlich verursacht durch ständigen Mangel an Bekräftigung. Dies nennt man *externe Kontrollüberzeugung*. Diese externe Kontrollüberzeugung ist im allgemeinen ein Merkmal von Menschen, die in förderungsarmen Umgebungen aufwachsen, und sie korreliert stark mit schwachen Schulleistungen. Also auch mit dieser Dimension der Stimulanz (dem richtigen Zeitpunkt) kann der Erzieher die Entwicklung eines Kindes in hohem Maße beeinflussen.

Abschließend können wir sagen, daß in den meisten Fällen die Mutter, oder ihr Vertreter, großen Einfluß auf die Entwicklung des Kindes hat. Vor allem in zweierlei Hinsicht ist sie (oder ein anderer Erzieher) die zentrale Person:

1. Hauptsächlich sie bestimmt, wieviel und wann das Kind Stimulierung erhält. In ihrer Hand liegt der Schlüssel für die Entwicklungsstimulierung des Kindes.
2. Die Person, die zu Beginn die meiste Zeit mit dem Kind verbringt, ist meistens auch das Bindungsobjekt. In der Regel wird dies die Mutter sein. Die Bindung, die sie mit dem Kind hat, gibt ihrer Stimulierung und Bekräftigung des kindlichen Verhaltens eine größere Chance auf direkte Beeinflussung als der eines Fremden.

2.6.1.6 Stimulierung in der frühen Kindheit

Wie wichtig die Rolle der richtigen Stimulierung im ersten Lebensjahr ist, zeigt eine Untersuchung, die mit 100 niederländischen Kindern aus einer sozial-ökonomisch schwachen Schicht durchgeführt wurde (Riksen-Walraven 1978). In dieser Untersuchung wurde versucht, zwei Aspekte der frühkindlichen Entwicklung zu stimulieren.

An erster Stelle wurde dem *Kompetenzmotiv* Aufmerksamkeit geschenkt. Laut White (1959) kann dieses Motiv charakterisiert werden als fundamentales, angeborenes Streben nach effektiver Interaktion mit der Umgebung. In den ersten Lebensjahren äußert sich dieses Streben im *explorierenden, manipulierenden* Umgang mit der Umgebung. Das angeborene Kompetenzmotiv kann schon sehr früh durch Personen in der Umgebung des Kindes verstärkt oder abgeschwächt werden, abhängig davon, in welchem Maße sie auf das Verhalten des Kindes reagieren. Wenn von Geburt an viel auf das Kind eingegangen wird, so wird es die Erwartung aufbauen, daß seine Taten Erfolg haben, und es wird dadurch motiviert, seiner Umgebung noch mehr Reaktionen zu entlocken. Das Erfahren des Zusammenhangs, der *Kontingenz* zwischen dem eigenen Verhalten und einer Auswirkung in der Umgebung ist also von wesentlicher Bedeutung für die Entwicklung des Kompetenzmotivs, da das Kind dadurch ein Gefühl für Effektivität entwickelt. Dieses Gefühl wird das Kind motivieren, zu versuchen, seine Umgebung "in den Griff zu bekommen".

Wenn ein Kind viele Reaktionen auf sein Verhalten erfährt, wird es nicht nur motiviert werden, dieses und ähnliches Verhalten zu wiederholen, sondern es wird auch lernen zu *analysieren,* mit welchem Verhalten es einen bestimmten Effekt zuwegegebracht hat. Diesen Prozeß bezeichnet man als *Kontingenzanalyse:* Das Kind lernt, einen Zusammenhang zwischen seinem Verhalten und dessen Auswirkung auf die Umgebung zu erkennen. Das Maß, mit dem die Umgebung auf das Verhalten des Kindes reagiert, bezeichnet man mit dem Begriff *Responsivität.*

Riksen-Walraven ging in ihrer Untersuchung also davon aus, daß ein Kind, das in einer responsiven Umgebung aufwächst, ein sehr exploratives Verhalten an den Tag legt und sehr wohl in der Lage ist, die Zusammenhänge zwischen seinem Verhalten und dessen Auswirkungen zu lernen.

Neben dem Kompetenzmotiv wurde in der Untersuchung von Riksen-Walraven versucht, das *Habituationstempo* des Kindes zu fördern. Unter Habituation versteht man, wie bereits gesagt wurde, die Abnahme des Interesses beim wiederholten Anbieten desselben Stimulus. Habituation weist auf einen fundamentalen kognitiven Prozeß hin: den Aufbau einer internen Repräsentation eines Wahrnehmungsobjektes oder spezieller den allmählichen Aufbau von Wissen über Wahrnehmungsreize, Zusammenhänge, Gesetzmäßigkeiten und soziale Beziehungen. Riksen-Walraven ging davon aus, daß Habituation stimuliert werden kann: Wenn die soziale Umgebung dem Kind *mehr und mehr variierte Stimulanz verschafft,* kann es Informationen besser und effizienter in sich aufnehmen und wird daher ein schnelleres Habituationstempo haben.

Riksen-Walraven begann mit dem Stimulierungsprogramm, als die Kinder neun Monate alt waren. Sie entschied sich für Kinder aus einer sozial-ökonomisch schwachen Schicht, da – wie viele Untersuchungen ergeben hatten – Eltern aus dieser Schicht im allgemeinen wenig responsiv sind und dem Kinde wenig Entwicklungsförderung zukommen lassen. Ihre Vorgehensweise kann kurz zusammengefaßt wie folgt beschrieben werden: Durch die Bestrebung, die Responsivität der Eltern und den Umfang an Stimulanz, die sie ihren Kindern zukommen lassen, zu erhöhen, versuchte sie, das explorative Verhalten, die Kontingenzanalyse und das Habituationstempo des Kindes zu fördern. Dies geschah folgendermaßen: Im Alter von neun Monaten wurde jedes Kind zweimal 40 Minuten lang zu Hause beobachtet – einmal morgens und einmal am späten Nachmittag. Die Beobachtung erfolgte anhand von 17 vorher festgelegten Verhaltenskategorien beim Kind (z. B.: Lachen, Weinen, Anschauen) und 16 Verhaltenskategorien beim Versorger (z. B.: verbales Mißbilligen, Benennen, Anweisen).

Auf der Grundlage der Beobachtungen wurde für jeden Versorger eine R-Bewertung (Responsivität) und eine S-Bewertung (Umfang der Stimulanz) berechnet. Gleichzeitig wurde durch verschiedene Versuche das explorative Verhalten, die Kontingenzanalyse und das Habituationstempo des Kindes ermittelt. Nach dieser Zustandsanalyse erhielten die Eltern Spielzeug und ein dazugehöriges Übungsbuch. Einige Eltern erhielten ein Buch, dem sie entnehmen sollten, wie ihre *Responsivität* dem Kind gegenüber animiert werden könne (das R-Büchlein) Anderen Eltern wurde ein Buch angeboten, in dem die Bedeutung des Gebens von *viel und variierter Stimulanz* betont wurde (das S-Büchlein). Im Alter von 12 Monaten – also nach einer Interventionsperiode von drei Monaten – wurde jedes Kind wieder bei der Interaktion mit seinem Versorger beobachtet und die Entwicklungstests erneut abgenommen. Es zeigte sich, daß sowohl die Beeinflussung der Eltern als auch die Entwicklungsförderung des Kindes Erfolg gehabt hatten. Eltern, die ein R-Programm erhalten hatten, waren ihrem Kind gegenüber responsiver als Eltern aus einer Kontrollgruppe ohne Interventionsprogramm, und ihre Kinder zeigten ein exploratives Verhalten und eine schnellere Kontingenzanalyse als die Kinder aus der Kontrollgruppe. Eltern, die ein S-Programm erhalten hatten, boten ihren Kindern mehr Stimulanz als Eltern aus der Kontrollgruppe, und ihre Kinder hatten ein relativ höheres Habituationstempo.

Wir haben diese Untersuchung etwas ausführlicher besprochen, da es bis heute nahezu das einzige Interventionsexperiment ist, das mit einem derart klaren theoretischen Konzept, bei einer derartigen Population in natürlicher Interaktionssituation mit praktisch-pädagogischer Bedeutung durchgeführt worden ist. Aus der theoretischen und empirischen Analyse wurde deutlich, daß die Entwicklungsprozesse der Habituation, Exploration und Kontingenz einerseits und die Umgebungsvariablen Responsivität und Stimulanz andererseits auf jeden Fall zentrale Merkmale und Faktoren in der menschlichen Entwicklung sind. Die Ausführung der Programme hat gezeigt, daß es möglich ist, Veränderungen herbeizuführen und Erziehungsstile besser an die Entwicklungsbedürfnisse des Kindes anzupassen. Nur durch eine Veränderung der Einstellung und des Verhaltens ist ein dauerhafter Effekt zu erwarten und wird es möglich werden, daß sich das Kind nach dem ersten Lebensjahr zu einem kompetenten Individuum entwickelt.

Inzwischen wurden dieselben Kinder im Alter von 7, 10 und 12 Jahren erneut untersucht (Riksen-Walraven und Van Aken 1996). Als hervorstechende Ergebnisse zeigten sich Langzeitwirkungen der elterlichen Responsivität auf die Mitschwingungsfähigkeit, allerdings nur bei Mädchen und nicht bei Jungen. Stimulierung hatte jedoch nicht den erwarteten Effekt auf die kognitive Entwicklung. Außer diesen Haupteffekten wurden noch viele Einzelbefunde zum Zusammenhang zwischen Responsivität und Stimulanz durch die Eltern und dem kindlichen Verhalten gefunden.

In die Fußstapfen von Riksen-Walraven trat Van den Boom (Van den Boom 1994; 1995). Sie führte ebenfalls eine Interventionsstudie über die Wirkung mütterlichen Verhaltens auf das Kind durch. Auch hier handelte es sich um Familien der unteren Sozialklasse, die Kinder waren jedoch von Geburt an leicht irritierbar. Zum Zeitpunkt der Untersuchung waren die Kinder sechs Monate alt; danach erfolgte die Intervention. Nach weiteren drei Monaten, als die Kinder 9 Monate alt waren, wurde erneut eine Untersuchung (vornehmlich Beobachtung) durchgeführt. Man erwartete, daß eine Verbesserung der mütterlichen Responsivität eine positive Wirkung auf die Qualität der Mutter-Kind-Beziehung, auf das Explorationsverhalten des Kindes und auf die Bindung haben würde.

Bei etwa 80 Müttern und ihren Kleinkindern wurde eine Nachuntersuchung durchgeführt als die Kinder 18, 24 Monate und 3 1/2 Jahre alt waren. Es zeigten sich durchgehend positive Auswirkungen des mütterlichen Verhaltens auf Geborgenheitsgefühl des Kindes, auf sein positives Bindungsverhalten und auf gute Beziehungen zu Gleichaltrigen.

Betont werden muß, daß Langzeituntersuchungen wie die von Riksen-Walraven und Van den Boom zeitaufwendig und arbeitsintensiv sind. Sie erfordern einen stabilen Mitarbeiterstab und ein großes Maß an Kooperation von Seiten der Mütter. Es muß außerdem ein gutes Einvernehmen zwischen Forscher/in und Mutter wie Kind bestehen. Riksen-Walraven hat mit ihrer Untersuchung Maßstäbe gesetzt, die nur schwer zu überbieten sind. Hierauf, wie auf die Einzigartigkeit der Studie von Riksen-Walraven, weisen auch Bronfenbrenner und Ceci (1994) in ihrem kritischen Übersichtsartikel in *Psychological Review.*

2.7 Körperliche und psychomotorische Entwicklung im ersten Lebensjahr

Neugeborene Jungen sind im allgemeinen etwas größer und schwerer als Mädchen. Männliche Babys sind nach einer voll ausgetragenen Schwangerschaft bei der Geburt ungefähr 50 cm groß und wiegen etwa 7 Pfund. Nach einem Jahr beträgt das Gewicht ungefähr 20 Pfund und die Größe im Durchschnitt 75 cm. Im ersten Lebensjahr nimmt die Größe um ein Drittel zu und das Gewicht verdreifacht sich. Die Körperproportionen verändern sich vor allem in der zweiten Hälfte des ersten Jahres recht schnell. Die Beinchen wachsen ab der achten Woche – verglichen mit dem Kopf, der langsamer wächst als der Rest des Körpers – sehr schnell. Schädelgröße und Schädelform verändern sich deutlich. Es hat sich gezeigt, daß die Unterschiede in der körperlichen Entwicklung zwischen Kindern verschiedener Kontinente sehr groß sind. Das Verhältnis der Körperteile zueinander sieht etwa so aus: Bei der Geburt macht die Größe des Kopfes ein Viertel des ganzen Körpers aus; beim Erwachsenen ist das Verhältnis Kopf:Körper 1:8 (Abbildung 8).

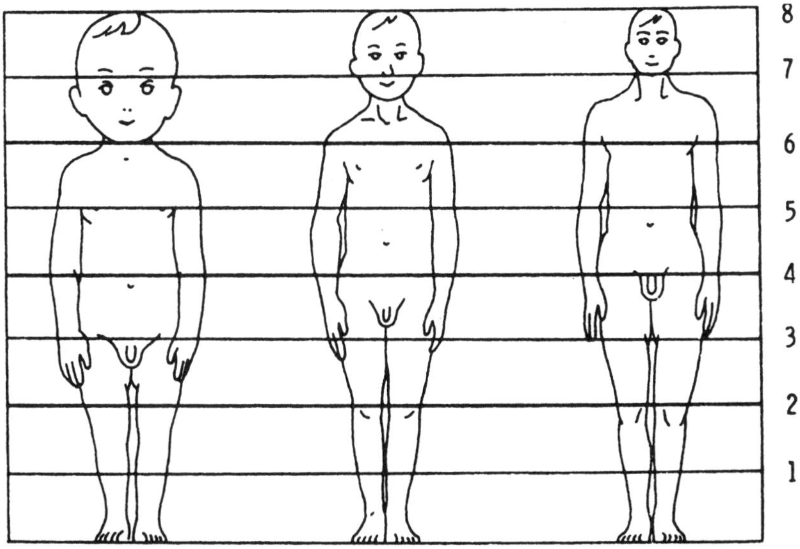

Abbildung 8. Veränderungen der Körperproportionen

Nur ganz wenige Kinder haben bei der Geburt schon Zähne; es gibt auch Kinder, die erst Zähne bekommen, wenn sie ein Jahr alt sind. Gewöhnlich kommen die ersten Zähne nach ± 7 Monaten; mit 12 Monaten sind sechs Zähne keine Ausnahme mehr.

Die Härtung der Knochen beginnt in der pränatalen Phase und dauert bis in die Pubertät hinein. Die Knochen von jüngeren Kindern sind – da die meisten zum großen Teil noch nicht gehärtet sind – biegsamer und reaktiver als die von älteren Kindern und Erwachsenen und brechen auch bei Deformierungen nicht so leicht. Die Muskeln sind bei Neugeborenen noch nicht entwickelt. Muskeln wachsen ständig in Länge, Breite und Umfang. Die Muskelgruppen an Kopf und Hals entwickeln sich schneller als die Muskelgruppen an den Gliedern. Jungen besitzen mehr Muskelgewebe als Mädchen, deren Körper im Verhältnis mehr Fett und weniger Wasser aufweist. Mädchen sind im allgemeinen leichter und kleiner. Außerdem ist das Körperwachstum von Mädchen weniger variabel als das der Jungen.

Das Neugeborene ist mit einer Reihe von Reflexen ausgerüstet, die die Basis für das Reagieren und Agieren des Babys bilden. Einige dieser Reflexe sind von vorübergehender Art und verschwinden nach einer gewissen Zeit. Wir nennen sie *frühkindliche Reflexe.* Andere, bei der Geburt bereits vorhandene Reflexe sind bleibender Art und werden als *permanente Reflexe* bezeichnet. Zu dieser Gruppe gehören der *Achillessehnenreflex* (Zusammenziehen der Wadenmuskeln bei einem Schlag auf die Achillessehne), der *Kniesehnenreflex* oder patellare Reflex (Kontraktion der Streckmuskeln im Oberschenkel bei einem Schlag auf die Sehne oder die Kniescheibe) und der *Pupillenreflex* (Zusammenziehen der Pupille bei Lichteinfall und Akkommodation). Zu den *frühkindlichen Reflexen* werden außerdem gezählt:

(a) *Moro-Reflex.* Bei dieser Reflexbewegung streckt das Kind seine Arme seitwärts aus, spreizt seine Finger und bringt dann mit einem Ruck Arme und Hände zurück, als ob es einen Unsichtbaren umarmen will (darum nennt man diesen Reflex auch "Umarmungsreflex"). Dieser Reflex kann durch Händeklatschen hervorgerufen werden. Er wird also durch Überraschung oder Erschrecken vor Geräuschen ausgelöst. Gewöhnlich ebbt dieser Reflex nach dem vierten Monat ab und kann mit sechs Monaten kaum noch ausgelöst werden.
(b) *Schnüffel-* oder *"rooting"-Reflex.* Dieser Reflex wird durch taktile Stimulanz der Wange oder des Mundbereichs ausgelöst. Das Kind reagiert mit einer drehenden Bewegung des Kopfes (Suchen nach der Brustwarze).
(c) *Saugreflex.* Schnüffel- und Saugreflex hängen zusammen und werden meistens gleichzeitig durch Reize an der Wange hervorgerufen. Diese Reflexe besitzen eine beruhigende und explorative Funktion. Es ist ein bekanntes Phänomen, daß Babys während der ersten Monate versuchen, mit dem Mundbereich die Umgebung zu erforschen (darum werden diese Reflexe auch orale Reflexe genannt). Beide Reflexe verschwinden nach dem sechsten Monat.
(d) *Greif-* oder *Darwin-Reflex.* Wenn man mit dem Finger entlang der Innenseite des Unterarms Richtung Hand streicht, öffnet sich die Hand, wenn die Handfläche erreicht wird; wird nun der Finger in die Handfläche gelegt, so schließt sich die Hand des Babys.
(e) Der *Babinski-Reflex* ist eine Art Greifreflex des Fußes; beim Reizen der Fußsohle wird der große Zeh hochgezogen und die anderen Zehen werden gespreizt. Auch diese beiden Greifreflexe (d und e) verschwinden mit etwa sechs Monaten.

Über die Sinnesorgane können wir folgendes sagen:

Geruch: Es gibt diesbezüglich nur wenige Untersuchungen, doch Hinweise darauf, daß der Geruchssinn anfangs nur schlecht entwickelt ist. Allerdings reagiert schon das Neugeborene auf unangenehmen Geruch, indem es seinen Kopf weg oder zur Seite dreht.

Geschmack: Das Neugeborene reagiert bereits mit Grimassen auf etwas, das nicht schmeckt. Mit 2 oder 3 Monaten beginnt die Entwicklung des Geschmacks.

Haut: Ab dem letzten fötalen Monat sind Druckgefühle und Schmerzgefühle bereits entwickelt, wenn auch noch diffus und global. Bei Berührungen im Schlaf reagiert das Baby mit einem schnelleren Herzschlag; ist das Baby hingegen wach, so reagiert es mit einem langsameren Herzschlag.

Wärmegefühl: Neugeborene besitzen bezüglich der Temperatur einen großen Toleranzbereich. Die Grenzen liegen wesentlich über und unter der Körpertemperatur.

Sehen: Das Baby ist fähig, hell, dunkel und farbig zu erkennen. Es reagiert auf Intensitätsunterschiede visueller Reize mittels des Pupillenreflexes. Kinder in diesem Alter können auch visuelle Folgebewegungen vollbringen. Sie sind zu Konvergenz und binokularer Fixierung fähig. Erst mit etwa zwei Monaten beginnt das Kind zu

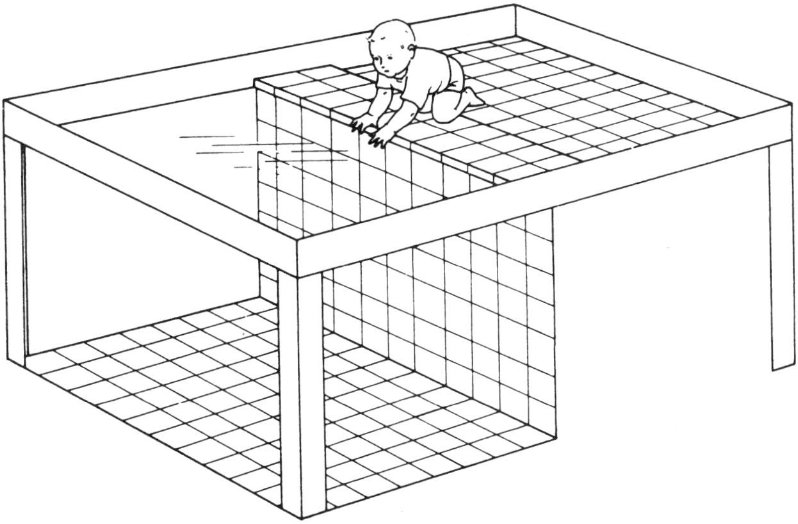

Abbildung 9. Visueller Abgrund (visual cliff): Ein Spieltisch mit einer Glasplatte — der Abgrund, den man sieht, besteht in Wirklichkeit nicht. Laut Gibson & Walk (1960) und Walk (1966) vermeiden Tiere und Menschen bei Tests mit dem abgebildeten Spieltisch spontan den wahrnehmbaren Abgrund. Dies soll ein Beweis dafür sein, daß sowohl Mensch als auch Tier von klein auf in der Lage sind, Tiefe zu sehen.

akkommodieren. Über die Komplexität der visuellen Wahrnehmungen gehen die Meinungen beträchtlich auseinander. Tatsache ist, daß komplexe Wahrnehmungsreize das Interesse auf sich ziehen. Man konnte bisher jedoch noch nicht definitiv entdecken, ob Kinder immer länger auf immer komplexer werdende Wahrnehmungskonfigurationen schauen. Entdeckt hat man hingegen, daß Wahrnehmungsreize, die sich geringfügig von bereits gefestigten Schemata unterscheiden, das Interesse aufrechterhalten. Man spricht von einem kurvilinearen Zusammenhang zwischen Diskrepanz und Interesse (vergl. die Diskrepanzhypothese); das heißt, daß das größere Interesse durch geringe Diskrepanz und weniger oder kein Interesse durch identische Wahrnehmungsangebote hervorgerufen werden.

Wie unterschiedliche Untersuchungen gezeigt haben, können Kinder von Anfang an Tiefenwirkung erkennen. Tests mit dem sogenannten "visuellen Abgrund" berechtigen zu der Annahme, daß Tiefensehen sowohl beim Tier als auch beim Menschen eine angeborene Eigenschaft ist und daß Lernfaktoren dabei nur eine geringe Rolle spielen (Abbildung 9, "Visueller Abgrund").

Hören: Das Neugeborene ist in der Lage, zu hören; es reagiert auf auditive Reize. Auch hier bestehen wieder interindividuelle Unterschiede: Einige Babys reagieren bereits kurz nach der Geburt auf auditive Reize, während andere Babys erst später Reaktionen zeigen. Wertheimer (1961) konnte nachweisen, daß ein zehn Minuten altes Baby fähig war, seine Augen dem auditiven Reizangebot zuzuwenden. Dies

	25%	50%	75%	90%	
Kann auf dem Bauch liegend den Kopf um 45° heben	0.5	1.0	1.7	2.5	
Gestützt sitzen, Kopf stillhalten	0.6	1.2	2.0	3.2	
Bauch/Brust heben	1.4	2.2	3.3	4.8	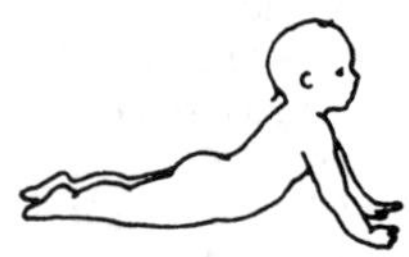
Sitzen ohne Stütze	6.5	7.6	8.8	10.2	
Gestützt stehen	7.7	9.0	10.6	12.2	

Abbildung 10. Das folgende motorische Verhalten kann durch 25%, 50%, 75% bzw. 90% der von Cools & Hermans untersuchten Kinder ausgeführt werden; das Alter wird in Monaten angegeben (Die Zahl hinter dem Punkt ist eine Dezimale: 0.1 = 3 Tage).

Zieht sich zum Stehen hoch; erste Form des Krabbelns	7.6	9.2	11.0	13.0	
Gestützt laufen	9.0	10.4	11.9	13.6	
Frei stehen	11.2	12.8	14.5	16.2	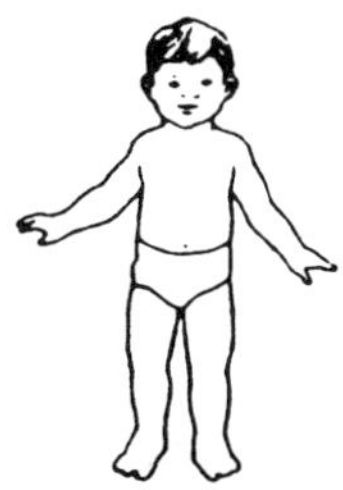
Läuft gut	12.4	13.8	15.4	16.9	
Tritt Ball nach vorne	14.0	15.8	18.6	24.7	

nennt man *Orientierungsreaktion.* Eine rudimentäre Form der auditiven Lokalisierung (motorische Koordination des Sehens und Hörens) scheint auch ohne Lernprozesse möglich zu sein. Wie das visuelle Interesse durch Bewegung und Kontur ausgelöst wird, so wird das auditive Interesse durch Rhythmus und Geräuschdauer geweckt. Die motorischen Verhaltensmuster des Kindes (Abbildung 10) werden in zunehmendem Maße besser und koordinierter; aufgrund von Übung werden sie präziser und gewissenhafter.

Kinästhesie: Das Neugeborene besitzt auch schon kinästhetische Qualitäten, d. h. es hat ein Gefühl für aktive Bewegung, kann also seine eigenen Bewegungen wahrnehmen. Zu den kinästhetischen Reaktionen gehört z. B. das Gefühl für die Position des Körpers, der Gliedmaßen, der Muskeln, das Gleichgewicht und die Drehbewegungen. Auch schon vor der Geburt ist der Fötus zur Kinästhesie in der Lage, wenn auch nur im begrenzten Maße.

Sitzen: Mit Hilfe einer Stütze können Kinder im allgemeinen im Alter von 2 bis 3 Monaten sitzen; im Alter von ungefähr 7 Monaten können sie dies bereits ohne Hilfe.

Krabbeln: Trotz großer individueller Unterschiede können im allgemeinen drei Phasen in den Krabbelbewegungen unterschieden werden: Die erste Phase tritt etwa nach der achten Woche auf; hierbei wird das Knie entlang dem Körper nach vorne gezogen. Nach etwa 34 Wochen sehen wir, daß Kinder sich fortbewegen, indem sie sich über den Boden ziehen. Während der Bauch den Boden berührt, beginnt das Kind langsam zu krabbeln, vorankommend durch Arm- und Beinbewegungen. Der Kopf zeigt in dieselbe Richtung wie Arme und Beine. Dieses Krabbeln ist homolateral, d. h. erst bewegt sich eine Körperhälfte und dann die andere. Erst nach etwa 40 Wochen beginnt das Kind auf Händen und Knien zu krabbeln und nach etwa 45 Wochen auf Händen und Füssen. Nun ist das Kind bilateral geworden, d. h. es ist fähig, beide Körperhälften in Harmonie miteinander zu bewegen.

Stehen und Laufen: Die meisten Kinder können bereits stehen, bevor sie zu laufen beginnen. Gewöhnlich beginnt das Kind etwa im Alter von einem Jahr zu laufen, aber wie eingangs erwähnt, bestehen hier große Unterschiede (zwischen dem 9. und 15. Monat). Um sein Gleichgewicht zu wahren, hält das Kind seine Arme über den Kopf oder zur Seite gestreckt. Auf Grund der Veränderungen seiner Körperproportionen und seines neuromuskulären Systems entwickelt das Kind die zum normalen Laufen benötigte Kraft und Koordination.

Greifen: Zwischen der 16. und 52. Woche entwickelt sich gezieltes und differenziertes Greifen (Abbildung 11). Nach etwa 5 Monaten lernt das Kind, visuell gezielt zu greifen. Ein Kind von einem Monat wird ein Objekt anschauen, jedoch nicht danach greifen. Nach 2½ Monaten schlägt es danach und nach etwa 4 Monaten versucht es, den Gegenstand anzufassen. Erst nach ungefähr 5 Monaten wird es die Hand ausstrecken und versuchen, ihn zu ergreifen. Obwohl die Basis dieses Prozesses in der Reifung liegt, ist er stark von Umgebungsfaktoren abhängig.

Sprachverhalten: Die psychomotorische Basis des Sprachverhaltens liegt im ersten Lebensjahr. Nach etwa 6 Wochen beginnt das Kind zu lallen. Dieses Lallen muß als Vorläufer des späteren Sprechens gesehen werden, das etwa nach einem Jahr mit

± 16 Wochen	– Kein wirklicher Kontakt mit dem Objekt; das Kind sieht es an, wird aber nicht danach greifen.
± 20 Wochen	– Visuell gezielt greifen. Das Kind kann den Gegenstand berühren, probiert ihn zu greifen, aber kann den Gegenstand noch nicht festhalten.
± 28 Wochen	– Nun wird auch die Handfläche benutzt.
± 36 Wochen	– Der Zeigefinger beginnt eine Rolle zu spielen.
± 52 Wochen	– Daumen und Zeigefinger arbeiten koordiniert zusammen und auch die anderen Finger können effektiv eingesetzt werden.

Abbildung 11. Entwicklung des motorischen Verhaltens: Greifen (Die Altersangaben stellen ungefähre Werte dar.)

dem ersten Wort beginnt. Das lallende Kind wird in der zweiten Hälfte des ersten Lebensjahres bereits sogenannte Lalldialoge führen. Es ist wichtig, wie die Personen in der Umgebung des Kindes auf diese Gefühlsäußerungen eingehen. Dies ist vor allem relevant für die weitere Entwicklung der Laut-/Wortbildung und für die Sozialisierung des Kindes.

Cools & Hermanns (1979) haben den Denver Entwicklungstest (DET) normiert. Dieser Test dient dazu, Probleme in der Entwicklung von Kindern frühzeitig zu erkennen. An dieser Normierungsuntersuchung waren 1260 Kinder (628 Jungen und 632 Mädchen) im Alter zwischen einem Monat und 6½ Jahren (Altersverteilung in Tagen von 16 bis 2340 Tagen) beteiligt. Der DET enthält 105 konkrete Verhaltenskategorien: 20, die sich auf das soziale Verhalten beziehen, z. B. "rollt den Ball zurück", "anziehen unter Aufsicht"; 30 mit Bezug auf das Adaptationsverhalten, z. B. "nimmt die Rassel in die Hand", "baut Brücke nach"; 24 mit Bezug auf das Sprachverhalten, z. B. "kombiniert zwei Wörter", "versteht kalt, müde, Hunger" und 30 mit Bezug auf das motorische Verhalten (die Daten in Abbildung 10 stammen zum größten Teil aus dem DET).

2.7.1 Frühzeitiges Erkennen von Risikokindern

Direkt nach der Geburt und noch einmal 5 Minuten später werden die meisten Neugeborenen mit dem sogenannten APGAR-Test untersucht. Dieser Test wurde 1953 von Virginia Apgar entwickelt, um festzustellen, welche Neugeborenen besondere medizinische Betreuung benötigen. Der Test besteht aus einfacher Beobachtung der vitalen Funktionen durch den Geburtshelfer: Herzschlag, Atmung, Muskeltonus, Reflexe und Farbe der Haut. Für jede der 5 Dimensionen des APGAR-Tests erhält der Säugling eine Bewertung von 0, 1 oder 2. Die 5 Bewertungen werden zusammengezählt und bilden somit den APGAR-Wert für den Säugling.

Neugeborene mit einem APGAR-Wert von 10 befinden sich bei der Geburt in einer ausgezeichneten physischen Verfassung. Babys mit einem Wert zwischen 8 und 9 haben eine gute körperliche Verfassung. Babys mit einem Wert zwischen 5 und 7 können medizinische Probleme haben, die besondere Beachtung erfordern. Babys mit einem Wert von 4 oder weniger haben eine geringe Überlebenschance und benötigen sofortige medizinische Betreuung.

Ursprünglich war der APGAR-Test lediglich dazu gedacht, die körperliche Verfassung von Säuglingen bei der Geburt festzustellen. Danach wurde jedoch der Versuch unternommen, anhand dieses Tests langfristige Voraussagen über zukünftige Verhaltensweisen, Entwicklung und Intelligenz zu machen. Vor allem deswegen, weil man davon ausging, daß geistig behinderte Kinder mit hoher Wahrscheinlichkeit einen niedrigen APGAR-Wert bei der Geburt haben. Einige Wissenschaftler haben eine signifikante Korrelation zwischen dem APGAR-Wert und späterer Intelligenz gefunden. Einschlägige Untersuchungen geben allerdings Anlaß zu der Vermutung, daß dieser Zusammenhang durch störende Variablen verursacht wird. Die Variablen, die die frühkindliche Intelligenz beeinflussen, üben nämlich auch einen Einfluß auf die Geburtsschwierigkeiten und damit auf den APGAR-Wert aus. Eine Untersuchung von 26.000 Kindern in 12 städtischen Krankenhäusern in den Vereinigten Staaten ergab folgendes: Werden die Faktoren sozial-ökonomische Schicht, Rasse und Geschlecht beiseite gelassen, so können die APGAR-Werte für normale wie auch für abweichende Kinder nicht signifikant mit den Intelligenzbewertungen für Klein- und Vorschulkinder in Beziehung gebracht werden. Wenn also die APGAR-Werte nicht gerade extrem niedrig sind, braucht man sich keine Sorgen über die psychische Gesundheit und Entwicklung eines Kindes zu machen.

Auch bei der Betreuung sogenannter Risikokinder (high risk infants) kann der APGAR-Test wertvolle Hilfe bieten. In einer Studie wurden 125 Babys, die am plötzlichen Kindstod gestorben waren, mit mehr als 50.000 Babys verglichen, die die ersten Lebensmonate überlebten; bei der ersten Gruppe war der APGAR-Wert deutlich niedriger.

Jährlich stirbt in Deutschland eine gewisse Anzahl Babys (meistens zwischen dem 2. und 4. Lebensmonat) plötzlich und ohne Anzeichen einer Krankheit. Dieser plötzliche Kindstod (Sudden Infant Death Syndrom) kann bei fachkundiger Aufklärung in vielen Fällen verhindert werden. Vor allem in den ersten Lebensmonaten benötigen diese Risikokinder eine gezielte Stimulierung und Aktivierung. Bei der Geburt sind eine Reihe von reflexartigen und unwillkürlichen Verhaltensweisen vorhanden, die für das Überleben des Babys notwendig sind. Mit zunehmender Myelinisation und Entwicklung der höheren Gehirnfunktionen werden die ungelernten Verhaltensweisen durch erlernte Verhaltensweisen ersetzt oder angefüllt. Dieser Prozeß findet seinen Höhepunkt zwischen dem 2. und dem 4. Monat. In dieser Periode der schnellen neuralen Entwicklung müssen offensichtlich eine Reihe von Verhaltensmustern (wie z. B. willkürliche Atmung) gelernt werden, oder anders ausgedrückt: Atmung und andere Verhaltensmuster werden in zunehmendem Maße durch erlerntes Verhalten mitbestimmt. Risikokinder (Prämaturgeborene; Babys mit Geburtskomplikationen, wodurch eventuell leichte Gehirnschäden entstanden sind) haben gerade bei diesem Übergang vom ungelernten zum gelernten Verhalten zusätzliche Stimulierung und Aktivierung nötig, um ihre Überlebenschancen zu erhöhen. Dies bedeutet, daß Vorsorgemaßnahmen bei Neugeborenen und insbesondere bei Risikokindern medizinisch und psychologisch orientiert sein müssen.

2.7.2 Postpartum-Depression

Das Interesse an dem Phänomen der Postpartum-Depression ist seit langem groß: Psychische Probleme der Mutter können nach der Entbindung (z. B. Affektlabilität, Ängste und Depressionen) manchmal monatelang anhalten. In der neueren Literatur wird Postpartum-Problemen depressiver Art immer differenzierter begegnet. Dabei geht man von einem Kontinuum von Problemen aus, das vom "Jammertag" bis zur Psychose reicht (Dirksen 1985), wobei der Kontakt der betroffenen Person mit der Realität ernstlich deformiert sein kann; dies kann sowohl durch endogene als auch durch exogene Faktoren verursacht werden. Ein derartiger depressiver Zustand der Mutter beeinträchtigt ihr Verhalten gegenüber dem Kind und wird zu einer ernstzunehmenden Gefahr für die gesunde Entwicklung des Babys. Zwei Untersuchungen in den Niederlanden (Dirksen 1985; De Jonge-Adriaansen 1985), die näher darauf eingehen, haben ergeben , daß – obwohl über die Definition und Ätiologie (Entstehensursache) des Phänomens keine Übereinstimmung herrscht – eine von zehn Frauen von depressiven Zuständen befallen wird. Die Schätzungen über die Anzahl postnataler Depressionen für die Niederlande schwanken zwischen 2 % und 10%; bei einem Vergleich mit Daten aus England und Amerika scheint deutlich zu werden, daß ein Zusammenhang zwischen medizinischen Interventionen bei Entbindungen und postnataler Depression besteht (Tabelle 3).

Ungefähr ein Viertel der in England und Amerika untersuchten Mütter litt unter anhaltenden Depressionen. Eine zusätzliche Risikogruppe bilden offensichtlich Frauen, deren Baby mit Kaiserschnitt zur Welt kommt. In der amerikanischen Untersuchung litten 35% dieser Gruppe unter schweren Depressionen. Aus ihrer vergleichenden Untersuchung schließt De Jonge-Adriaansen (1985), daß übermäßige medizinisch-technologische Eingriffe in vielen Fällen Depressivität und das Gefühl

Tabelle 3. Prozentsätze der medizinischen Interventionen in den Niederlanden, England und Amerika.

	Niederlande	England	Amerika
Kaiserschnitt	5	—	16,7
Zangenentbindung	3	48	56,7
Vakuumextraktion	6	4	0
Episiotomie	43	98	78,3
Rückenspritze	1,4	79	gebräuchlich
Einleiten	16	21	13
Keine instrumentale Intervention	83	—	26,7
Keine Schmerzmittel	86	1	7
Bei vollem Bewußtsein	etwa 90	—	32

der Ohnmacht zur Folge haben. Dies zeigt deutlich, daß es von Bedeutung ist, den Geburtsprozeß möglichst ohne Eingriffe verlaufen zu lassen, um die psychische Stabilität der Mutter nicht in Gefahr zu bringen.

2.8 Mutter und Kind: Notwendige Voraussetzungen für eine gesunde Entwicklung?

Bowlby (1951) kommt in seinem Bericht für die Weltgesundheitsorganisation (WHO) zu zwei wichtigen Schlußfolgerungen: *Erstens,* daß die Erziehung von Heimkindern deshalb beklagenswert ist, weil ihnen menschenfreundliche und liebevolle Zuwendung fehlt. *Zweitens,* daß Mutterliebe für die psychische Gesundheit des Kindes ebenso wichtig ist wie Vitamine und Proteine für seine körperliche Gesundheit. Was den ersten Punkt angeht, so hat Bowlbys Schlußfolgerung zweifellos umwälzende Veränderungen im Anstaltswesen für entwicklungsgestörte und behinderte Kinder zuwegegebracht. Was den zweiten Punkt betrifft wurde Bowlbys Generalisierung von vielen bezweifelt.

Rutter (1972) versucht in seinem Buch "Maternal Deprivation" aufgrund empirischer Untersuchungen Beweise nachzuweisen, daß Bowlbys Feststellung nicht zutreffend ist. Es stimmt nicht, daß nur die biologische Mutter eine gesunde psychische Entwicklung des Kindes gewährleisten kann. Rutter kann beweisen, daß nicht unbedingt die biologische Mutter eine Gewähr für die gesunde psychische Entwicklung des Kindes ist. Es kann genausogut der Vater sein, die Großmutter, ein Bruder oder eine Schwester, ja, es kann ebensogut eine fremde Person sein. Wichtigste Voraussetzung ist, daß das Kind die Möglichkeit erhält, ein Bindungsverhalten zu entwickeln. Das ist der Kernpunkt. Nicht die biologische Mutter ist die Garantie für eine gesunde psychische Entwicklung, sondern die Person, die dem Kind die Möglichkeit gibt, sich an sie zu binden, die das Kind akzeptiert, die auf das Kind und sein Verlangen, sich an andere zu binden, eingeht (siehe auch Papousek & Papousek 1978).

Eine andere Streitfrage ist immer wieder: Stillen oder Flaschennahrung? Muttermilch hat hinsichtlich der Entwicklung der immunologischen Widerstandskraft Vorteile gegenüber der Kuhmilch; dieser Vorteil bleibt bestehen, wenn Milch von einer anderen Mutter (Amme) mit der Flasche verabreicht wird. Im Hinblick auf eine gesunde psychische Entwicklung ist nicht die Brust oder Flasche von Bedeutung, sondern die Zuwendung zum Kind. Eine Mutter, die ihr Kind stillt, kann trotzdem eine abweisende Haltung einnehmen, das Kind nicht akzeptieren und launenhaft mit ihm umspringen. Dasselbe kann jedoch auch bei Ernährung mit der Flasche der Fall sein. Liebe und Wärme, die mit dem Stillen verbunden sind, können genausogut bei der Ernährung mit der Flasche vermittelt werden. Wichtig ist nur die Art und Weise, mit der das Kind als Individuum geschätzt und akzeptiert wird.

Psychische Entwicklung, als Integration von Sozialisierungsprozessen, ist keine Entwicklung, die ausschließlich durch innerliche Gesetzmäßigkeiten bestimmt wird – auch nicht im ersten Lebensjahr. Die Entwicklung im ersten Lebensjahr ist ein Prozeß, bei dem Umgebungsaspekte von wesentlicher Bedeutung sind. Wichtig ist vor allem, daß das Kind von Anfang an als ernsthafter Interaktionspartner angesehen wird, der seiner Entwicklung aktiv Gestalt gibt. Das Kind ist bei seiner Geburt in solcher Weise ausgestattet, daß es in eine soziale Umgebung hineinwachsen will und kann. Die soziale Umgebung soll auf die Entwicklungsbedürfnisse des Kindes so eingehen, daß das Kind die Möglichkeit bekommt, seinen sozial ausgerichteten Entwicklungsdrang zu verwirklichen.

Stimulierung, Akzeptanz und Wärme sind von eminenter Bedeutung für die weitere gesunde Entwicklung des Kindes. Das Kind beginnt sich in der Familie zu emanzipieren und seine Möglichkeiten zu entdecken innerhalb der Grenzen, die ihm in der Familie gesetzt werden. Es wird in zunehmendem Maße versuchen, sich durch den Prozeß der Emanzipation selbst zu verwirklichen. Und diese Selbstverwirklichung kann das Kind realisieren, wenn es merkt, daß es die Bestätigung durch seine Umwelt beeinflussen kann, d. h. wenn es erfährt, daß sein Verhalten Auswirkungen auf die Umgebung hat (siehe Abschnitt 2.6.1.6).

Kontrollfragen und -aufgaben

1. Wie verläuft die Entwicklung vom Embryo zum Fötus?
2. Wann spricht man von Frühgeburt und welche Folgen kann Frühgeburt haben?
3. Woraus wird ersichtlich, daß das ungeborene Kind ein aktiv reagierendes Wesen ist?
4. Die Autoren Portmann, Gehlen und Rank haben unterschiedliche Theorien über die Geburt. Worin unterscheiden sich diese?
5. Das Baby, so wird behauptet, verfügt über die Fähigkeiten eines sozialen Wesens. Erläutern Sie das!

6. Welche Merkmale muß die Umgebung des Kindes besitzen, damit sein soziales Ausgerichtetsein sich entwickeln kann?
7. Welche wachstumsfördernde Rolle spielt die Stimulierung, welche wachstumshemmende Rolle spielt die Institutionalisierung in der frühkindlichen Entwicklung?
8. Was sind Risikokinder und wie können sie frühzeitig erkannt werden?
9. Bei der Geburt verfügt das Kind über frühkindliche und permanente Reflexe. Beschreiben Sie diese und erläutern Sie den Unterschied!
10. Wie verläuft die Entwicklung des Greifverhaltens?
11. Bowlby behauptet, daß nur die biologische Mutter eine gesunde Entwicklung des Kindes gewährleisten kann. Rutter widerspricht dem. Warum kann Rutter nicht mit Bowlby übereinstimmen?
12. Was ist eine Postpartum-Depression?

3. Das Kind zwischen dem ersten und dem vierten Lebensjahr

3.1 Entwicklung nach dem ersten Lebensjahr

Die Entwicklung während des ersten Lebensjahres ist durch eine Anzahl grundlegender Prozesse gekennzeichnet. Soziale Fähigkeiten und Persönlichkeit entwickeln sich parallel mit dem Bindungsverhalten. Bindungsverhalten ist in dieser Phase im Entstehen und muß sich erst zu einem strukturellen Hintergrund späteren Verhaltens entwickeln und stabilisieren. Im ersten Lebensjahr wird die Grundlage für das Bindungsverhalten gelegt, das während des ganzen Lebens eine wesentliche Rolle spielen wird. In dieser Periode ist ein gewaltiger Fortschritt zu verzeichnen. Was zu Beginn dieser Periode an Potential vorhanden war, hat sich zum Ende dieser Periode zu wirklichem Verhalten ausgebildet. Die wichtigsten Merkmale der Entwicklung zwischen dem Ende des ersten und dem vierten Lebensjahr lassen sich in acht Punkten beschreiben.

1. Zu Beginn dieser Entwicklungsperiode kann das Kind sitzen, stehen und mit Hilfe laufen. Wenn das Kind vier Jahre alt ist, kann es springen, klettern, unter Möbel kriechen, grobe und feinere Bewegungen mit Armen und Beinen, Fingern und Händen ausführen. Aus praktisch-motorischer Sicht ist es selbständig.
2. Hände und Augen funktionieren beim Vierjährigen koordiniert, und das Kind kann sich in bekannten und unbekannten Lebenssituationen besser orientieren. Die Hände bilden bei einem Kind von vier Jahren Werkzeuge, mit denen es die Umgebung explorieren und manipulieren kann. Dies bezieht sich vor allem auf Spielzeug und andere Dinge des täglichen Lebens.
3. Wenn das Kind vier Jahre alt ist, hat es nicht nur sprechen gelernt, sondern es ist auch fähig, aktiv an Gesprächen in der Familie teilzunehmen. Die Kommunikation mit den Altersgenossen erhält dadurch eine neue Dimension. Das Kind kann verbal Einfluß ausüben und Wünsche und Bedürfnisse zum Ausdruck bringen.
4. Am Ende der Kleinkindperiode kennt das Kind viele Dinge, mit denen es täglich in Berührung kommt. Es kann Dinge hinsichtlich Farbe und Größe unterscheiden und zwischen harten und weichen Klängen differenzieren. Es kennt die Bezeichnung vieler Objekte in seiner Umgebung und kann außerdem die Namen der ihm unbekannten Dinge oder Gegenstände erfragen.
5. Mit vier Jahren kann das Kind sich einigermaßen in Raum und Zeit orientieren. Es kennt den Unterschied zwischen Tag und Nacht. So weiß es beispielsweise, daß man tagsüber spielt und nachts schläft. Es begreift die Anweisung "hier" und "dort", es weiß was, "oben" und "unten" ist, es beherrscht eine Reihe von täglichen Tätigkeiten: Es probiert, sich die Schuhe alleine anzuziehen, seine Mütze aufzusetzen, alleine mit dem Löffel umzugehen und sich ohne Hilfe die Nase zu putzen.
6. Auch die normative Entwicklung ist bei einem Kind von vier Jahren weit vorangeschritten. Die Wörter "gut" und "schlecht", "das darf man nicht" und "nicht an-

fassen" sind zu Signalen für angepaßte emotionale Reaktionen geworden und werden allmählich zu internalisierten Normen, zur Richtschnur für das eigene Verhalten.

7. Das Bedürfnis, beschäftigt zu sein, aktiv zu sein, wird in zunehmendem Maße kognitiv bestimmt, d. h. das Kind kann Pläne entwerfen und ist nicht mehr ausschließlich von dem zufällig Vorhandenen abhängig. Es kann sich gedanklich auf etwas einstellen und besitzt in beschränktem Maße Zukunftsperspektive.
8. Das Kind will nicht nur, daß der Erwachsene anwesend ist, sondern es will auch aktiv mit diesem in Kontakt treten. Auch wächst das Bedürfnis nach Umgang mit Altersgenossen. Am Ende der Kleinkindperiode ist das Kind auch in der Lage, mit anderen zu spielen und sich an Regeln zu halten.

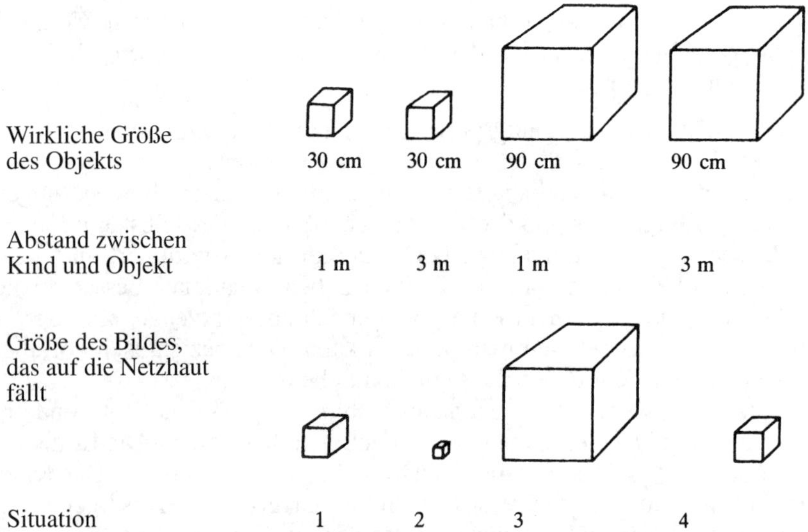

Abbildung 12. Dies ist eine Illustration der Größenkonstanz bei Babys. 40 bis 60 Tage alte Babys lernten (in einem Experiment), ihren Kopf nach links zu drehen, wenn sie einen weißen Würfel mit Kanten von 30 cm auf 1 Meter Entfernung sahen. Danach ließ man 1) denselben Würfel aus derselben Entfernung sehen, 2) denselben Würfel mit einer Entfernung von 3 Meter sehen oder 3) einen anderen Würfel mit Kanten von 90 cm mit einer Entfernung von 1 Meter sehen oder 4) den Würfel mit 90 cm mit einer Entfernung von 3 Meter sehen. Das bei dem Baby auf die Netzhaut fallende Bild des Würfels von 30 cm aus einer Entfernung von 1 Meter entsprach dem des Würfels von 90 cm und einer Entfernung von 3 Metern. Beim Sehen des Würfels von 90 cm aus 3 Meter Entfernung drehten die Babys ihren Kopf jedoch nicht nach links. Die Bilder des Würfels von 30 cm bei 1 Meter und 3 Meter Entfernung waren nicht identisch. Trotzdem drehten die Babys ihren Kopf nach links, als sie den Würfel von 30 cm bei 3 Meter Entfernung sahen. Dieses Experiment zeigt, daß Babys im Alter von 1 bis 2 Monaten Größenkonstanz besitzen. Sie wissen scheinbar, daß ein Objekt auch bei unterschiedlichen Entfernungen gleich groß bleibt, auch wenn sich die Größe des Bildes, das auf ihre Netzhaut fällt, verändert.

3.1.1 Größen- und Formkonstanz; Objektpermanenz

Zwei elementare Fähigkeiten, die ein Baby bereits in den ersten paar Wochen seines Lebens besitzt, um die Wirklichkeit auf angemessene Weise wahrzunehmen, sind Größen- und Formkonstanz.

Das Baby kann wahrnehmen, daß ein Objekt gleich groß bleibt, auch wenn es kleiner zu sein "scheint", wenn es weiter weggehalten wird. Das Baby verfügt also über *Größenkonstanz.*

Wenn ein Objekt für das Kind ebenfalls dieselbe Form behält, wenn es, aus einem anderen Blickwinkel heraus betrachtet, anders zu sein "scheint", verfügt das Baby auch über *Formkonstanz.*

Die Fähigkeit zur Größen- und Formkonstanz ist für den Säugling von großer Bedeutung, denn dies bedeutet, daß nicht verschiedene mentale Bilder für dasselbe Objekt konstruiert werden müssen, wenn dieses aus unterschiedlichen Entfernungen und unterschiedlichen Blickwinkeln heraus betrachtet wird.

Babys im Alter von 1 bis 2 Monaten "wissen", daß ein Objekt, das aus unterschiedlichen Entfernungen und unterschiedlichen Blickwinkeln heraus betrachtet wird, dieselbe Größe und Form behält, obwohl sich das Bild, das auf ihre Netzhaut fällt, verändert (Bower 1974; Abb. 12 und 13).

Ein auf den ersten Blick damit verwandter, jedoch mit der Größen- und Formkonstanz nicht zu verwechselnder Begriff ist der der *Objektpermanenz.* Objektpermanenz verweist auf unsere psychische Fähigkeit, zu wissen, daß ein Objekt auch dann noch vorhanden ist, wenn es zum betreffenden Zeitpunkt nicht sichtbar für uns ist und zum betreffenden Zeitpunkt auch sonst nicht auf unsere Aktivitäten bezogen ist. Die ersten Anzeichen der Objektpermanenz werden im vierten Substadium

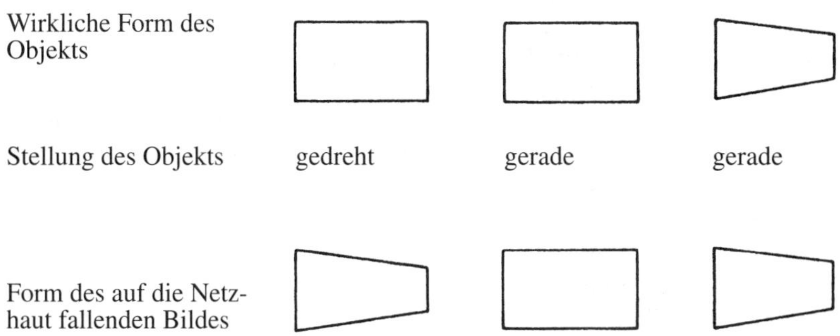

Abbildung 13. Dies ist eine Illustration der Formkonstanz. 50 bis 60 Tage alte Babys lernten, beim Sehen einer rechteckigen Figur, die um 45 Grad gedreht war, ihren Kopf zu drehen. Beim Sehen der Figur, die direkt vor ihren Kopf gehalten wurde, drehten die Babys ihren Kopf auch, obwohl sich die auf die Netzhaut fallenden Bilder bei diesen beiden Darbietungen erheblich unterschieden. Die Babys drehten ihren Kopf jedoch nicht beim Sehen einer trapezförmigen Figur, die dasselbe Bild auf die Netzhaut fallen ließ wie die ursprüngliche um 45 Grad gedrehte Figur. Dies zeigt, daß Babys im Alter von 1 bis 2 Monaten Formkonstanz besitzen. Sie wissen also, daß ein Objekt dieselbe Form behält, auch wenn sich das auf ihre Netzhaut fallende Bild durch das Drehen des Objekts verändert.

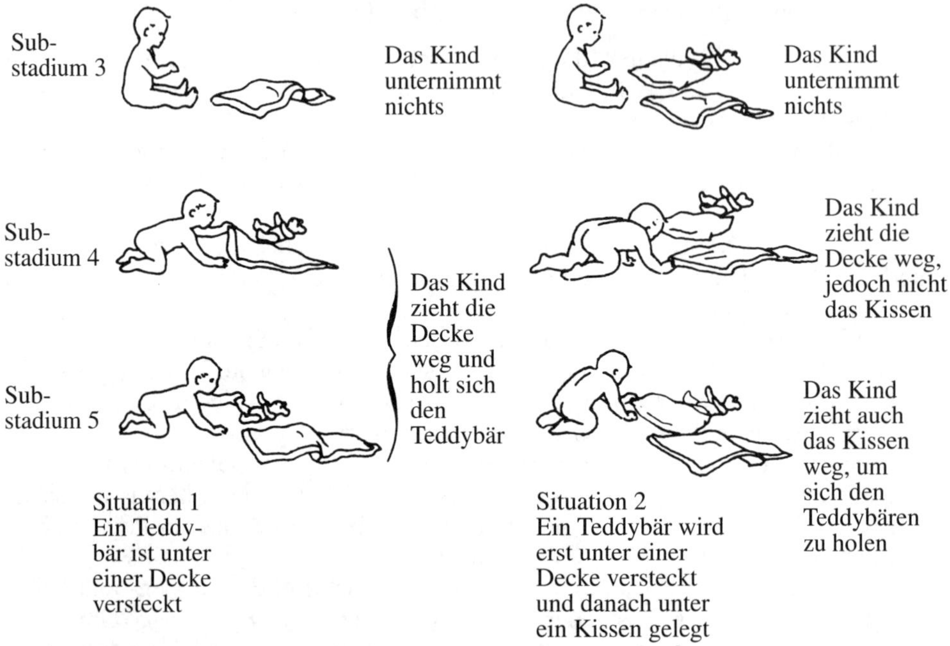

Abbildung 14. "Schritte" in der Entwicklung der Objektpermanenz

(8-12 Monate) der sensomotorischen Periode deutlich (Piaget). Jedoch ist die Objektpermanenz in diesem Stadium noch unvollständig (siehe Übersicht "Kognitive Entwicklung – Objektpermanenz", Tabelle 7, Abschnitt 4.4.2.1).

Zur Verdeutlichung folgendes Beispiel: Im Beisein des Kindes wird ein Teddybär unter einer Bettdecke versteckt. Ein Kind im Substadium 4 wird die Bettdecke wegziehen, um den Teddybär zurückzufinden. Wird der Bär jedoch, bevor das Kind ihn findet, erneut versteckt – z. B. hinter einem Kissen neben der Bettdecke – wird das Kind auch weiterhin den Bären unter der Bettdecke suchen, auch wenn es gesehen hat, was geschehen ist! Erst im fünften Substadium (12-18 Monate) scheint das Kind ein umfassendes Verständnis für Art und Permanenz von Objekten zu besitzen (Abb. 14). Objekte werden dann nicht nur als dauerhaft bestehend betrachtet, sondern auch als Dinge, die einzigartig sind und ein eigenes Bestehen haben. Das Kind wird also, wenn es den Teddybären nicht unter der Bettdecke findet, auch hinter dem Kissen nach ihm weitersuchen. Ein Beweis der vollständigen Objektpermanenz.

3.2 Körperliche und psychomotorische Entwicklung

Wir haben in Abschnitt 3.1 erläutert, daß die Entwicklung zwischen dem Ende des ersten Lebensjahres und dem vierten Lebensjahr in großen Sprüngen vor sich geht. Es scheint uns jedoch angebracht, die psychomotorische Entwicklung bis zum fünften Lebensjahr als Ganzes zu besprechen. Zwischen 5 und 6 Jahren läßt sich nämlich leichter eine Grenze ziehen als zwischen 3 und 4 Jahren. Die verschiedenen Körperteile wachsen unterschiedlich schnell und jedes Kind hat sein eigenes Wachstumstempo. Es gibt Normen, mit denen man abmessen kann, ob ein Kind normal bzw. nicht normal wächst, wie z. B. das Knochenalter des Kindes.

Körperproportionen und Muskelgewebe bleiben bis zum fünften Lebensjahr ziemlich konstant. Um das fünfte Lebensjahr herum beginnt der erste Gestaltwandel (Zeller 1936), d. h., daß das Kind, das bis zu dieser Zeit einen relativ großen Kopf und kurze Gliedmaßen hatte, ausgewogenere Körperproportionen bekommt. Die Gliedmaßen werden länger, das Bäuchlein verschwindet und der Kopf erhält im Vergleich zum Rest des Körpers normale Proportionen. Zuerst nimmt das Knochen- und Muskelgewebe an Umfang und Gewicht zu. Dies gilt in geringerem Maße für das Fettgewebe. Erst ab dem fünften Lebensjahr ist eine schnellere Zunahme des Muskelgewebes festzustellen.

Etwa mit 3 Jahren ist Laufen zu einem automatischen Bewegungsablauf geworden; selbst auf holprigem, unebenem Untergrund muß das Kind nicht mehr darauf achten, wie es läuft. Das größte Problem beim Laufenlernen ist die benötigte Körperkraft, um das ganze Körpergewicht gleichzeitig auf einem Bein tragen zu können. Ein weiteres Problem ist die Entwicklung der feinen Gleichgewichtsmechanismen, die für das Aufrechtgehen erforderlich sind.

Viele Eltern glauben, daß sie dem Kind das Laufen beigebracht haben. Voller Stolz hört man oft von Müttern: "Mein Kind kann schon laufen", wobei sie glauben, daß das Verdienst hierfür bei ihnen liegt. Tatsächlich ist es aber so, daß dem ein Reifungsprozeß zugrundeliegt, der jedoch durch Lernen beschleunigt werden kann. Wenn das Kind laufen kann, beginnt es sofort auch mit allerlei Laufvariationen zu experimentieren wie Rückwärtslaufen (etwa mit 17 Monaten) oder auf Zehenspitzen Laufen (etwa mit 30 Monaten).

Im Alter von etwa 18 Monaten probiert das Kind zu rennen, jedoch ähnelt die Bewegung noch stark dem Laufen. Erst im Alter von 2 bis 3 Jahren kann das Kind wirklich rennen; es ist jedoch noch nicht dazu fähig, schnell anzuhalten oder sich umzudrehen. Im Alter von 5 bis 6 Jahren kann das Kind wie Erwachsene rennen und ist in der Lage, diese Aktivität effektiv bei seinem Spiel zu verwenden.

Nachdem das Kind gelernt hat, frei zu laufen, probiert es mit fremder Hilfe, aufrecht Treppen hinauf- und hinunterzusteigen, wobei jeweils derselbe Fuß vorangesetzt und der andere nachgezogen wird. Mit 18 bis 20 Monaten kann das Kind mit Unterstützung eine Treppe hinaufsteigen. Die Treppe hinuntergehen kann es erst in einem etwas späteren Alter. Trotz individueller Unterschiede kann gesagt werden: Wenn Kinder das Alter von 6 Jahren erreicht haben, sind 90% davon sichere und versierte Kletterer.

Im Alter von 2 bis 3 Jahren lernt das Kind zu springen, zu hüpfen und ähnliche Bewegungen zu machen. Mit etwa 29 Monaten kann es auf einem Fuß balancieren. Dagegen ist es für ein Kind mit drei Jahren noch schwierig, einen Ball zu fangen oder mit einem Stock nach einem Ball zu schlagen. Erst im Alter von 4 bis 5 Jahren beginnt das Kind langsam, diese Fähigkeiten zu beherrschen.

In diesem Alter werden auch verschiedene Handlungen der Augen-Hand-Koordination erlernt. Das Kind lernt, mehr sensomotorische Aktivitäten in koordinierte

Aktivitäten zu integrieren. Dies ist beispielsweise wichtig für das Nachahmen oder Nachzeichnen von Dingen. Die mit den Augen aufgenommenen Dinge müssen in ein motorisches Muster umgesetzt werden. Etwa im vierten Lebensjahr kann das Kind alle hierzu erforderlichen Bewegungen ausführen.

Die Wahrnehmungsentwicklung scheint stark von Umgebungseinflüssen abhängig zu sein. In der Phase der Formwahrnehmung sehen jüngere Kinder Ganzheiten, ohne viel auf Details zu achten. Erst mit etwa 5 bis 6 Jahren beginnt das Kind auf Einzelheiten und auf Teile des Wahrgenommenen zu achten. Dieser Übergang von einer groberen zu einer differenzierteren Wahrnehmung war lange Zeit das entscheidende Kriterium zur Bestimmung der "Schulreife". Früher galt (Kern 1954), daß Kinder, die nicht gegliedert wahrnehmen können, noch nicht eingeschult werden sollten (siehe Abschnitt 4.2). Lernen in der Schule, lesen und schreiben, setzen voraus, daß aus ganzen Wörtern Details und Buchstaben herausgefiltert werden können. Dieser Gedanke war bestimmend für den Versuch, an die Wahrnehmungsfähigkeiten des Kindes anzuknüpfen. Die sogenannte Ganzheitsmethode findet hier eine theoretische Basis. Argumente waren beispielsweise: Wenn ich ein Haus sehe, so sehe ich nicht aufeinanderfolgend die Tür, ein paar Fenster und eine Mauer als gesonderte Elemente, sondern ich sehe das *Haus als Ganzes.* So versuchte man auch, dem Kind das Lesen anhand von ganzen Wörtern beizubringen. Im Laufe der Zeit zeigte sich jedoch, daß diese Ganzheitsmethode in der dritten Klasse zu Problemen führte, die unter den Begriff Leseschwäche oder Dyslexie (Schenk-Danzinger 1971) fallen. Diese Kinder hatten Schwierigkeiten und Probleme beim Isolieren von Buchstaben. Auf dieses Problem kommen wir später noch einmal zurück (siehe Kapitel 8).

Zur psychomotorischen Entwicklung gehört in gewissem Sinne auch die Reinlichkeitsgewöhnung, denn sie setzt die Entwicklung der Schließmuskeln voraus. Das Kind muß fähig sein, seine Schließmuskeln beim Erledigen seines "großen oder kleinen Geschäftes" willkürlich einzusetzen. Diese Fähigkeit besitzen Kinder, die jünger als 15 Monate sind, noch nicht. Daher ist die Behauptung gerechtfertigt, daß es nicht sinnvoll und sogar schädlich ist, schon vor dem Alter von ± 15 Monaten mit einer systematischen Reinlichkeitsgewöhnung zu beginnen, denn dies kann zu tiefgreifenden traumatischen Erfahrungen führen. Diese Erfahrungen können durch Bettnässen im fortgeschrittenen Alter und Verhaltensstörungen zum Ausdruck kommen.

3.3 Soziale und Persönlichkeitsentwicklung

3.3.1 Bindungsverhalten nach dem ersten Lebensjahr

Das Bindungsverhalten, das sich in der zweiten Hälfte des ersten Lebensjahres vor allem auf eine Person richtet, beginnt sich schon kurz danach auch auf andere Personen auszudehnen. Wir haben gesehen, daß es für das Entstehen des Bindungsverhaltens verschiedene Erklärungsmöglichkeiten gibt. Ein Erklärungsansatz besagte, daß man Bindung einzig und allein als angelerntes Verhalten betrachten muß. Eine andere Erklärung ging davon aus, daß Bindung ein arteigenes Verhaltensmerkmal des Menschen ist. Es ist dem Menschen eigen, daß er spricht, lacht, manipulierend und explorierend mit den Dingen umgeht und daß er Kontakte zu anderen sucht. Aus diesen Möglichkeiten heraus entsteht das Bindungsverhalten. Auch wir sind der Ansicht, daß Bindungsverhalten als Basisstreben im Menschen vorhanden ist, noch bevor Lernprozesse eine Rolle spielen können. In einer dyadischen (dyadisch = Zweier-) Beziehung, wie sie zwischen Mutter (Versorger) und Kind besteht, müssen wir Bindungsverhalten einfach als eine strukturelle Eigenschaft im Umgang von Mutter und Kind betrachten (Hartup 1963).

Wir sind in bezug auf das Bindungsverhalten bis jetzt noch nicht auf Auffassungen und Theorien eingegangen, die über das erste Lebensjahr hinausgehen. Soweit wir es überblicken können, bestehen zwei Theorien: Die Differenzierungstheorie und die Paralleltheorie.

3.3.2 Die Differenzierungstheorie

Diese Theorie geht auf Bowlby (1951) zurück. Lange Zeit wurden Bindung und Abhängigkeit gleichgestellt. Bindung und Abhängigkeit sind jedoch zwei sehr verschiedene Verhaltensweisen. Bei der Bindung sucht das Kind sozialen Kontakt, aber auch eine liebevolle und herzliche Begegnung. Bei der Suche nach sozialem Kontakt hat das Kind eine Vorliebe für *bestimmte Personen*: Zunächst Mutter, Vater oder andere nahe Familienangehörige. Abhängigkeit wurde seit Ende der vierziger Jahre im Rahmen von Untersuchungen über die Entwicklung von zwischenmenschlichen Beziehungen bei Kindern gründlich erforscht. Abhängigkeit wird umschrieben als allgemeine Tendenz, sich für Bestätigung, Zuneigung und Führung auf andere zu stützen (Hartup 1963). Seit einigen Jahren wird zwischen diesen beiden Begriffen ein deutlicher Unterschied gemacht. Während Abhängigkeit auf eine allgemeine Tendenz des Kindes verweist, sozialen Umgang mit anderen zu haben – *und dies ungeachtet der Identität der Personen* –, verweist der Begriff Bindung auf das Suchen und Instandhalten eines Kontakts mit spezifischen Personen.

Obwohl wir bereits in Abschnitt 2.6 verschiedene Aspekte des Bindungsverhaltens besprochen haben, müssen wir kurz noch einmal darauf eingehen. Bei Bowlby wird die Mutter als die zentrale Person gesehen; andere Familienangehörige oder eventuelle Altersgenossen spielen bei Bowlby bis etwa zum 6. Lebensjahr als Bindungsobjekt kaum eine Rolle. Von ihm stammt die Aussage, daß – so wie für die körperliche Entwicklung Vitamine und Proteine wesentlich sind – Mutterliebe für die gesunde psychische Entwicklung lebensnotwendig ist. Diese Aussage stammt aus dem Jahre 1951. Laut Rutter (1979) ist nicht ausschließlich die Mutter das Bindungsobjekt; die Tatsache, daß sie die biologische Mutter ist, gewährleistet noch nicht, daß sich das Kind auch an sie bindet. Er konnte mit Argumenten und empirischen Beweisen zeigen, daß Kinder sich auch schon im ersten Lebensjahr an andere Personen als die Mutter binden.

Der Differenzierungstheorie zufolge besteht bis etwa zum 6. Lebensjahr eine relative Verbundenheit mit der Mutter; erst danach würde sich das Kind auch an andere erwachsene Personen binden (Abb. 15).

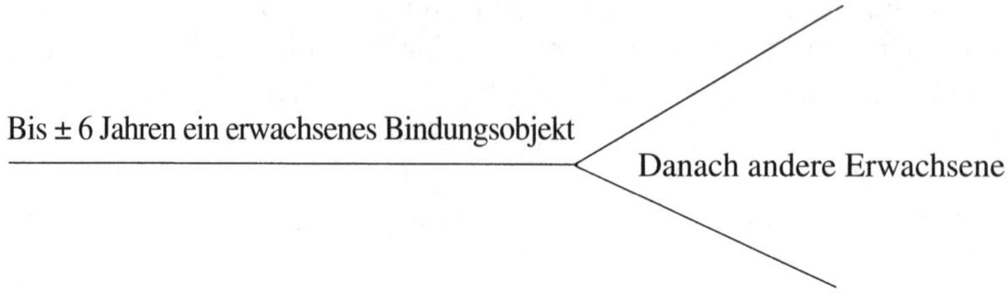

Abbildung 15. Schematische Wiedergabe der Differenzierungstheorie

3.3.3 Die Paralleltheorie

Andere Autoren gehen davon aus, daß das Kind sich bereits kurz nach dem ersten Lebensjahr sowohl an Erwachsene als auch an Altersgenossen bindet. Aufgrund von – zwar noch wenigen – Untersuchungen neigen wir dazu, folgende Schlußfolgerung zu ziehen:

1. Vom sechsten Lebensmonat an bis zur Vollendung des ersten Lebensjahres ist beim Kind ein zunehmendes Suchen nach Nähe, nach direktem Körperkontakt zu beobachten; außerdem besitzt es in zunehmendem Maße die Fähigkeit, seine Gefühle zu äußern.
2. Danach beobachten wir eine Zunahme des Geltungsbedürfnisses und des Suchens nach Bestätigung.
3. Gleichzeitig sehen wir nach dem ersten Lebensjahr eine Veränderung und Ausweitung der sozialen Objekte, mit denen das Kind Umgang hat und an die es sich bindet. Die Mutter bleibt meistens das zentrale Bindungsobjekt, aber auch andere Familienangehörige und in zunehmendem Maße Altersgenossen werden zu Bindungsobjekten (siehe Abb. 16).

Die Bindung an Altersgenossen ist, wahrscheinlich in stärkerem Maße als bisher vermutet wurde, bestimmend für die Verhaltensbildung des Kindes. Zur Verdeutlichung einige Beispiele:

(a) Es ruft immer wieder Erstaunen hervor, wie kleine Kinder miteinander über ein drittes Kind sprechen, das gar nicht anwesend ist. Während der Fahrt mit einigen Kindergartenkindern zum Kindergarten, die einige Monate lang täglich morgens

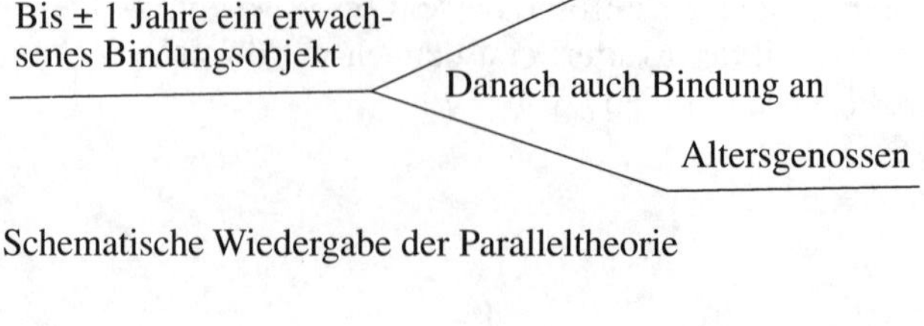

Abbildung 16. Schematische Wiedergabe der Paralleltheorie

von einem der Autoren begleitet wurden, ergab sich, daß immer über ein bestimmtes Kind gesprochen wurde, das gerade nicht anwesend war. Dieser nicht anwesende Junge hatte offensichtlich auf das Verhalten dieser Kinder einen derartig großen Einfluß, daß immer wieder neue Gründe und neuer Stoff gefunden wurden, um über ihn zu reden.

(b) Die Beziehungswerte, die im Spiel des Kindes liegen und darin zum Ausdruck kommen, sind anders als die, die zwischen Kind und Erwachsenem zum Ausdruck kommen. Wir sehen beim Spiel, daß das Kind mühelos von kooperativem zu aggressivem Verhalten übergeht. Einmal lacht es und ist aufmerksam beschäftigt, dann wieder heult es und will unter keinen Umständen mit den Spielkameraden weiterspielen. Dieses emotionale Abwechseln von positiv und negativ kann nicht auf gleiche Weise im Kontakt mit Erwachsenen zum Ausdruck gebracht werden. Wenn Erwachsene probieren zu spielen und dabei kindliche Ausdrücke verwenden, werden sie schnell merken, daß Kinder es "verrückt" finden, daß Erwachsene sich so kindisch verhalten.

(c) Harlow (1971) untersuchte bei Rhesusäffchen, inwieweit verschiedene Formen des Großziehens Einfluß auf ihr Verhalten haben. Natürlich lassen sich aus Ergebnissen, die aus Untersuchungen an Tieren stammen, keine direkten Schlüsse auf den Menschen übertragen. Jedoch können wir im Verhalten von Tieren wahrscheinlich Vorformen menschlichen Verhaltens wiederfinden. Harlow untersuchte Äffchen, die in einer Gruppe aufwuchsen, und Äffchen, die isoliert aufwuchsen. Es zeigte sich, daß bei den Äffchen, die in der Gruppe aufwuchsen, im Alter von etwa sechs Monaten etliche Streitereien entstanden: Sie tummelten und balgten sich, fochten um den Besitz von Dingen und gingen aufeinander los. Dieses Verhalten verschwand nach einiger Zeit und kehrte in dieser Form nie wieder zurück. Die Äffchen, die isoliert aufgewachsen waren, legten im fortgeschrittenen Alter (etwa mit 1½ Jahren) ein aggressives Verhalten an den Tag – ein Verhalten, das deutlich darauf abzielte, anderen Schmerzen und Schaden zuzufügen. Dies war kein vorübergehendes Verhalten: Es dauerte an und verschwand niemals völlig. Das aggressive Verhalten, das bei der zweiten Gruppe festgestellt werden konnte, kam bei der ersten Gruppe nicht vor. Offensichtlich wurden im Umgang mit Altersgenossen bestimmte Verhaltensweisen (spielerische Machtkämpfe) ausprobiert und bestimmte Entwicklungsmomente abgerundet, die die isoliert aufgewachsenen Affen nicht ausprobieren und abrunden konnten.

Bei der Betrachtung des komplexen Verlaufs der sozialen und der Persönlichkeitsentwicklung stellen sich immer wieder zwei Fragen: 1. Welche *Interaktionsmöglichkeiten* hat ein Kind und 2. welche *Interaktionsprozesse* gehen daraus hervor und führen zur Verhaltensentwicklung?

Soweit wir dies beurteilen können, wird das soziale interaktive Verhalten (z. B. kooperatives, altruistisches und aggressives Verhalten) in hohem Maße durch den strukturellen Hintergrund bestimmt, den wir als *role-taking* (im weiteren Verlauf Rollenübernahme genannt; siehe auch Mönks & Hendriks 1973) und *Egozentrismus* bezeichnen. Sowohl Rollenübernahme als auch Egozentrismus sind Struktur und Prozeß zugleich: In dem Maße, in dem nämlich die Rollenübernahme zunimmt,

nimmt der Egozentrismus ab und umgekehrt. Darüber hinaus ist von Bedeutung, daß Rollenübernahme und Egozentrismus während des ganzen Lebens auftreten, jedoch inhaltlich immer wieder unterschiedlich sind.

Außerdem müssen wir uns die Frage stellen, ob die sogenannte Trotzperiode, die vielen europäischen Lehrbüchern zufolge etwa im dritten Lebensjahr eine zentrale und für die Entwicklung *notwendige* Rolle spielen soll, in der sozialen und der Persönlichkeitsentwicklung tatsächlich so zentral steht. Darüber hinaus werden wir uns mit dem Spielen beschäftigen, das die ureigene Aktivität des Kindes ist und das deshalb von zentraler Bedeutung für seine soziale und seine Persönlichkeitsentwicklung ist.

3.3.4 Egozentrismus

Mit diesem Buch möchten wir sowohl thematische als auch chronologischen Entwicklungsbeschreibungen integrieren. Bei einer thematischen Annäherung wie hier beim Egozentrismus werden wir die innerhalb des Kapitels angegebene Altersgrenze gegebenenfalls überschreiten.

Egozentrismus ist eine Verhaltensweise, bei der die Wahrnehmung durch den eigenen Gesichtspunkt bestimmt wird, wobei es an Differenzierung in der Subjekt-Objekt-Orientierung fehlt. Egozentrismus bedeutet, daß eine Zentrierung auf und um das Ego, das eigene Ich stattfindet. Es bedeutet, daß man sich nicht von sich selbst loslösen kann, also nicht den Standpunkt bzw. die Betrachtungsweise eines anderen einnehmen bzw. übernehmen kann. Egozentrismus muß jedoch deutlich unterschieden werden von Egoismus – einer Einstellung, die sich in selbstsüchtigem Handeln äußert, während Egozentrismus das Selbst in den Mittelpunkt stellt und gleichzeitig mit selbstlosem Handeln einhergehen kann. Egozentrismus zeigt sich oft in der Art, wie die Umgebung auf das Verhalten des Individuums reagiert. Ein anschauliches Beispiel dafür ist das Kausalitätsdenken beim Kind. – Ein Beispiel: Einige Kinder spielen zusammen. Ein vierjähriger Junge tritt auf eine Harke, die dort zufällig liegt. Dadurch schnellt der Stiel der Harke hoch und landet auf der Schulter eines Spielgefährten. Der Vater des Jungen, der das im Vorbeigehen beobachtet hat, fragt ihn, warum er das getan habe. Empört reagiert dieser: "Das war ich nicht, ich habe den Stiel nicht angefaßt."

Viele Erwachsene würden wie folgt reagieren: "Du lügst, ich habe es mit eigenen Augen gesehen!" Dieser ganze Vorgang hat jedoch nichts mit Lügen von seiten des Jungen zu tun. Der Junge war einfach nicht in der Lage, einen Zusammenhang zu sehen zwischen dem Treten auf eine Harke und einem Stiel, der an ganz anderer Stelle landet als dort, wo sich der Junge befindet; er kann nicht differenzieren und verschiedene Betrachtungsweisen unterscheiden. Seine Wahrnehmung ist in diesem Alter noch egozentrisch geprägt. Seine Empörung ist dann auch aus entwicklungspsychologischer Sicht berechtigt.

Egozentrismus ist das Gegenteil von Dezentrierung, die es ermöglicht, verschiedene Betrachtungsweisen, verschiedene Beziehungspunkte in die eigene Wahrnehmung einzubeziehen.

Gegenwärtig werden sechs verschiedene Formen von Egozentrismus unterschieden (siehe Looft 1972). Piaget und Inhelder unterscheiden nur zwischen drei verschiedenen Formen von Egozentrismus, die mit den ersten drei Entwicklungsstadien zusammenhängen (sensomotorisches und präoperationales Stadium, sowie Stadium der konkreten Operationen).

1. *Egozentrismus im sensomotorischen Stadium:* 0-18 Monate. Kennzeichen dieses Stadiums ist die Tatsache, daß das Kind noch nicht oder kaum in der Lage ist, zwischen sich selbst und der Umwelt zu differenzieren. Gegen Ende dieses Stadiums tritt auch das Phänomen der Objektpermanenz auf, wobei z. B. die Mutter (Objekt) in der Vorstellungswelt des Kindes auch bei physischer Abwesenheit anwesend bleibt. Die Fähigkeit zu differenzieren nimmt in diesen 18 Monaten allmählich zu. Laut Piaget und Inhelder (1973) vollzieht sich während der ersten 18 Lebensmonate eine Art "kopernikanische Wende", oder anders ausgedrückt, eine allgemeine Dezentrierung, wodurch das Kind in der Lage ist, sich selbst als Objekt in Beziehung zu anderen Objekten zu betrachten.

2. *Egozentrismus in der präoperationalen Phase:* 18 Monate bis ± 6 Jahre. Das Bezeichnende in diesem Stadium ist, daß das Kind nun beginnt, Vorstellungen zu entwickeln. Es kann bereits Objekte unterscheiden: Wenn es beispielsweise "Stuhl" sagt, kann dies verschiedene Bedeutungen haben, wie "Papa soll darauf sitzen" oder "ich will darauf sitzen". Das Kind verwendet jetzt Symbole und Wörter und es verhält sich so, als ob ein Wort mehr bedeutet als es in Wirklichkeit der Fall ist. Es kann nicht oder nur kaum unterscheiden zwischen Symbolen und deren Bedeutung, zwischen Spiel- und Traumbildern, die es sich selbst von der Wirklichkeit geschaffen hat. Manche Autoren weisen darauf hin, daß in diesem Alter ein Unterschied zwischen *privater* und *sozialer Sprache* (private and socialized speech) gemacht werden müsse. Demnach hat die private Sprache keine kommunikative Bedeutung; das Kind spricht mit sich selber und ist nicht auf andere gerichtet. Die soziale Sprache hingegen hat eine deutlich kommunikative Bedeutung. Laut Furth (1969) jedoch gibt es kein normales Kind, in welcher Periode der Entwicklung auch immer, das die Sprache ausschließlich zur Kommunikation mit sich selbst verwendet.

3. *Egozentrismus im Stadium der konkreten Operationen:* ± 6 bis ± 11 Jahre. Diese und auch die folgenden Perioden wurden ausführlich von Elkind besprochen. Das Kind ist in diesem Stadium noch nicht in der Lage, zwischen mentalen Produkten (also dem, das von ihm und seiner Gedankenwelt stammt) und aus der Umgebung Wahrgenommenem zu unterscheiden. Laut Elkind (1970; 1971) wird der Egozentrismus von Kindern in diesem Stadium gekennzeichnet durch – wie er es nennt – *postulierte Wirklichkeiten.* Das Kind geht von Annahmen über die Wirklichkeit aus, die sich nur auf begrenzte Informationen stützen und nicht durch gegensätzliche und neue Informationen beeinflußt sind. Daher kommt es laut Elkind auch, daß das Kind seine Eltern nicht länger als einzige Allwissende betrachtet. Es merkt, daß es in mancher Hinsicht mehr als die Eltern weiß. Daraus entsteht bei Kindern oft die Haltung: Eltern wissen eigentlich nichts. In den Vordergrund treten dann oft Altersgenossen oder der Lehrer bzw. die Lehrerin. Elkind bezeichnet dieses kognitive Überlegenheitsgefühl als *kognitive Einbildung.* Oft wollen Kinder ihre Klugheit zeigen, indem sie schwindeln oder Unsinn anstellen, um den Erwachsenen zu beweisen, wie überlegen sie sind.

4. *Egozentrismus bei Jugendlichen:* Der Jugendliche, der Piaget zufolge mit 11 Jahren dazu fähig ist, formale Operationen auszuführen, und hypothetisch-deduktiv denken kann, ist nun in der Lage, seine eigenen Gedanken zu analysieren und auch Gedanken anderer zu begreifen. Genau letzteres ist nach Elkind der Kernpunkt des Egozentrismus des Jugendlichen. Der Jugendliche differenziert nämlich nicht zwischen Geschehnissen und Situationen, auf die sein eigenes Denken gerichtet ist, und denen, auf die das Denken anderer gerichtet ist. In extremem Maße nimmt der Jugendliche den Standpunkt anderer ein. Laufend nimmt er vorweg, wie andere auf ihn reagieren werden. Diese Antizipation ist die Erwartung, im Mittelpunkt des Interesses zu stehen. Elkind nennt diese andauernde Erwartungshaltung dessen, was andere von einem denken werden, *imaginäres Publikum.* Faktisch ist das Verhalten des Jugendlichen eine Reaktion seiner eigenen Erwartungen auf das, was dieses imaginäre Publikum oder die Zuhörerschaft denkt. Er reagiert also auf etwas, das er zuvor als Erwartung in andere hineingelegt hat. Dadurch differenziert er auch nicht zwischen dem, was ihn beschäftigt, und dem, was andere beschäftigt. Gleichzeitig überbewertet er seine Gefühle. Da er davon ausgeht, daß das imaginäre Publikum ausschließlich auf ihn achtet, erfährt er seine Gefühle als einzigartig. Dies bezeichnet Elkind als *persönliche Fabel.* Es verweist auf die Einzigartigkeit der Gefühle von Jugendlichen. Diese für Heranwachsende und Jugendliche typische Form von Egozentrismus ist in der Regel von vorübergehender Natur.

5. *Egozentrismus bei Erwachsenen:* Es ist in diesem Fall schwierig, präzise Altersangaben zu machen, da auf diesem Gebiet nur wenig Untersuchungen vorliegen und es wahrscheinlich verschiedene Formen von Egozentrismus im Laufe des Erwachsenenalters gibt. Ein bekanntes Beispiel für Egozentrismus bei Erwachsenen ist die Tatsache, daß mancher bei Gesprächen und Diskussionen es nicht zustande bringt, sich in die Sichtweise des anderen hineinzuversetzen. Ein treffendes Beispiel stammt von Piaget: "Nehmen wir als Beispiel einen Dozenten. Jeder Dozent wird früher oder später merken, daß seine ersten Unterrichtsstunden oder Vorlesungen schlecht verständlich waren. Das kommt daher, daß die Vorlesungen eigentlich an ihn selbst gerichtet waren. Sie waren – hinterher betrachtet – ganz gewiß sinnvoll von *seinem* Standpunkt aus und von *seiner* Betrachtungsweise her. Mit viel Mühe und bitteren Erfahrungen gelingt es ihm dann allmählich, sich in die Gedankenwelt seiner Studenten zu versetzen". Man könnte noch weitere Beispiele vom Umgang Erwachsener miteinander aufzählen, wobei Probleme durch ein geringes oder gar kein Rollenübernahmeverhalten entstehen. Hier liegt noch ein weites Gebiet für systematische Forschung offen.

6. *Egozentrismus im Alter:* Auch über alte Menschen gibt es bis jetzt nur wenig Untersuchungen, die gezielt auf Egozentrismus gerichtet sind. Wohl wurden Untersuchungen in bezug auf kognitive Regression, verringerte soziale Kontakte und Rigidität durchgeführt (siehe Dittmann-Kohli 1994), die alle drei direkt im Zusammenhang mit Egozentrismus stehen können.

(a) *Die kognitive Regression* verweist auf nachlassende Fähigkeiten der älteren Menschen auf kognitivem Gebiet. Ältere Menschen lernen mühsamer, ihre mentalen Prozesse sind nicht mehr so flexibel und sie sind vergeßlicher.

(b) Gleichzeitig verringern sich die sozialen Kontakte, das heißt, durch Pensionierung, durch den Tod alter Freunde und dadurch, daß kaum neue Freunde hinzukommen, gerät der ältere Mensch in zunehmendem Maße in eine soziale Isolation.

(c) Auch die flexible Einstellung im Umgang mit anderen nimmt ab. Kognitive Regression und die verringerten sozialen Beziehungen können dazu beitragen, daß der ältere Mensch weniger imstande ist, seine eigene Betrachtungsweise von der anderer zu dezentrieren. Seine Einstellung wird absoluter und starrer. Erwähnt werden muß auch die Veränderung der Zeitperspektive im Alter (siehe Mönks u.a. 1995) sowie der Einfluß der Mitmenschen, die den älteren Menschen oft als hilfsbedürftig und bedauernswert behandeln und damit egozentrische Reaktionen fördern.

3.3.5 Rollenübernahmeverhalten

Rollenübernahme ist ein sozialer und kognitiver Prozeß und bedeutet, daß das Individuum in der Lage ist, sich in die Motive, Gefühle, Gedanken und Verhaltensweisen anderer hineinzuversetzen, daß man sich vom eigenen (egozentrischen) Weltbild loslösen und die Welt aus der Perspektive des anderen betrachten kann. Es geht darum, interne Prozesse des anderen, z. B. emotionale, perzeptive und intellektuelle Kapazitäten, aber auch Bedürfnisse, Erwartungen, Ansichten, Motive und Beweggründe des anderen zu erkennen und diese auch in das eigene Verhalten einzukalkulieren. Dieses Sich-Hineinversetzen in die Sichtweise anderer setzt voraus, daß man deren Standpunkt und Betrachtungsweise von der eigenen Perspektive unterscheiden kann. Diese Fähigkeit bezeichnet man als *"soziale Dezentrierung"*, das heißt, man betrachtet die Welt und sich selbst nicht nur aus einem egozentrischen Weltbild heraus, sondern man kann sich davon loslösen und die Welt aus der Perspektive eines anderen heraus betrachten. Diese soziale Dezentrierung steht im völligen Gegensatz zum bereits besprochenen Egozentrismus und wird als Rollenübernahmeverhalten bezeichnet.

Die Fähigkeit, sich in Rollengefühle, Absichten usw. anderer hineinzuversetzen, setzt auch ein *empathisches Mitempfinden* voraus. Empathie (Bereitschaft und Fähigkeit, sich in die Einstellungen anderer Menschen einzufühlen) ist deutlich eine Fähigkeit oder ein Aspekt des Verhaltens, die im engen Zusammenhang mit der Rollenübernahme steht. Man könnte Empathie und Rollenübernahme als zusammenhängende Aspekte des Verhaltens betrachten. Es sind wahrscheinlich zwei Aspekte ein und desselben Entwicklungsprozesses, nämlich *das Loslösen von der eigenen Perspektive und das Einsteigen in die Perspektive, das Gefühl und das Motiv eines anderen.* Es wird zwischen drei Formen der Rollenübernahme unterschieden:

1. *Perzeptive Rollenübernahme* ist die Fähigkeit, anhand eigener Erfahrungen mit Objekten und Beziehungen vorauszusagen, was ein anderer aus einer anderen Perspektive hinsichtlich derselben Objekte sieht. Dies ist die Fähigkeit, sich bei der Wahrnehmung vom eigenen Standpunkt loszulösen und den eines anderen einzunehmen. Das in diesem Zusammenhang klassische Experiment von Piaget wurde in

vielerlei Variationen wiederholt. Das Experiment bestand aus folgender Aufgabe: Kinder wurden mit einem Modell konfrontiert, das drei Berge unterschiedlicher Größe darstellte. Das Kind sollte nun sagen, ob jemand aus einer anderen Wahrnehmungsposition als der seinen die Berge anders sehen würde. Kinder bis zu etwa 5 Jahren scheinen kaum in imstande zu sein, sich in die Position anderer zu versetzen.

2. *Begriffliche Rollenübernahme* ist die Fähigkeit, sich in die Begriffs- und Urteilsbildung anderer hineinversetzen zu können. *Beispiel:* Es werden zwei Döschen mit jeweils einem Groschen und einem Fünfpfennigstück präsentiert – mit deutlicher Inhaltsangabe auf dem Döschen. Das Kind (K) erhält nun folgenden Auftrag:

(1) Nimm das Geldstück, das Dein Freund (F) Deiner Meinung nach nehmen würde, obwohl er weiß, daß Du eines der Geldstücke weggenommen hast. Nachdem sich das Kind entschieden hat, wird es gefragt:
(2) Warum hast Du dich für dieses Geldstück entschieden?

Wenn wir nun die Testergebnisse von Kindern in unterschiedlichem Alter (5-10 Jahre) betrachten, ergeben sich die folgenden typischen Antworten:

(a) Das Kind schreibt dem Freund nur Kognitionen und Motive aus seiner eigenen Sicht heraus zu: "Der nimmt natürlich den Groschen!"
(b) K. geht einen Schritt weiter. F. kann das Verhalten von K. voraussagen, und darum verändert K. sein Verhalten. "Mein Freund denkt, daß ich den Groschen nehme, und darum nehme ich das Fünfpfennigstück".
(c) K. geht wieder einen Schritt weiter: K. denkt, daß F. seine Strategie durchschaut, und darum ist es besser, wieder zur ursprünglichen Idee zurückzukehren, um damit F. zu überraschen. "Mein Freund denkt, daß ich denke, daß er nicht den Groschen, sondern das Fünfpfennigstück nimmt, und darum nehme ich doch den Groschen".
(d) Das Kind ist nicht in der Lage, die Entscheidung von F. vorauszusagen: K. kann die Handlung von F. nicht motivieren. "Mein Freund kann alles Mögliche tun. Ich weiß wirklich nicht, was ich tun soll, ich weiß es einfach nicht".

(a) enthält noch keine soziale Dezentrierung; die möglichen Motive des anderen werden noch nicht berücksichtigt. Bei (b) und (c) sehen wir deutliche Versuche, sich in die Begriffsbildung des anderen hineinzuversetzen, während bei (d) jegliche Grundlage für eine sinnvolle Voraussage fehlt.

Ein weiteres Beispiel: Flavell (1977) benutzte eine Bildergeschichte, die aus 7 bzw. 4 Bildern bestand. Wenn man von den 7 Bildern 3 wegnahm, bildeten diese eine neue Geschichte. In der ersten Geschichte (mit 7 Bildern) sehen wir einen Jungen laufen, der von einem Hund verfolgt wird. Der Junge klettert auf den Baum und wartet, bis der Hund wieder weg ist. Nimmt man nun drei Bilder weg, ist das Dramatische in der Geschichte verschwunden: Der Junge läuft, sitzt auf einem Baum, und irgendwo in der Ecke sieht man friedlich einen Hund sitzen. Das Ganze wurde nun Kindern verschiedenen Alters angeboten. Nachdem die Kinder erst die Geschichte mit den 7 Bildern gesehen hatten, wurden sie beim Betrachten der Geschichte mit 4 Bildern gefragt, was für eine Geschichte Kinder (Freunde), die jetzt hereinkommen, erzählen würden. Es zeigt sich, daß jüngere Kinder immer wieder auf die dramatische Geschichte zurückgreifen und nicht von der gegenwärtigen Situation (mit 4 Bildern) ausgehen. Auch hier wird wieder deutlich, daß sich jüngere Kinder nur sehr schlecht in die Vorstellungswelt eines anderen hineinversetzen können.

3. *Emotional-motivationale Rollenübernahme* ist die Fähigkeit, sich konkret in die Gefühle und Motive eines anderen einzufühlen. *Beispiel:* Einem Kind wird folgende Geschichte vorgelegt: "Ein Kind spielt am Strand und macht Sandplätzchen. Eine Welle spült die Plätzchen weg. Das Kind geht nach Hause. Daheim holt die Mutter gerade echte Plätzchen aus dem Ofen (sie haben dieselbe Form wie die Sandplätzchen). Die Mutter weiß nicht, was am Strand geschehen ist. Sie gibt dem Kind ein frischgebackenes Plätzchen, worauf das Kind anfängt zu weinen". Nun werden dem Kinde zwei Fragen gestellt: (1) Warum weint das Kind (die Frage nach der Ursache) und (2) was denkt die Mutter, warum das Kind weint (die Frage nach der Fähigkeit zur Rollenübernahme).

Es ist deutlich, daß die drei besprochenen Aspekte der Rollenübernahme ein hohes Maß an Übereinstimmung aufweisen. In der Praxis ist es nicht immer einfach, sie voneinander zu trennen, auch wenn dies theoretisch sinnvoll ist. Rollenübernahme kommt als Prozeß während des ganzen Lebens vor, ist jedoch qualitativ unterschiedlich. Sie bildet die Grundlage für alle sozial-interaktiven Prozesse und Verhaltensweisen und ist dadurch einer der zentralen Faktoren für die soziale und die Persönlichkeitsentwicklung.

Zur Stimulierung der sozialen Entwicklung in der Grundschule und in der Familie entwickelten Gerris u.a. (1980) ein theoretisch, empirisch und didaktisch sorgfältig aufgebautes Programm. Es wurde seitdem auf breiter Basis im Unterricht und in Familien eingesetzt (Gerris 1986; Janssens u.a. 1990).

Die soziale Entwicklung kann in drei Teilgebiete unterteilt werden: (1) soziale Kognition: Wissen über das Tun anderer Menschen; (2) Fähigkeiten im Umgang mit anderen :verschiedene Kontaktformen wie z. B. altruistisches und kooperatives Verhalten; (3) soziale Werte: das Denken und Handeln in der sozialen Wirklichkeit aus bestimmten Wertpräferenzen heraus (Gerris u.a. 1980).

Die Autoren unterscheiden dabei acht Fähigkeiten: Identifizieren, diskriminieren, differenzieren, vergleichen, sich in jemanden hineinversetzen, Zusammenhänge schaffen, koordinieren und einkalkulieren.

Zum Beispiel sich in einen anderen hineinversetzen zu können oder die Perspektive eines anderen herleiten zu können, sind Fähigkeiten, die damit zu tun haben, wie das Kind über Aspekte seiner sozialen Umgebung denkt.

Anhand der untenstehenden Geschichte "Marja ..." und mittels eines übersichtlichen Schemas haben die Autoren versucht, deutlich zu machen, welche Art von Frage oder Auftrag bei der Stimulierung/Übung zu welcher sozialer kognitiven Fähigkeit gehört (siehe Tabelle 4).

Unter sozial-kognitiven Fähigkeiten (siehe Flavell & Ross 1981) versteht man Fähigkeiten wie die, sich in den Standpunkt eines anderen hineinversetzen zu können (in diesem Kapitel als Rollenübernahme bezeichnet), oder die Perspektive eines

Tabelle 4. Übersicht über die acht sozial-kognitiven Fertigkeiten (einschließlich der drei Subkategorien des Identifizierens) in Relation zur Art der Frage und einem praktischen Beispiel*.

Fertigkeit	Art der Frage/des Auftrags	Beispiel
Identifizieren		
a. Unterscheiden	Nach dem Bestehen einer Perspektive informieren	"Sieht der andere etwas?" "Dachte der andere an etwas?"
b. Erkennen	Beurteilen, ob eine gegebene Perspektive mit einer observierbaren Perspektive übereinstimmt	"War Sascha fröhlich oder betrübt, als er Marja traf?"
c. Benennen	Eine observierbare Perspektive verbal beschreiben	"Wie fühlte Marjas Vater sich, als diese vom Baum fiel?"
Diskriminieren	Beurteilen, ob zwei observierbare Perspektiven (un)gleich sind	"Fühlten Marja und ihr Vater dasselbe, als sie vom Baum fiel?"
Differenzieren	Die Möglichkeit zu erkennen, daß zwei verschiedene Personen verschiedene Perspektiven haben	"Sascha dachte an ihr Kätzchen" "Woran wird Marja denken?"
Vergleichen	Übereinstimmende und/oder unterschiedliche Punkte zwischen den gegebenen Perspektiven aufnehmen können	"Wenn Marja nach Hause kommt, was ist dasselbe/unterschiedliche zwischen dem, was Marja denkt und dem, was ihr Vater denkt?"
Sich in jemand hineinversetzen	Die (nicht gegebene) Perspektive des anderen ableiten (sich loslösen vom eigenen Gesichtspunkt und sich in die Rolle/Position des anderen hineinzuversetzen)	"Was wird Vater denken, wenn Marja nach Hause kommt?"
Zusammenhänge schaffen	Erklären können, warum zwei oder mehr Perspektiven sich unterscheiden bzw. übereinstimmen	"Warum ist Vater – ebenso wie Marja – nicht froh?"
Koordinieren	Die Möglichkeit, erkennen zu können, daß jede Person in einer bestimmten sozialen Situation die Perspektive einer anderen Person ableiten (sich in sie hineinversetzen) kann	"Marja denkt, daß Vater nicht böse sein wird. Weißt du, warum?"
Einkalkulieren	Die Perspektive des anderen zu berücksichtigen	"Was konnte Marja tun, um das Kätzchen zu retten und gleichzeitig ihren Vater nicht zu enttäuschen?"

* Um die in Tabelle 4 erwähnten Beispiele verstehen zu können, muß man die Geschichte Marja und das Kätzchen auf Seite 95 gelesen haben.

anderen ableiten zu können. Es sind Fähigkeiten, die damit zu tun haben, wie das Kind über Aspekte seiner sozialen Umgebung denkt (siehe Tabelle 4 und die Geschichte "Marja und das Kätzchen").

Das entwickelte Programm ist dreistufig mit steigender Linie aufgebaut. Die ersten vier Fähigkeiten bilden das erste Cluster, danach folgen "sich in jemanden hineinversetzen" und "Zusammenhänge schaffen" und schließlich "koordinieren" und "einkalkulieren". Ziel des letzten Schrittes ist es, dem Schüler Einsicht in den Zusammenhang der Perspektiven mehrerer Personen in einer bestimmten Situation zu verschaffen. Auch muß er angeben können, wie die Menschen untereinander auf die jeweiligen Perspektiven und Intentionen des anderen Rücksicht nehmen können.

Marja und das Kätzchen

Marja ist ein 8jähriges Mädchen, das gerne in Bäume klettert. Von allen Kindern aus der Nachbarschaft kann sie am besten Bäumeklettern. Eines Tages ist sie wieder mal auf einen hohen Baum geklettert. Und wie sie so nach unten schaut, fällt sie vom untersten Ast herunter. Gott sei Dank hat sie sich nicht wehgetan. Der Vater hatte gesehen, wie Marja vom Baum gefallen war. Er hat sich sehr erschreckt, und Marja muß ihm versprechen, nie wieder auf einen Baum zu klettern. Marja verspricht es ihm. Später an diesem Tag treffen Marja und ihre Freunde Sascha. Sascha ist sehr traurig. Ihr Kätzchen sitzt in einem hohen Baum und traut sich nicht mehr runter. Es muß schnell etwas geschehen, um das Kätzchen zu retten, bevor es runterfällt. Marja ist die einzige, die gut genug klettern kann, um das Kätzchen aus dem Baum zu holen. Aber ... sie denkt daran, was sie ihrem Vater versprochen hat. Als sie später nach Hause kommt, kann ihr Vater an den schmutzigen Kleidern und Schuhen sehen, daß sie wieder auf Bäume geklettert ist.

Mittels eines übersichtlichen Schemas haben die Autoren versucht, deutlich zu machen, welche Art von Frage oder Auftrag bei der Stimulierung/Übung zu welcher sozial-kognitiven Fähigkeit gehört (s. Tab. 4).

Die Veröffentlichungen von Gerris u. a. haben dazu beigetragen, daß der Prozeß der Rollenübernahme nicht nur nuancierter und klarer (auch hinsichtlich der präzisen Wortwahl), sondern auch für den Praxisbezug verständlicher und didaktisch leichter zugänglich geworden ist.

3.3.6 Modellernen

Beim Prozeß des Modellernens versucht das Individuum, bei anderen wahrgenommenes Verhalten bewußt oder unbewußt zu übernehmen. Synonyme sind Imitation, Identifikation und Beobachtungslernen. Modellernen ist eine sehr komplizierte Form des Lernens. Der "sozialen Lerntheorie" zufolge (Bandura 1977) kann ein neues Verhalten durch "Sehen" übernommen werden. Dies soll das folgende, von Bandura durchgeführte Experiment verdeutlichen: Einer Gruppe von Kindern im Kindergarten wird ein Film vorgeführt, in dem ein Erwachsener (das Modell) sehr aggressiv mit einer Puppe umgeht; die andere Gruppe (die Kontrollgruppe) sieht den Film nicht. Beide Gruppen werden mit einer solchen Puppe in ein Spielzimmer geführt, und es wird untersucht, ob das aggressive Verhalten des Modells übernommen wird oder nicht. Ergebnis: Kinder, die das Modell gesehen hatten, zeigten mehr Imitation der wahrgenommenen Aggression, sie waren deutlich aggressiver als die Kinder der Kontrollgruppe. Der Unterschied war auch noch nach einem halben Jahr – wenn auch in minderem Maße – vorhanden.

Darüber, welche Personen als Modell gewählt werden, ist wenig bekannt. Deutlich scheint jedoch zu sein, daß Liebe und Wärme keine ausschlaggebenden Kriterien sind. Auch der *tatsächliche Umgang* mit dem Modell scheint nicht unbedingt erforderlich zu sein. Wichtig ist jedoch, daß die Aktionen des Modells vom Erfolg begleitet sind und daß zwischen Modell und Kind ein gewisses Maß an Übereinstimmung herrscht. Es wird auch noch unterschieden zwischen

- *"Persönlichem Modell":* Nachahmen wegen persönlicher Verhaltensqualitäten und
- *"Positionellem Modell":* Imitation wegen sozialer Position, Erfolg, Alter, Geschlecht (siehe Abbildung 17).

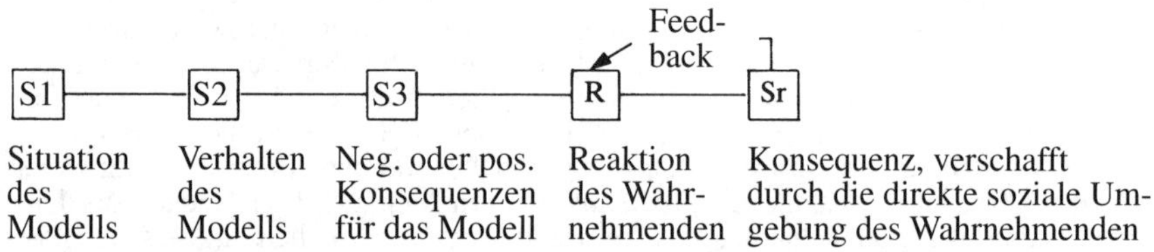

Abbildung 17. Schematische Wiedergabe des Modellernens

Wenn wir dieses Schema auf den Einfluß von Filmen auf Kinder übertragen, ist es wahrscheinlich, daß Filme das Verhalten beeinflussen, vorausgesetzt, die Situation (S1) der Person, die das Verhalten wahrnimmt, gleicht oder ähnelt der des Modells. Weiterhin muß das Verhalten (S2), das dargestellt wird, vom Kind imitiert werden können, und es muß mit positiven Konsequenzen für das Modell (S3) verbunden sein. Erst wenn diese drei Faktoren erfüllt sind, kann man davon ausgehen, daß das Modell einen Effekt hat. Aber auch die Persönlichkeit des Wahrnehmenden spielt eine nicht unbedeutende Rolle, denn jeder reagiert (R) auf seine individuelle Art und Weise. Zudem sind die Konsequenzen, die durch die direkte soziale Umgebung des Wahrnehmenden (Sr) vorgegeben sind, von großer Bedeutung. Erst beim Zusammenspiel der genannten Faktoren wird es zu einem Modelleffekt oder zur Identifikation kommen. Meistens kommt "Lernen am Modell" durch Beobachtung zustande (siehe für umfassendere Informationen: Knoers 1973; Mönks & Hendriks 1973).

Die *soziale Lerntheorie,* die u. a. durch Bandura (1977) entwickelt wurde, hat wichtige Beiträge in bezug auf das Modellernen geliefert und sogar zu ganz neuen Einsichten in das Entstehen menschlichen Verhaltens geführt. Laut Bandura entsteht viel von unserem Verhalten durch Wahrnehmungs- und Modellernen. Die Modelle, von denen oder durch die wir lernen, sind nicht nur konkret anwesende Personen, sondern auch symbolische Modelle, z. B. Fernsehen oder Bücher. Eine andere Form des Modellernens ist die verbale Instruktion. So erklärt ein Fahrlehrer, welche Handlungen beim Autofahren verrichtet werden müssen. Dies geht meistens einher mit einer Demonstration der Handlung.

Laut Bandura müssen vier Voraussetzungen erfüllt werden, um ein Modell erfolgreich nachzuahmen:

(1) *Aufmerksamkeit:* ein Modell kann nicht imitiert werden, wenn es nicht beobachtet wird
(2) *Retention* oder *Speicherung:* das wahrgenommene Verhalten muß behalten werden, um auch später und bei Abwesenheit des Modells ausgeführt werden zu können
(3) *Motorische Reproduktion:* um ein Verhalten gut reproduzieren zu können, muß die Person über die dazu benötigten motorischen Fähigkeiten verfügen
(4) *Bekräftigung* und *Motivation:* die Person muß das wahrgenommene Verhalten als Bekräftigung erfahren und motiviert sein, dem Modell zu folgen

Diese vier Komponenten des Modellernens sind Voraussetzung für das Entstehen eines neuen Verhaltens oder die Veränderung eines bestehenden Verhaltens. Diese Komponenten können zwar voneinander unterschieden werden, sind jedoch in der Realität oft ineinander verwoben (Crain 1980).

3.3.7 Trotzphase

Vor allem in der europäischen Literatur wird der frühkindliche Trotz zwischen 2½ und 3½ Jahren als ein für die gesunde Entwicklung notwendiges Geschehen betrachtet. Autoren wie Hetzer und Remplein zufolge liegt hierin der Kernprozeß der Willens- und Persönlichkeitsentwicklung. Kinder, die keine frequente Halsstarrigkeit in der angedeuteten Lebensperiode an den Tag legen, würden von vornherein Gefahr laufen, sich unausgeglichen zu entwickeln.

Es stellt sich die Frage: (a) Ist Trotz im Kleinkindalter ein entwicklungsnotwendiges Phänomen? Gehört er zu einem 'inneren Bauplan'? Oder (b), können wir ihn auch anders als die genannten Autoren sehen und interpretieren – vorausgesetzt, daß er wirklich ein allgemeines Entwicklungsmerkmal ist? Auffallend ist nämlich, daß Trotz in der amerikanischen Literatur nicht als gesonderte Periode angesehen wird. Berichtet wird über negativistisches Verhalten, das mit dem Begriff *temper tantrum* umschrieben wird, und das als ausgesprochen reaktives Verhalten beschrieben wird.

Kemmler (1957) hat vor vielen Jahren den Trotz unter die Lupe genommen. Als Methode verwendete sie hierzu das *event-sampling* (Ereignisstichprobe): Bei ihren Beobachtungen galt ihr Interesse einzig und allein der Erscheinung Trotz. Alles, was damit zusammenhing, wurde beobachtet und aufgezeichnet. Diese ziemlich aufwendige Untersuchungsmethode brachte mit sich, daß der Forscher ganze Tage am Beobachtungsort anwesend sein mußte, um alles, was mit Trotzreaktionen in Zusammenhang stand, notieren zu können.

Über einen Zeitraum von 71 Tagen, in dem sie als Hilfe in einer Familie, in einem Kindergarten oder in einem Heim anwesend war, konstatierte sie 488 Trotzanfälle. Aus diesen Beobachtungen leitete sie folgende Definition ab: Trotz ist immer eine *Reaktion* des Kindes auf eine Handlung (im weitesten Sinne des Wortes), die die Umgebung gegen das Kind richtet. Diese Reaktion besitzt einen dynamisch-affektiven Charakter und ist faktisch eine diffuse Weigerung. Trotzreaktionen unterscheiden sich von gewöhnlichem Ungehorsam, Aggression, Eigensinnigkeit, Verlegenheit, Befangenheit und spielerischem Kräftemessen.

Resultate:

1. *Anzahl:* Die Anzahl der Trotzanfälle pro Tag ist in normalen Familien ziemlich gering (± 5). In Anstalten wurden pro Tag nur 2 Anfälle gezählt. Bei einigen Kindern traten überhaupt keine Trotzreaktionen auf; bei einem Einzelfall wurden jedoch 19 Anfälle konstatiert.
2. *Auslösende Personen:* Die trotzauslösenden Personen sind in 90% der Fälle Erwachsene oder ältere Kinder. In den verbleibenden 10% sind es Altersgenossen. Nur äußerst selten werden die Trotzreaktionen durch Objekte hervorgerufen. Das Kind widersetzt sich also vor allem Menschen, die körperlich und geistig überlegen sind.
3. *Ursache:* Die Ursache der Trotzreaktionen kann man durch folgendes Beispiel veranschaulichen: Das Kind ist beschäftigt – meistens in ein Spiel vertieft – erhält den Auftrag, etwas anderes zu tun, und reagiert trotzig.
4. *Ich-Bedürfnisse* (Machtstreben und Geltungsdrang) spielen beim Entstehen von Trotzreaktionen in keinerlei Form eine Rolle.
5. *Reaktion:* Es handelt sich um ein quasi-reflektorisches Verhalten, einen Affektausbruch, der nicht gezielt ist. Das Kind zieht sich in sich selbst zurück, verliert den Kontakt mit der Realität und beginnt zu kreischen und zu brüllen.
6. *Dauer:* Trotzreaktionen dauern meistens nur einige Minuten; einige werden mit Schmollen und Grollen fortgesetzt.
7. *Zeitperiode des Auftretens:* Normalerweise beginnt die Trotzphase bereits mit einem Jahr. Etwa im Alter von 2 Jahren wird mit durchschnittlich 7 Anfällen pro Tag der Höhepunkt erreicht. Im Alter zwischen 2 und 3 Jahren verschwinden die Trotzreaktionen, da das Kind nach und nach mehr Verständnis für die Forderungen der Erwachsenen erwirbt.
8. *Geschlechtsunterschiede:* Zwischen Jungen und Mädchen bestehen Unterschiede, wenn auch nur geringe. Bei Jungen kommen mehr Anfälle vor, die auch länger anhalten. Grund dafür ist wahrscheinlich, daß man solche Reaktionen bei Jungen eher toleriert. Hieraus wird deutlich, daß Trotzreaktionen stark an die Erziehungssituation und an individuelle Unterschiede gebunden sind.

   Bemerkung: In Heimen beginnen die Anfälle in der Regel später und sind nicht so zahlreich und nicht so dramatisch. Dies ist vor allem dadurch zu erklären, daß Kinder in Heimen einer strengeren Kontrolle unterworfen sind.

9. *Verteilung der Trotzreaktionen über den Tag:* Die meisten Reaktionen erfolgen zwischen 11:00 und 13:00 Uhr. In dieser Zeitspanne spielt offensichtlich der Hunger, der die Gereiztheit erhöht, eine wichtige Rolle.
10. *Zusammenhang zwischen der weiteren Entwicklung des Kindes und der Trotzphase:*

   - Es muß zwischen Trotz und Aggression unterschieden werden. Trotz ist ein nicht gezielter Affektausbruch; er ist die Reaktion auf 'etwas'; Aggression hingegen ist ein gezieltes physisches und verbales Verhalten, das auf ein Objekt oder eine andere Person gerichtet ist und Schaden und Schmerzen verursacht (Hartup 1974).

- Nach dem 3. Lebensjahr können aufgrund inkonsequenter Erziehung fixierte Trotzmuster entstehen.
- In der Trotzphase kennt das Kind die Diskrepanz zwischen körperlichen Bedürfnissen und geistigen Möglichkeiten noch nicht. Diese Diskrepanz entsteht, da das Kind seine köperlichen Bedürfnisse *direkt befriedigen will,* was Affektlabilität zur Folge hat. Frühkindlicher Trotz ist eine Verhaltensform von vorübergehender Art und ist unter anderem abhängig von den Fortschritten, die das Kind macht im Hinblick auf eine richtige Einschätzung der Umgebungsanforderungen; ein weiterer wichtiger Faktor ist, daß das Kind lernt, besser auf die Anforderungen der Umgebung einzugehen.

Weiterhin wurde deutlich, daß sicherlich nicht bei allen Kindern Trotzreaktionen auftreten. So scheinen diese Reaktionen sowohl bei Schwach- als auch bei Hochbegabten nicht oder kaum vorzukommen. Bei der ersten Gruppe handelt es sich offensichtlich mehr um einen Zusammenhang zwischen dem, was das Kind will, und dem, was das Kind kann. Da schwachbegabte Kinder im allgemeinen eine geringere Aktivität an den Tag legen, entstehen auch weniger Reibungspunkte mit der Umgebung. Dies hat dann zur Folge, daß bei ihnen weniger oder keine Trotzreaktionen auftreten. Da hochbegabte Kinder oft einen geistigen Vorsprung haben, verglichen mit Altersgenossen, besteht bei ihnen die soeben beschriebene Diskrepanz zwischen Körper und Geist nicht. Mit anderen Worten, sie besitzen schon früh die Möglichkeit, ihre Situation und ihren Bezug zur Umgebung richtig einzuschätzen.

Aus den hier in großen Linien wiedergegebenen Untersuchungsergebnissen geht hervor, daß dieses Verhalten eine andere als die bisher übliche Interpretation erhalten muß. Wie wir gesehen haben, werden Trotzreaktionen von einigen Autoren als ein zentrales Geschehen für die soziale und die Persönlichkeitsentwicklung des Kindes betrachtet. Die Entwicklungsnotwendigkeit wurde 1968 noch von Hetzer betont, als sie sagte: "Aus der Beobachtung von Kindern, die ein Trotzalter nicht durchgemacht haben, wissen wir, daß ein völliger Ausfall des Trotzalters im allgemeinen nur bei Kindern mit einer gestörten Willensentwicklung auftritt" (66). Die Literaturstudie und die empirische Untersuchung von Kemmler belegen jedoch, daß frühkindlicher Trotz kein *für die Entwicklung notwendiges* Verhaltensphänomen bei Kindern ist. Darüber hinaus konnte Kemmler zeigen, daß das Alter, in dem solche Trotzreaktionen öfter auftreten, nicht zwischen $2^1/_2$ und $3^1/_2$ Jahren, sondern eher zwischen dem ersten und dem zweiten Lebensjahr liegt.

Das eigentliche zentrale Geschehen scheint eine Diskrepanz zwischen dem, was das Kind will, und dem, was das Kind kann, zu sein. Die Bedürfnisse des Kindes und der Drang nach Aktivität gehen den Einsichten in die Forderungen der Umgebung voraus. Faktisch handelt es sich hier um eine beschränkte Wahrnehmung der Realität. Egozentrismus bildet hierbei den strukturellen Hintergrund: Das Kind verfügt über zu beschränkte (intellektuelle) Mittel, um die Realität richtig zu beurteilen und dementsprechend zu handeln. Diese Aktions- und Reaktionsform (mit dem Egozentrismus als Hintergrund) sehen wir in verschiedenen Altersstufen in verschiedenen

Formen wiederkehren. Eine Trotzphase ist auf jeden Fall kein einzigartiges und notwendiges Entwicklungsmerkmal des Kleinkindes. Außerdem kann Trotz als auffallendes Verhaltensmerkmal während des ganzen Lebens auftreten. Darüber hinaus scheint es eher ein kulturell als ein universal bedingtes Phänomen zu sein. Hierauf weisen verschiedene u. a. in Afrika, China und Indonesien vorgenommene Beobachtungen. Dort treten Trotzreaktionen kaum auf. Auch hier liegt noch ein weites Gebiet für vergleichende entwicklungspsychologische Forschung offen.

3.3.8 Spiel und Spielverhalten

Kind und Spiel bilden ein Begriffspaar, das beinahe unlösbar miteinander verbunden ist. Wenn wir über das Kind sprechen, assoziieren wir Spielen damit (siehe auch Bruner u. a. 1976). Die Frage bleibt jedoch, ob Spielen ausschließlich eine Beschäftigung von Kindern ist, denn auch Jugendliche, Erwachsene und ältere Menschen spielen. Wahrscheinlich trägt ein bestimmter religiöser und kultureller Hintergrund (Kalvinismus) dazu bei, daß wir Spielen auf Kinder beschränken und bei Erwachsenen lieber von Hobby, Sport oder Erholung sprechen.

Diese Trennung zwischen Kinder- und Erwachsenenwelt hat sich während der letzten drei Jahrhunderte nach und nach vollzogen. Laut Ariès (1962) war bis zum 16. Jahrhundert Spiel von Kindern und Erwachsenen nicht voneinander zu trennen. Als ein deutlicher Beginn dieses Prozesses muß das Erscheinen des Romans Emile (1762) von Rousseau (1712-1778) gesehen werden, das einen neuen pädagogischen Anspruch vertritt. Das Kind wird seitdem in zunehmendem Maße wirklich als Kind und nicht länger als Miniatur-Erwachsener betrachtet.

Heutzutage können wir uns kaum noch vorstellen, daß keine eigene Kinderwelt (beschützt und abgeschirmt von der Erwachsenenwelt) besteht mit spezieller Kleidung, speziellen Spielsachen, eigener Literatur sowie einem auf das Kind ausgerichteten Unterricht. Wir sind stolz auf die Abschaffung der Kinderarbeit und auf die Rechte, die das Kind erworben hat. Man fragt sich jedoch, ob alle diese Errungenschaften positiv beurteilt werden können. Immerhin ist das Kind von der Realität der Erwachsenenwelt getrennt worden und muß kaum Verantwortung auf sich nehmen. Durch das Entstehen der Kinderwelt ist der Übergang in die Erwachsenenwelt problematischer geworden (s. Dasberg 1980). Umgekehrt können wir auch sagen, dadurch, daß die Erwachsenenwelt als eine Verkettung von Arbeit, Pflicht und Verantwortung gesehen wird, ist scheinbar kein Platz mehr für das Spiel vorhanden.

Im Rahmen einer Lebenslaufpsychologie stimmen wir mit dieser strikten Trennung zwischen "Zeit des Spielens" und "Zeit der Arbeit" nicht überein. Dies zeigt sich in den folgenden Abschnitten, in denen wir uns bei der Besprechung der verschiedenen Aspekte des Spiels nicht ausschließlich auf die Kinderjahre beschränkt haben.

3.3.8.1 Theorien über das Spiel

Obwohl Darwin (1809-1882) selbst keine eigene Spieltheorie entwickelt hat, übte er mit seiner Evolutionstheorie doch großen Einfluß auf eine Reihe von Spieltheoretikern aus. Dies zeigen die Theorien von Groos, Hall, Schaller und Spencer (siehe Allemann 1951).

Groos formulierte die *Übungstheorie*. Spiel muß ihm zufolge als eine Übung von Funktionen, die für das Erwachsenenleben von Bedeutung sind, betrachtet werden. So soll das Rollenspiel der Mädchen, in dem sie Mutter spielen, eine Übung für ihre zukünftige Rolle als Mutter sein.

Hall, der sich in starkem Maße an Rousseau und Darwin orientierte, sah Spiel – ausgehend von der *Rekapitulationstheorie* – als eine *Wiederholung* (rekapitulieren) von Aktivitätsformen, die einst in der Entwicklung der Gattung Mensch eine dominierende Rolle gespielt haben. Der Rekapitulationstheorie zufolge ist die Entwicklung des Einzelnen (Ontogenese) eine Wiederholung der Menschwerdung (Phylogenese). Spiel ist Hall zufolge ein Überrest aus früheren Entwicklungsperioden des Menschen, jedoch immer wieder ein notwendiges Durchgangsstadium in der Entwicklung eines jeden Individuums.

Schaller betonte, daß Spiel *Entspannung* nach verrichteter Arbeit biete und außerdem einen befreienden Effekt habe. Spiel ist das Gegenteil von Arbeit. Es hat eine kathartische (reinigende) Wirkung.

Spencer schließlich betonte, daß Spiel den Menschen die Möglichkeit bietet, *ihren Überschuß an Energie loszuwerden.* Da der Mensch durch die Evolution ein Niveau erreicht hat, auf dem die Sorge für den Lebensunterhalt weniger Anstrengung kostet, muß er die überschüssige Energie auf geeignete Weise abfließen lassen. Das Spiel bietet hierfür die geeigneten Möglichkeiten.

Es gibt auch Autoren, die das Spiel als *Widerspiegelung der Realität,* als eine frühe Form des *Wissenserwerbs* betrachten. Sie sehen Spiel als kulturell bedingtes Verhalten.

Das Spiel als wissenschaftliches Forschungsobjekt ist relativ neu. Folgende Fragen stehen bei diesbezüglichen Untersuchungen zentral: (1) Was sind wesentliche Merkmale des Spiels? (2) Was sind die Voraussetzungen, zum Spiel zu kommen? (3) Was sind die Folgen, wenn man spielt bzw. nicht spielt? Auf diese Fragen gehen wir in den folgenden Abschnitten näher ein.

3.3.8.2 Struktur oder wesentliche Merkmale des Spielverhaltens

Es wurden verschiedene Versuche unternommen, die einzelnen Spielformen und deren Entwicklungsverlauf zu ordnen und zu systematisieren (siehe Tabelle 5). Angestrebt wurde, die unterschiedlichen Elemente nach Inhalt und Struktur zu beschreiben. Damit wurde jedoch nicht die Frage beantwortet, woran man erkennt, ob eine bestimmte Aktivität Spiel ist. Diese Frage nach den "Wesensmerkmalen" des Spiels wurde bis jetzt von Buytendijk (1887-1974) und Huizinga (1872-1945) am vollständigsten und tiefschürfendsten beantwortet. Anhand einer phänomenologischen Analyse kommt Buytendijk (1932; 1933) zu den folgenden Merkmalen des Spiels:

1. Spiel ist immer ein Spielen mit etwas.
2. Es geht immer um ein Hin und Her, um eine Interaktion.
3. Spiel entwickelt sich, ist nicht statisch, sondern dynamisch; es ist ein dialektischer Prozeß von These-Antithese-Synthese; dieser zyklische Verlauf bewirkt, daß ein Höhepunkt erreicht wird und wieder von vorne begonnen wird.
4. Spiel wird auch durch unvorhersehbare Abwechslung gekennzeichnet. Immer

wieder wird ein anderer Weg gesucht oder ausprobiert, um zu einem Höhepunkt zu gelangen.

5. Es wird nicht nur mit etwas oder jemandem gespielt, sondern das Andere oder der Andere spielt auch mit dem Spieler.
6. Spielen verlangt Platz zum Spielen und Spielregeln.
7. Der Bereich, innerhalb dessen sich das Spiel entwickelt, ist durch Spielregeln begrenzt.

Einige Jahre nach Buytendijk gab Huizinga (1940) aus kulturhistorischer Sicht heraus folgende Charakterisierung: Spiel ist eine freiwillige Handlung oder Beschäftigung, die innerhalb gewisser vorgegebener Grenzen von Zeit und Raum verrichtet wird, entsprechend einer freiwillig akzeptierten, jedoch unbedingt bindenden Regel, mit einer ihr innewohnenden Zielsetzung, begleitet von einem Gefühl der Spannung und Freude und dem Bewußtsein des "anders zu sein" als das gewöhnliche Leben.

Wie treffend diese Charakterisierungen sind, zeigen die Beschreibungen, die von modernen Forschern wie Miller (1973) und Sutton-Smith (1979) gegeben werden. Die verwendete Terminologie ist unterschiedlich, nicht jedoch die Essenz, wie nachfolgende Ausführungen verdeutlichen werden.

1. *"Reframing"* oder *"die Festlegung eines Rahmens"* ist das erste strukturelle Merkmal des Spiels. Menschen geben sich gegenseitig Hinweise (z. B. zwinkern, lächeln, benutzen eine andere Intonation), bevor gespielt wird. Diese spezifische Form des Kommunizierens lernt das Kind offensichtlich in den ersten Lebensjahren.

2. *"Reversal"* oder *"Umkehrung"* bildet das zweite Merkmal des Spiels. Im Spiel kann die Realität "auf den Kopf gestellt werden", alles ist möglich, die Grenzen der Wirklichkeit können aufgehoben werden. Im Rollenspiel kann das Kind die Realität des Familienlebens umkehren, indem es z. B. selbst die Mutter spielt.

3. *"Abstraktion der Prototypen"* ist ein weiteres Merkmal des Spiels. In einer Verhaltensreihe wird ein bestimmter Verhaltensaspekt akzentuiert (z. B. Karikatur). Ein treffendes Beispiel stammt von Vygotsky (1967): Zwei Mädchen, die Schwestern waren, spielten ein Spiel mit dem Namen "Zwei Mädchen, die Schwestern waren". Das Spiel war keine Imitation des täglichen Lebens, denn es wurden nur wenige Verhaltensweisen des Schwestern-Seins im Spiel dargestellt.

4. Ein typisches Merkmal ist auch *"Thema und Variation"*. Spiel ist immer eine Variante eines Themas. Ein Gedanke steht zentral; um ihn herum werden allerlei neue Aspekte ausgedacht und dargestellt. So wird ein Kind mit einer Puppe eine Reihe von versorgenden Handlungen oder mit einem Ball allerlei Kunststücke und Übungen ausprobieren (mit dem linken und rechten Bein schießen, Kopfball, hart schießen, genau in die linke Ecke des Tors zielen).

5. Spiel ist immer *zeit- und ortsgebunden.* Die Grenzen sind oft räumlich (Spielplatz, Theater, Stadion), oft aber auch zeitlich festgelegt (Spielstunde, freier Nachmittag). Beim Kinderspiel sind die Grenzen meistens vage. Durch Veränderung der Realität kann die Abgrenzung, in der das Spiel stattfindet, wie folgt verdeutlicht werden:

a. *Verkleinern.* Viele Spielsachen sind eine Imitation der Wirklichkeit. So schafft das "Kleinsein" eines Spielzeugautos die Möglichkeit, so zu handeln, als ob man es mit einem echten Auto zu tun hat.
b. *Übertreibung.* Oft werden Bewegungen und Worte übertrieben gebracht. Miller (1973) verwendete dafür den Begriff "tummeln". Die Überakzentuierung von Gefühlen beispielsweise findet man oft auch im Spielzeug wieder.
c. *Zyklische Wiederholung.* Durch die zyklische Wiederholung, indem man stets wieder dasselbe tut – wenn auch mit Variationen – hat es den Anschein, als ob das Individuum die Grenzen von Zeit und Raum selbst bestimmen kann. Dieser zyklische und rhythmische Zeitverlauf konnte von Lehr (1959) anhand einer Beobachtungsuntersuchung aufgezeigt werden. Sie beobachtete 75 Kinder im Alter zwischen 1 und 6 Jahren. Die Fragen, die sie stellte, waren: (1) Was spielt das Kind, welche Beschäftigung führt das Kind aus, ein Objekt- oder ein Bewegungsspiel? (2) Womit spielt das Kind, mit welchem Objekt, Puppe oder Ball? (3) Wo spielt das Kind, unter dem Tisch oder in der Puppenecke? (4) Wie spielt das Kind, welchen Verlauf zeigt das Spiel? Besteht ein Wechsel vom Bewegungs- zum Objektspiel und dann zum Konstruktionsspiel?

   Aufbauend auf diese vier Fragen (was, womit, wo und wie) spricht sie von a) Betätigungsperiodik, b) Spielgegenstandsperiodik, c) Ortsperiodik und d) Periodik der Verhaltenstypen. Anhand systematischer Beobachtungen untersuchte sie, wie diese vier verschiedenen Formen einander abwechseln oder folgen. Bei ihren Beobachtungen verwandte sie die *Spezimenbeschreibung:* ein Protokoll dessen, was sich aufeinanderfolgend innerhalb einer bestimmten Zeitspanne im Verhalten zeigt und was sich in der direkten Umgebung des Kindes ereignet. Dabei stellte sich heraus, daß kleine Kinder oft wechseln: Sie wechseln oft von der einen Periodizität zur anderen. Bei eingehender Beobachtung zeigt sich jedoch, daß dies kein chaotisches Verhalten ist, sondern daß ein bestimmter Rhythmus vorhanden ist. Man sieht nämlich, daß die Betätigungsperiodik immer wieder zurückkehrt, nachdem das Kind die anderen drei Formen durchlaufen hat. Ein deutlicher rhythmischer Wechsel – eine rhythmische Kurve – entsteht, wenn man das Verhalten systematisch beobachtet und aufzeichnet. Deutlich wird, daß das Spiel des Kindes durch einen mikro-rhythmischen Verlauf gekennzeichnet ist, d. h. die Periode, in der das Kind mit etwas beschäftigt ist, ist nur von kurzer Dauer. Im Verlauf des Älterwerdens sehen wir zunehmend einen makro-rhythmischen Verlauf in den Vordergrund treten, d. h. die Betätigungsperioden werden länger.

6. Darüber hinaus wird das Spiel *durch Spannung und Aufregung gekennzeichnet.* Es führt durch Spannung und Aufregung zu einem Höhepunkt, nach dem Entspannung eintritt. So gesehen ist das Spiel eine Herausforderung. Es kann auch dazu dienen, aufgestaute Spannungen zu reduzieren oder wegzunehmen. So können innerliche Spannungen des Kindes oft durch Spieltherapien beseitigt werden. Sowohl innerliche, emotionale Gespanntheit als auch Langeweile beeinträchtigen das Spiel. Schematisch ist diess in Abbildung 18 dargestellt. Die bereits erwähnten Merkmale und die noch zu besprechenden Spielvoraussetzungen müssen bei der Interpretation von Spiel/Nicht-Spiel mit einbezogen werden.

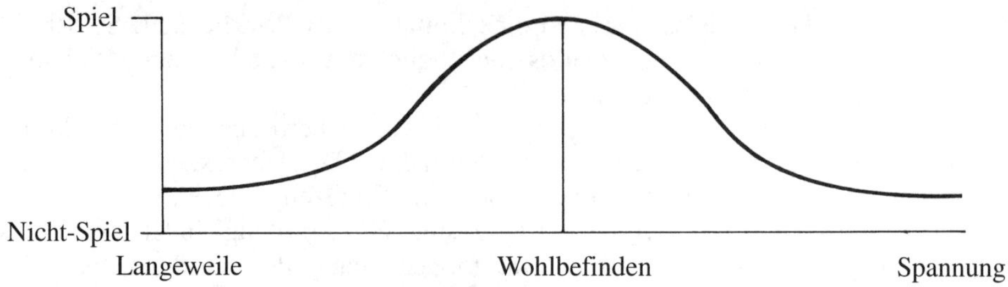

Abbildung 18. Schematische Wiedergabe des Kontinuums Spiel – Nicht-Spiel in Relation zu Langeweile, Wohlbefinden und Spannung

3.3.8.3 Spielvoraussetzungen

Zu Beginn dieses Kapitels haben wir gesagt, daß Kind und Spiel ein beinahe unlösbares Begriffspaar bilden. Daraus könnte man ableiten, daß Spiel etwas ist, was Kinder von selbst tun. Daher auch das Staunen, wenn wir von einem Kind sagen, daß es spielen lernen muß. Lernen wird hier wahrscheinlich mit dem Lernen in der Schule assoziiert. Wenn wir über Spielenlernen sprechen, meinen wir damit lernen, Erfahrungen zu sammeln und dabei die Umgebung des Kindes so zu strukturieren, daß es auch Erfahrungen *sammeln kann.* Für die Entwicklung in den ersten Lebensjahren sowohl beim Menschen als auch beim Tier sind *Schutz und Stimulanz* unentbehrlich. Dasselbe gilt für die Entwicklung des Spiels. Meistens bietet die Mutter dem jungen Kind den schützenden und stimulierenden Rahmen, in dem sich das Spielverhalten entwickeln kann.

Die Mutter ist konstant und veränderlich, bleibend und wechselhaft. Sie schafft vom ersten Lebenstag an im Umgang mit ihrem Baby einen Kommunikationsrahmen, in dem die folgenden expressiven Eigenschaften vorkommen:

Ein Spielgesicht – hochgezogene Augenbrauen, offener Mund, weit offene Augen, eine Art Erstaunen.
Ein Spielblick – ein liebevoller Blick beim Sprechen mit dem Baby.
Spielgeräusche – hoher Ton, verlängerte Vokale, langsames Sprechen.
Verschiedene Gesichter – sich mit dem Gesicht nähern und entfernen.
Spielzeit – gewöhnlich nach den Mahlzeiten oder vor dem Schlafengehen des Babys.
Ort/Gelegenheit zum Spiel – gewöhnlich in der Wiege, auf dem Schoß der Mutter, im Laufstall, in ihrer Nähe.

Dies ist ein sehr abwechslungsreicher Kommunikationsrahmen. Mutter und Kind sind vom allerersten Augenblick an in Interaktionsepisoden verwickelt, die durch abwechselnde kontrastierende Aktionen gekennzeichnet sind. Daß diese Aktionen kontrastierend sind, ergibt sich aus den gegensätzlichen Rollen, die Mutter und

Kind erfüllen. Zu Beginn sind die Interaktionsepisoden begrenzt, später können sie erweitert werden, wobei Spannungsaufbau und Spannungsentladung einander abwechseln. Sutton-Smith sieht in diesen Mutter-Kind-Interaktionen die grundlegende Voraussetzung des späteren Spiels mit all seinen motivationellen, kognitiven und affektiven Aspekten. Dies steht im direkten Zusammenhang mit dem späteren Spiel, da Spiel erst entstehen kann, wenn ein sicherer Kommunikationsrahmen geschaffen ist und Spannung und Entspannung durch kontrastierende Handlungen innerhalb dieses Rahmens stattfinden. Untersuchungen haben gezeigt, daß das Maß der Verspieltheit in den späteren Lebensjahren wesentlich mit der Mutter-Kind-Verbundenheit und der Variabilität und Detailliertheit beim Aufbau dieser Spielepisoden zusammenhängt.

Die einzelnen strukturellen Merkmale des Spiels sind bereits in diesen Mutter-Kind-Interaktionen vorhanden und bilden die Grundlage für das spätere Spiel – sowohl für das Alleinspielen als auch das Spielen mit Altersgenossen.

Neben Schutz und Stimulanz ist die Gelegenheit zur *Exploration* eine ganz wichtige Voraussetzung für das Spiel. Meistens beginnt Spielverhalten mit dem Untersuchen des Objekts oder der Person. Während der Explorations-(Erkundungs)-periode ist das Kind damit beschäftigt, eine Antwort auf die Frage zu erhalten: Was oder wer ist das? Sobald dieses Suchverhalten zu mehr Wissen geführt hat, verändert sich das Verhalten, und die Frage, die nun gestellt wird, lautet: Was kann ich mit dem Objekt oder der Person anfangen?

Exploratives Verhalten kann von unterschiedlicher Dauer sein und ist ziemlich stereotyp; unter Verwendung verschiedener Sinnesorgane werden gleichzeitig auditive, visuelle und taktile Informationen aufgenommen. Untersuchungen haben erwiesen, daß Kinder und Erwachsene eine gewisse Zeit benötigen, um sich mit neuen Situationen, Objekten und Personen vertraut zu machen. Wenn diese Phase des Explorierens nicht lang genug ist, d. h. das Kind oder der Erwachsene nicht genug Zeit zur Erkundung erhält, kann sich danach kein Spiel entwickeln. In der täglichen Praxis kann man beobachten, daß Erwachsene Kinder sofort zum Spielen anspornen wollen. Auf die Wichtigkeit der richtigen Förderung und Anleitung haben wir übrigens bereits in Abschnitt 2.6.1.6 hingewiesen.

3.3.8.4 Spielkonsequenzen

Bis jetzt sind wir davon ausgegangen, daß der Mensch spielt, und wir haben die Voraussetzungen und die verschiedenen strukturellen Elemente besprochen. Was würde nun aber passieren, wenn der Mensch *nicht spielen* würde? Dies ist natürlich mehr eine rhetorische Frage, da kaum Untersuchungen stattfinden, in denen der Mensch in seinem natürlichen Verhalten beeinträchtigt wird. Um auf diese Frage eine Antwort zu finden, führte Csikszentmihalyi (1975) eine Untersuchung in zwei Phasen durch. In der ersten Phase wurden Versuchspersonen gebeten, sich anhand folgender Instruktionen selbst zu beobachten: "Verhalten Sie sich die nächsten zwei Tage so normal wie möglich, machen Sie sich jedoch Ihr Verhalten so viel wie möglich bewußt und registrieren Sie alles, was Sie zu Ihrem Vergnügen tun, vor allem die Dinge, die Sie normalerweise 'gedankenlos' machen".

In der zweiten Phase der Untersuchung – eine Woche später – wurde den Versuchspersonen folgende Frage vorgelegt: "Ab morgen früh, wenn Sie wach werden, bis 21.00 Uhr hätten wir gerne, daß Sie sich so normal wie möglich verhalten, alle Dinge tun, die getan werden müssen, dabei sollen Sie strikt vermeiden, spielerische oder spielähnliche Dinge zu tun, kurz: Sie sollen *nur nützliche Handlungen* ausführen!"

Vergleicht man diese zweite Phase der Untersuchung – eigentlich ein "natürliches Spieldeprivationsexperiment" – mit der ersten Phase, so kommen u. a. folgende Ergebnisse ans Licht: Die Teilnehmer fühlten sich müde und schläfrig, weniger gesund und entspannt; sie berichteten von mehr Kopfschmerzen, fanden sich weniger umgänglich und weniger kreativ; alltägliche Verrichtungen wurden zu einer stets größeren Belastung und gingen einher mit Irritationen und Konzentrationsverlust; es entstanden Gefühle der Bedrücktheit und der Eindruck, daß die Handlungen roboterhaft und automatisch verrichtet wurden.

Das "Ausschließen" des Spiels – selbst wenn es sich hier nur um ein fingiertes Experiment handelt – läßt erkennen, welche Konsequenzen das Nicht-Spielen haben kann. Indem aufgezeigt wird, was "Nicht-Spiel" ist, wird deutlich, wie grundlegend wichtig das Spiel für das menschliche Wohlbefinden ist. Es ist ein Bedürfnis des Menschen, seine Erfahrungen auf eine für ihn sinnvolle Weise zu ordnen und eine Balance zu finden zwischen den von der Umgebung gestellten Forderungen und den eigenen Fähigkeiten und Bedürfnissen. Spielhandlungen können mindestens in zweifacher Hinsicht eine regulierende Funktion haben: (1) Bei einem Mangel an Stimulanz und Herausforderung (z. B. hinsichtlich der eigenen Fähigkeiten) spielen sie eine kompensierende Rolle. Mangel an Stimulanz und Herausforderung kann bei dem sich langweilenden Kind negative Auswirkungen haben und zu Verhaltensstörungen führen. (2) Werden zu hohe Anforderungen gestellt, die leicht zu inneren Spannungen führen können, dann hat das Spiel eine entspannende und wohltuende Wirkung.

Neben der kompensierenden und entspannenden Funktion hat das Spiel auch einen wichtigen Anteil an der kreativen Entwicklung einer Person. Kreativität bedeutet ganz allgemein, daß man schöpferisch und ursprünglich mit Fragestellungen und Aufgaben umgeht. Sowohl Kind wie Erwachsener benötigen hierfür Bewegungsfreiheit und Raum, damit sie das, was sie tun oder ausführen wollen, auf eine je eigene Weise gestalten können. Diese Freiheit scheint man in unserer Gesellschaft bis zum Eintritt in die Grundschule zu haben. Danach wird aus der Spielwelt die Schulwelt, wo Arbeiten nach festgelegten Regeln gefordert wird. Es bleibt wenig Spielraum, sich auf eigene schöpferische Weise mit den Dingen und der Realität zu beschäftigen. Eine derartige Trennung der Welt des Kindes und des Erwachsenen ist – wie wir zeigen konnten – im Hinblick auf das Spiel nicht gerechtfertigt. Spiel erzeugt laut Vygotsky (1967) eine Zone der nächsten Entwicklung und ist die Quelle der Entwicklung, einer Entwicklung, so möchten wir hinzufügen, die einen lebenslangen Prozeß darstellt.

Untersuchungen von Kinderspielen haben gezeigt, daß Spielen zur Förderung der kindlichen Entwicklung hinsichtlich Motorik, Kreativität, sozialer und kognitiver Fähigkeiten sowie zur Förderung der emotionalen Entwicklung beitragen kann.

3.3.8.5 Spielformen

Bei der systematischen Erforschung des menschlichen Verhaltens wurde auch angestrebt, die verschiedenen Spielformen dem Alter ensprechend zu ordnen und zu systematisieren. Spiel muß – wie wir bereits betont haben – als eine bestimmte Verhaltensform betrachtet werden, die durch Reifungs- und Lernprozesse beeinflußt wird. Die ersten Forschungsversuche richteten sich auf die Frage: Was spielen Kinder und was spielen sie in welchem Alter?

So beobachtete das Ehepaar Bühler (Ch. Bühler 1928) Kinder unterschiedlichen Alters, um zu erforschen, ob bestimmte Arten des Spiels in einem bestimmten Alter bevorzugt werden. Charlotte und Karl Bühler gingen davon aus, daß das Spiel dem

Tabelle 5. Übersicht über verschiedene Spielformen laut vier Autoren: Bühler, Parten, Piaget und Caillois

Bühler	*Bewegungs- und Funktionsspiel* (ab der Geburt bis ± 3 Jahren): Aktivitäten motorischer, vokaler und sinnlicher Art. *Rollen-, Phantasie- und Fiktionsspiel* (vor allem zwischen 2 und 5 Jahren): Alle Aktivitäten mit einem "Als-ob"-Charakter. *Rezeptives Spiel* (vor dem 2. Lebensjahr nicht vorhanden: Keine an das Alter gebundenen Höhepunkte): Offen sein für und Aufnehmen von neuen Eindrücken. *Konstruktionsspiel* (bereits ab dem 2. Lebensjahr vorhanden, jedoch vor allem ab dem 5. Lebensjahr zunehmend): Etwas produzieren.
Parten	*Ungezielte Bewegungen;* nichts tun; ein bißchen umherlaufen; hier und da etwas angucken; am eigenen Körper herumfummeln. *Zuschauerverhalten:* Andere Kinder, die mit etwas beschäftigt sind, werden beobachtet. *Solitäres Spiel:* Alleine spielen; mit sich selbst beschäftigen. *Parallelspiel:* Nebeneinander spielen mit demselben Material; ohne Auswechselung des Materials und ohne Kommunikation. *Assoziatives Spiel:* Kinder spielen "zusammen", jedoch ohne Konzentration auf ein "Ziel", ohne Rollen- und Materialverteilung. *Kooperatives Spiel:* Zusammenarbeit und Koordination von Material und Rollen, Beratschlagung und Verteilung der "Aufgaben".
Piaget	*Übungsspiel* (vor allem in den ersten zwei Lebensjahren): Übend umgehen mit Objekten, um besser mit deren Eigenschaften vertraut zu werden; Wissenserweiterung. *Symbolisches Spiel* (vor allem nach dem 2. Lebensjahr): Große Übereinstimmung mit dem Fiktionsspiel von Bühler; das Kind lernt, seine Wünsche und Bedürfnisse besser an die Wirklichkeit anzupassen (vgl. Assimilation). *Regelspiel* (tritt vor allem zwischen dem 7. und 11. Lebensjahr auf): Das Regelbewußtsein - d. h. es bestehen objektive Regeln frei von Zeit und Personen - wird durch Spielaktivitäten mit Regeln geübt und stabilisiert.
Caillois	*Agôn* (griechisch = Kompetenzspiel): Jeder hat das Bedürfnis, auf einem bestimmten Gebiet zu glänzen; Wettkämpfe bieten hierzu Gelegenheit. *Alea* (lateinisch = Würfel): Nicht abhängig von den eigenen Fähigkeiten, sondern vom Zufall; sein Glück versuchen; das Schicksal herausfordern und beherrschen wollen. *Mimicry* (griechisch = Nachahmen): Sich selbst entfliehen, indem man ein anderer wird; so tun als ob, um die eigenen Mängel zu übersteigen. *Ilinx* (griechisch = Strudel): Spiel mit Gefahr und Risiko, z. B. Rasen, Bergsteigen und Jahrmarktattraktionen.

Kind die Möglichkeit bietet, Informationen über die Realität aufzunehmen und zu verarbeiten.

Die amerikanische Psychologin Parten (1932) richtete ihre Aufmerksamkeit auf das Spiel des Kindes aus ihrem Interesse für das soziale Verhalten heraus; ihr Ansatz kann auch als genetische Soziologie umschrieben werden. In ihren Beobachtungsstudien unterschied sie sechs Kategorien.

Piaget (1951) sah im Spiel nicht so sehr eine Entwicklungsmöglichkeit für und einen Hinweis auf soziales Verhalten, sondern er sah im Spiel mehr einen Zusammenhang zwischen Entwicklung und Umgang mit der realen Welt. Spiel ist bei ihm eine Ausdrucksform der kognitiven Entwicklung. Er unterscheidet drei Kategorien.

Eine ganz andere Einteilung stammt von Caillois (1961). Bei seiner Einteilung orientiert er sich am Lebenslauf des Menschen und geht außerdem von einer kulturhistorischen Auffassung aus, die auf Huizinga aufbaut. Darüberhinaus beruht seine Einteilung in vier Kategorien auf der Befriedigung von vier Lebensbedürfnissen, die in seinen Augen als primär angesehen werden müssen.

Die oben beschriebenen Kategorisierungen sind in Tabelle 5 schematisch dargestellt.

3.3.9 Kinderzeichnungen

Ebenso wie das Spiel ist auch das Zeichnen bei Kindern eine spontane Aktivität. Sobald Kinder einen Bleistift festhalten können, beginnen sie zu "zeichnen". Dazu sind sie ab ± 52 Wochen in der Lage (siehe Abbildung 11). Anfangs ist das Zeichnen mehr eine motorische Bewegung, an der der ganze Körper beteiligt ist. Man kann das Kritzeln eines Kindes noch keine Abbildung nennen, sondern es ist mehr das Resultat einer "Bewegungsspur" (Mühle 1955). Der Stift wird über das Blatt hinweg bewegt und so entsteht eine Spur der Bewegung. Dieses erste unkoordinierte Kritzeln ist die Grundlage für Versuche, Muster zu erstellen, da das Kind in zunehmendem Maße sieht, was es produziert, und dies auch kritisch mit eigenen und Zeichnungen von anderen vergleicht. Flächenverteilungsmuster sehen wir vor allem im Alter von 3-4 Jahren. In der weiteren Entwicklung sehen wir dann Abbildungen von einfachen Formen oder Kombinationen davon, und mit ungefähr 4 Jahren erscheint der bekannte "Kopffüßler": Kopf und Füße bilden in der Wiedergabe des Kindes einen vollständigen Menschen (Abbildung 19).

Sobald das Kind mit seiner Zeichnung etwas ausdrücken will, hat es das piktorale Stadium (figurative Zeichnungen) erreicht. Durch psychomotorische (vor allem durch eine bessere Augen-Hand-Koordination) und durch kognitive Entwicklung und Lernerfahrungen erreicht das Kind in der Kleinkindperiode mittels einfacher Kritzeleien und unvollständiger Objektwiedergabe allmählich das Stadium der eigenen Formgebung des Wahrgenommenen (siehe auch die Sprachentwicklung 3.4 von "Ausdruck" zu "Darstellung").

In Abbildung 20 wird der Verlauf dieser Entwicklung dargestellt. Diese Wiedergabe ist jedoch sehr allgemein, und auch das Alter wird nur ungefähr angegeben. Es ist jedoch so, daß alle Kinder – vorausgesetzt, sie erhalten Gelegenheit dazu – dieselbe Entwicklung der Zeichenfähigkeit an den Tag legen. Daher ist es wahrscheinlich ein universales Phänomen. Etwa im Alter zwischen 6 und 12 Jahren kommen in

Ein echter Kopffüßler

Gruppe von drei Menschen

Mensch mit schwarzen Füßen
und schwarzen Händen

Abbildung 19. Ein "echter" Kopffüßler des $4^1/_2$jährigen Michael und zwei fortgeschrittene Menschenzeichnungen von der gerade 4 Jahre alten Irene ("Gruppe von drei Menschen") und der auch gerade 4 Jahre alten Margriet ("Mensch mit schwarzen Füßen und schwarzen Händen").

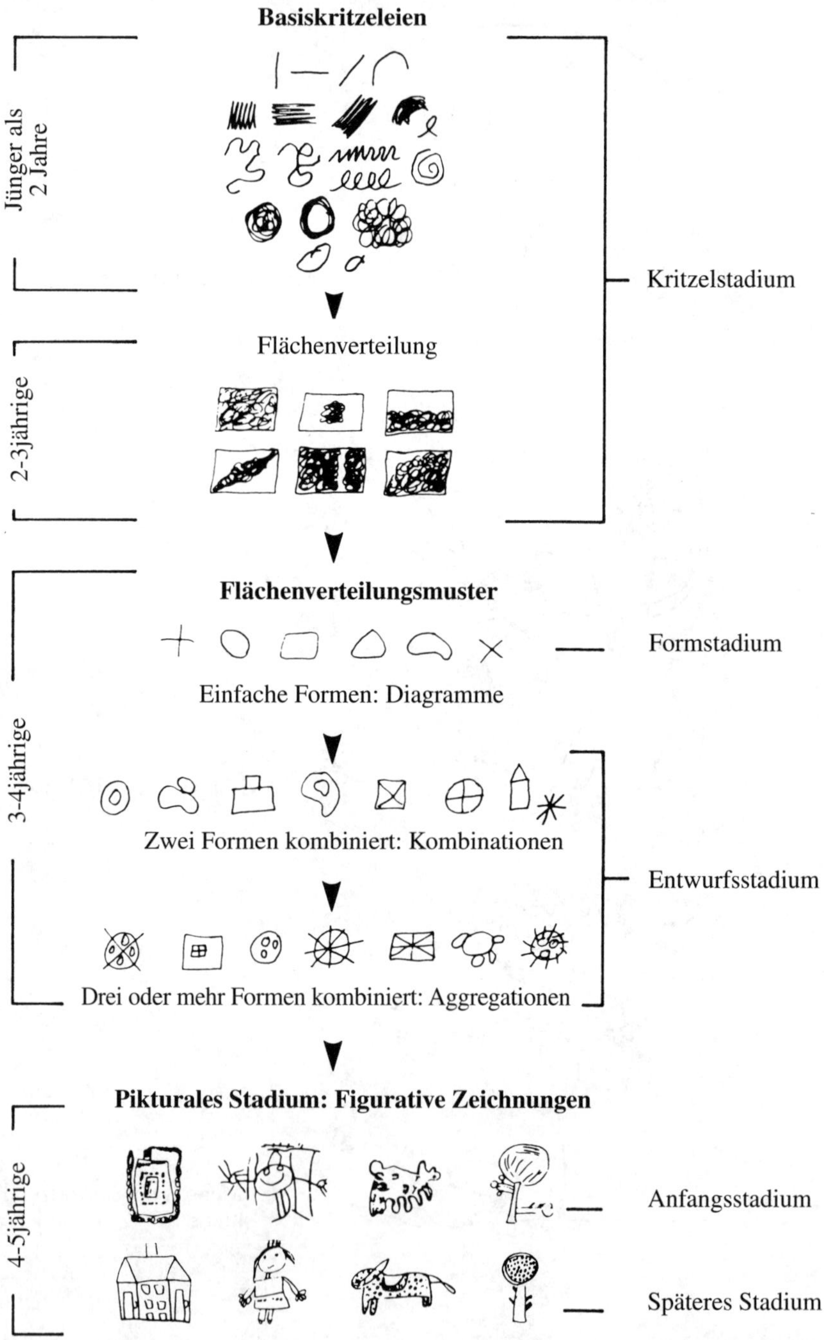

Abbildung 20. Reihenfolge in der Entwicklung der Zeichenfertigkeit bei Kindern (siehe Goodnow 1983).

Kinderzeichnungen deutlich kulturelle Einflüsse zum Ausdruck. Zeichnungen von Kindern, die älter als 12 Jahre sind, besitzen einen starken individuellen Akzent. Kinderzeichnungen werden oft als diagnostisches Mittel verwendet. Ausgegangen wird hierbei von folgendem: Durch die Zeichnung gibt das Kind seinen Gefühlen und Erfahrungen Ausdruck; außerdem ist es ein Entwicklungsgradmesser, um die intellektuelle Entwicklung des Kindes zu bestimmen. Auch wenn eine Zeichnung unvollständig ist, kann sie doch einen Einblick in die kritischen Wahrnehmungsqualitäten des Kindes vermitteln. So betrachtet man beispielsweise den Kopffüßler als Resultat einer Wahrnehmung, in der Gesamteindrücke dominieren und Details fehlen. Abgesehen von der Tatsache, daß bereits früh Unterschiede zwischen begabten und weniger begabten Zeichnern bestehen, ist bei der Beurteilung von Kinderzeichnungen wichtig, daß diese Beurteilung sich nicht auf einmalige Zeichenprodukte stützt. Es hat sich nämlich gezeigt, daß Kinder innerhalb einer Woche sehr unterschiedliche Produkte schaffen können (Abbildung 21). Bei dieser Abbildung handelt es sich um 8 Menschenpaare, die von Kindern zwischen 3 und 4 Jahren gezeichnet wurden und die die "beste" und die "schlechteste" Zeichnung darstellen.

Zeichnen ist ebenso wie das Spiel eine notwendige Aktivität des Kindes. Es dient zum Ausdruck von Gefühlen, und es bereitet auf das Lesen und Schreiben vor. Vor allem der erste Aspekt macht deutlich, daß das Kind Gelegenheit zum Zeichnen erhalten muß und dabei unterstützt und stimuliert, nicht jedoch dirigiert werden soll.

Abbildung 21. Acht Paare mit "Menschenzeichnungen", jeweils die "beste" und die "schlechteste". Gezeichnet von acht verschiedenen Kindern im Laufe einer Woche (Alter der Kinder: Zwischen 3 und 5 Jahren).

Ebenso wie beim Spiel gilt auch hier, daß das Kind für die Entwicklung der Zeichenfähigkeit Schutz und Stimulanz benötigt. In Abschnitt 3.3.8.3 haben wir darauf hingewiesen, daß die Umgebung des Kindes so beschaffen sein muß, daß es diese Erfahrungen auch machen kann.

3.4 Sprachentwicklung

3.4.1 Historische Anmerkungen

Die Philosophie hat sich von Anfang an mit der Sprache und der Sprachstruktur beschäftigt. So konnte man bereits in der Antike den Standpunkt finden, daß Sprache auf eine willkürliche Vereinbarung zwischen Menschen zurückzuführen ist; dieser Standpunkt wurde von den Sophisten vertreten. Demgegenüber stand die Auffassung der Stoiker, die die Sprache als eine durch die Natur gegebene Fähigkeit betrachteten. Der Standpunkt von Plato und Aristoteles lag dazwischen.

Als eigene Fachrichtung innerhalb der Philosophie besteht die Sprachphilosophie erst seit Wilhelm von Humboldt (1766-1835). Vor allem in der vergleichenden Sprachwissenschaft stand das systematische Studium der Sprache im Mittelpunkt. Sie beschäftigt sich mit der Frage nach dem Aufbau der Sprache und vor allem mit dem Zusammenhang zwischen Denken und Sprechen, zwischen Ausdruck und Darstellungsfunktion der Sprache.

Für die Psychologie, deren Wurzeln weitgehend in der Philosophie zu finden sind, ist die Sprache von Anfang an ein zentrales Studienobjekt gewesen. Die großen Pioniere der Entwicklungspsychologie haben wesentlich dazu beigetragen, uns ein besseres Verständnis der Sprachentwicklung zu verschaffen (insbesondere Clara und William Stern: *Die Kindersprache* 1928). Ein besonders wichtiger Beitrag ist in diesem Zusammenhang die Sprachtheorie von Karl Bühler, die er 1927 in groben Zügen in seinem Buch *Die Krise der Psychologie* umrissen hatte. Ein auf genauen Beobachtungen basierender Beitrag des niederländischen Forschers Van Ginneken (De roman van een kleuter 1917: Der Roman eines Knirpses) verschafft uns Einsicht in die Sprachentwicklung, vor allem hinsichtlich der ersten Sprachäußerungen von Kindern. Mit seinem Buch *Die Krise der Psychologie* (1965) will Bühler durch Kritik die Krise in der Psychologie überwinden; er geht dabei auf die ursprüngliche griechische Bedeutung von krino (= ich unterscheide) zurück. Er verdeutlicht seine Kritik, die eine fundierte Reaktion auf die behavioristischen Annäherungsweisen und auf die *bewußtseinspsychologische* Annäherungsweise von Wundt sein will, vor allem anhand seiner Sprachtheorie und seiner Spieltheorie. Wundt geht in seiner Sprachtheorie von dem Parallelaxiom aus, das besagt, daß unsere Körperbewegungen Ausdruck psychischer Bewegungen sind, also daß Parallen zwischen innerem und äußerem Geschehen bestehen. Dies wird von Bühler jedoch nuanciert kritisiert. Wundt geht bei seiner weiteren Entwicklung der Sprachtheorie davon aus, daß zwischen Tier und Mensch in der Entwicklung Unterschiede hinsichtlich der Ausdrucksbewegungen bestehen. Ein dritter Schritt ist, daß sich die Sprache, die auf Lauten basiert, als ein relativ selbständiger Sektor entwickelt und sich aus der Gesamtheit der Ausdrucksbewegungen loslöst.

Laut Bühler sind drei Funktionen in der Sprachtheorie von entscheidender Bedeutung: 1. Appell, 2. Ausdruck, 3. Darstellung. Appell bedeutet: Wenn man etwas zum Ausdruck bringt, gibt es auch jemanden, den man damit erreichen will. Das Wesentliche sieht Bühler in der Semantik, also dem Zusammenhang zwischen Zeichen und Bezeichnetem, dem Zusammenhang zwischen Zeichengeber und Signalempfänger. Denn, so sagt er, wenn es wahr sein sollte, daß (wie Wundt sagt) ein Parallelaxiom besteht (was innen ist, ist außen), dann ließe sich die Frage nach dem Ursprung der Semantik nicht stellen. Semantik ist laut Bühler ein konstitutiver Faktor jedes tierischen und menschlichen Lebens in einer Gemeinschaft. Semantik bedeutet, daß eine Zweiheit besteht zwischen jemandem, der ein Zeichen gibt, und jemandem, der ein Zeichen empfängt. Sprache als Kommunikationsinstrument hat eine soziale Funktion. Die soziale Funktion liegt in der Semantik. Sprache ist immer in ein soziales Netzwerk eingebettet und besitzt Ausdrucksqualitäten. Diese zwei Aspekte (Appell und Ausdruck) sind auch in der Kommunikation von Tieren wiederzufinden. Der dritte Aspekt (die Fähigkeit zur Darstellung von Objekten, Zusammenhänge zwischen Objekten zu schaffen und neue Ideen formulieren zu können) ist jedoch ein spezifisch menschliches Merkmal: *Nur der Mensch kann etwas darstellen.*

Karl Bühler hat in den zwanziger Jahren auf die Kernpunkte der Sprachentwicklung und des Sprachverstehens hingewiesen – Kernpunkte, die heute wieder im Mittelpunkt des Interesses stehen, vor allem bei Psycholinguisten und Soziolinguisten.

3.4.2 Die Situation um 1965

Eine Besprechung von Skinners "Verbal Behavior" durch Chomsky (1959) hatte den nun schon jahrzehntelangen Streit rund um die Sprachentwicklung gut in Gang gebracht. Chomsky publizierte 1957 seine "Syntactic Structures", 1965 "Aspects" und 1968 "Language and Mind". Rund um diese Publikationen sind zahlreiche Diskussionen entstanden, Untersuchungsergebnisse wurden zum Teil in ein neues Licht gerückt, neue Untersuchungen wurden durchgeführt und sehr unterschiedliche Erkenntnisse vorgestellt. Der Linguist Chomsky hat sich nicht nur der Sprachentwicklung gewidmet. Er beschäftigte sich auch mit der Epistemologie der Philosophie und der kognitiven Entwicklung, um so zu einem besseren Verständnis dessen zu gelangen, was Sprachentwicklung – abgesehen von der Anzahl der Wörter, die das Kind in einem bestimmten Alter hervorbringt – eigentlich ist.

Betrachten wir die Situation um 1965, sehen wir, daß sich das Interesse in dieser Zeit auf folgende Punkte und Fragen richtete:

1. Wie sieht die *Syntax* des Kindes aus, welche grammatische Struktur haben Zwei- und Dreiwortsätze?
2. Wie sieht die *Wortproduktion* des Kindes aus? Wie kommt sie zustande und in welchem Alter kann ein Kind wie viele Wörter produzieren?
3. Es herrschte die Auffassung, daß die *eigentliche Sprachentwicklung* mit etwa $1\frac{1}{2}$ Jahren beginnt und etwa im 4. oder 5. Lebensjahr abgeschlossen ist. Die Fragen, die sich in diesem Zusammenhang aufwarfen, nämlich, ob dies tatsächlich dem wirklichen Beginn und Abschluß entspricht, beschäftigten viele Forscher.

4. *Welche linguistischen Möglichkeiten und welche semantische Struktur besitzt das Kind?* Gibt es Regeln in der Sprache, die angeboren sind, ist Wissen vorhanden, beruht die Sprache auf einem kreativen Prinzip? Wie kommt es, daß wir beispielsweise nicht sagen: Ich habe rasend geschlafen, oder ich habe einen schnellen IQ? Sind derartige Aspekte auf ein kreatives Prinzip im Menschen zurückzuführen?
5. Ebenso wie Piaget, der in seiner Theorie von *universalen Stadien* spricht, untersuchte man, ob universale Stadien auch hinsichtlich der Sprachentwicklung bestehen.
6. Man war auch davon überzeugt, daß die Rolle der Umgebung für die Sprachentwicklung nur von geringer Bedeutung wäre. Das System von Chomsky (LAD = language acquisition device) muß man sich als eine *angeborene Fähigkeit* vorstellen, die mit sich bringt, daß die Umgebung keinen oder nur geringen Einfluß hat. Sprache wurde betrachet als etwas, das einmalig für den Menschen ist.
7. Man richtete die Aufmerksamkeit auf die sogenannte *egozentrische Sprache* des Kindes, eine Sprache, die keine Kommunikation ist, sondern auf sich selbst gerichtet bleibt. Es bestand kein oder nur wenig Interesse an der Verwendung der Sprache in sozialen Situationen.
8. In dieser Situation wurde das Head-Start-Project geboren, ein speziell auf die Sprache ausgerichtetes Programm für Vorschulkinder aus sozial benachteiligten Bevölkerungsgruppen. Man glaubte, daß farbige Kinder und Kinder aus anderen sozialen Minoritäten die Leidtragenden *linguistischer Defizite* seien und daß man diese Unzulänglichkeiten mit Hilfe von Kompensationsprogrammen aufarbeiten könne. Um direkt auf letzteres einzugehen: Man kam schon bald nach Beginn des Projektes zu dem Schluß, daß man mit den sogenannten Sprachkompensationsprogrammen die allgemeine Entwicklung des Kindes überhaupt nicht beeinflussen konnte (siehe 4.6).

Der Soziolinguist Labov (1970) sagt, daß unterschiedliche Bevölkerungsgruppen sich auch hinsichtlich ihrer Sprache unterscheiden und daß jede Sprache bedeutungsvoll strukturiert und informativ ist. In diesem Zusammenhang ist es auch wichtig, darauf hinzuweisen, daß der englische Soziologe Bernstein (1970) seine Unterscheidung in *restricted code* (restringierter Code = eingeschränkte Sprechweise) und *elaborated code* (elaborierter Code = differenzierte Sprechweise) nicht als einen Unterschied zwischen besser und schlechter, sondern als zwei verschiedene Arten des Sprachgebrauchs betrachtet. Beide Arten des Sprachgebrauchs verfügen über alle wichtigen Elemente, die für eine Sprache als Kommunikationsmittel erforderlich sind, nur sind sie eben *anders.* Dies waren die zentralen Diskussionspunkte um 1965. Aber wie sieht es gegenwärtig aus?

Im Mittelpunkt des Interesses steht noch immer die Frage nach den *linguistischen Möglichkeiten* und die damit verbundene Frage nach der *semantischen Struktur,* nach der *semantischen Entwicklung* und der *Bedeutung der Sprache.* Die Frage nach der Semantik ist gleichzeitig auch die Frage nach dem sozialen Kontext. Sprache kann nicht getrennt vom Kontext, in dem sie auftritt, betrachtet werden. Daher kommt es auch, daß in zunehmendem Maße Soziolinguisten in den Vordergrund treten, die Sprache als ein Kommunikationsinstrument betrachten, das in der Gesellschaft, im Zusammenleben mit anderen verwendet wird. Hier sehen wir, wie aktuell Bühler wieder wird, der gerade diesen Punkt so stark hervorhob.

3.4.3 Der nativistische oder organismische Standpunkt

Laut Vertretern dieser Richtung hat die Struktur der Sprache zum großen Teil eine biologische Grundlage. Der wichtigste Vertreter dieser Auffassung ist der Linguist Chomsky. Nach seiner Auffassung besitzen Kinder vom ersten Augenblick an die angeborene Fähigkeit, Sprache zu entwickeln. McNeill (1966) geht von der Hypothese aus, daß universale linguistische Eigenschaften bestehen. Diese Eigenschaften können ihm zufolge in allen Sprachen wiedergefunden werden. Zwar sind die Sprachen hinsichtlich ihres äußeren Erscheinungsbildes ziemlich unterschiedlich, die grundlegenden Prinzipien sind jedoch sehr viel einheitlicher, als man bei einer oberflächlichen Betrachtung vermuten würde.

Das im vorangegangenen Kapitel 3.4.2 unter Punkt 5 erwähnte Interesse an der Erforschung universaler Elementarmuster der Sprache hat nachgelassen. Trotzdem gibt es unter den Linguisten noch eine starke Gruppierung, die die Tiefenstruktur* und vor allem die universalen Eigenschaften dieser Struktur in den Mittelpunkt ihrer Untersuchungen stellt. Sie gehen dabei von der Annahme aus, daß die universalen Merkmale nicht erlernt, sondern aufgrund angeborener Fähigkeiten vorhanden sind und daß das Kind die universalen Eigenschaften erkennt und richtig interpretiert. Dieser Auffassung zufolge können zwei Voraussagen gemacht werden: (a) Zunächst kennt das Kind die spezifischen Eigenschaften der Sprache, die es lernt, noch nicht. Darum müßte die frühkindliche Sprache noch frei von Transformationen sein, d. h. die Struktur der Sätze, die das Kind bildet, müßte mehr der Tiefenstruktur der Sätze gleichen, die der Erwachsene bildet, als der sogenannten Oberflächenstruktur der Sprache, die es lernt. (b) Aus dieser Annahme ergibt sich, daß das frühkindliche Sprechen in verschiedenen Sprachgebieten im Prinzip identisch sein müßte, obwohl die Sprache der Erwachsenen eine deutlich abweichende Oberflächenstruktur aufweist.

Zur Prüfung dieser Hypothesen wurden jedoch nur wenige Untersuchungen vorgelegt. Die Annahme stützt sich auf Resultate aus vergleichenden Untersuchungen in bezug auf die folgenden Punkte: (a) das Auftreten der ersten verneinenden Sätze, (b) die ersten Fragen und (c) die grammatischen Grundbeziehungen (Basisrelationen).

Zu Punkt (a): Bereits in den ersten grammatikalisch strukturierten Sätzen treten Negationen auf. So werden Sätze, die durch ein Morphem** , das eine Negation ausdrückt, einen Wunsch zum Ausdruck bringen, zu einem Nein. Beispielsweise die

* Den geschriebenen oder gesprochenen Satz, mit dem wir konfrontiert werden, nennen wir die *Oberflächenstruktur* der Sprache. Die Bedeutung der Wörter ist hier noch nicht sichtbar. Diese Bedeutung ist abhängig von der Gedächtnisstruktur der Person, die an der Kommunikation teilnimmt und die dem geschriebenen oder gesprochenen Wort seine Bedeutung gibt. Diese Bedeutung ist also die *Tiefenstruktur* des Satzes.

** *Morphem:* Kleinste bedeutungstragende Einheit. Ein Satz ist eine geordnete Reihe von Morphemen. *Phonem:* Kleinste bedeutungsunterscheidende Einheit, die aber selbst keine Bedeutung trägt. Phoneme sind bereits in der Lallsprache des Kindes vorhanden, bilden jedoch noch keine Morpheme.

Aussage "Brei essen" wird durch die Hinzufügung des Morphems "nicht", zur Negation, nämlich "nicht Brei essen". Es scheint, daß Negationen auch in anderen Sprachen so gebildet werden. Die Negationen der Kindersprache stimmen mit den Negationen überein, die in der Tiefenstruktur von Sätzen Erwachsener anzutreffen sind.

Zu Punkt (b): Auch Fragen treten bereits früh in der Sprachentwicklung des Kindes auf. In einigen Lehrbüchern findet man heute noch das Alter von drei Jahren als Fragealter angegeben, da Kinder etwa in diesem Alter laufend Fragen stellen und ständig wissen wollen, warum etwas so oder so ist. Auch die Fragesätze weisen – ebenso wie die Negationen – viel Übereinstimmung mit der Tiefenstruktur der Fragen von Erwachsenen auf.

Zu Punkt (c): Eindeutige Aussagen über die Funktion der Bestandteile eines Satzes können erst erfolgen, wenn sie sich auf die Tiefenstruktur eines Satzes beziehen. Aus der Oberflächenstruktur lassen sich derartige Funktionen noch nicht ableiten. In diesem Zusammenhang hat man eine Reihe grammatikalischer Relationen analysiert, die sich immer auf die Tiefenstruktur eines Satzes beziehen und von denen man also erwarten könnte, daß sie universal auf die verschiedenen Sprachen zutreffen. Die Schlußfolgerungen, die daraus gezogen werden, sind nicht eindeutig.

Die Resultate aus dieser Art von Untersuchung stützen nicht ohne weiteres die nativistische Hypothese, daß das Anfangswissen und die Anfangsfähigkeit des Kindes angeboren sind.

Chomsky hat ein Modell entwickelt, um zu zeigen, wie Grammatik erlernt wird. Dieses Modell ist unter der Bezeichnung LAD (language acquisition device oder Spracherwerbsplan) bekannt. Dieses LAD erhält seinen Input von dem in seiner Umgebung vorhandenen Sprachmaterial. LAD leitet nun aus diesem Material die darin enthaltenen grammatikalischen Regeln ab. Dies kann das System, weil es eine interne Struktur besitzt, die zunächst die Strukturen ableitet, die alle Sprachen gemeinsam haben und die auch dem eingegebenen Sprachmaterial eigen sind. Mit anderen Worten: Das System besitzt die Eigenschaften, die nötig sind, um korrekte Ableitungen und Extraktionen auszuführen.

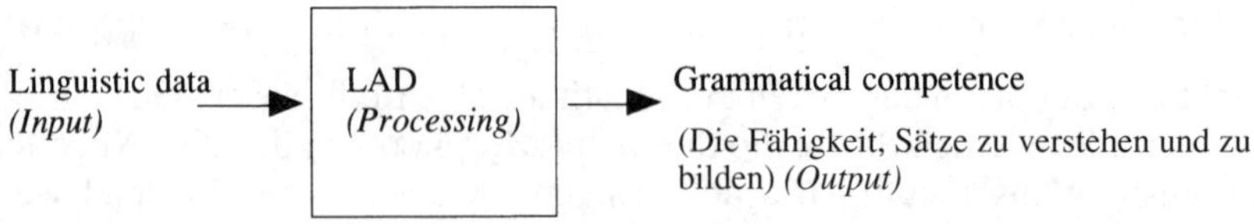

Die transformationelle generative Grammatik spielt hierbei eine wichtige Rolle, denn sie verbindet das, was gehört wird (Oberflächenstruktur; z. B. Ich lief auf der Straße gestern kam er an wir verfolgen zusammen das Fußballendspiel) mit dem, was gemeint wird (Tiefenstruktur). Diese Grammatik spezifiziert, wie die zugrundeliegende Bedeutung in einen Satz umgesetzt wird. Hieraus läßt sich eine dreiteilige Untersuchungszielsetzung ableiten, die wie folgt aussieht:

1. Das angeborene Schema aufzuspüren, das eine Klasse potentieller Sprachen charakterisiert.
2. Das faktische Erscheinungsbild der Interaktion zwischen Stimulierung und Organismus zu bestimmen, wodurch der angeborene Mechanismus in Gang gesetzt wird.
3. Zu bestimmen, inwieweit die in der generativen Grammatik enthaltenen Hypothesen über die Sprech- und Sprachstruktur mit den durch die Sätze aufgenommenen Daten übereinstimmen, so daß Regeln aus der Sprache abgeleitet werden können.

Dieser Auftrag ist vor allem deshalb schwierig, weil "the learner must select the hypothesis regarding the language to which he is exposed that rejects a good part of the data on which the hypothesis must rest" (Chomsky in Dale 1972, 79).

Neurophysiologische Untersuchungen haben gezeigt, daß Sprechenlernen und die Entwicklung der spezifischen neuralen Strukturen in bezug auf die Sprache vor allem in der linken Gehirnhemisphäre angesiedelt sind und dort in enger Verbindung miteinander stehen. Bei einer Verletzung dieser Strukturen wird die Möglichkeit, sprechen zu lernen, negativ beeinflußt. Je später eine solche Verletzung in der frühkindlichen Entwicklung auftritt, desto mehr Schaden wird angerichtet. Wenn die Verletzungen sehr früh auftreten, kann die rechte Hemisphäre noch die spezifischen Funktionen übernehmen, die zum Sprechenlernen und dem Erlernen der Sprache erforderlich sind. Die neurologischen Untersuchungsergebnisse sagen noch nichts über die neurale Struktur, die Eigenschaften des von Chomsky vorgestellten Modells des LAD aus, ebensowenig, wie sie etwas über das Bestehen oder Nicht-Bestehen eines derartigen Systems aussagen.

Zusammenfassend können wir sagen, daß der von Chomsky angenommene angeborene Spracherwerbsplan (LAD) empirisch nicht nachgewiesen werden kann. Laut Chomsky sorgt er für eine Regulierung der syntaktisch-morphologischen Regeln beim Spracherwerb; dieser Mechanismus soll universale Gültigkeit haben. Mit Francescato (1973) können wir als Gegenargument anführen, daß das Kind die Sprache von seiner Umgebung lernt und imstande ist, bei einer Veränderung der Umgebung, die Sprache zu wechseln. Dies bedeutet, daß das Lernen der Sprache durch die Umgebung bedingt wird.

3.4.4 Empirische und lerntheoretische Erklärungen

Vertreter dieser Richtung gehen davon aus, daß das Kind ohne eine bestimmte "Ausrüstung" geboren wird und daß es ebenso wie das Verhalten auch das Sprachverhalten durch Imitation, Modellernen und Bekräftigungslernen erwirbt. Skinner erklärt Sprachentwicklung anhand der Reiz-Reaktions-Theorie, während Bandura versucht, anhand der sozialen Lerntheorie eine Erklärung zu geben. Er sagt, daß das Kind die Sprache lernt, indem es ein Modell nachahmt. Dieses Imitationsverhalten muß nicht notwendigerweise bekräftigt werden, denn Modellernen ist im Prinzip nicht an Bekräftigung gebunden. Obwohl mit dieser Annahme viel erklärt werden kann, macht auch diese Erklärung nicht deutlich, wie es kommt, daß das Kind auf einmal neue Sätze bildet, die es vorher noch nie gebildet hat, und daß es neue Laute in der frühen Sprachentwicklung produziert, die es nicht durch Nachahmung erworben hat.

Die lerntheoretische Erklärung hat uns allerdings Einsicht in die Rolle der Interaktion zwischen der Mutter und dem Kind, das die Sprache lernt, verschafft. So haben Untersuchungen von Brown, Cazden und Bellugi (1969) ergeben, daß Mütter im allgemeinen geneigt sind, einen grammatikalisch falschen Satz zu akzeptieren, wenn der Inhalt dieses Satzes richtig ist, während sie einen Satz, der grammatikalisch korrekt ist, dessen Inhalt jedoch falsch ist, nicht akzeptieren.

Weiterhin scheint erwiesen zu sein, daß die Sprachinteraktion zwischen Mutter und Kind in hohem Maße dazu beiträgt, ob das Kind seine Sprachkompetenz erweitert oder bei einer relativ geringen Kompetenz bleibt. So hat natürlich die Art und Weise, mit der Fragen des Kindes beantwortet werden, großen Einfluß auf seine Sprachentwicklung. Wenn das Kind z. B. an einer großen Kirche vorbeikommt und fragt, was für ein Gebäude das ist, kann darauf die Antwort erfolgen: "Ja das siehst Du doch, das ist ein großes Gebäude". Die Mutter kann aber auch sagen: "Das ist eine Kirche, und in einer Kirche kommen vor allem sonntags viele Menschen zusammen, um zu Gott zu beten". In beiden Fällen erhält das Kind Informationen, jedoch erhält es im letzteren Fall soviel Informationen, daß daraus wieder neue Fragen resultieren können, z. B. "Was ist Gott? Was ist beten?"

Ein weiterer wichtiger Punkt ist, daß das Kind lernt, einen Satz zu erweitern. Wenn das Kind z. B. sagt: "Ich hab' Apfel", kann die Mutter antworten: "Oh ja, du ißt gerne einen Apfel". Dies scheint auf die Erweiterung des Sprachverhaltens eine positive Auswirkung zu haben.

Laut Dale haben auch lerntheoretisch orientierte Modelle keine Erklärung dafür gegeben, wie die syntaktische Entwicklung zustande kommt. Darum wird der Aktivität und Kreativität bei der Sprachentwicklung in zunehmendem Maße Aufmerksamkeit geschenkt. So legte Piaget im Rahmen seiner Interaktionstheorie großen Nachdruck auf die Aktivität des Kindes, auf seinen manipulierenden Umgang mit Dingen. Das Kind geht auf der Grundlage von vorhandenen Wissensstrukturen aktiv mit seiner Umgebung um. Dieser Umgang mit der Umgebung führt wiederum zu neuen Einsichten, neuen Wissensstrukturen. Diese Wissensstrukturen scheinen auch beim Lernen der Sprache von Bedeutung zu sein. Ruth Weir (1962) beobachtete bei ihrem Sohn, wie er vor dem Schlafen noch etwas spielte und dabei allerlei Sprachäußerungen produzierte. Er sagte z. B. "Bauklötzchen", "blaues Bauklötzchen", "schau, ich hab ein blaues Klötzchen" oder es sagte "nein, das ist nicht gelb". Ähnliche Beobachtungen machten auch Preyer (1893), Scupin und Stern bei ihren Kindern. Kinder sind also in zunehmendem Maße imstande, neue verbale Strukturen zu schaffen, indem sie sich mit Objekten auseinandersetzen und indem sie versuchen, das, was sie sehen und tun, in Worte zu fassen.

3.4.5 Vorläufer des Sprechens: Das Lallen

Der erste Laut, den das Kind von sich gibt, ist der Geburtsschrei. Dieser Geburtsschrei dient der Atmung, denn von diesem Augenblick an muß das Kind selbständig atmen.

Man unterscheidet bei den Lauten, die ein Kind produziert, zwischen Schreien und Lallen. Schreien drückt im allgemeinen ein Unbehagen aus, während Lallen beim Kind ein Gefühl der Behaglichkeit zum Ausdruck bringt. Das Schreien ist Appell und Ausdruck (laut Bühler zwei Funktionen der Sprache). Es ist kein isoliertes Geschehen, sondern reflektorisch, da man einerseits etwas zum Ausdruck bringt und gleichzeitig an seine Umgebung appelliert, zu reagieren.

Van Ginneken (1917) sagt in seinem *"Roman van een kleuter"* (Roman eines Knirpses), daß die ersten Laute, die der Junge Keesje von sich gibt, Vokale sind. Im Schreien liegt laut Van Ginneken die Grundlage der Vokalisation, während im Lachen die Grundlage der Artikulation liegt. Nach Grégoire (1937; 1947) in "L'apprentissage du langage" sind die ersten Lautgruppen die um die Vokale a, e, i, o und u. Die phonetischen Mittel sind ihm zufolge noch relativ rudimentär. Sowohl nach Van Ginneken als auch nach Grégoire hat die Sprachentstehung eine physiologisch-biologische Grundlage. Die ersten Konsonanten, die auftreten, sind laut Bühler b, p, n, k, g und r. Beim Lallen kann oft festgestellt werden, daß das Kind mit dem rollenden r experimentiert.

Die ersten Laute, die nach Van Ginneken und Grégoire eine physiologisch-biologische Grundlage haben, sind emotionale Prozesse, denn Behagen und Unbehagen sind zwar physiologisch bedingt, haben jedoch eine emotionale Bedeutung, und eben dadurch kommen Lautproduktionen zustande. Lallen wird im allgemeinen als ein Vorläufer der eigentlichen Sprachentwicklung betrachtet. Etwa mit drei Monaten beginnen Kinder mit der Lautbildung, dem Lallen. Bühler spricht in diesem Zusammenhang von Lallmonologen. Diese halten bis zum 9. oder 12. Monat an. Ab 9 Monaten sprechen einige Kinder bereits das erste Wort. Dies ist der Beginn des sogenannten Einwort-Stadiums.

Das Lallen ist im Vergleich zum Schreien viel nuancierter. Es werden positive Gefühle zum Ausdruck gebracht. Auch läßt sich beim Lallen eine große Variation von Lauten wahrnehmen. Ab dem 6. Monat erfüllt das Lallen eine kommunikative Funktion. Das Kind lallt ab diesem Alter nicht mehr einfach vor sich hin, sondern sein Lallen ist nun eine deutliche Reaktion auf eine andere Person, die verbalen Kontakt mit dem Kind sucht.

Unter den Autoren, die dem Lallen eine kommunikative Bedeutung zumessen, bestehen Meinungsverschiedenheiten über das Alter, in dem das Lallen beginnt. So mißt Gesell (1953) dem Lallen bereits im Alter von 4 Monaten eine kommunikative Bedeutung zu. Verschiedene Autoren haben festgestellt, daß Kinder etwa im 5. Monat mit dem Lallen aufhören und dann nach einer bestimmten Periode wieder damit beginnen. Ab diesem Moment soll das Lallen eine kommunikative Bedeutung haben. Auch hinsichtlich der Pause gehen die Altersangaben auseinander. Während einige die Pause etwa bei 6 Monaten ansetzen, nehmen andere sie erst bei 8 bis 9 Monaten an. Übereinstimmung herrscht jedoch darüber, daß eine Periode von ± 4 Wochen existiert, in der das Kind keine Lautäußerungen von sich gibt, also nicht lallt. Nach dieser Periode beginnt nämlich eine neue Phase: Die Phase der kommunikativen Lallsprache. Ab dem Moment, ab dem das Kind mit seinem Lallen eine – wenn auch noch so rudimentäre – Kommunikation zustande bringt, erhält das Lallen einen Darstellungswert. In diesem Stadium sehen wir also, daß alle drei von K. Bühler genannten Funktionen der Sprache vorhanden sind: Ausdruck, Appell und Darstellung.

Obwohl der Zeitpunkt unterschiedlich zwischen dem 8. und dem 14. Monat angesetzt wird (Gesell bei 10 Monaten, Shirly bei 14 Monaten), ist man sich im allgemeinen einig, daß das Kind mit etwa 10 Monaten wirklich nachahmt, d. h. das Kind versucht, das Gehörte zu imitieren. Nun hat sich gezeigt, daß das Kind nur die Laute nachahmt, die es bereits bei sich selbst, aus Freude am Experimentieren nachgeahmt hat. Auch Van Ginneken spricht davon, daß das Kind etwa gegen Ende des ersten Lebensjahrs nachahmt. Dies nennt er Echolalie. Es ist noch kein echtes Nachahmen, besitzt aber bereits viele Elemente davon. Gegen Ende des ersten Lebensjahres produziert das Kind sein erstes Wort – meistens das Wort Mama, das früher auftritt als das Wort Papa.

3.4.6 Einwort- und Zweiwortsätze

Sobald ein Kind ein Wort spricht, ist dies nicht als einzelnes Wort aufzufassen, sondern als eine Äußerung, die die Bedeutung eines ganzen Satzes abdeckt. Sagt das Kind "Stuhl", so kann das bedeuten: Ich will auf dem Stuhl sitzen; oder: Mama soll auf dem Stuhl sitzen; oder: Ich will einen Stuhl, um draufzuklettern, damit ich an etwas herankomme. Diese ersten Wörter sind also nicht als reine Objektbezeichnungen aufzufassen, es sind sogenannte Einwortsätze. Der psychische Inhalt eines derartigen Wortes ist intellektuell, emotional und gleichzeitig volitional, d. h. das Kind gibt zu erkennen, daß es etwas will bzw. nicht will.

Wir haben gesehen, daß bereits beim Lallen des jungen Kindes Phoneme als Laute vorkommen. Im Alter von ± 6 Monaten werden die Phoneme zu komplexen Lautkombinationen zusammengefügt. Diese Lautkombinationen werden vor allem durch Lippen und Zungenspitze hervorgebracht. Die ersten Wörter sind vor allem Lallwörter oder duplizierte Buchstaben: Mama, baba, dada.

Zwischen dem 18. und dem 20. Monat (hier sind große Abweichungen möglich) treten dann die ersten Zweiwortsätze auf. Dadurch verfügt das Kind über mehr Möglichkeiten, sich auszudrücken und zu kommunizieren. Man unterscheidet zwischen zwei spezifischen Wortklassen: der Schlüsselklasse (pivot) und der offenen Klasse. Zur ersten Klasse gehören Wörter, die das Kind oft verwendet, während die Wörter der zweiten Klasse nicht so oft verwendet werden. Oft haben Schlüsselwörter einen festen Platz in einem Zweiwortsatz, bzw. sie stehen immer an erster oder an letzter Stelle. Zur ersten Klasse gehören dann auch relativ wenig Wörter, während der offenen Klasse immer wieder neue Wörter hinzugefügt werden.

Beispiel:

Schlüsselwort	offene Wörter
weg	Milch
weg	Mama
weg	Auto

Auffallend ist – und darauf weist Bloom (1970) nachdrücklich hin –, daß dasselbe Schlüsselwort "weg" in Kombination mit verschiedenen offenen Wörtern nicht diesselbe Bedeutung hat. Im ersten Satz kann es bedeuten, daß das Kind keine Milch mehr will, daß sie "weg" muß; im zweiten Satz kann das Kind zum Ausdruck bringen, daß es mit der Mutter weggehen will und im dritten Satz, daß das Auto gerade weggefahren ist. Es handelt sich hierbei also um die semantische Intention, die Bedeutung des Bezeichneten. Dies bedeutet, daß das Kind auch schon im Zweiwortsatz nuanciertes Wissen zum Ausdruck bringen kann und dies ungeachtet der noch geringen syntaktischen Mittel. Es kann Beziehungen in verschiedener Form zum Ausdruck bringen.

3.4.7 Dreiwortsätze und die weitere Sprachentwicklung

Aus dem Zweiwortsatz entwickelt sich (etwa zwischen dem 24. und dem 30. Monat) ganz allmählich der Dreiwortsatz, dessen strukturelle Bedeutung sich zu Anfang noch ganz in der Nähe des Zweiwortsatzes bewegt. Jedoch schon sehr schnell ist das Kind in der Lage, Wortklassen zu unterscheiden, wobei das Kind viele Wörter oft vollkommen neu klassifiziert. Mit anderen Worten, es ordnet sein Vokabular aufs neue. Über diesen Prozeß der Neuordnung sind praktisch keine Untersuchungsergebnisse vorhanden. Wohl haben bereits Stern und Stern (1928) ausführliche Beobachtungen hinsichtlich des Zeitpunkts, zu dem Ein-, Zwei- und Dreiwortsätze auftreten, gemacht. Aber über die direkte Bedeutung dieser neuen Rangordnung der Wörter und darüber, welche Wörter einen neuen Stellenwert erhalten, ist noch nicht viel bekannt.

Zunehmende Bedeutung erhält nun die syntaktische Struktur der Kindersprache: Die Reihenfolge der Wörter in einem Satz und die Flexion der Wörter. Für englisch sprechende Kinder beispielsweise nimmt die Wortfolge die wichtigste Stellung ein, während für russisch sprechende Kinder die Flexion von besonderer Bedeutung ist, da die Reihenfolge der Wörter im Russischen ziemlich flexibel ist. Faktisch ist es so, daß das Kind eine relativ feste Wortfolge lernt und auch verwendet – und dies nicht allein im Deutschen, Englischen oder Niederländischen. Dies ist wahrscheinlich auf die Tatsache zurückzuführen, daß die Personen, mit denen das Kind umgeht, zunächst versuchen, ihren Sprachgebrauch gegenüber dem Kind relativ einfach zu strukturieren. Dadurch wird das Kind ermutigt, eine feste Reihenfolge der Wörter zu verwenden. Dennoch ist es keine feststehende Regel, daß Kinder zunächst auf die Reihenfolge von Wörtern achten. Laut Dale (1972) hat sich nämlich gezeigt, daß es Kinder gibt, die eine vollkommen freie Reihenfolge der Wörter verwenden, ohne dabei die Wörter zu flektieren.

Die Wortflexion tritt in der frühen Kindersprache beim Übergang von den Zweiwort- zu den Dreiwortsätzen auf. Das Kind hat die Pluralformen der Substantive gelernt. Danach folgen die Konjugationen des Verbs im Präsens und etwas später in den anderen Zeitformen. Dabei fällt auf, daß Kinder die starken Verben zu Anfang korrekt verwenden, jedoch nach einer bestimmten Zeit die regelmäßige Konjugation der schwachen Verben auf die starken Verben anwenden. So sagt ein Kind erst vollkommen richtig "ich lief", später jedoch "ich laufte" oder erst "ich rief" und dann "ich riefte". Dieses Phänomen nennt man Übergeneralisierung der Konjugation.

Im allgemeinen kann gesagt werden, daß das Kind beim Erlernen der Sprache auf die Position des Wortes im Satz und auf die Anwendung der Grammatikregeln achtet. Es muß aber auch erwähnt werden, daß in den Satzkonstruktionen die Kreativität des Kindes zum Ausdruck kommt, da es Konstruktionen verwendet, für die es in der Sprache der Erwachsenen keine Vorbilder gibt. Diese Kreativität ist wahrscheinlich auf die von Piaget beschriebenen Prozesse zurückzuführen – Prozesse, bei denen Assimilation und Akkommodation eine Rolle spielen. Das Kind probiert nämlich fortwährend, sein eigenes Wissen umzustrukturieren und somit der Realität eine neue Dimension hinzuzufügen. In Abbildung 22 ist dargestellt, wie der Wortschatz des Kindes in den ersten sieben Lebensjahren wächst.

In ihrem Buch über die Sprachentwicklung nennt Schaerlaekens (1977) die Periode des Einwortsatzes die *prälinguale* Periode. Daraufhin folgt die *frühlinguale* Periode (1-2 1/2 Jahre) – in unserer Darstellung die Periode der Zweiwortsätze – und abschließend folgt ab etwa 2 1/2 Jahren die *Differenzierungsphase.* Diese Phase zeigt große Übereinstimmung mit dem von uns beschriebenen Stadium der Dreiwortsätze. Kennzeichnend für dieses Stadium ist eine zunehmende Differenzierung der Wortklassen und der verbalen Fähigkeiten.

Schaerlaekens führte den neuen Begriff "Entwicklungspsycholinguistik" ein. Jedoch wird nirgends erläutert, was sie unter Entwicklung versteht. Wir vermuten jedoch, daß sie Entwicklung als Reifungsprozeß betrachtet, denn sie schreibt: "Der Erwerb der ersten Sprache ... kann doch nicht getrennt von der kognitiven Entwicklung des Kindes, getrennt von seiner motorischen Entwicklung, seiner emotionalen und sozialen Reifung sowie von seiner ganzen Erfahrungswelt untersucht werden". Und später: "Sprachentwicklung und emotionale und soziale Entwicklung stehen

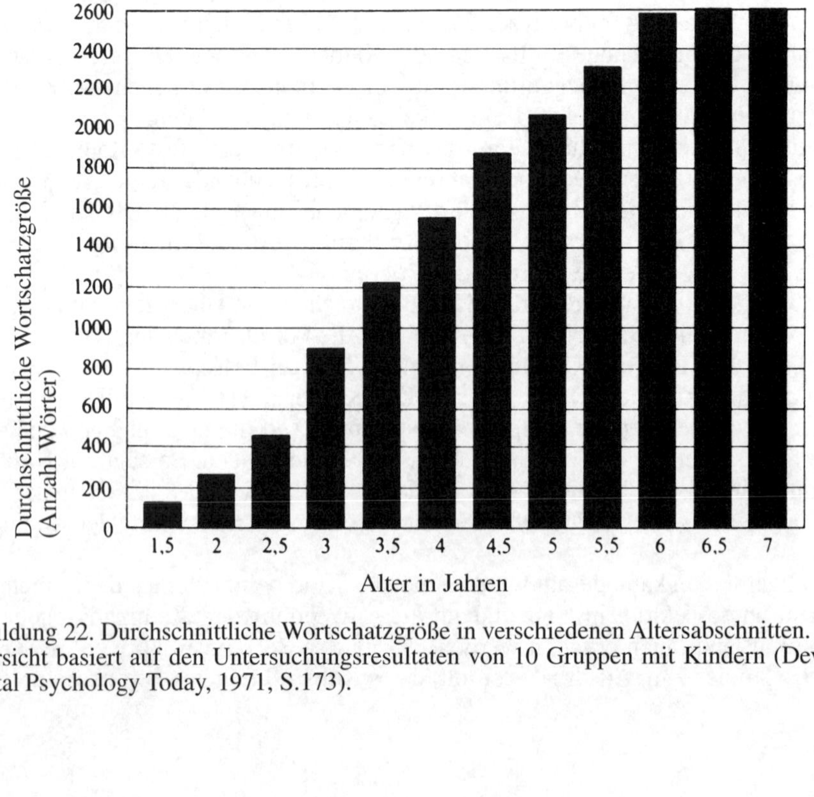

Abbildung 22. Durchschnittliche Wortschatzgröße in verschiedenen Altersabschnitten. Diese Übersicht basiert auf den Untersuchungsresultaten von 10 Gruppen mit Kindern (Developmental Psychology Today, 1971, S.173).

also in einer subtilen Wechselwirkung zueinander und beeinflussen einander fortwährend". Zwei Fragen: (1) Worin besteht der Unterschied zwischen Entwicklungspsychologie und Entwicklungslinguistik in einer derartig weiträumigen Auffassung? (2) Angesichts der überzeugenden Studien, die Furth (Furth 1966; Furth & Wachs 1974) bei tauben Menschen durchgeführt haben, stellt sich die Frage, ob Sprache wirklich so unentbehrlich für eine normale Persönlichkeitsentwicklung ist, wie Schaerlaekens behauptet.

Eine bemerkenswerte Studie soll hier noch erwähnt werden. Van Geert (1978) sammelte in einer längsschnittlichen Beobachtungsstudie beinahe zweitausend Sprachsituationen und analysierte diese anhand der kognitivistischen Sprachentwicklungsmodelle. Laut Van Geert muß das Studium der Sprachentwicklung von "dem Verhältnis zwischen der perzipierten Welt und der Sprache ausgehen. Die einzige gemeinsame Wirklichkeit, die Kleinkinder und Erwachsene haben, ist gerade die für beide perzipierbare Welt" (83/84).

Nicht unerwähnt bleiben darf hier der nuancierte Übersichtsartikel von Grimm (1982). In diesem Artikel geht die Autorin ausführlich auf Voraussetzungen, Phasen und theoretische Interpretationen der Sprachentwicklung ein.

Besonders hervorheben möchten wir die Forschungsarbeiten von Levelt (1989; 1994) zum Sprach- und Sprechverhalten. Wie kommt es, daß wir sprechen? Wie werden Intentionen in verständliche und begreifbare Sprache umgesetzt? Auf die Fragen nach diesen komplexen Prozessen gibt Levelt empirisch fundierte Antworten.

3.4.8 Untersuchungen der Sprachfertigkeit

Die frühen Studien von Stern, Bühler und anderen beruhen auf Beobachtungen, die die Kindersprache betreffen. Seitdem sind neue Instrumente entwickelt worden, mit denen die Sprachkapazität des Kindes näher untersucht werden kann. So kann man beispielsweise untersuchen, inwieweit das Kind fähig ist, die Sprache der Erwachsenen zu imitieren. Hierbei muß zwischen zwei Arten der Imitation unterschieden werden:

1. Spontane Imitation der Sprache der anderen, meistens der Eltern.
2. Imitationen, die das Kind ausführt, nachdem es den Auftrag dazu erhalten hat.

Bei der spontanen Imitation formuliert das Kind den Satz erneut und paßt ihn an seine eigene Grammatik an. Mit anderen Worten, spontane Imitation unterscheidet sich kaum vom freien Sprachgebrauch des Kindes und zeigt deutlich die Grenzen seiner Fähigkeit auf, Sätze zu bilden. Eine Technik zur Beantwortung der Frage, ob ein Kind die Sätze, die es imitiert, auch *begreift,* wurde von Fraser, Beluggi und Brown (siehe Dale 1972) entwickelt, nämlich der ICP-Test (Imitation Comprehension Production). Der Testablauf sieht wie folgt aus: Für zwei entgegengesetzte grammatikalische Formen (z. B. Singular und Plural) wird ein Satz gebildet, z. B. "der Junge spielt" und "die Jungen spielen". Diese Sätze werden dem Kind vorgelesen und das Kind muß sie wiederholen. Danach zeigt man dem Kind zwei Bildchen, auf denen die in den zwei Sätzen enthaltenen Handlungen abgebildet sind. Das Kind muß nun das Bild finden, das zu dem betreffenden vorgesprochenen Satz gehört. Anhand der

Fähigkeit, das richtige Bild zu identifizieren, kann festgestellt werden, inwieweit das Kind die Sätze versteht (comprehension). Zum Schluß muß das Kind selber die passenden Sätze für die gezeigten Bilder, die es ja jetzt schon kennt, bilden (production).

Das allgemeine Resultat solcher Tests ist, daß die spontane Imitation durchschnittlich höher liegt als die Fähigkeit, Sätze zu begreifen (zweite Art der Imitation), und daß die Fähigkeit, Sätze zu begreifen, wiederum höher liegt als die Fähigkeit, selber Sätze zu bilden.

Dazu muß bemerkt werden, daß derartige Tests nur sehr einfache grammatikalische Kontraste ans Licht bringen, die außerdem noch mit Abbildungen verdeutlicht werden. Weiterhin muß gesagt werden, daß hierbei wahrscheinlich Sprachwissen mit Sprachkompetenz verwechselt wird. Denn – so sagen Furth und Wachs (1974) – ein Kind weiß mehr, als es durch die Sprache zum Ausdruck bringen kann. Die gegenwärtige Sprachforschung kann Fragen hinsichtlich des Sprachwissens des Kindes kaum oder nicht beantworten.

Bei dieser Art der Erforschung der Sprache verwendet man im allgemeinen folgende Unterteilung:

a. Phonologische Entwicklung – hierbei geht es um den Erwerb des Lautsystems.
b. Morphologische Entwicklung – Erwerb des Formsystems (Flexion).
c. Syntaktische Entwicklung – Erwerb der Grammatik.
d. Lexikalische Entwicklung – Erwerb und Erweiterung des Wortschatzes und Wissens über die Bedeutung von Wörtern.
e. Semantische Entwicklung – Bedeutung der Sprache.

3.4.9 Semantische Entwicklung

Laut Dale ist über die Entwicklung der syntaktischen Fähigkeiten von Kindern wenig bekannt. Noch weniger ist über die semantische Entwicklung bekannt. Es hat sich gezeigt, daß die Berechnung und das quantitative Beobachten des Wachstums des kindlichen Wortschatzes wenig dazu beigetragen haben, die semantische Entwicklung zu begreifen. Dies hat mindestens drei Gründe:

1. Wenn wir das Auftreten eines neuen Wortes in der Sprache des Kindes feststellen, so sagt dieses Wort an sich noch nichts über die Bedeutung des Wortes für das Kind aus.
2. Der Wortschatz ist mehr als nur eine Liste von Wörtern, da der zwischen den Wortbedeutungen bestehende Zusammenhang die Bedeutung des Satzes bestimmt.
3. Untersuchungen über den Wortschatz liefern noch keine Einsicht in den Prozeß, mit dem Wortbedeutungen in Satzbedeutungen umgesetzt werden können.

Das größte Hindernis bei der Untersuchung der semantischen Entwicklung bildet die Tatsache, daß man bis jetzt über die semantische Kompetenz der Erwachsenensprache kaum Erkenntnisse besitzt, so daß ein wirklicher Bezugspunkt für die Erforschung der semantischen Entwicklung fehlt. Es gibt zwei Theorien, die hinsichtlich der semantischen Entwicklung einen gewissen Anklang gefunden haben: Die Verweisungstheorie (referential theory) und die Verhaltenstheorie (behavioral theory).

1. Dale beschreibt die Verweisungstheorie folgendermaßen: *"The referential theory* simply states that *the meaning of a word* is its referent. In other words, words are symbols that stand for something other than themselves, something in the world, namely their referents" (Dale, 132). Diese Verweisungstheorie ist kaum geeignet, die Frage zu beantworten, wie Wörter und deren Bedeutung erlernt werden. Wörter haben nicht immer dieselbe Bedeutung, auch wenn sie in derselben Beziehung stehen. "Heidelberg" und "Universität" z. B. können jeweils in einer anderen Beziehung zueinander stehen. Der Bezug oder der Verweis, der in einem Wort enthalten ist, kann auch durch verschiedene Menschen unterschiedlich aufgefaßt werden.

2. *Die Verhaltenstheorie* erklärt die Bedeutung eines Wortes oder Ausdrucks damit, daß die Bedeutung von der Reaktion abhängig ist, die das Wort beim Zuhörer hervorruft. Oft wird die Situation, in der das Wort gesprochen wird, in die verhaltenstheoretische Erklärung einbezogen. Die Verhaltenstheorie wird nicht nur zur Beschreibung der Bedeutung eines einzelnen Worts verwendet, sondern auch zur Beschreibung eines ganzen Satzes. Gegenüber der Verhaltenstheorie wurde oft Kritik geäußert, u. a. deswegen, weil Wörter und Sätze oft keine Reaktion hervorrufen. Dem wiederum wurde entgegnet, daß nicht die tatsächliche Reaktion von Bedeutung ist, sondern vielmehr die Tendenz zur Reaktion, die ein derartiger Satz aufruft. Also nicht die tatsächliche Reaktion ist wichtig, sondern das, was durch eine derartige Botschaft ausgelöst wird.

Die Verhaltenstheorie hat es – ebenso wie die Verweisungstheorie – möglich gemacht, Erklärungen über die Bedeutung von Wörtern und Sätzen mit klassischen psychologischen Theorien zu verbinden (z. B. indem man das Lernen der Bedeutung eines Wortes durch das Modell der klassischen Konditionierung zu erklären versucht).

In der Diskussion in bezug auf die Bedeutung, d. h. den semantischen Inhalt von Wörtern, hat Bolinger (1968) vorgeschlagen, die Bedeutung als ein System zu betrachten, mit dem die Wirklichkeit eingeteilt, geordnet und strukturiert werden kann. In diesem Kontext bedeuten "Wirklichkeit" und "Welt" alles, worüber gesprochen werden kann. Die Art und Weise, mit der die Wirklichkeit durch Bedeutung aufgeteilt wird, ist sehr willkürlich und hängt sehr eng mit der Sprache zusammen. Hier muß darauf hingewiesen werden, daß Werner (1959) beispielsweise von den Lappländern sagte, daß ihre Sprache für die verschiedenen Schneearten 41 unterschiedliche Wörter sowie 20 Bezeichnungen für die verschiedenen Arten von Eis kennt, während es bei uns nur ein oder zwei Bezeichnungen gibt. In dieser Hinsicht bietet unsere Sprache also weniger Differenzierungsmöglichkeiten. Demgegenüber haben wir in Deutschland wiederum verschiedene Bezeichnungen für Regen (Sprühregen, Nebelregen, Platzregen, Nieselregen usw.). England kennt verschiedene Bezeichnungen für Nebel: Für jede Variante besteht ein eigenes Wort. Laut Werner wollen wir mit Hilfe der Sprache vor allem zu kausalen Erklärungen gelangen. Wir wollen das Allgemeine und das Gesetzmäßige. Primitive Kulturen wollen, so Werner, die Wirklichkeit nachahmen. Sie wollen das Spezifische und nicht das Allgemeine.

Die meisten Wörter analysieren die Wirklichkeit auf sehr spezifische Weise. Dies erfordert, sehr präzise zu beobachten, in welchem Kontext der Sprecher seine Wörter verwendet und wie er diese Wörter verstanden haben möchte.

Den Großteil der Informationen über die semantische Entwicklung erhält man nicht durch kontrollierte Experimente, sondern vor allem durch Beobachtungen, die Psychologen und Linguisten im Hinblick auf die Sprachentwicklung bei ihren eigenen Kindern machten bzw. machen. Schon das erste Wort, das ein Kind spricht (meistens Mama oder Papa), läßt deutlich Unterschiede in der Bedeutung erkennen, die es für Kinder und Erwachsene haben kann. Während für Kinder z. B. das Wort Papa die anwesende Person bezeichnet, wird das Wort Mama dazu verwendet, Bedürfnisse befriedigt zu bekommen oder die Eltern herbeizurufen. Auch in der späteren Sprachentwicklung bestehen hinsichtlich der Wortbedeutung zwischen Kindern und Erwachsenen große Unterschiede. Als Beispiel die Bemerkung eines Kindes: "Siehst du nicht, ich bin ganz und gar barfuß", wobei das Kind mit dem Wort "barfuß" auf seine Nacktheit hinweisen will. Derartige Beispiele sehen wir auch in der sogenannten physiognomischen Wahrnehmung von Kindern, sofern sie dies in Zeichnungen zum Ausdruck bringen. So berichtete Werner von einem Kind, das ein rennendes Kind mit vielen Beinen gezeichnet hatte. Man rennt mit den Beinen und rennen bedeutet viele Beine.

Das Problem der Wortbedeutungen ist im wesentlichen ein Problem des Begriffsvermögens. Dabei sind zwei Arten von Fehlern zu konstatieren: Das Kind verwendet ein Wort in Fällen, in denen es nicht zutreffend ist, oder es ist nicht fähig, das Wort in der analogen Situation anzuwenden.

3.4.10 Von Karl Bühler bis heute

Karl Bühler hat in seiner Sprachtheorie darauf hingewiesen, daß die Semantik der Kern der Sprache ist. Sprache ist kein isoliertes Geschehen, sondern sie ist – wie er es nennt – eine Zweiheit. Die Bedeutung, die ein Wort hat, ist abhängig von dem Kontext, in dem das Wort auftritt. Sprachentwicklung kann nicht vom sozialen Kontext und der kognitiven Entwicklung getrennt werden.

Das Kind besitzt bereits im sensomotorischen Stadium ein Wissen über Objekte. Es kann zwar noch nicht sprechen, aber es kann manipulieren, und es trägt Bilder von der Wirklichkeit in sich. Die kognitive Entwicklung ist eng mit der Sprachentwicklung verbunden. Die Wurzeln der Sprachentwicklung liegen im sensomotorischen Stadium, d. h. in den ersten 18 Lebensmonaten des Kindes. Auch hier bestehen wieder Berührungspunkte zwischen Bühler und Piaget. Bühler spricht von *Funktionslust* beim Kind, nämlich dem Drang, eine Handlung oder ein Verhalten immer wieder zu wiederholen. Ein Kind, das gerade erst gelernt hat, eine Tür oder einen Koffer zu öffnen, wird dies mit viel Freude "endlos" wiederholen. Diese Funktionslust, der die Wiederholung zugrunde liegt, weist Übereinstimmung mit Piagets *zirkulären Reaktionen* auf. Laut Piaget sehen wir beim Kind im sensomotorischen Stadium aufeinanderfolgend primäre, sekundäre und tertiäre Zirkelreaktionen auftreten. Die Reaktionen werden als zirkulär bezeichnet, weil das Verhalten seine eigene Wiederholung aufruft. Primäre zirkuläre Reaktionen sind auf den eigenen Körper gerichtet (das Kind spielt mit den Fingern oder entdeckt, daß es seine Zehen berühren kann). Sekundäre Reaktionen (zwischen dem 4. und dem 10. Monat) betreffen die externe Umgebung (das Kind entdeckt zufällig, daß es einen Koffer oder eine Tasche öffnen kann und wird dies wiederholen). Tertiäre Zirkelreaktionen (ab ± 11 bis ± 18 Monaten) betreffen das aktive und zielgerichtete Suchen und Entdecken des Kindes; es ist nicht mehr der Zufall, der zu neuen Erfahrungen und zur Wiederholung des Verhaltens führt, sondern der Drang, neue Objekte zu explorieren und zu manipulieren. Durch den zentralen Aspekt der Wiederholung weisen Funktionslust und zirkuläre Reaktionen ein hohes Maß an Übereinstimmung auf (siehe Tabelle 6).

Ein weiterer wichtiger Punkt ist die Tatsache, daß Bühler betonte, Semantik sei immer sozial eingebettet. Auf diese Fragen richten sich die Untersuchungen der Soziolinguistik. Die Soziolinguistik (siehe Labov 1970) geht davon aus, daß jede Sprache einen sozialen Kontext besitzt und niemals losgelöst vom sozialen Kontext untersucht werden kann.

3.5 Das Kind in der Familie

In der heutigen westlichen Gesellschaft ist der Familienverband ein normales Erscheinungsbild, zu dem Kinder und ihre Erziehung gehören. Dieses Phänomen einer stabilen Gruppe – die auch als primäre Gruppe bezeichnet wird – war nicht von jeher ein selbstverständliches Phänomen. Wir haben bereits darauf hingewiesen, daß das Kind vor dem 17. Jahrhundert als ein Miniatur-Erwachsener betrachtet wurde und in vieler Hinsicht wie ein Erwachsener behandelt wurde. Das Kind nahm aktiv am Erwachsenenleben teil. Lugo und Hershey (1974) weisen darauf hin, daß es für Kinder selbstverständlich war, mit den täglichen Sorgen der Eltern konfrontiert zu werden. Es gehörte zum normalen Leben, daß Kinder am Handel, am sozialen Leben und am Handwerk beteiligt wurden. So gesehen waren sie tatsächlich Miniatur-Erwachsene. Angesichts der Tatsache, daß Kinder zu früh und intensiv am Gemeinschaftsleben, am Handelsleben und der Sorge für den Lebensunterhalt teilhatten, stand für Eltern und Kinder kaum Zeit zur Verfügung, eine enge und warme Familienbeziehung aufzubauen. Man war zwar viel zusammen, aber die harten Anforderungen, die das Leben stellte, ließen keine Zeit für enge Familienbeziehungen, so wie wir sie heute kennen. Wenn wir die historische Übersicht über das Verhältnis zwischen Kind und Familie von Aries übernehmen (die allerdings nur ungenügend die Lebensverhältnisse der Mittel- und Unterschicht berücksichtigt), so sieht der Vergleich mit heute wie folgt aus:

17. Jahrhundert: Das Kind wurde Fremden anvertraut, Kinder wurden in Internaten untergebracht, in denen sich meistens auch eine Schule befand.
Heutzutage nimmt das Kind einen zentralen Platz im Leben der Familie ein. Es geht in der Regel in eine öffentliche Schule, die in der Nachbarschaft liegt.
18. Jahrhundert: Der älteste Sohn war sehr privilegiert. Er war die Gewähr für den Zusammenhalt des Familienbesitzes.
Heutzutage haben alle Kinder dieselben Rechte, sie erfahren dieselbe Liebe und genießen alle dieselbe Erziehung.
18. Jahrhundert: Das Familienleben und die Aktivitäten konzentrierten sich auf die große Gemeinschaft, auf die Kommunität.
Heutzutage stehen die Belange der Kleinfamilie im Mittelpunkt und die Betonung liegt auf dem Wohlbefinden und Wohlergehen der Kinder.

18. und 19. Jahrhundert: Die schulische Erziehung von Mädchen war nicht selbstverständlich.
Heutzutage ist die schulische Erziehung von Mädchen eine ganz selbstverständliche Angelegenheit.

Es handelt sich hier um eine typologisierende Wiedergabe des Familienlebens. Zu allen Zeiten bestehen natürlich Lebensformen, die sich der dominanten Kultur nicht oder nur teilweise fügen. Jedoch ist deutlich, daß hinsichtlich des Familienlebens und vor allem hinsichtlich der Einstellung dem Kind gegenüber eine gewaltige Verschiebung stattgefunden hat. Im Gegensatz zu früher wird das Kinderleben heutzutage als eine besondere Lebensphase betrachtet, in der das Kind Sorge, Liebe und einen Freiraum für die eigene Entwicklung erhält. Diese Sonderstellung bringt natürlich auch Probleme mit sich, die zum sogenannten "Generationskonflikt" geführt haben und dazu, daß wir "unreife" Personen nicht als vollwertige Partner betrachten. Auf jeden Fall herrscht heutzutage die Auffassung, daß Kinder in eine Familie gehören, zumindest aber in eine Gemeinschaft, in der sie erzogen werden können, in der Werte vermittelt werden können und in der das Kind die Gelegenheit erhält, Verhaltensweisen und Motive zu erlernen, die für seine eigene Entwicklung und das Funktionieren in unserer Gesellschaft wichtig sind.

In einer kulturhistorischen Analyse weist Shorter (1975) darauf hin, daß die sozialisierende Funktion der modernen Familie sowohl für das noch ganz junge als auch für das Schulkind notwendig und wichtig ist; ab der Pubertät und dem Jugendalter wird die Sozialisierung jedoch mehr und mehr aus der Familie in die "Peer"-Gruppe verlegt. Dies ist heutzutage sicherlich in stärkerem Maße der Fall als früher, aber es gilt nicht für alle Verhaltensgebiete. So wies Hartup (1977) darauf hin, daß Eltern auf Jugendliche in bezug auf Politik und Berufsorientierung noch immer einen größeren Einfluß haben als die Altersgenossen (siehe auch Mönks 1981).

Es ist deutlich, daß das Kind heutzutage in vielerlei Hinsicht mehr Gelegenheit als früher erhält, sein eigenes Wesen und seine eigene Individualität zu entwickeln. Es wird als selbstverständlich angesehen , daß das Kind ein Recht auf einen individuellen Werdegang hat. Aber trotz aller Versuche, dieses individualistische Streben zu realisieren, bestehen in unserer Gesellschaft immer wieder Zweifel in bezug auf die Chancen, die das Individuum erhält. Es gibt viele, die nicht daran glauben, daß das Kind sich in unserer Gesellschaft voll entfalten kann. Ursache ist vor allem die sogenannte repressive Erziehung, die die Individualität des Kindes nicht respektiert.

Wie immer man über die von Tausch & Tausch (1980) gepriesene sozialintegrative Erziehung denken mag, fest steht, daß das Kind heutzutage mehr Möglichkeiten hat, sich zu entfalten und sich durch den Prozeß der Emanzipation einen Platz zu erobern, der seinen Möglichkeiten und Fähigkeiten entspricht. Daß auch hierbei wieder Reibungspunkte und Konflikte auftreten, ist ein Faktum, das aus dem Zusammenleben von Menschen nicht wegzudenken ist. Auch wenn Skinner (1972) in seinen utopischen Träumen eine Gesellschaft vor Augen hat, in der alle glücklich sind und in der alles reibungslos verläuft, sieht die Realität doch so aus, daß sich individuelle Belange nicht immer mit denen der Gemeinschaft decken. Der Berührungspunkt dieser beiden Belange ist individuelles Glück und gemeinschaftliches Wohlergehen, deren Realisierung ein Auftrag ist, der auch dem jungen Kind erteilt wird; auch das Kind muß versuchen, diesen Auftrag, diese Entwicklungsaufgabe zu erfüllen und zu verwirklichen. Die Familie mit ihren Möglichkeiten und Beschränkungen wird für das Kind Herausforderung und Realisierungschance zugleich sein. Gute Voraussetzungen sind, wenn beide Verständnis füreinander aufbringen und einander ergänzend entgegenkommen.

Kontrollfragen und -aufgaben

1. Objektpermanenz wird als ein Meilenstein in der Entwicklung des Kindes betrachtet. In welchem Alter entwickelt sie sich und wie äußert sie sich im Verhalten des Kindes?
2. Wie kann die psychomotorische Entwicklung kurz skizziert werden und was bedeutet in diesem Zusammenhang der erste Gestaltwandel? (Zeller 1936)
3. Was ist Egozentrismus? Handelt es sich um ein typisches Verhaltensphänomen des Kleinkindes oder tritt er auch in anderen Altersabschnitten auf?
4. Das Rollenübernahmeverhalten spielt in der Entwicklung des Kindes zwischen dem ersten und dem vierten Lebensjahr eine wichtige Rolle. Was ist das Rollenübernahmeverhalten und wie kann es gefördert werden?
5. Die Trotzphase wurde lange Zeit als ein für die Entwicklung, speziell für die Willensbildung notwendiges Verhaltensphänomen betrachtet. Neuere empirische Daten widerlegen diese Auffassung. Äußern Sie sich zu den Untersuchungsergebnissen von Kemmler!
6. Das Spiel wird als eine natürliche Aktivität des Kindes betrachtet. In bezug auf Spielvoraussetzungen und Spielkonsequenzen existieren verschiedene Theorien, Spieleinteilungen und Untersuchungsbefunde. Geben Sie eine Beschreibung des komplexen Phänomens "Spiel"!
7. Die Entwicklung von Kinderzeichnungen verläuft von Kritzeleien bis hin zu figurativen Zeichnungen. Beschreiben Sie diesen Prozeß!
8. In bezug auf die Sprachentwicklung existieren zwei wesentliche Erklärungen: die nativistische und die lerntheoretische. Worin besteht der Unterschied zwischen den beiden Theorien?
9. Zwischen dem ersten und dem vierten Lebensjahr wächst der durchschnittliche Wortschatz des Kindes auf etwa 1.500 Wörter an. Beschreiben Sie diesen Entwicklungsprozeß!
10. Was versteht man unter semantischer Entwicklung?

4. Das Kind im Kindergarten- und Schulkindalter

4.1 Körperliche und psychomotorische Entwicklung

Bis zum ersten Gestaltwandel (Zeller 1952; Hetzer 1968) im Alter von etwa 6 Jahren sehen wir beim Kind, daß der Oberkörper langsamer wächst als der Unterleib. Die Glieder sind bis dahin relativ kurz, der Kopf hingegen relativ groß. Das Kind hat noch ein Bäuchlein und seine Milchzähne. Nach dem ersten Gestaltwandel – wenn das Kind die sogenannte Schulkindform besitzt – gleicht es schon viel mehr einem Erwachsenen als z. B. ein zweijähriges Kind. Die Zunahme des Körpergewichts ist zum größten Teil auf die Zunahme des Muskelgewebes zurückzuführen. Im ganzen wird der körperliche Zustand des Kindes stabiler und robuster.

Aufgrund einer zunehmenden Differenzierung und Myelinisation (Myelin = fettartiger Stoff der Markschicht der Nerven) des Nervensystems nehmen die motorischen Fähigkeiten beträchtlich zu. Mit 5 Jahren ist der Gleichgewichtssinn bereits ziemlich gut entwickelt; das Kind kann gut laufen, normal treppensteigen, mit beiden Beinen gleichzeitig in die Luft springen und oft auch schon radfahren.

Nach dem ersten Gestaltwandel – also etwa im Alter von 6 Jahren – wächst das Kind langsamer als in der vorangegangenen Periode. Bis zum Alter von 12 Jahren wächst es durchschnittlich 5 bis 6 cm pro Jahr. Bis zum 10. Lebensjahr sehen wir, daß die Jungen etwas größer sind als die Mädchen; danach überholen die Mädchen die Jungen in bezug auf die Körpergröße und mit etwa 15 Jahren werden die Mädchen wieder von den Jungen eingeholt und überholt.

Das Gewicht des Kindes nimmt stärker zu als die Körpergröße. Am Ende dieser Periode bestehen größere individuelle Unterschiede zwischen den Kindern, und körperliche Unterschiede sind offensichtlicher geworden. Im Alter von etwa 6 Jahren werden die Beine und Arme länger und Brust und Hüften breiter. In dieser Hinsicht bestehen kaum Geschlechtsunterschiede. Im allgemeinen besteht ein konstantes Verhältnis zwischen Jungen und Mädchen in der Entwicklung der Knochen und des Gewebes. Aufgrund der allmählichen Zunahme an Körpergewicht und Körperkraft ist zu erwarten, daß sich Fertigkeiten wie rennen, springen und werfen in diesem Alter weiter entwickeln. Auch erhöht sich die Renngeschwindigkeit, mit der eine Strecke zurückgelegt werden kann. Auch das Springen wird mit zunehmendem Alter immer besser. In dieser Hinsicht bestehen jedoch beträchtliche Unterschiede zwischen den Kindern.

Mit 6 Jahren ist der Gleichgewichtssinn relativ gut entwickelt, und das Vermögen, den Körper im Gleichgewicht zu halten, nimmt zu (eine beliebte Beschäftigung ist das Balancieren auf Bordkanten, Mauerrändern usw.). In der Schulkindperiode entwickelt sich die Körperbeherrschung, wozu z. B. das Vorwärts- und Rückwärts-Beugen gehört, die die Voraussetzung für gymnastische Übungen und sportliche Aktivitäten ist. Auch die Augen-Hand-Koordination, die wichtig ist beim Zielen, Schlagen, Stoßen, Werfen und Fangen, wird immer besser.

Zwischen dem 6. und 12. Lebensjahr nehmen Körperkraft und die Kraft in den Händen – vor allem bei den Jungen – erheblich zu. In dieser Periode treten Veränderungen in Art und Umfang der Grob- und Feinmotorik auf. Es hat den Anschein, daß diese motorischen Fähigkeiten immer besser an den "Raum", den die Umgebung bietet, angepaßt werden. Motorische Bewegungen sind jetzt immer stärker von formalisierten und standardisierten Regeln gesteuert und weniger spontan. Der Bewegungsüberfluß, den wir beim jüngeren Kind noch sehen, nimmt gegen Ende dieser Periode ab.

Immer wieder neu diskutiert wurde die Frage, ob der Körperbautyp in direktem Zusammenhang mit bestimmten Persönlichkeitsmerkmalen steht. So unterscheidet Sheldon drei verschiedene Typen: den *endomorphen* (klein und dick), den *ektomorphen* (lang und dünn) und den *mesomorphen* Typ (muskulös und gut proportioniert). Mittels einer gründlichen Persönlichkeitsuntersuchung von institutionalisierten Kindern hat Verdonck (1972) versucht, herauszufinden, ob der von Sheldon behauptete Zusammenhang zwischen Konstitutionstyp und bestimmten Verhaltensbildern besteht. Verdonck kommt zu dem Schluß, daß in manchen Fällen Zusammenhänge bzwischen dem Konstitutionstyp und bestimmten Verhaltensweisen bestehen. Er weist einen direkten kausalen Zusammenhang zwischen Körperbau und Verhalten zwar zurück, konnte aber zeigen, daß die unterschiedenen Konstitutionstypen eine gewisse Prädisposition für das Lernen bestimmter Verhaltensweisen mitbringen. Ein bestimmter Typ bedeutet also nicht zwangsläufig eine Verhaltensdetermination, sondern die Möglichkeit, bestimmte Verhaltensweisen zu entwickeln. Bekannt sind auch die Körperbautypen nach Kretschmer: Pykniker (endomorph), Leptosome (ektomorph) und Athletiker (mesomorph). In seinem im Jahre 1921 erstmals erschienenen Buch *Körperbau und Charakter* legt Kretschmer – wie der Titel sagt – einen direkten Zusammenhang zwischen beiden dar.

4.2 Von der Schulreife zur Schuleingangsdiagnostik

Das entwicklungspsychologische Denken in Europa wurde jahrelang durch den Reifungsgedanken bestimmt, der direkten Einfluß auf den Zeitpunkt hatte, ab dem das Kind als reif genug für die Grundschule befunden wurde. Dem Reifungsgedanken nach ist der Wechsel vom Kindergarten in die Grundschule ein Reifungsprozeß. Man sprach darum auch lange Zeit konsequent von der "Schulreife". Um die "Schulreife" (die mit etwa sechs Jahren erreicht sein soll) zu bestimmen, wurden die folgenden drei Kriterien angesetzt:

1. Das Kind muß in einer Gruppe mit anderen Kindern zusammenarbeiten können, d. h. es muß nicht nur unabhängig von der Mutter sein, sondern es muß sich in eine Gruppe mit Altersgenossen einordnen und sich ihr anpassen können. Manche verwenden für diesen Aspekt den Ausdruck 'Bildsamkeit in der Gruppe'.
2. Das Kind muß analytisch wahrnehmen können, es muß Teilstücke aus größeren Wahrnehmungseinheiten herauslösen können und es muß diese Details auch wieder zusammenfügen können. Es handelt sich hierbei also um das bereits erwähnte Merkmal der Gliederungsfähigkeit (siehe Kern 1954).
3. Das Kind muß körperlich die Schulkindform besitzen. Ein Beweis hierfür sollte u. a. sein, daß das Kind mit seiner rechten Hand über seinen Kopf hinweg sein linkes Ohr berühren kann (bei Linkshändern genau umgekehrt).

Darüber hinaus ist das Kalenderalter ein wichtiges und ausschlaggebendes Kriterium. In Deutschland beträgt das Alter für die Zulassung zur Grundschule 6 Jahre. In den Niederlanden beispielsweise wurde 1985 ein neues Schulgesetz erlassen, wobei Vorschule und Grundschule zur *Basisschule* zusammengefügt wurden. Holländische Kinder besuchen die Basisschule vom 4. bis zum 12. Lebensjahr.

Es ist nicht undenkbar, daß Kinder bereits mit drei Jahren zur Schule gehen, vorausgesetzt, Auswahlkriterien und Didaktik sind ihrem Alter angemessen. So kann unter Verwendung der richtigen Mittel die Fertigkeit des Lesens bereits mit drei Jahren erlernt werden. Ungeachtet der Tatsache, daß Kinder sehr viel früher, als bisher angenommen wurde (und wird), Lesen lernen können, ist es – allein wegen der noch unausgereiften Entwicklung der Feinmotorik (siehe Abschnitt 3.3.9 "Kinderzeichnungen") – vom pädagogischen Standpunkt aus betrachtet nicht ratsam, ihnen bereits in einem sehr frühen Alter Lesen (und Schreiben) beizubringen. Hinzu kommt, daß solch frühe Fertigkeiten mehr der Eitelkeit der Eltern schmeicheln, als im Interesse des Kindes sind. Wenn das Kind nämlich merkt, daß es bereits alles kann, was in der ersten Klasse verlangt wird, kann dies die Lernmotivation verringern und zu einer negativen Einstellung gegenüber dem Lösen von Aufgaben führen.

Ein besonderes Problem tritt in diesem Zusammenhang bei der Gruppe der Hochbegabten auf. Ihre frühzeitige Lernbegierde ist oft die Ursache dafür, daß sie aus sich heraus, noch bevor sie zur Schule gehen, spielerisch lesen lernen. An adäquaten Auffangmöglichkeiten für diese Kinder mangelt es jedoch in den meisten europäischen Ländern. Auf Hochbegabung gehen wir in Abschnitt 4.7 näher ein.

Davon ausgehend, daß Kinder heute in vielen Ländern bereits mit vier Jahren die Vorschule besuchen, stellt sich immer wieder die Frage: Was kann getan werden, um jedem Kind eine optimale Startchance zu geben? Publikationen, u. a. über das Sitzenbleiben in der ersten Klasse, bewirkten bereits deutliche Veränderungen, die zu einem individuelleren Unterricht geführt haben (siehe Schenk-Danzinger 1959). Daß dies vor allem für Kinder wichtig ist, die zu Hause Dialekt oder eine andere Sprache sprechen (Immigrantenkinder), wurde in den letzten Jahren nicht nur erkannt, sondern es wurden auch eine Reihe von Maßnahmen in der Bildungspolitik getroffen. Mit der Absicht, Kindern eine bessere Betreuung zu bieten und die Startchancen für das Individuum zu optimalisieren, wurde der NST (Nijmeegse Schoolbekwaamheids Test = Nimwegener Schuleignungstest) entwickelt (siehe Mönks, Rost und Coffie 1972; 1978). Hierbei wurde bewußt der Begriff "Schuleignung" und nicht der veraltete Begriff "Schulreife" gewählt. Reife setzt einen Reifungsprozeß voraus, der aus dem Inneren heraus von selbst verläuft. Aus dem vorangegangenen ist jedoch deutlich geworden, daß Schuleignung durch Faktoren bestimmt wird, die außerhalb des Individuums liegen, wie beispielsweise Umgebungs- und Familien-Faktoren.

Der NST ist eine niederländische Variante des Göppinger Tests, der vor Jahren in Deutschland entwickelt wurde. Der niederländischen Bearbeitung des Tests wurden ein Fragebogen für die Eltern und ein Fragebogen für die Kindergärtnerinnen hinzugefügt. Dieser Fragebogen bezieht sich auf drei Verhaltensaspekte, nämlich *soziale Anpassungsfähigkeit, Arbeitskompetenz und Selbständigkeit.* Für jedes Gebiet wurden sieben Fragen in den Fragebogen aufgenommen. Anhand dieses Fragebogens, der in kleineren Gruppen bearbeitet werden kann, wurde versucht, in Zusammenarbeit mit der Kindergärtnerin und der zukünftigen Lehrerin der ersten Klasse zu einer zutreffenden Beurteilung, einer korrekten Taxierung jedes einzelnen Kindes zu gelangen. Auf diese Weise kann erreicht werden, daß jedes einzelne Kind mit seinen Möglichkeiten, seinen Schwächen und Fähigkeiten einen optimalen Start erhält. Dabei steht nicht die Auslese im Vordergrund, sondern das Erkennen der Möglichkeiten des Kindes. Die Zielsetzung lautet dann auch: Eine diagnostische und keine selektive Prüfung.

Nach Süllwold (1983, 327) will ein Schuleignungstest ermitteln, ob ein Kind grundsätzlich für eine bestimmte Schulart geeignet ist. Im deutschen Sprachgebiet werden Eingangstests für die Grundschule meistens als Schulreifetests klassifiziert. Demnach sollen derartige Tests reifungsabhängige Funktionen erfassen. Die herkömmlichen Tests wurden vielfach auf ihre diagnostische Valenz hin untersucht und es wurden immer wieder teils hohe Korrelationen mit später erteilten Schulnoten und Intelligenztestergebnissen festgestellt. Dennoch, so argumentiert Süllwold, sind derartige "Reifetests" eher ein "Indiz für einen Eingangstest im Sinne eines Schulbegabungstests" (Süllwold 1983, 329).

In den neueren Verfahren der Einschulungsdiagnostik wird nicht so sehr nach dem individuellen Reifegrad des Kindes gefragt, sondern nach der "Wechselwirkung zwischen Fähigkeitsmerkmalen des Kindes einerseits und den Anforderungskriterien der Grundschule andererseits" (Bründel 1989, 140). Bründel bespricht in diesem Zusammenhang ausführlich die Erfahrungen mit dem Kieler Einschulungsverfahren (KE) und dem Mannheimer Schuleingangsdiagnostikum (MSD). Dabei kommt sie zu dem allgemeinen Schluß, das diese und andere Verfahren Vor- und Nachteile aufweisen, aber daß sie dazu beitragen, die "Startbedingungen für Schulanfänger mit speziellen Defiziten in einzelnen Bereichen" zu verbessern (S. 144).

Hier setzt die Kritik von Heinbokel (1996) ein, die bemängelt, daß sich die Einschulungsdiagnostik ausschließlich am Defizitmodell orientiert: Defizite sollen zum Zeitpunkt der Einschulung festgestellt werden und durch Fördermaßnahmen behoben werden; nie wird über Kinder gesprochen, die einen *Entwicklungsvorsprung* haben, d. h. über hochbegabte Kinder. Hochbegabte Kinder sind insbesondere an ihrer frühen Lernbegierde und an ihrer schnellen Aufnahmefähigkeit erkennbar.

Schulpflichtig ist ein Kind, das bis zum 30. Juni eines Jahres 6 Jahre alt wird. Da das Kalenderalter in der Entwicklungspsychologie kein normativer Begriff ist, sondern vor allem der Systematisierung von Daten dient, sind gerade begabte Kinder wegen ihres Entwicklungsvorsprungs oft weitaus früher 'schulfähig' als die meisten Altersgenossen. Zumeist fallen sie bei Schulanfängern in die Kategorie der Kann-Kinder. Das sind nach den Schulgesetzen der einzelnen Bundesländer Kinder, die zwischen dem 1. 7. und 31. 12. eines Jahres 6 Jahre alt werden. Baden-Württemberg ist u. E. als einziges Bundesland in dieser Hinsicht in der Gesetzgebung nicht deutlich, allerdings wird in der Praxis so gehandelt als gäbe es Vorschulkinder (Kann-Kinder), die durchaus schulfähig sind. Sowohl Bründel (1989) als auch Heinbokel (1996) betonen, daß Schulleiter eine große Entscheidungskompetenz besitzen, denn sie entscheiden letztlich über die Aufnahme schlupflichtiger Kinder in die Schule.

Bezweifelt wird allerdings, ob die zur Beurteilung notwendige Fachkompetenz immer gegeben ist, besonders dann, wenn es sich um Kann-Kinder handelt.

Wie selbstverständlich die Orientierung am Defizitmodell ist, zeigen neuere Anstrengungen des niederländischen Unterrichtsministeriums. Zur Zeit untersucht eine Expertenkommission, ob es sinnvoll ist und wenn ja, wie Vierjährige so getestet werden können, daß benachteiligte Kinder von anfang an richtig gefördert werden können. Es stellte sich heraus, daß bereits bei Vierjährigen die Unterschiede im Bereich des aktuellen Wissens, des begrifflichen Denkens und der Lernfähigkeit sehr groß sind (Verhoeven & Van Kuyk 1991; Van Kuyk 1991). Es gab Vierjährige, die die höchsten Punktwerte erreichten, während andere keine einzige Aufgabe lösen konnten. Ferner zeigte sich, daß die Kinder, die zu Anfang der Vorschulperiode ein Hochbegabten-Niveau (Entwicklungsvorsprung) aufwiesen, am Ende der zweijährigen Vorschulperiode einen ganz geringen Lernfortschritt gemacht hatten. Manche Kinder lagen sogar unter dem Anfangsniveau, d.h. die Vorschule ist für manche Kinder keine Förder-, sondern eine Benachteiligungseinrichtung. Van Kuyk (1996) plädiert dafür, daß sich das Lehrangebot im Kindergartenalter hinsichtlich Begriffsbildung, Denken, Ausdrucksfähigkeit und Rechenfähigkeit am spontanen Entwicklungsniveau des Kindes orientiert/orientieren sollte.

Diese, wie auch die Ergebnisse von Heinbokel (1996) machen deutlich, daß eine Differenzierung des Lehrstoffangebots auch nach oben hin erfolgen muß. Differenzierung des Lehrstoffangebots gibt dem schwachen Schüler Erfolgserlebnisse und bietet gleichzeitig dem begabten Schüler anspruchsvolles Denk- und Lernmaterial. Schuleingangsdiagnostik ist nur dann sinnvoll und fördernd, wenn sie im Dienste des individuellen Schulanfängers steht.

4.3 Soziale und Persönlichkeitsentwicklung

Die soziale und die Persönlichkeitsentwicklung vom Kindergartenalter bis zum Ende des Grundschulalters zeichnet sich aus durch eine markante Erweiterung des sozialen Umfelds. Das Kind beginnt, sich von der Familie zu lösen und bindet sich in zunehmendem Maße auch an andere Personen. Diese Erweiterung des sozialen Umfelds bringt es mit sich, daß das Kind Einflüssen ausgesetzt ist, die nicht mehr der Kontrolle der Familie unterliegen. Es hat Umgang mit Freunden und Lehrkräften, die seinen Prozeß der Emanzipation in starkem Maße mitbestimmen. In diesem Prozeß der Individualisierung spielen die Altersgenossen eine wichtige Rolle. Darüber hinaus sind die Entwicklung der Leistungsmotivation und der Geschlechtsidentität von sehr großer Bedeutung. Aber auch die Entwicklung der Normen und Werte – oder, wie Piaget es nennt, der Moralität – erlebt in dieser Periode einen wichtigen und wesentlichen Fortschritt. Auf alle genannten Aspekte gehen wir der Reihe nach ein.

4.3.1 Interaktion mit Altersgenossen; Freundschafts- und Peerbeziehungen

Spätestens ab dem Eintritt in die Grundschule entwickelt das Kind einen intensiven Kontakt mit Altersgenossen. Bereits vorher haben wir darauf hingewiesen, daß sich Kinder in hohem Maße gegenseitig beeinflussen (3.3 Bindungsverhalten). Hartup hat versucht, in einem Übersichtsartikel die vorhandenen Untersuchungen über die gegenseitige Beeinflussung von Kindern zusammenzufassen. Nach dem Erscheinen von Hartups Literaturbericht (1970) sind eine Reihe neuer Studien erschienen, die im großen und ganzen das bestätigen, was Hartup bereits nachgewiesen hatte. Vor allem die Veröffentlichungen von Youniss & Smollar (1985) und von Mueller & Cooper (1986) machen deutlich, wie wichtig Peer- und Freundschaftsbeziehungen für die Entwicklung von Kindern sind (peer = jemand, der auf dem gleichen *Entwicklungsstand* ist, jedoch nicht notwendigerweise ein *Gleichaltriger*).

Die meisten Kinder wollen gerne zu einer Gruppe gehören und setzen sich dafür ein, die Dazugehörigkeit zu erhalten. Gruppen entstehen und bestehen auch schon in Kindergärten. Das Kind weiß zu Beginn noch nicht so recht, welche Verhaltensweisen die Gruppe belohnt oder bekräftigt und welche nicht (d. h. was getan werden muß, damit man akzeptiert wird). Oft sehen wir dann, daß das Kind das Verhalten des aktivsten oder dominantesten Gruppenmitglieds nachahmt. Auch sehen wir bei Kindern ab der ersten Klasse der Grundschule, daß in Gruppen noch keine Strukturen und keine Regeln bestehen. Erst im Alter zwischen 10 und 14 Jahren entstehen wirklich organisierte Gruppen mit Regeln und Absprachen. Untersuchungen über Schüler in der Grundschule haben gezeigt, daß das Modellernen beim aggressiven und altruistischen Verhalten eine wichtige Rolle spielt (Hartup 1970; Van Lieshout & Ferguson 1991). So konnte festgestellt werden, daß das Sehen eines altruistischen Modells bei den Kindergartenkindern Reaktionen hervorrief, die denen des Modells gleichkamen. Weiter zeigte sich, daß Jungen eher Jungen beeinflussen als Mädchen und diese wiederum ihresgleichen stärker als Jungen. Es stellte sich auch heraus, daß ältere Kleinkinder eher von einem gleichaltrigen Modell beeinflußt werden können als jüngere Kinder.

Bei der Erforschung des Gruppenverhaltens nehmen Untersuchungen über den *Konformismus* einen wichtigen Platz ein. Theoretisch gehen sie teilweise auf die Studien von Piaget zurück, der in bezug auf das kindliche Regelbewußtsein verschiedene Stadien entwickelt hat. So sieht er im Alter zwischen 7 und 10 Jahren eine beginnende Zusammenarbeit und einen zunehmenden sozialen Konformismus und damit zusammenhängend ein verstärktes Interesse an organisierten und reglementierten Interaktionen. Den Altersabschnitt davor (zwischen ungefähr 2 und 6 Jahren) charakterisiert er als präsoziale egozentrische Phase. Piaget spricht von einem kurvilinearen Zusammenhang zwischen Konformismus und Alter, d. h. es läßt sich bis zur Pubertät in zunehmendem Maße ein Konformismus mit den Normen der entsprechenden Altersgruppe feststellen; danach sehen wir eine Abnahme.

Im Alter zwischen 9 und 15 Jahren erreicht die Kurve ihren Höhepunkt. Die Streuung über 6 Jahre läßt erkennen, wie schwierig es ist, Altersgrenzen präzise anzugeben. Verschiedene Untersuchungen haben diesen kurvilinearen – wenn auch recht weiträumigen – Zusammenhang zwischen Konformismus und Alter bestätigt. Man nimmt an, daß der für den Konformismus ausschlaggebende Faktor nicht so sehr das Alter ist, sondern das Milieu, das Geschlecht und die Art des Verhaltens.

Ein weiterer Zusammenhang scheint zwischen dem Platz, den man in der Geschwisterreihe innehat, und der Beeinflußbarkeit durch die Altersgenossen zu bestehen. Man hat festgestellt, daß das älteste Kind – verglichen mit seinen jüngeren Geschwistern – am leichtesten durch Gruppennormen und durch andere zu beeinflussen ist. Dafür gibt es eine dreifache Erklärung:

1. Erstgeborene erhalten eine wechselhaftere Erziehung als die später geborenen Geschwister.
2. Erstgeborene werden behüteter erzogen; außerdem wird konformistisches und abhängiges Verhalten belohnt.
3. Später geborene Geschwister unterliegen dem Einfluß des direktiven Verhaltens der älteren Kinder in der Familie, was wahrscheinlich dazu führt, daß sie weniger Umgang mit anderen Kindern haben. Dies soll non-konformistisches Verhalten verstärken.

Wie einleuchtend diese Erklärungen auch klingen mögen, es läßt sich kein sicher belegbarer Zusammenhang zwischen dem Platz in der Geschwisterreihe und einem konformistischen bzw. non-konformistischen Verhalten herstellen. Man kann jedoch die Schlußfolgerung ziehen, daß im allgemeinen das Erstgeborene tatsächlich empfänglicher für den Einfluß der Altersgenossen ist. Dies ist jedoch auch abhängig vom Geschlecht des Kindes und von der Situation, in der der Einfluß ausgeübt wird. Auch die Ansicht, daß Mädchen empfänglicher für den Druck der Gruppe sind als Jungen, kann aufgrund der vorliegenden Untersuchungen nicht ohne Einschränkungen bestätigt werden. Darüber hinaus haben Untersuchungen ergeben, daß extravertiert veranlagte Vorschulkinder eher konformistisch sind als introvertiert veranlagte Vorschulkinder.

Zusammenfassend kann man sagen, daß Konformismus bei Kindern zwischen 4 und 12 Jahren weniger von Persönlichkeitsmerkmalen als von situativen Umständen abhängig ist. Wenn Konformismus eine Bedingung für die Aufnahme in die Gruppe ist, ist die Wahrscheinlichkeit groß, daß das Kind sich anpassen wird. In einem späteren Altersabschnitt sehen wir dann, daß sowohl Persönlichkeitsmerkmale als auch situative Bedingungen gemeinsam eine wichtige Rolle für das konformistische bzw. non-konformistische Verhalten spielen.

Ebenfalls untersucht wurde die Verbindung zwischen der *Gruppengröße* und dem Einfluß der Gruppe auf das Individuum. Auch hier scheint ein kurvilinearer Zusammenhang zu bestehen, und zwar in dem Sinne, daß der Einfluß der Gruppe zunimmt, wenn die Gruppe bis zu sieben Personen anwächst; wächst die Gruppe jedoch weiter an, dann nimmt ihr Einfluß wieder ab.

Gruppen beeinflussen auch das Entstehen von aggressivem Verhalten. Eine sehr wichtige Studie dazu stammt von Patterson u. a. (1967). Er untersuchte, inwieweit Vorschulkinder sich gegenseitig aggressives Verhalten beibringen. Es stellte sich heraus, daß die folgenden Verhaltensweisen das aggressive und dominierende Verhalten eines Kindes verstärken können.

(1) Ein Kind nimmt einem anderen Kind ein Spielzeug weg. Wenn das betreffende Kind sich nicht dagegen zur Wehr setzt, ist dies eine Belohnung für das Kind, das etwas wegnimmt. Das nächste Mal wird es wieder etwas wegnehmen und so entsteht allmählich ein aggressives Verhalten, da ein dominierendes Verhalten belohnt wird.

(2) Das aggressive Verhalten kann sich auch – wie die Studie ergeben hat – aus der umgekehrten Richtung entwickeln, d. h. wenn das Kind, dem etwas weggenommen wird, sich zur Wehr setzt. Das Kind erfährt dann, daß sein sich zur Wehr setzen etwas bewirkt hat, und sieht dies als Belohnung und Bekräftigung. Durch mehrmali-

ges Sichwehren erfährt das Kind dann, daß aggressivem Verhalten Erfolg beschert ist. Diese Längsschnittstudie zeigt deutlich, wie Kinder einander aggressives Verhalten lehren.

Hartup untersuchte diesen Punkt in bezug auf altruistisches Verhalten oder – wie er es nennt – das prosoziale Verhalten. Auch er fand ähnliche Entwicklungsmuster. – Eine Übersicht über die Aggression von Kindern, aus sozial-kognitiver Perspektive betrachtet, wurde von Olthof (1990) veröffentlicht.

Deutlich ist, daß viele Verhaltensweisen durch das Nachahmen von anderen, durch Modellernen und Bekräftigung seitens der Altersgenossen zustandekommen. Hierbei sehen wir schon sehr früh geschlechtsspezifische Präferenzen und Beeinflussungssysteme auftreten. Bis zum Alter von 5 bis 6 Jahren besteht noch eine relative Beeinflussung von Jungen durch Mädchen und umgekehrt. Danach sehen wir in zunehmendem Maße, daß Jungen mehr durch Jungen beeinflußt werden und Mädchen mehr durch Mädchen. Sozialisierungsfaktoren, die geschlechtsgebundenes Verhalten fördern, spielen hierbei eine wichtige Rolle. In Abschnitt 4.3.3 gehen wir darauf näher ein.

Der Umgang mit Altersgenossen ist der Beginn von Freundschafts- und Peerbeziehungen. Schon früh entwickeln Kinder Präferenzen im Umgang mit anderen. Freundschaften bei Schulkindern beruhen vor allem auf gemeinschaftlichen Interessen und Aktivitäten. Freundschafts- und Peerbeziehungen sind wechselseitig, beruhen auf Gegenseitigkeit und besitzen folgende Merkmale: (a) Verständnis füreinander, (b) gegenseitige Unterstützung, (c) Vertrauen ineinander und (d) das Respektieren und Akzeptieren des anderen.

Laut La Gaipa (1979) bilden folgende drei Merkmale den Kern einer Freundschaft: (a) Loyalität (Ehrlichkeit, rückhaltlose Treue); (b) persönliche Zuneigung (ein Gefühl von Distanz besteht nicht) und (c) Echtheit (Schamgefühl, Verlegenheit und Kompetenz bestehen nicht). Letztere Merkmale haben Bezug auf Freundschaften von Jugendlichen. Aber auch bei jüngeren Kindern können derartige Freundschaftsmerkmale wahrgenommen werden.

Illustrativ ist in diesem Zusammenhang, wie Freunde und Freundinnen im Rahmen einer europäischen Untersuchung in sieben Ländern ihr Idealbild von Freundschaft beschrieben (Lutte u. a. 1970). In der Altersgruppe von 10 bis 18 Jahren finden sich – in angegebener Reihenfolge – nachstehende Freundschaftsmerkmale:

1. Gemeinschaftliche Interessen und Aktivitäten
2. gegenseitige Offenheit (alles miteinander besprechen)
3. gegenseitiges Vertrauen (ein Geheimnis anvertrauen können)
4. Empathie (Einfühlung) und Aufrichtigkeit
5. Ergänzung oder Komplettierung der eigenen Schwächen (Freund/Freundin besitzt die gewünschten Eigenschaften)
6. intimes Verhältnis; Bindung aneinander mit völliger Offenheit, Feingefühl und gegenseitiger Unterstützung.

Der Umgang mit Entwicklungsgleichen (peers) ist für die Entwicklung von Kindern und Jugendlichen von großer Bedeutung. Lose Freundschaften, die zu Beginn auf "zusammen etwas unternehmen" beruhen, werden im Jugendalter zu festen Freundschaften und haben großen Einfluß auf die soziale und die Persönlichkeitsentwicklung des heranwachsenden Menschen. Ergänzungen zu dem hier aufgeführten findet man in Asher & Gottmann (1981).

4.3.2 Die Entwicklung der Leistungsmotivation

Jedes Verhalten ist motiviert. All unser Tun und Lassen hat einen Grund, hat ein Motiv. Einer der am eingehendsten untersuchten Bereiche der Persönlichkeit ist die Leistungsmotivation. Im allgemeinen unterscheidet man zwischen extrinsischer und intrinsischer Motivation. *Intrinsische Motivation* bedeutet, daß man aus dem Inneren heraus etwas tun will, weil man Spaß daran hat. *Extrinsische Motivation* bedeutet, daß man etwas tut, weil man von außen dazu angespornt wird. Wie folgendes Beispiel zeigt, kann die eine Art der Motivation in die andere Art übergehen: Man kann beispielsweise mit einem Psychologiestudium beginnen, weil die Eltern das so wollen oder Freunde darauf dringen. Während des Studiums entdeckt man dann, daß der Stoff viel interessanter ist, als man anfangs glaubte. Man bekommt Spaß an der Sache und macht aus eigenem Antrieb weiter, wobei die Motivation so stark ist, daß alle auftretenden Probleme einen nicht mehr vom Studium abhalten können.

Wir unterscheiden außerdem zwischen Bedürfnissen und Motiven. Ein Bedürfnis bildet die Grundlage für das Entstehen von Motiven. So wird ein Kind, das eine große Eßlust hat, intensiv auf Nahrungssuche gehen und Motive entwickeln, um die begehrte Nahrung auch zu erhalten. Ein Kind, das gerne nascht, wird zahlreiche Motive entwickeln, um das Gewünschte zu erreichen. Grundbedürfnisse des Menschen sind Hunger, Durst und Schlaf.

In der kurzen Geschichte der Psychologie wurde vielfach die Frage diskutiert, ob sich das menschliche Verhalten auf einige Grundmotive zurückführen läßt. So glaubte Freud, daß jedes Verhalten letztlich auf den sexuellen Trieb und die daraus entstehenden Motive zurückzuführen ist. Später fügte er dem noch den Todestrieb und die daraus resultierenden Motive (wie Aggression und Destruktion) hinzu. Adler glaubte, daß das gesamte menschliche Verhalten dem Machtstreben zuzuschreiben ist. Der Wunsch, Macht auszuüben, bestimmt ihm zufolge all unser Tun und Lassen. Allport (1966) hat darauf hingewiesen, daß es ebenso viele Motive wie Bestrebungen gibt. Er ist davon überzeugt, daß das menschliche Verhalten nicht auf einige Grundmotive zurückgeführt werden kann. Zwar bestehen Grundbedürfnisse, jedoch können im Laufe des Lebens sehr viele Motive hinzukommen. Ein Motiv besteht aus drei Elementen:

1. Es spornt an und liefert Energie für ein Verhalten (es bildet die energetische Grundlage).
2. Es selektiert und bestimmt die Richtung von Tun und Lassen.
3. Es reguliert, d. h. eine einmal gewählte Richtung wird auch beibehalten, vorausgesetzt, das Motiv ist stark genug.

Jedes Motiv hat zwei Grundtendenzen: *Hoffnung auf Erfolg und Furcht vor Mißerfolg.* Etwas, das wir als gut und wertvoll betrachten, wollen wir erreichen oder besitzen. Andererseits versuchen wir das, was wir als unangenehm oder lästig erfahren, zu vermeiden. Diese beiden Grundtendenzen, das Angenehme zu erreichen zu versuchen und das Unangenehme zu vermeiden, kennzeichnen menschliches Verhalten.

Leistungsmotivation ist offensichtlich bereits im jungen Kind vorhanden und kommt schon früh in bestimmten Verhaltensweisen und Handlungen zum Ausdruck. Gründliche Studien über das Entstehen dieses Motivs stammen von Heckhausen und Roelofsen (1962). In seinem Film "Anfänge der Leistungsmotivation im Wetteifer des Kleinkindes"* läßt Heckhausen deutlich sehen, daß bestimmte Komponenten beim Entstehen der Leistungsmotivation nachweisbar sind. Bereits Kleinkinder wollen "selbständig sein": Sie wollen ohne Hilfe essen, sich allein anziehen und selber ihre Schnürsenkel zubinden. Dieser Drang nach Selbständigkeit muß als Vorläufer des eigentlichen Leistungsmotivation betrachtet werden.

Im Alter zwischen drei und vier Jahren entwickelt das Kind ein deutlich auf Leistung ausgerichtetes Verhalten. Untersuchungen von Heckhausen (1980) zeigten, daß gesunde Kinder mit 3 1/2 Jahren alle Merkmale des Wetteiferverhaltens aufwiesen. Dies wurde anhand eines Turmbaus untersucht. Das Kind wurde aufgefordert, mit dem Versuchsleiter im Wettstreit einen Turm zu bauen, wobei jeweils ein Ring auf einen vertikal aufgestellten Stock geschoben werden mußte: Das Kind mußte versuchen, die Aufgabe so schnell wie möglich zu erfüllen. Es zeigte sich, daß Kinder im Alter von 3 1/2 Jahren imstande waren, ihre Leistungen mit der des Versuchsleiters ständig zu vergleichen. Die fortdauernde Bewertung der Leistung des anderen führt dann dazu, daß das Kind versucht, eine Aufgabe etwas schneller und besser zu erledigen als der andere. Dies sind Merkmale der Leistungsmotivation: Das Kind will eine Handlung im Vergleich mit einem Gütemaßstab anders oder besser verrichten. Zur Bestimmung des Gütemaßstabes können die eigenen Leistungen oder die der anderen dienen. Im Alter von 3 1/2 Jahren können Kinder nun auch in zunehmendem Maße einen Erfolg oder Mißerfolg ihrer eigenen Person zuschreiben. Vor dieser Zeit sind sie dagegen kaum dazu imstande, ihr Scheitern als Folge des eigenen Verhaltens wahrzunehmen; anders ausgedrückt, sie können nicht einschätzen, wozu sie imstande bzw. außerstande sind. Für eine ausführliche Behandlung dieses Themas verweisen wir auf das Handbuch *"Motivation und Handeln"* von Heckhausen (1980), das sich durch Vollständigkeit, kritische Akzentuierung und vor allem durch eine zusammenfassende Übersicht über die verschiedenen Untersuchungsrichtungen und Auffassungen auszeichnet.

Diese verkürzt wiedergegebenen Untersuchungsergebnisse machen deutlich, wie wichtig es ist, dem Kind Gelegenheit zu geben, Selbständigkeit zu entwickeln. Wenn das Kind keine oder kaum Gelegenheit erhält, etwas zu tun, was es 'eigentlich' oder gerade noch nicht kann, wird dies einer gesunden Entwicklung im Wege stehen. Das Kind benötigt Bestätigung, vor allem im Hinblick auf die Entwicklung von Initiative. Das Selbständigkeitsstreben des Kindes fängt früh an und braucht Förderung, damit es sich harmonisch und vor allem richtig entwickeln kann. Das Kind *will* mit etwas hantieren, *will* mit den Dingen umgehen und *will* seine Umgebung entdecken. Dieser natürliche Drang, Leistungen zu vollbringen, zeigt sich bereits früh im Wetteiferverhalten. Entwicklungspsychologisch betrachtet, ist es wichtig, daß dieser natürliche Drang nicht unterdrückt, sondern gefördert wird.

* Erhältlich beim Institut für den Wissenschaftlichen Film in Göttingen.

4.3.3 Entwicklung der Geschlechtsidentität, des geschlechtsgebundenen Verhaltens

Der Umfang der Literatur zur Entwicklung der Geschlechtsidentität (gender identity) hat in den letzten Jahren beträchtlich zugenommen, seit 1989 gibt es die Fachzeitschrift: *Gender and Education.* Trotz großer Meinungsverschiedenheiten hinsichtlich des Entstehens des geschlechtsgebundenen Verhaltens herrscht Übereinstimmung darüber, daß von Anfang an Unterschiede zwischen Jungen und Mädchen bestehen. Die biologisch festgelegten Unterschiede bilden die Grundlage für das Erlernen von Verhalten.

Laut Kohlberg (1966) erklären drei Theorien das Entstehen des geschlechtsgebundenen oder geschlechtsspezifischen Verhaltens: 1. die psychoanalytische Theorie, 2. die soziale Lerntheorie und 3. die kognitive Entwicklungstheorie.

Die *psychoanalytische Auffassung* meint, daß die Geschlechtsidentität durch die Prozesse entsteht, die in der Ödipusphase stattfinden; in dieser Situation befinden sich Jungen im Alter zwischen drei und vier Jahren. Freud zufolge empfindet der Junge gegenüber der Mutter ein sexuelles Verlangen und gleichzeitig Eifersucht auf seinen Vater. Um die Angst vor Bestrafung zu kompensieren, identifiziert er sich mit dessen Geboten und Verboten. Daraus entsteht sein geschlechtsspezifisches oder geschlechtsgebundenes Verhalten. Ein vergleichbarer Prozeß vollzieht sich auch beim Mädchen.

Der *lerntheoretischen Auffassung* zufolge entsteht geschlechtsgebundenes Verhalten durch Einflüsse, die die soziale Umgebung auf das Kind ausübt. So bestehen in jeder Gesellschaft spezifische Auffassungen über Verhaltensweisen, die zu Jungen bzw. zu Mädchen passen (Belotti 1975). Jungen dürfen z. B. wild sein, mehr Aktivität entfalten und mehr Lärm machen als Mädchen, während von Mädchen erwartet wird, daß sie sanfter und nicht so wild sind. Die "erwarteten" Verhaltensweisen der Jungen bzw. Mädchen werden von der Umgebung belohnt. Belohnung des Verhaltens erhöht die Wahrscheinlichkeit einer zukünftigen Wiederholung. Wird ein bestimmtes Verhalten nicht belohnt oder toleriert – also nicht bestärkt – wird es wahrscheinlich seltener vorkommen und vielleicht sogar ganz ausbleiben. Wenn z. B. ein achtjähriger Junge weint, werden viele Eltern sagen: "Heul doch nicht wie ein Mädchen, Jungens sind doch tapfer". Hier wird Weinen für das Verhalten eines achtjährigen Jungen als unpassend betrachtet. So sorgen zahlreiche ähnliche tägliche Ereignisse im Umgang von Menschen miteinander dafür, daß bestimmte Verhaltensweisen entstehen und andere verschwinden (siehe Mönks & Hendriks 1973).

Die *kognitive Entwicklungstheorie* geht davon aus, daß beim Entstehen des geschlechtsgebundenen Verhaltens kognitive Prozesse als vermittelnde Faktoren im Mittelpunkt stehen. Das bedeutet, erst durchlebt das Kind einen Prozeß der kognitiven Selbstkategorisierung: Es erkennt sich als Junge oder als Mädchen. Erst danach übt die Umgebung Einfluß auf das Verhalten aus. Der Anfang der Festlegung der Geschlechtsidentität geht dieser Auffassung zufolge vom Individuum aus: Es identifiziert sich zuallererst mit sich selbst und erst danach kommen soziale Lernprozesse als Einflußfaktoren hinzu. Eine schematische Übersicht soll darstellen, wie wir uns den Prozeß der Entwicklung des geschlechtsgebundenen Verhaltens anhand der soeben dargelegten Theorien vorstellen müssen (Abb. 23).

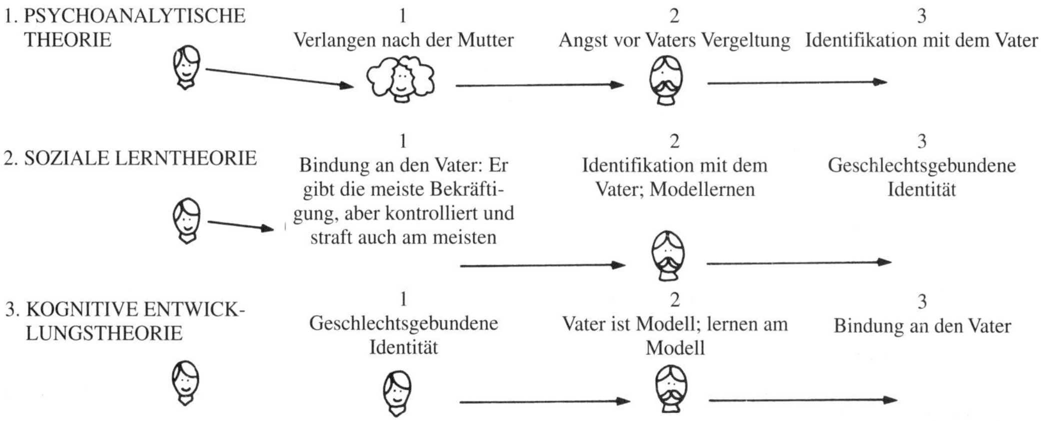

Abbildung 23. Schematische Wiedergabe des Entstehens des geschlechtsgebundenen Verhaltens bei Jungen anhand von drei verschiedenen theoretischen Betrachtungsweisen (dieses Schema entstand in Anlehnung an Kohlberg 1966, 128).

Zusammenfassend können wir unseres Erachtens sagen, daß biologische Faktoren die Grundlage für die Entwicklung des geschlechtsgebundenen Verhaltens bilden; soziale Lernprozesse tragen aber schon früh dazu bei, daß Geschlechtsidentität sich entsprechend der Sozialisierungsnormen entwickelt, nach denen in den verschiedenen Gesellschaften ein jungen- bzw. mädchenhaftes Verhalten eingestuft wird. Trotz einiger Einschränkungen (die Ergebnisse lassen sich nur für die untersuchte und nicht auch für andere Altersgruppen generalisieren; die gefundenen Resultate können nicht eindeutig interpretiert werden; die Situationsspezifität des geschlechtsgebundenen Verhaltens) kann auf der Grundlage der vermehrten Forschung zur geschlechstspezifischen Entwicklung der letzten Jahrzehnte folgendes als ziemlich sicher angenommen werden:

- *Aggression:* ab dem 2. Lebensjahr bei Jungen stärker ausgeprägt
- *Aktivität:* ab dem 3. Lebensjahr bei Jungen stärker ausgeprägt
- *Dominanz:* ab dem 4. Lebensjahr bei Jungen stärker ausgeprägt
- *Impulsivität:* ab dem Vorschulalter bei Jungen stärker ausgeprägt
- *Angst:* ab dem 8./9. Lebensjahr bei Mädchen stärker ausgeprägt
- *verbale Fähigkeiten:* bei einer kleineren Gruppe Mädchen ab dem 4., im allgemeinen aber ab dem 11./12. Lebensjahr bei Mädchen stärker ausgeprägt
- *visuell-räumliche Fähigkeiten:* ab dem 11./12. Lebensjahr bei Jungen stärker ausgeprägt
- *quantitatives Verständnis:* ab dem 10. Lebensjahr bei Jungen stärker ausgeprägt (Siehe hierzu auch den kontroversen Artikel von Benbow & Stanley *"Sex differences in mathematical ability: fact or artifact?"* 1980).

Auffallend an diesen Daten ist, daß beim Älterwerden bis hinein ins Jugendalter eine zunehmende Differenzierung auftritt. Für weitere Literatur wird verwiesen auf Degenhardt und Trautner (1979) und Merz (1979).

4.3.4 Entwicklung des Normgefühls

Eine zentrale Bedeutung für die soziale und die Persönlichkeitsentwicklung des Kindes hat die Entwicklung des *Normgefühls.* Man spricht auch von *Gewissen* oder *Moralität.* Der Zeitpunkt, ab dem sich die Psychologie mit der systematischen Erforschung der Moralität zu beschäftigen begann, liegt noch gar nicht so lange zurück. Lange Zeit wurde sie mehr als ein Teil der Ethik behandelt. In Europa und Amerika wurden jedoch bereits um 1930 Untersuchungen über das Gewissensphänomen vorgelegt. Um 1950 nahm das Interesse daran erneut zu. Seitdem sind es vor allem die Einsichten von Piaget gewesen, die eine große Anzahl Forscher angeregt haben.

Ebenso wie im obigen Teil des Buches über das Entstehen des geschlechtsgebundenen Verhaltens können wir uns auch zum Thema Gewissen auf die drei oben erwähnten Auffassungen stützen, nämlich die psychoanalytische, die kognitive und die lerntheoretische.

Zurückgreifend auf Kapitel 1 können wir zusammenfassen, daß der *psychoanalytischen Theorie* Freuds zufolge der Mensch drei Instanzen besitzt, die sich nacheinander entwickeln, nämlich das Es, das Ich und das Über-Ich. Zu Beginn ist nur das Es vorhanden: Triebhafte Impulse. Das Ich sorgt dann dafür, daß die Kontakte mit der Realität koordiniert werden. Das Über-Ich schließlich ist die Instanz, die die Normen, Gebote und Verbote, die die Umgebung vorgibt, repräsentiert.

Auch beim Entstehen des Über-Ich ist die Ödipussituation von zentraler Bedeutung. Wir haben bereits gesehen, daß diese zwischen dem 3. und 4. Lebensjahr auftritt. Freud zufolge hat der Junge ein sexuelles Verlangen nach der Mutter, das er jedoch nicht umsetzen kann, da der Vater dies nicht tolerieren würde. Um nicht in Konflikte zu geraten, ist er nun gezwungen, die Normen des Vaters zu übernehmen. Der Junge identifiziert sich also mit dem Vater und ist bereit, die Normen der Umgebung – vor allem seitens des Vaters – zu introjizieren. Diese Bereitschaft entsteht jedoch aus Schuldgefühlen heraus. Das Kind fühlt sich nämlich schuldig, daß es Verlangen nach der Mutter hat, und es fühlt sich schuldig dem Vater gegenüber. Aus diesem Schuldgefühl heraus entsteht die Bereitschaft, sich mit seinem Vater zu identifizieren.

Das Über-Ich muß als Instanz mit internalisierten oder introjizierten Normen betrachtet werden. Es sind Normen, die nicht ausschließlich von seiten des Vaters kommen, denn sie werden auch von anderen aus der Umgebung auferlegt. Freud sieht in der Bereitschaft, sich schuldig zu fühlen, einen zentralen Faktor für das Entstehen des Gewissens. Denn durch diese Bereitschaft entsteht das Verlangen, sich anzupassen und sich den gestellten Anforderungen unterzuordnen.

Problematisch bei dieser psychoanalytischen Sichtweise ist die Schwierigkeit, sie auch empirisch nachzuweisen. Es gibt keine oder nur wenige empirische Beweise, mit denen diese Hypothesen belegt werden können.

Die *kognitive Annäherungsweise* legt die Betonung auf die Faktoren Einsicht und Verständnis. Bereits in den dreißiger Jahren veröffentlichte Piaget Untersuchungen über das Gewissensphänomen. Er untersuchte nacheinander das Regelbewußtsein, den moralischen Realismus und den Gerechtigkeitsbegriff. Ihm zufolge muß man mit Regeln beginnen – z. B. Spielregeln –, da eine Regel Respekt bedeutet, Respekt vor dem anderen.

Kurz zusammengefaßt laufen die bedeutenden Erkenntnisse Piagets darauf hinaus, daß das junge Kind absolute Meinungen und absolute Urteile fällt. Das junge Kind ist nicht bereit, Zugeständnisse zu machen, wenn es darum geht, Dinge, Taten und Verhaltensweisen zu beurteilen anstatt zu verurteilen. Nach dem 8. Lebensjahr sehen wir, daß das Kind flexibler wird und eher imstande ist, situative Faktoren bei der Beurteilung bestimmter Verhaltensweisen miteinzubeziehen. Die Entwicklung von der sogenannten objektiven zur subjektiven Verantwortung geht nach dem 8. Lebensjahr in schnellem Tempo voran. Was man sich unter objektiver und subjektiver Verantwortung vorstellen muß, soll folgendes Beispiel erläutern: Piaget verwendete die Methode der fiktiven Geschichten. In diesen Geschichten sehen wir jeweils ein Resultat als Folge einer guten und einer schlechten Absicht. Im ersten Fall ist der angerichtete Schaden groß, im zweiten Fall klein.

Beispiel: Ein Junge kommt mit einem guten Zeugnis nach Hause und will begeistert in die Küche laufen, um es seiner Mutter zu zeigen. Er weiß nicht, daß hinter der Tür ein Tablett mit 10 Tassen und Untertassen auf einem Stuhl steht. Er öffnet die Tür mit einem kräftigen Ruck, sie knallt gegen den Stuhl, und alle Tassen und Untertassen sind zerbrochen.
Ein anderer Junge will die Abwesenheit seiner Mutter dazu benutzen, sich schnell einen Riegel Schokolade zu holen, der oben auf dem Küchenschrank liegt. Er klettert auf die Anrichte, kommt aber nicht ganz an ihn heran; er streckt sich, und dabei fällt eine Tasse herunter und zerbricht.

Nun wird das Kind gefragt: Was ist schlimmer, das erste oder das zweite Beispiel? Und weiter: Welcher der beiden Jungen war unartiger; der erste, der begeistert nach Hause kam, oder der zweite, der heimlich einen Riegel Schokolade stiebitzen wollte? Weiter fragt er, wer die höhere Strafe erhalten soll.

Es zeigte sich, daß Kinder bis zum 8. Lebensjahr vor allem auf die materiellen Folgen achten, also auf den angerichteten Schaden. Den finden sie von ausschlaggebender Bedeutung. Die Motive und die Vorsätze spielen kaum eine Rolle. Erst nach dem 8. Lebensjahr gewinnen diese in zunehmendem Maße an Bedeutung. Piaget sagt hierzu, daß die *objektive Verantwortlichkeit* (Bewertung der materiellen Folgen) ab 10 Jahren nicht mehr beim Kinde anzutreffen ist, während die *subjektive Verantwortlichkeit* (Bewertung der Absicht) bei Neunjährigen häufig und bei Zehnjährigen als Regel anzutreffen ist (Piaget 1954, 136).

Der Ansatz und die Theorie Piagets wurden von Kohlberg erheblich erweitert und theoretisch besser untermauert. Die Entwicklung des Gewissens verläuft ihm zufolge in 6 Stadien. Kohlbergs Auffassung liegt die Annahme zugrunde, daß die Stadien in der nachstehenden Reihenfolge auftreten und daß sie universale Gültigkeit haben. Man trifft sie also überall in der Welt an, wenn auch nicht unbedingt im gleichen Alter, aber sie entwickeln sich in der genannten Reihenfolge. Er unterscheidet folgende Stadien:

Stadium 1: Gehorsam, um Strafe zu vermeiden.
Stadium 2: Das Kind verhält sich konformistisch, um eine Belohnung zu erhalten und einen guten Eindruck zu machen.
Stadium 3: Das Kind verhält sich konformistisch, um Ablehnung zu vermeiden und von anderen nett gefunden zu werden.
Stadium 4: Das Kind verhält sich konformistisch, um Strafe zu vermeiden – Strafe, die in der Gesellschaft für bestimmte Verhaltensweisen erteilt wird.

Stadium 5: Man verhält sich konformistisch, weil man gerne eine geordnete Gesellschaft haben will.

Stadium 6: Man verhält sich konformistisch – nicht aufgrund von externen Geboten und Normen, sondern weil man es selbst befürwortet und weil man es aus eigenem Antrieb tun will.

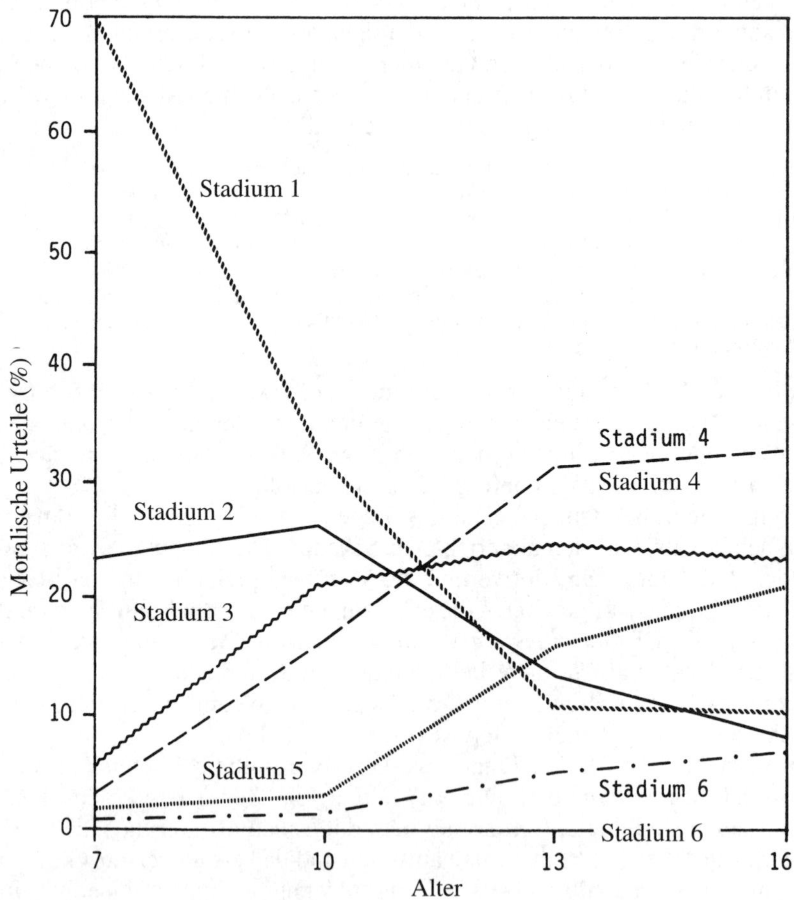

Abbildung 24. Die sechs Stadien der moralischen Entwicklung (des moralischen Urteils) in Beziehung zu vier steigenden Altersabschnitten (siehe Kohlberg 1963).

Eine Übersicht von Kohlberg (Abb. 24) zeigt eine ungefähre Alterseinteilung. Kohlberg gelangte zu dieser Einteilung aufgrund von Untersuchungen über sogenannte moralische Dilemmas. Die moralischen Dilemmas beziehen sich auf zentrale Werte in unserer Gesellschaft, z. B. *Gerechtigkeit* und *das Recht zu leben.* Das folgende Beispiel verdeutlicht Kohlbergs Vorgehensweise:

"In Berlin lag eine Frau, die an einer seltenen Form von Krebs litt, im Sterben. Die Ärzte stellten fest, daß es nur ein Arzneimittel gäbe, das sie noch retten könnte. Es handelte sich um eine Art von Radium, das ein Apotheker in Berlin vor kurzem entdeckt hatte. Aber das Mittel war teuer. Der Apotheker mußte für das Radium 200 Mark bezahlen, selbst berechnete er jedoch 2000 Mark für eine kleine Dosis des Arzneimittels. Der Mann der kranken Frau lieh von allen Freunden und Bekannten Geld, konnte aber nur 1000 Mark auftreiben. Er ging wieder zum Apotheker und erzählte ihm, daß seine Frau im Sterben läge. Er bat den Apotheker, ihm die Arznei für einen niedrigeren Preis zu verkaufen oder den verbleibenden Betrag eventuell später bezahlen zu dürfen. Dieser weigerte sich – denn er hatte schließlich lang genug an der Medizin gearbeitet. Der Mann wußte sich keinen Rat mehr und stahl das Arzneimittel aus der Apotheke".

Die gestellten Fragen waren: Durfte der Mann den Diebstahl begehen oder hätte er seine Frau sterben lassen müssen? Das Dilemma ist hiermit noch nicht zu Ende, denn die Geschichte ging wie folgt weiter: "Es stellte sich heraus, daß das Mittel die Frau nicht retten konnte und daß sie unerträgliche Schmerzen hatte." Das führte zu der Frage: Darf ein Arzt ihr helfen, den Tod zu beschleunigen? Denn die Frau bat den Arzt um ein Betäubungsmittel, das ihr das Sterben erleichtern sollte. Das Problem der Euthanasie (ein unheilbares, unerträgliches Leiden zu beenden) steht hierbei im Mittelpunkt.

Es ist deutlich, daß solche Geschichten nicht jedermann vorgelegt werden können, denn sie setzen ein großes Maß an reflexivem Vermögen voraus. Außerdem ist es fraglich, ob so gewonnene Untersuchungsbefunde verallgemeinert werden können. Kohlberg hingegen zögert nicht, an die Allgemeingültigkeit der Befunde zu glauben.

Im Rahmen seiner Forschungen stellte Kohlberg die Frage, ob ein einmal erreichtes Stadium für immer bestehen bleibt. Er kam zu einer überraschenden Feststellung: Studenten, die vor ihrem Eintritt in die Universität das 4. oder 5. Stadium erreicht hatten, fielen schon kurz danach in das 2. Stadium zurück. Hierfür gibt er folgende Erklärung: Aufgrund der Tatsache, daß diese Studenten mit neuen Situationen konfrontiert wurden, fielen sie *funktionell* auf ein niedrigeres Niveau zurück; *strukturell* bleibt das höhere Niveau vorhanden. Letzteres führt er auf die Tatsache zurück, daß sie sich nach dem Verlassen der Universität oder kurz davor wieder in stärkerem Maße innerhalb des bereits vor dem Eintritt in die Universität erreichten Stadiums bewegten.

Kohlberg machte noch einen weiteren Sachverhalt deutlich: den Zusammenhang zwischen der Entwicklung des moralischen Verhaltens und dem erwarteten Rollenverhalten. So kam er zu der Feststellung, daß Hausfrauen im allgemeinen ein moralisches Urteil haben, das dem 3. Stadium entspricht. Er erklärt dies mit der Behauptung, daß das 3. Stadium für das moralische Urteil der Hausfrau ausreiche, denn im allgemeinen habe sie keine Gewissensentscheidungen zu treffen, die höhere Anforderungen stellen.

Kennzeichnend für Stadium 3 sei, daß man als Mensch immer mit anderen Menschen in einer Wechselbeziehung stehe. Gegenseitiges Vertrauen ist wichtig, ebenso wie Mitgefühl. Verabredungen und Erwartungen übersteigen individuelle Belange (Boom & Olthof 1994, 43). Die Rolle der Mutter und Hausfrau werde von einem derartigen Erwartungsmuster geprägt.

Zwar hat kaum eine andere entwicklungspsychologische Theorie eine vergleichbare Ausstrahlung und tiefgehende Wirkung gehabt (Boom & Olthof 1994), diese und ähnlich Befunde, wie auch andere Aspekte der Kohlbergschen Auffassung haben jedoch teils massive Kritik hervorgerufen.

Die vorgetragene Kritik ist zumeist empirisch fundiert. So wirft Gilligan (1984) Kohlberg vor, daß er die Rolle der Frau in seiner Forschung unterbewerte. So sei Stadium 3, *Fürsorge als universale Verpflichtung,* in der Perspektive von Kohlberg eine niedrige Stufe der Moralentwicklung, während es nach Gilligans Auffassung abstraktes und prinzipielles Denken darstellt, und daher postkonventional sei. Gilligan bemängelt an Kohlberg, daß er ein verkürztes Moralkonzept vertrete, da sein Stufenmodell der moralischen Entwicklung "in erster Linie das Verhältnis des Individuums zu Konvention und Gesetz" thematisiere (Krieger 1990, 270). Fragen der Fürsorge und der Verantwortung für andere werden vernachlässigt zugunsten einer einseitigen Fixierung auf Recht und Gesetz.

Auch der Anspruch universaler Gültigkeit seines Stufenmodells wird bezweifelt und als nicht zutreffend zurückgewiesen (Durkin 1995). So wurde u. a. in einer vergleichenden Studie in Indonesien am Beispiel der javanischen Kultur nachgewiesen, daß Kohlbergs Auffassungen keine Allgemeingültigkeit haben (Magnis-Suseno 1981). Die javanische Kultur gilt als eine Kultur mit hohen Moralansprüchen und im Hinblick auf die Großfamilie besteht eine unbedingte Sozialverantwortlichkeit. Nach Magnis-Suseno werden die höchsten Stufen der Moralentwicklung im Sinne Kohlbergs in Java nicht erreicht. In der javanischen Wirklichkeit wird das Sozialleben jedoch von einer hohen Moral getragen. Die Hierarchie Kohlbergs ist als Interpretationsrahmen für diese Kultur nicht geeignet.

Heymans (1988) berichtet, daß Untersuchungen in 27 verschiedenen Ländern (Kulturen) im allgemeinen mit Kohlbergs Theorie übereinstimmen. Allerdings werde der Übergang vom 4. zum 5. Stadium nur in urbanen Kulturen gefunden. Das hänge damit zusammen, daß urbane Kulturen nicht nur *ein* klar definiertes Bezugssystem gesellschaftlicher Ordnung kennen, sondern verschiedene kleinere Bezugssysteme. Diese kleineren Bezugssysteme geben den Bewohnern Gelegenheit, moralisch-kognitive Konflikte zu erleben, die sie dazu anhalten, nach Universalprinzipen (Stadium 6) zu suchen, um diesen Konflikt zu überwinden (Heymans 1988, 211).

Kritik kommt auch von Seiten der Philosophie. Kohlberg geht von einem Endstadium der Moralentwicklung aus. Stadium 6 ist eine Operationalisierung des kategorischen Imperativs von Kant: ein unbedingtes ethisches Pflichtgebot für jeden einzelnen. Dieses philosophisch fundierte Endstadium der Moralentwicklung ist für Philosophen eine unbefriedigende Lösung. Daher werden die meta-ethischen Diskussionen zu dieser Frage nach der Meinung Heymans (1988) weitergehen.

Wie bereits dargelegt wurde, ist das Konzept Kohlbergs eine Präzisierung und Ausweitung des Ansatzes von Piaget. Zur Moralentwicklung gibt es jedoch nicht nur kognitiv orientierte Ansätze. Auch die Psychoanalyse und mit ihr verwandte Richtungen haben sich hierzu geäußert und Entwicklungsdimensionen aufgestellt. Krieger (1990) hat diese verschiedenen Ansätze in tabellarischer Form übersichtlich dargestellt.

Ein grundsätzliches und viel diskutiertes Problem ist der Zusammenhang zwischen Denken und Handeln. Piaget wie auch Kohlberg erforschten das moralische Urteil und nicht die moralische Handlung. Denken und Tun können einhergehen,

Tabelle 6. Synopse zur Moralentwicklung (s. Krieger 1990, 272)

Autoren/Ansätze	Stadium/Niveau/ Typ I.	Stadium/Niveau/ Typ II.	Stadium/Niveau/ Typ III
PIAGET	Moral der Autorität (Heteronome Moral)	Moral der Gleichheit, der strikten Einhaltung von Regeln durch alle	Moral der Billigkeit (Autonome Moral)
KOHLBERG	Vorkonventionales Niveau: Orientierung an Strafvermeidung und Nutzen (hedonistische Orientierung)	Konventionales Niveau: Orientierung an Normen und Rollensystemen (anständige Person/ Recht und Ordnung)	Postkonventionales Niveau: Orientierung an selbstakzeptierten Grundsätzen
PSYCHOANALYSE: a) Grundkonzept	Es-Impulse durch äußere Sanktionen kontrolliert	Es-Impulse durch Über-Ich kontrolliert	Das Ich als dominierende Instanz (Ich-Stärke/ Ich-Autonomie)
b) Neoanalytische Varianten: – PECK & HAVIGHURST (Charaktertypen)	Moralischer-indifferenter und zielstrebig-egoistischer Charakter	Konformistischer und irrational-gewissenhafter Charakter	Rational-altruistischer Charakter
– LOEVINGER (Stufen der Ich-Entwicklung)	präsozial/impulsgesteuert/opportunistisch	konformistisch/ gewissenhaft	autonom/integriert

aber sie gehen auch oft eigene Wege. Gibt es einen ursächlichen Zusammenhang zwischen Denken und Handeln? Nach Boom und Olthof (1994) kann man beide getrennt betrachten und erforschen, aber irgendwie wird unser Denken vom Handeln und unser Handeln vom Denken beeinflußt. Wie genau der Zusammenhang im alltäglichen Leben ist, wird zwar eifrig untersucht, aber von allgemeingültigen Schlußfolgerungen ist man noch weit entfernt (Heymans 1994; Killen & Hart 1995).

Die *lerntheoretische Auffassung* schließlich geht davon aus, daß all unser Verhalten erlernt ist. Sie widersetzt sich strikt der Auffassung, daß der Mensch bereits von Natur aus eine bestimmte Moralvorstellung hat – gleich ob gut oder schlecht. Argumente dieser Richtung sind zum Beispiel: Was in unserer Gesellschaft akzeptabel ist, kann in anderen Gesellschaften durchaus unakzeptabel sein; und was in unserer Gesellschaft als Nonkonformismus betrachtet wird, ist in anderen Gesellschaften gerade ein Zeichen von Konformismus.

Dieser Auffassung zufolge ist *Gewissen* ein aus internalisierten Normen bestehendes System, d. h. man verhält sich auch bei Abwesenheit einer externen Kontrolle angepaßt. Was früher also durch externe Belohnung, Bekräftigung oder Strafe erreicht wurde, wurde allmählich nach innen verlegt. Diese damit internalisierten

Normen sorgen dafür, daß man sich in zunehmendem Maße so verhält, "wie es sich gehört". Forscher, die diese Auffassung teilen, haben versucht, Gewissensphänomene unter Verwendung der folgenden Kriterien zu untersuchen: (a) Reaktionen auf Verstöße und (b) Widerstand gegen Versuchung.

Dabei zeigte sich, daß der Erziehungsstil der Eltern von großer Bedeutung ist. Liebevolle Eltern, die das Kind akzeptieren, gelten als die beste Voraussetzung für die Entwicklung eines gut funktionierenden Gewissens. Auch stellte sich heraus, daß moralisches Verhalten – zumindest teilweise – von der jeweiligen Situation abhängig ist. Hoffman (1970) spricht von einer dynamischen Konsistenz. Moralisches Verhalten läßt zwar eine gewisse Abhängigkeit von der Situation erkennen, jedoch verhält sich das Individuum mit zunehmendem Alter immer konsistenter, d. h. es ist immer weniger situationsabhängig. Eine vergleichende Studie ergab, daß Moralität trotz historischer, gesellschaftlicher und individueller Veränderungen ein Ausdruck des Verlangens nach Ordnung und Gleichgewicht ist. Gleichzeitig ist sie auch Ausdruck des Strebens, dem Leben einen Sinn zu verleihen (Mönks 1986).

Zusammenfassend können wir sagen, daß Lernprozesse beim Zustandekommen von moralischen Verhaltensweisen eine bedeutende Rolle spielen; gleichzeitig jedoch werden auch kognitive Entwicklungsprozesse Einfluß darauf haben, wie sich die moralischen Verhaltensweisen entwickeln. In Abschnitt 6.5 werden wir das Thema Moralität erneut zur Sprache bringen. Dann wird sich zeigen, wie wichtig dieses Persönlichkeitsmerkmal für die Entwicklung des jungen Menschen ist.

4.4 Kognitive Entwicklung

Die kognitive Entwicklungstheorie stellt folgende Fragen in den Mittelpunkt: Durch welche Mittel des Individuums kommt Wissen zustande und wie wird Wissen erworben, gespeichert und angewendet? Es handelt sich im Prinzip um *Wissensmittel* und *Wissensformen.* Kognition ist ein umfassender Begriff für Denken und Wahrnehmen, also Tätigkeiten, die entweder zum Wissenserwerb führen oder zur Verwendung des Wissens benötigt werden.

Der Schweizer Psychologe Piaget (1896-1980) hat die Entwicklungspsychologie im Bereich der kognitiven Entwicklung in hohem Maße beeinflußt und zahlreiche fruchtbare Einsichten und Anregungen geliefert.

4.4.1 Zentrale Begriffe in Piagets Entwicklungstheorie

Biologie und Epistemologie (die Lehre vom Wissen, Erkenntnislehre) haben das wissenschaftliche Werk Piagets deutlich beeinflußt.

Biologie: In seiner Theorie übernimmt Piaget viele Begriffe direkt aus der Biologie. So verwendet er bei seiner Definition von Intelligenz die Begriffe Adaptation, Organisation, Stadien, Wachstum u. a. Auf viele dieser Begriffe werden wir im folgenden näher eingehen.

Epistemologie: Sein Interesse für diesen Zweig der Wissenschaft kommt bei seinen Untersuchungen über das Entstehen von Begriffen/Konzepten (wie Zeit, Raum, Kausalität und Regelbewußtsein) zum Ausdruck. Laut Piaget wird jeder lebende

Organismus mit zwei fundamentalen Tendenzen geboren, der Tendenz zur Adaptation und der Tendenz zur Organisation.

1. Die Tendenz zur Adaptation kann umschrieben werden als die angeborene Tendenz eines jeden Organismus, sich an seine Umgebung anzupassen. Diese Adaptationstendenz besteht aus zwei Komponenten bzw. zwei komplementären Prozessen: Assimilation und Akkommodation.

– *Assimilation:* Die Tendenz eines Organismus, seine Umgebung zu verändern und diese schließlich an sich anzupassen. Ein einfaches Beispiel der Assimilation im Bereich der Biologie ist das Essen. Wenn jemand etwas ißt, muß sich seine Verdauung normalerweise nicht an die Nahrung anpassen. Was sich verändert, ist die Nahrung, d. h. der Umgebungsfaktor. Auch in der Psychologie spielt das Assimilationsprinzip eine große Rolle. Ein Baby entwickelt zu einem gegebenen Zeitpunkt ein habituelles Verhaltensmuster hinsichtlich seiner Umgebung: Alles, auf das das Baby stößt, wird angefaßt. Die Welt wird für das Kind gleichsam eine Greifwelt. Der funktionelle Wert der Objekte wird – aus der Sicht des Erwachsenen – auf "Greifbarkeit" reduziert.

Auch für die Unterrichtssituation ist das Assimilationsprinzip sehr wichtig. Laut Piaget befindet sich jedes Kind immer in einem gewissen Entwicklungsstadium. Dieses Stadium bestimmt zum großen Teil die Art und Weise, mit der ein Kind beispielsweise einen verbalen Auftrag interpretieren wird. Man kann einem 4- und einem 10jährigen Kind einen objektiv identischen verbalen Auftrag geben, muß jedoch davon ausgehen, daß das Kind diesen Auftrag nur in dem Maße begreifen kann, in dem seine kognitive Struktur, also sein kognitives Entwicklungsstadium dies zuläßt. Das Kind assimiliert den Inhalt des Auftrags an seine kognitive Struktur: *Es begreift den Auftrag in dem Umfang, in dem es ihn begreifen kann.*

– *Akkommodation:* Die Tendenz des Organismus, sich selbst zu verändern, um schließlich an die Umgebung angepaßt zu sein. Ein Beispiel aus der Biologie betrifft wiederum das Essen. Wenn ein Organismus dazu gezwungen wird, neue und fremde Nahrung zu sich zu nehmen, muß das physiologische System sich oft an diesen veränderten Umgebungsfaktor anpassen. Im Bereich der Psychologie gilt dies, wenn das Kind etwas ergreifen will. Dazu muß es seine Wahrnehmung so einstellen, daß es das Objekt gut sehen kann. Auch das Bewegungsmuster muß so angepaßt werden, daß die Entfernung zum Objekt überbrückt werden kann. Und abschließend muß es den Griff nach dem Objekt z. B. an die Form und das Gewicht des Objekts anpassen. Auch für die Schulsituation ist die Akkommodation von Bedeutung: Das Kind wird bereit sein müssen, immer wieder neues Wissen aufzunehmen, um stets neue Probleme bewältigen zu können.

Wie verhalten sich Assimilation und Akkommodation zueinander? Beide Prozesse sind wie gesagt komplementär. In jedem Verhalten des Organismus kann man einen Aspekt der Assimilation und einen der Akkommodation erkennen. Dies zeigt sich unter anderem deutlich am Beispiel des Greifverhaltens des Babys.

2. Die Tendenz zur Organisation kann umschrieben werden als die angeborene Tendenz aller Organismen, die eigenen Prozesse in kohärente Systeme zu integrieren.

Ein Baby kennt z. B. anfangs nur zwei getrennte Verhaltensstrukturen: Es kann nach etwas greifen, und es kann auf etwas schauen. Zu Beginn ist das Kind noch nicht in der Lage, diese beiden Verhaltensstrukturen zu integrieren. Erst später werden beide in der sogenannten Augen-Hand-Koordination zu einer Struktur auf höherer Ebene koordiniert.

Adaptation und Organisation verhalten sich komplementär zueinander. Wenn ein Organismus seine Aktivitäten organisiert, assimiliert er neue Geschehnisse an bereits bestehende Strukturen und akkommodiert bereits bestehende Strukturen an die Anforderungen der neuen Situation. Piaget nennt beide Prozesse biologische Faktoren. Der Grund hierfür liegt in der Tatsache, daß beide Tendenzen allen lebenden Organismen eigen sind. Es handelt sich um vererbte Tendenzen. Wie diese beiden Prozesse in einem bestimmten Organismus tatsächlich wirksam sind, ist zum Teil abhängig von seiner Umgebung und seiner Lerngeschichte.

Ein weiterer wichtiger Begriff in Piagets Entwicklungspsychologie ist der Begriff *"Äquilibrium"* oder "Gleichgewicht". Diesem biologisch bedingten Prinzip ist es zu verdanken, daß Entwicklung kein chaotisches, sondern ein geordnetes Geschehen ist. Die komplementären Prozesse der Assimilation und Akkommodation sorgen dafür, daß das Individuum immer wieder einen Gleichgewichtszustand anstrebt. Hier sehen wir eine direkte Verbindung zu einem anderen großen Theoretiker in der Entwicklungspsychologie, nämlich Werner (1959), der von einem *orthogenetischen Prinzip* ausgeht. Werner will damit andeuten, daß die Entwicklung eines Individuums, einen geordneten Verlauf nimmt. Entwicklung führt letztendlich zu einer zunehmenden Differenzierung (die Motorik, die anfangs grob ist, wird immer feiner; dasselbe gilt z. B. auch für die Sprache) und zu einer hierarchischen Ordnung (die verschiedenen Funktionen des Menschen werden in zunehmendem Maße aufeinander abgestimmt und besser integriert). Sowohl Werner als auch Piaget gehen davon aus, daß Entwicklung nach einem angeborenen Plan verläuft und letztendlich zu einem guten Endergebnis führt, was für beide das Ziel der Entwicklung ist.

Auch Beim Organisationsprozeß handelt es sich um einen Interaktionsprozeß, dessen Ziel es ist, ein Gleichgewicht zustandezubringen. Der Begriff "Gleichgewicht" bezieht sich primär auf das Verhältnis zwischen dem Organismus und der Umgebung und im besonderen auf das Verhältnis zwischen der kognitiven Struktur des Individuums und der Struktur seiner Umgebung. Man spricht von einem *Gleichgewichtszustand,* wenn ein Individuum Geschehnisse aus seiner Umgebung nicht mehr verändern muß, um diese zu assimilieren, und auch sich selbst nicht mehr verändern muß, um sich an neue Geschehnisse zu akkommodieren. Es ist deutlich, daß sich diese Definition auf eine ideale Situation bezieht. Piaget wollte damit aufzeigen, daß seiner Meinung nach in der Entwicklung des menschlichen Denkens ein bestimmter Fortgang erkennbar wird, der von harmonisierenden und ordnenden Prozessen getragen wird.

3. Psychologische Struktur oder Schema

Bis jetzt sind zwei Prozesse besprochen worden: Adaptation und Organisation. Worauf aber beziehen sich diese Prozesse? Um diese Frage zu beantworten, ist es nötig, Piagets Begriff von *psychologischer Struktur* beziehungsweise *Schema* zu verstehen. In der Biologie spricht man von sich verändernden Strukturen. Piaget hat versucht, hierfür auf der Verhaltensebene ein Analogon zu finden. Für dieses Analogon verwendet er den Begriff *psychologische Struktur* oder *Schema.*

Der Begriff Schema bezeichnet die abstrahierte Form menschlicher Handlungen, die im einzelnen individuell variieren, sich aber in ihrer Grundstruktur gleichen. Diese Basisstruktur bezeichnet Piaget als Schema. Er unterscheidet hierbei zwischen *sensomotorischen* bzw. *Verhaltensschemata* und *operationalen* bzw. *kognitiven Schemata.* Anfangs sind diese Schemata sensomotorisch. Sie bilden die psychische Struktur des Kindes von 0 bis ca. 2 Jahren. Der Begriff sensomotorisch impliziert, daß Information in die Rezeptoren eindringt (sensorisch), auf die das Kind mit adaptivem motorischen Verhalten reagiert (motorisch). Bei einem Kind zwischen 0 und ca. 2 Jahren tritt laut Piaget noch keine Form der Vermittlung (Mediation) im Sinne von "interner Denkaktivität" auf. Geistige Aktivität ist in diesem Stadium gleichbedeutend mit sensorischem Empfang und einer darauf folgenden motorischen Reaktion. Beispiele für sensomotorische Schemata sind: Greifschema, Saugschema und Kriechschema.

Ab etwa dem 2. Lebensjahr verfügt das Kind neben sensomotorischen auch über kognitiv/operationale Schemata. Diese Schemata kann man als die Grundstrukturen des Denkprozesses bezeichnen. Ein Beispiel für ein solches Schema ist das sogenannte Klassifikationsschema. Wenn man einem 7- bis 11jährigen Kind eine Reihe von Abbildungen vorlegt, auf denen rote und weiße Blumen zu sehen sind, so kann das Kind verdeutlichen, daß hier eine Klasse mit roten und dort eine Klasse mit weißen Blumen besteht. Das Kind verfügt offensichtlich über eine Reihe von integrierten Basisstrukturen, wie beispielsweise die Fähigkeit, verschiedene Objekte in Klassen einzuordnen und die Klassen wiederum nach Abstufungen zu ordnen. Aufgrund dieses Verhaltens kann man also annehmen, daß das Kind über ein Klassifikationsschema verfügt.

Der Begriff Schema oder psychologische Struktur ist also ziemlich komplex. Er bezieht sich nicht nur auf organisierte Verhaltensmuster, sondern auch auf internalisierte Denkmuster. Piaget verwendet in beiden Fällen den Begriff Schema, da sich seinem theoretischen Konzept zufolge die operationalen Schemata von den sensomotorischen Schemata ableiten. Daß beide Schemata gemeinsam für die Internalisierung von Information wichtig sind, zeigt z. B. die Tatsache, daß Kinder Wissen erwerben, indem sie handelnd mit ihrer Umgebung umgehen.

Piagets Theorie besagt außerdem, daß es in der kognitiven Entwicklung des Kindes verschiedene Stadien gibt, d. h., daß die kognitive Struktur eines Kindes je nach Alter verschiedene Ausprägungen haben kann (siehe auch "Stadien").

Ein Schema ermöglicht es dem Kind, neue *Reaktionen* mittels Akkommodation zu erlernen. *Ein Beispiel:* Das Baby ergreift einen Ball auf der Grundlage des vorhandenen Greifreflexes. Es will am Ball saugen, denn dies entspricht seinem Schema vom Umgang mit den Dingen: Die Welt besteht aus Greif- und Saugdingen. In diesem Augenblick findet Assimilation statt, Anpassung aufgrund von vorhandenem Wissen. Nun merkt das Kind, daß es an dem Ball nichts zu saugen gibt. Vielleicht läßt das Kind den Ball fallen und erkennt die neue Qualität des Balls. Es hebt den Ball wieder auf und läßt ihn erneut fallen. In diesem Augenblick entsteht ein neues Schema, denn das Kind paßt sich an die Qualitäten des Balls an: Das ist Akkommodation. Zur Erläuterung siehe Abbildung 25.

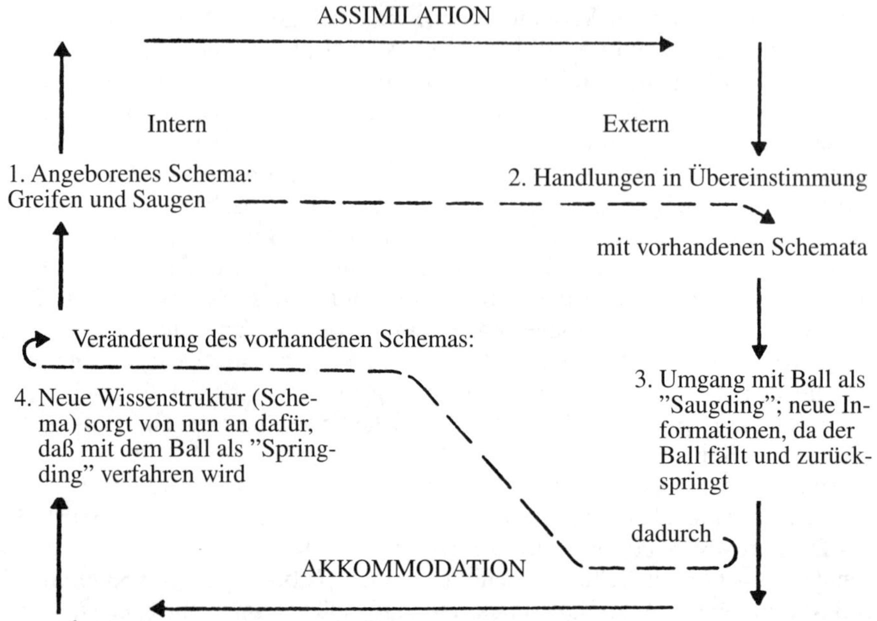

Abbildung 25. Baby und Ball: Für das Baby besteht die Welt vor allem aus Greif- und Saugdingen. Beim ersten Kontakt mit einem Ball geht das Kind auf der Grundlage des vorhandenen Wissens (= Assimilation) mit ihm um, d. h. daran saugen. In dem Moment, in dem das Kind den Ball fallen läßt, erfährt es jedoch, daß ein Ball kein "Saugding" ist, sondern ein "Springding". Dieses neue Wissen verändert seine interne Wissenstruktur (= Akkommodation).

Dieses Beispiel zeigt, wie bestimmte vorhandene Schemata und der Umgang mit der Umgebung in zunehmendem Maße dafür sorgen, daß sich das Wissen des Kindes erweitert. Bereits hier wird deutlich, daß das Kind viel mehr weiß, als es ausdrücken kann. Dies ist einer der zentralen Ansatzpunkte von Furth, der davon ausgeht, daß beim Kind sicher bis zum 7. oder 8. Lebensjahr das Denken losgelöst von der Sprache gesehen werden kann und muß.

4.4.2 Repräsentation der Welt und die verschiedenen Stadien der kognitiven Entwicklung

Die Welt des Erwachsenen ist organisiert. Wir können die Dinge ordnen, die in uns sind (z. B. Gefühle, Gedanken, Träume und Wünsche), und die Dinge, die außerhalb von uns liegen (z. B. Objekte, Häuser, Bäume, soziale Umgebung). Wir haben Einfluß auf die Dinge, weil wir sie losgelöst von uns selbst als Objekte betrachten. Der Zusammenhang der Dinge (Kategorien, Relationen, kausale Zusammenhänge), der für uns selbstverständlich ist, ist für das Kind nicht ersichtlich. Das Kind erfährt noch keine deutliche Distanz zwischen sich selbst und der Welt. Erst von etwa 12 Monaten an ist das Kind laut Piaget zunehmend fähig (siehe Tabelle 7, S. 155), ein Objekt auch dann noch "festzuhalten", wenn es nicht mehr sichtbar ist. Diese *Ob-*

jektpermanenz oder *Objektbildung* ist ein wichtiger Schritt beim Aufbau eines Weltbilds und eine notwendige Voraussetzung für eine symbolische Umgangsweise mit Objekten aus der Umgebung. Diese *Symbolbildung,* die sich etwa ab dem 18. Monat entwickelt, ermöglicht es dem Kind, Dinge über deren Erscheinungsbild hinaus als einen Verweis auf etwas anderes zu sehen (etwas anderes als das, was sie in Wirklichkeit sind).

Schenk-Danzinger (1993, 175) weist in diesem Zusammenhang auf die Tatsache hin, daß das Entstehen des Symbolverständnisses und des Vorstellungsvermögens mit wichtigen Schritten in der Sprachentwicklung und dem Auftreten des Rollenspiels zusammenfallen. Sie weist auch darauf hin, daß das Rollenspiel die folgenden Merkmale aufweist, die auch Voraussetzungen für den Sprachgebrauch sind:

- Die "Als-ob-Einstellung";
- die willkürliche Symbolbildung oder Begriffsumwandlung (Metamorphose von Gegenständen);
- die Verlebendigung von Leblosem, das Zuschreiben von menschlichen Qualitäten für Dinge und/oder Tiere (Antropomorphismus);
- die fiktive Umwandlung von Personen (Rollen);
- das Imitieren von Handlungen oder Handlungsfolgen.

Diese neu erlernten Fähigkeiten in den Bereichen Symbolverständnis und Vorstellungsvermögen sorgen dafür, daß das Kind seine Welt und seine Umgebung "anders" erfährt und sie auf neue Art und Weise entdecken kann.

Die Kognition – die Entwicklung des Denkens und Wissens – ermöglicht es, daß jeder Mensch die Welt auf seine Weise organisiert. So organisiert ein Indianer seine Welt anders als ein Indonesier oder ein Belgier. Unter Kognition versteht man Prozesse des Denkens und Wahrnehmens, durch die Wissen erworben und gespeichert wird, das dann wieder reproduziert oder angewendet werden kann.

Nach Piaget verläuft die Repräsentation der Welt in uns und somit das Denken über die Welt in mehreren Phasen, die jeweils verschiedene Repräsentationsformen aufweisen:

1. *Bilder:* Die Repräsentationsform bei Kindern bis zum Alter von ungefähr 4 Jahren. Es handelt sich nicht um eine exakte photographische Wiedergabe, sondern um lose Eindrücke, die hängengeblieben sind und sich in unserem Gedächtnis festgesetzt haben. Erinnerungen aus den Kinderjahren können z. B. durch einen bestimmten Geruch ausgelöst wieder auftauchen. Oder bestimmte Sinneseindrücke rufen früher Erlebtes wieder wach.
2. *Symbole:* Ein Symbol ist die zweite Form der Repräsentation. Hierbei handelt es sich nicht nur um ein spezifisches Geräusch oder einen spezifischen Geruch mit einer bestimmten Bedeutung, sondern ein Symbol steht eben genau über dem spezifischen Geschehen und verweist auf etwas, das es selbst nicht ist (Knoers 1976). So kann ein Kleinkind mit einer Schachtel spielen, als ob es ein Auto wäre. Später wird das Kind lernen, daß Symbole wie z. B. Verkehrsschilder eine Verweisfunktion haben.
3. *Begriffe:* Ab dem Vorschulalter wächst das Bedürfnis des Kindes, die vielen Eindrücke und Ereignisse zu ordnen und Zusammenhänge und Kausalbeziehungen

zu entdecken. Dies ist ein wichtiger (erster) Schritt in Richtung Regelbewußtsein. Das zunehmende Denken in Begriffen kommt z. B. in der Entdeckung des Kindes zum Ausdruck, daß das Merkmal eines Dreirads darin besteht, daß es *immer* drei Räder hat, und daß, wenn "Sonntag" ist, *überall* Sonntag ist. Das Kind versteht zunehmend, daß Begriffe einen Set mit allgemeinen Eigenschaften repräsentieren.

4. *Regeln:* Eine Regel ist die Relation zwischen zwei oder mehr Begriffen. Es gibt formelle und informelle Regeln. Formell z. B.: "Wasser ist naß" und "Feuer ist heiß"; informell z. B.: "Plätzchen sind süß". Formelle Regeln beruhen auf Naturgesetzen, während informelle Regeln auf Absprachen oder Erfahrungen beruhen.

In dieser Abfolge verläuft die Repräsentation der Welt. Wichtig ist hierbei, daß Piaget dies nicht an exakte Altersabschnitte geknüpft hat, sondern daß es lediglich die Reihenfolge wiedergibt, in der wir eine stets höhere Form der Repräsentation erreichen.

Laut Piaget kann die kognitive Entwicklung in Stadien unterteilt werden, d. h. die kognitiven Fähigkeiten lassen sich in verschiedenen Altersstufen qualitativ deutlich voneinander unterscheiden. In jedem der aufeinanderfolgenden Stadien kommen neue kognitive Möglichkeiten, die zuvor noch nicht vorhanden waren, hinzu.

Piaget unterscheidet insgesamt 10 Stadien. Die differenzierteste Unterteilung wird im ersten Stadium vorgenommen – dem sensomotorischen Stadium. Es besteht aus sechs Substadien (siehe Tab. 7). Das präoperationale Stadium (das zweite Hauptstadium) wird meistens grob in zwei Stadien unterteilt: 2-5 Jahre und 5-7 Jahre. Im ersten Substadium stehen die Entwicklung der symbolischen Funktionen und das intuitive Denken im Vordergrund, während im zweiten Substadium die Entwicklung der Konservierung im Vordergrund steht. In dieser Periode wächst die Einsicht in die Invarianz, die Unveränderlichkeit von Objekten, d. h. eine bestimmte Menge oder ein bestimmtes Gewicht bleibt auch bei einer Veränderung der Form dieselbe – bzw. dasselbe, bleibt also invariant. Das konkret-operationale Stadium (etwa 7-11 Jahre) bildet das dritte und das formal-operationale Stadium (ab etwa 12 Jahren) das vierte Hauptstadium.

4.4.2.1 Das Sensomotorische Stadium (0-18 bzw. 24 Monate)

Bereits im Babyalter zeigen Kinder intelligente Handlungen. In der frühen Lebensphase kann sich Intelligenz nur in Handlungen ausdrücken. Die ersten reflexartigen Bewegungen des Babys führen zum ersten Wissenserwerb in der Welt. Wie wir bereits gesehen haben, verfügt das Kind bei der Geburt über eine Reihe von Verhaltensschemata wie Saugen, Greifen, sich Hin- und Herbewegen.

Piaget sagt, daß während des sensomotorischen Stadiums der kognitiven Entwicklung die Intelligenz nur in Form von motorischer Aktivität als Reaktion auf sensorische Reizung auftritt. Es geht in dieser Periode um konkret verrichtete Handlungen und nicht um vorgestellte, imaginäre Handlungen. Piaget unterscheidet in dieser Periode noch eine Reihe von Substadien (siehe Tabelle 7).

In diesem Stadium der Entwicklung kann man beim Kind folgendes beobachten: Zu Beginn bewegt es sich nur auf dem Niveau des rein reflexiven Verhaltens. Es be-

Tabelle 7. Übersicht über die sechs Substadien des sensomotorischen Stadiums (0-18 bzw. 24 Monate) in Relation zu der Entwicklung der Objektpermanenz; außerdem werden die wichtigsten Elemente der verschiedenen Stadien wiedergeben (Flavell 1977, 36 und 58).

Kognitive Entwicklung	*Objektpermanenz*
1. Stadium (ca. 0-1 Monate) Angeborene Reflexschemata (Reflexe) *2. Stadium (ca. 1-4 Monate)* Modifikation der Schemata des 1. Stadiums unter dem Einfluß von Erfahrungen, resultierend in gegenseitige Koordination, Augen-Hand-Koordination, (Primäre zirkuläre Reaktionen auf den eigenen Körper gerichtet; z. B. ab drei Monaten = Lallmonologe; mit den Zehen spielen)	1.-2. Stadium (ca. 0-4 Monate) Baby verfolgt mit den Augen ein sich bewegendes Objekt, bis es verschwindet, verliert dann sofort das Interesse daran und starrt-kurz auf den Punkt des Verschwindens.
3. Stadium (ca. 4-8 Monate) Entwicklung von Schemata, die interessante Effekte auf die Umgebung haben: Extern orientiert (sekundäre zirkuläre Reaktionen auf die Umgebung gerichtet; z. B. Tür oder Tasche öffnen). – Funktionslust (K. Bühler 1919) – Sekundäre zirkuläre Reaktionen (Piaget 1936) – Effectance motivation = effektiver Umgang mit der Umgebung (R. White 1959) –> Drei verschiedene Bezeichnungen für dasselbe Verhaltensphänomen: Verhalten ruft seine eigene Wiederholung hervor = zirkulär.	3. Stadium (ca. 4-8 Monate) Baby folgt sich bewegenden Objekten visuell, fixiert das Objekt beim Stoppen der Bewegung, antizipiert zukünftige Position auf der Grundlage des Bewegungsverlaufs; kann einem bewegenden Objekt über den Punkt des Verschwindens hinaus visuell folgen (z. B. sich über den Stuhl lehnen, um nach einem heruntergefallenen Objekt zu schauen); kann teilweise sehr gut Objekte erkennen. Versucht das Objekt nicht zu ergreifen, wenn es verschwindet, obwohl das Baby dazu in der Lage wäre. Keine Überraschung beim Verschwinden.
4. Stadium (ca. 8-12 Monate) Koordination von Stadium-3-Reaktionen, resultierend in intentionellem "intelligent" erscheinendem Mittel-Zweck-Verhalten (Koordination der sekundären Reaktionen).	4. Stadium (ca. 8-12 Monate) Probiert, ein Objekt, das aus dem Blickfeld verschwindet, mit den Händen zu greifen. Sucht dort weiter, wo es das Objekt zuvor gefunden hatte, auch wenn es sieht, daß es versetzt worden ist. Motor habit: "Suche dort, wo du es schon mal gefunden hast": Sensorisches Aktionsmuster ist wichtig.
5. Stadium (ca. 12-18 Monate) Aktives "trial and error", Explorationsverhalten, gerichtet auf die Entdeckung neuer Mittel-Zweck-Schemata (tertitäre zirkuläre Reaktionen ab jetzt kein Zufall mehr, sondern Drang, neue Objekte zu untersuchen und zu manipulieren).	5. Stadium (ca. 12-18 Monate) Sucht das Objekt dort, wo es dieses zuletzt verschwinden sah, z. B. in der Hand, in der es ein Objekt verschwinden sah; nicht unter dem Tuch oder hinter der Wand, wo das Objekt zurückgelassen wurde.
6. Stadium (ca. 18-24 Monate) Entdeckung neuer Mittel-Zweck-Schemata durch interne mentale Kombination von symbolisch präsentierten Schemata. Übergang vom sensomotorischen zum symbolisch-kognitiven Funktionieren (beginnendes Denken).	6. Stadium (ca. 18-24 Monate) Kind verwendet die neu entwickelten symbolischen Fertigkeiten, um sich eine mögliche unsichtbare Versetzung des verborgenen Objekts vorzustellen; nicht ausschließlich gebunden an beobachtete oder sichtbare Objektversetzungen.

steht noch keinerlei Form der Unterscheidung zwischen dem Kind und seiner Umgebung. Erst gegen Ende dieser Periode tritt eine deutliche Differenzierung zwischen Subjekt und Objekt auf. Das deutlichste Beispiel dieses Entwicklungstrends ist das Phänomen der Objektpermanenz (siehe hierzu auch Abschnitt 3.1.1).

Zu Beginn ist ein Gegenstand für ein Kind lediglich eine Verlängerung des eigenen Handelns. Für ein Kind von ± 8 Monaten besteht ein Gegenstand nicht mehr, wenn er z. B. hinter einer Wand versteckt wird. Erst mit etwa 9-12 Monaten ist das Kind imstande, versteckte Gegenstände zu finden. In diesem Alter sucht das Kind jedoch nur an der Stelle, an der der Gegenstand beim ersten Mal versteckt wurde. Legt man einen Gegenstand erst unter Kissen A und danach unter Kissen B, dann sucht ein 12 Monate altes Kind zunächst unter Kissen A. Erst in der ersten Hälfte des zweiten Lebensjahres wird das Kind das Objekt dort suchen, wo es zuletzt verschwunden ist (unter Kissen B; siehe Abbildung 14). In diesem Alter muß das Kind noch sehen können, was geschieht: Nimmt man ein Objekt, packt es in eine Schachtel, stellt die Schachtel hinter einen Vorhang und nimmt das Objekt heraus, wird das Kind erst gegen Ende dieser Periode – also mit etwa 18 Monaten – auf die Idee kommen, auch hinter dem Vorhang nachzuschauen. Denn erst dann ist das Kind fähig, sich Dinge vorzustellen.

Diese Beobachtung zeigt, daß im sensomotorischen Stadium ein Prozeß stattfindet, den Piaget als *Dezentrierungsprozeß* bezeichnet, d. h. das Kind kann sich von sich selbst loslösen und sich und die Umgebung als getrennte Entitäten betrachten.

4.4.2.2 Das präoperationale Stadium (± 18 Monate bis 7 Jahre)

Das präoperationale Stadium beginnt mit dem systematischen Spracherwerb, dem symbolischen Spiel, der (verzögerten) Imitation und der geistigen Vorstellungsfähigkeit. Alle diese Prozesse weisen darauf hin, daß das Kind nun zu symbolischem Verhalten fähig ist. Es reagiert nicht länger nur auf Reize, sondern kann jetzt nach eigenen Vorstellungen auch von sich aus agieren.

Das Kind ist imstande, so zu tun als ob, d. h. es kann Situationen aufrufen, die nicht direkt anwesend sind. Es kann Verhalten, das es beobachtet, und Verhalten, das es am Tag zuvor beobachtet hat, nachahmen (Imitation und verzögerte Imitation). Das Kind kann antizipieren: Es kann nun sagen, daß ein Turm noch nicht fertig ist, denn es weiß, was für einen Turm es bauen will. Das Kind ist jetzt imstande, sich die Welt auf eine konkrete Art und Weise zu vergegenwärtigen (repräsentieren).

Trotz der erweiterten Vorstellungsmöglichkeiten ist das präoperationale Denken noch sehr egozentrisch. Das Kind ist noch nicht dazu fähig, die (perzeptive, emotional-motivationale und begriffliche) Perspektive von anderen zu übernehmen.

Beispiel: Man setzt das Kind an eine Modell-Rennbahn, auf der nebeneinander ein rotes, ein weißes und ein blaues Auto stehen. Fragt man das Kind nun, in welcher Reihenfolge diese Autos aus der Sicht des Betrachters auf der anderen Seite der Rennbahn stehen, wird das Kind mit Begriffen aus seiner eigenen Perspektive heraus antworten. Etwas anderes kann es sich noch nicht vorstellen. Präoperationales Denken ist sehr *zentriert.* Konfrontiert man das Kind mit einer mehrdimensionalen Situation, so richtet sich sein Interesse immer auf eine bestimmte Dimension. Es achtet nicht auf die anderen Dimensionen und noch weniger auf die Beziehungen zwischen den verschiedenen Dimensionen.

Beispiel: Man füllt ein schmales, hohes Glas und ein breites Glas mit der gleichen Menge Wasser und fragt das Kind, ob beide Gläser gleich viel Wasser enthalten; das Kind wird in den meisten Fällen antworten, daß in dem schmalen, hohen Glas mehr Wasser enthalten ist, weil es höher als das andere Glas ist. Das Kind achtet also noch nicht auf beide Dimensionen gleichzeitig. Präoperationales Denken ist irreversibel. Das Kind ist nicht in der Lage, eine Handlung rückgängig zu machen, indem es die Handlung geistig in umgekehrter Reihenfolge wiederholt. Charakteristisch für ein Kind in dieser Periode ist folgendes Gespräch zwischen einem Erwachsenen und einem Kind:

– Peter, hast du einen Bruder?
– Ja.
– Wie heißt denn dein Bruder?
– Hans.
– Hat Hans auch einen Bruder?
– Nein.

Die Beziehung "Peter ist ein Bruder von Hans" ist für das Kind noch nicht umkehrbar. Präoperationales Denken ist eher *statisch.* Wenn Situation A in Situation B übergeht, achtet das Kind ausschließlich auf Situation A und erst danach auf Situation B. Es achtet nicht auf die Veränderungen, aufgrund derer A in B übergeht.

Beispiel: Fordert man ein Kind auf, einen fallenden Stock zu malen, zeichnet das Kind erst einen vertikal stehenden Stock und danach einen horizontal liegenden Stock. Es achtet nicht auf den dynamischen Aspekt: den Stock während des Fallens.

4.4.2.3 Das konkret-operationale Stadium (7-11 Jahre)

Das Denken des konkret-operationalen Kindes ist weniger egozentrisch und wird gekennzeichnet durch eine zunehmende Fähigkeit zur Dezentrierung, d. h. das Kind ist nun beispielsweise imstande, auf mehrere Dimensionen innerhalb der gleichen Situation zu achten und diese auch untereinander in Beziehung zu setzen (dies zeigt sich u. a. an der Tatsache, daß das Kind zur Konservierung fähig ist; siehe 4.4.2.5.c). Es achtet jetzt auf den dynamischen Aspekt und auf Veränderungen und kann die Tatsache der logischen Reversibilität verstehen. Diese Fähigkeit zu logischem Handeln bezieht sich in der konkret-operationalen Phase jedoch nur auf Situationen, in denen konkretes Anschauungsmaterial vorhanden ist. Wenn man z. B. dem Kind ein Problem (z. B. ein Klassifikationsproblem) in verbalen Begriffen vorlegt, ohne ihm konkrete materielle Beispiele dazu zu geben, ist es außerstande, das Problem adäquat zu lösen.

4.4.2.4 Das formal-operationale Stadium (ab etwa 12 Jahren)

Wie gesagt, ist das konkret-operationale Kind zu operationalem Denken in der Lage, jedoch nur in bezug auf konkret vorhandenes Material. Es ist stark gebunden an die jeweilige Situation und kann noch nicht berücksichtigen, was alles möglich ist. Dies verändert sich beim Eintritt in das formal-operationale Stadium, das folgende zwei Merkmale besitzt:

1. Es ist *hypothetisch-deduktiv:* Wenn ein konkret-operationales Kind ein Problem lösen muß, geht es direkt an das Problem heran. Es probiert ganz konkret bestimmte Dinge aus und achtet nur auf die direkten Resultate seines Versuchs, das Problem zu lösen. Das formal-operationale Kind hingegen geht anders vor. Es beschäftigt

sich zunächst theoretisch mit dem Problem. Es analysiert das Problem im Hinblick auf eine mögliche hypothetische Lösung. Anhand dieser Analyse deduziert es eine bestimmte Lösungsstrategie. Diese theoretische Analyse kann verbal erfolgen. Das Kind kleidet das Problem in eine Reihe von Aussagen – auch Propositionen genannt – und sucht daraufhin nach Beziehungen zwischen den verschiedenen Propositionen. Daher wird das formal-operationale Denken oft auch als propositionales Denken bezeichnet.

2. *Formal-operationales Denken ist kombinatorisches Denken.* Diese Eigenschaft ist – so wird sich zeigen – eine Ergänzung des ersten Merkmals und betrifft die Art und Weise, in der die Analyse vorgenommen wird. Sie kann anhand des folgenden Beispiels erläutert werden: Der Versuchsleiter gibt dem Kind fünf Gläser, die mit einer Flüssigkeit gefüllt sind. Bei einer bestimmten Kombination verfärbt sich die Flüssigkeit. Das Kind muß diese bestimmte Kombination herausfinden. Ein konkret-operationales Kind probiert die Kombinationsmöglichkeiten unsystematisch aus. Wenn es dann – durch Zufall – die richtige Kombination findet, kann es diese nicht so einfach reproduzieren. Kommt das Kind nicht auf die richtige Lösung, so bedeutet das faktisch, daß es die eine bestimmte Kombination, die für die richtige Lösung erforderlich war, nicht empirisch ausprobiert hat. Das formal-operationale Kind dagegen erstellt erst theoretisch eine vollständige Matrix aller möglichen Kombinationen und probiert dann systematisch die einzelnen Zellen der Matrix empirisch aus. Findet das Kind die richtige Lösung, so kann es diese auch sofort wieder reproduzieren.

Dieses Beispiel zeigt, daß das formal-operationale Denken den Menschen dazu befähigt, Probleme wissenschaftlich zu lösen und Hypothesen mit abhängigen Variablen zu überprüfen.

4.4.2.5 Der Übergang vom prä- zum konkret-operationalen Denken

Piaget hat eine Anzahl von Aufgaben entworfen, mit denen der Übergang vom präoperationalen Denken zum konkret-operationalen Denken veranschaulicht werden kann, und die als Unterscheidungskriterien gesehen werden können: Kann das Kind die Aufgabe lösen, so befindet es sich bereits im konkret-operationalen Stadium. Einige dieser Aufgaben wollen wir im folgenden näher erörtern.

(a) *Serielles Ordnen.* Gibt man einem präoperationalen Kind den Auftrag, eine Reihe Stöckchen mit unterschiedlicher Länge zu ordnen, ist es nicht imstande, die Stöckchen der Länge nach anzuordnen. Dem konkret-operationalen Kind hingegen gelingt dies.

(b) *Klassifikation.* Gibt man einem Kind im Alter von 2-5 Jahren eine Reihe von Bausteinen mit unterschiedlicher Form und Farbe und fordert es auf, die Bausteine, die zueinander gehören, zu sortieren, ist es dazu nicht fähig. Es produziert lediglich sogenannte *conceptual chains,* d. h. es reiht Objekte anhand einer ständig wechselnden begrifflichen Auffassung aneinander. Ein Beispiel einer begrifflichen Kette ist: Ein weißes Viereck, ein rotes Viereck (Basis: Form), ein roter runder Baustein,

ein rotes Viereck (Basis: Farbe). Das Kind wechselt fortwährend die Basis, aufgrund der es die Bausteine aneinanderreiht.

Wir wollen erst den Begriff *Klasse* etwas näher betrachten. Bei der Beschreibung einer Klasse können wir eine Liste aller individuellen Gegenstände erstellen, die in der Klasse vorhanden sind. Haben wir z. B. ein kleines weißes Viereck, ein kleines rotes Viereck, ein großes weißes Viereck und ein großes rotes Viereck, so nennen wir diese Aufzählung die *Extension* der Klasse. Ein anderer Aspekt ist, daß alle in der Klasse aufgenommenen Objekte das Merkmal besitzen, viereckig zu sein. Das gemeinschaftliche Merkmal, das alle in der Klasse enthaltenen Objekte besitzen, nennen wir die *Intension* der Klasse. Diese bezeichnende Eigenschaft einer Klasse bestimmt, welche Objekte aus einer Ansammlung in der Klasse aufgenommen werden – oder anders ausgedrückt: Die Intension ist bestimmend für die Extension der Klasse.

Betrachten wir eine Sammlung von Bausteinen mit roten und weißen Vierecken und blauen und grünen runden Bausteinen, so kann die Klassifikation wie in Abbildung 26 dargestellt wiedergegeben werden.

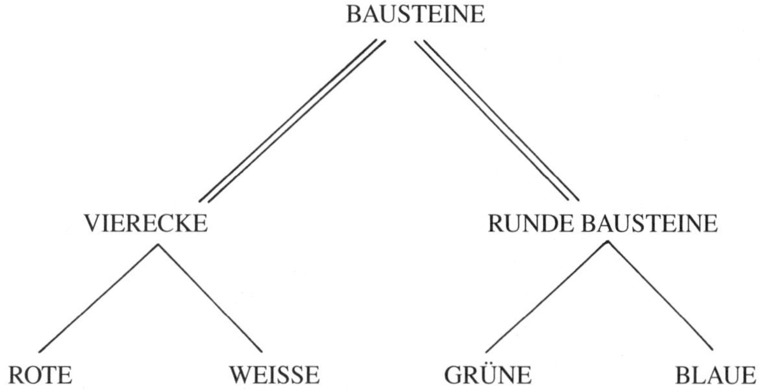

Abbildung 26. Schematische Wiedergabe der Klassifikation einer Sammlung verschieden geformter und gefärbter Bausteine.

Ein Kind im Alter von 5-7 Jahren ist zu folgender Klassifikation fähig:

- Es wird alle Bausteine einteilen (bei jüngeren Kindern bleiben oft ein paar Bausteine, die sie nicht klassifizieren, übrig);
- es wird alle Bausteine in Vierecke und runde Bausteine einteilen: die Intension bestimmt die Extension;
- es wird außerdem eine korrekte Unterteilung in Farben vornehmen, also keine begrifflichen Ketten (conceptual chains) bilden;
- es bestimmt darüber hinaus die hierarchischen Ebenen; dabei wird die niedrigste Ebene durch die Farbe und die höchste Ebene durch die Form bestimmt.

In diesem Alter hat das Kind jedoch noch keinen Einblick in die logische Operation der *Klasseninklusion,* d. h. es begreift noch nicht, wie die Beziehungen zwischen den verschiedenen Ebenen dieser Hierarchie aussehen.

Anhand der in Abbildung 26 wiedergegebenen Ansammlung könnten wir u. a. feststellen: (a) alle Vierecke sind rot oder weiß, (b) es sind mehr Vierecke als rote Bausteine vorhanden, (c) es sind mehr Vierecke als weiße Bausteine vorhanden, (d) wenn wir die weißen Vierecke wegnehmen, bleiben die roten übrig usw. Dies erscheint alles ganz logisch. Aber wenn wir das Kind fragen, ob mehr Vierecke als rote Bausteine vorhanden sind, kann das Kind einfach keine Antwort geben. Auch Fragen wie "Bleiben noch Vierecke übrig, wenn wir die roten wegnehmen?" kann es nicht beantworten. Die Operation der Klasseninklusion beruht auf der korrekten Einsicht in die Beziehungen zwischen den Teilen des Ganzen, zwischen dem Ganzen und den Teilen sowie zwischen den Teilen und den Teilen.

Daß ein 5- bis 7jähriges Kind hierzu noch nicht imstande ist, erklärt Piaget mit der Hypothese, daß das Kind noch nicht fähig ist, zwei verschiedene Dimensionen (in unserem Beispiel das Ganze und die Teile) innerhalb derselben Stimulus- oder Wahrnehmungssituation zu beurteilen.

Ab dem 7. Lebensjahr kann das Kind in zunehmendem Maße hierarchisch klassifizieren und die Beziehungen zwischen den Klassen erkennen. Dies gilt jedoch nur für Situationen, in denen konkretes Material vorhanden ist. In der Regel sehen wir, daß Kinder erst ab etwa dem 11. Lebensjahr imstande sind, Klassifikationen vorzunehmen. Dies hängt mit dem Beginn der Periode des formal-operationalen Denkens zusammen.

(c) *Konservierung* (Piaget spricht auch über Erhaltungsbegriffe; Piaget & Inhelder 1973). Die Fähigkeit zur Konservierung ermöglicht dem Kind, zu begreifen, daß bestimmte Eigenschaften eines Gegenstandes trotz Veränderungen dieses Gegenstandes unverändert bleiben. Anders ausgedrückt: Das Kind lernt, zu verstehen, daß Eigenschaften eines Objekts sich nicht notwendigerweise verändern, wenn sich die Form des Objekts ändert. Ein Beispiel: Jeder Erwachsene weiß, daß eine Knetkugel dasselbe Gewicht behält, auch wenn man daraus eine Puppe knetet. Die Eigenschaft Gewicht bleibt trotz der Transformation der Kugel in eine Puppe invariant. Das präoperationale Kind denkt dagegen, daß die Formveränderung auch zu einer Gewichtsveränderung führt. Es ist also zur Konservierung des Gewichts noch nicht fähig.

Das Konservierungsproblem nimmt in der Theorie von Piaget eine wichtige Stellung ein. Die Fähigkeit zur Konservierung ist nämlich laut Piaget eine notwendige Voraussetzung für jede intellektuelle Tätigkeit – vor allem für das quantifizierende und mathematische Denken. Das Experiment, mit dem Piaget feststellt, ob ein Kind zur Konservierung fähig ist oder nicht, soll durch folgendes Beispiel erläutert werden:

Der Versuchsleiter zeigt einem Kind zwei identische Gläser – ein Standardglas (S) und ein Variablenglas (V). Während das Kind zusieht, füllt er beide Gläser mit der gleichen Menge Wasser. Er fährt mit der Prozedur erst dann wieder fort, nachdem das Kind explizit bestätigt hat, daß sich nun in beiden Gläsern gleichviel Wasser befindet. Dann gießt er V in ein anderes Glas (V'), das beispielsweise höher und schmaler ist, und fragt: "Befindet sich in diesem Glas (er zeigt auf V') ebensoviel Wasser wie in diesem Glas (er weist auf S)? Oder befindet sich in diesem Glas (zeigt auf V') mehr Wasser? Oder befindet sich etwa in diesem Glas (zeigt auf S) mehr Wasser?"

Mit der soeben beschriebenen Untersuchungsmethode versucht man, die Konservierung oder den Erhaltungsbegriff des *feststehenden Volumens* herauszufinden.

Darüber hinaus richten sich Konservierungsuntersuchungen auf die Konservierung von *Gewicht* (Frage: Verändert sich das Gewicht der Knetkugel, wenn ich ihre Form verändere?), auf die Konservierung von *Mengen* (Frage: Wenn ich zwei Reihen mit der gleichen Anzahl Streichhölzer habe und den Abstand zwischen den Streichhölzern in der zweiten Reihe vergrößere, habe ich dann noch immer die gleiche Anzahl Streichhölzer?) und auf die Konservierung der *Flächen* oder der *Inhalte* (Frage: Verändert sich die Menge Knete, wenn ich die Form der Knetkugel verändere?). Nach Piaget und Inhelder findet man auf den präoperationalen Stufen immer Reaktionen, "die auf die wahrnehmungsmäßigen oder bildhaften Darstellungen zentriert sind" (Piaget & Inhelder 1973, 104).

Die Untersuchungen von Piaget und vielen anderen machen deutlich, daß das Kind zunächst (± 4 Jahre) nicht in der Lage ist, das Konservierungsproblem zu lösen. Das Alter von etwa 5 Jahren muß als Übergangsperiode betrachtet werden, d. h. manchmal kann das Kind das Problem lösen und manchmal nicht. Etwa vom 6. Lebensjahr an stellt die Konservierungsfrage für ein Kind im allgemeinen kein Problem mehr dar.

4.4.3 Der Motor der Entwicklung

Nach dieser kurzen Darstellung der von Piaget unterschiedenen Stadien müssen noch zwei Fragen untersucht werden. Die erste Frage ist die nach dem Wechsel des Kindes von einem Stadium ins andere, und die sich daraus ergebende Frage ist die nach dem Verhältnis zwischen Entwicklung und Lernen. Die zweite Frage bezieht sich auf die eventuelle Universalität der Stadien.

Die *erste Frage* kann anhand der Faktoren beantwortet werden, die laut Piaget bei der Entwicklung der Intelligenz eine Rolle spielen. Bekannterweise bestehen innerhalb der Entwicklungspsychologie zwei extreme Auffassungen in bezug auf die Faktoren, die bei dieser Entwicklung relevant sind. Die *Organismus*-Auffassung besagt, daß Intelligenz ausschließlich durch biologische Reifungsmechanismen bestimmt wird; individuelle Unterschiede sind auf Unterschiede in der angeborenen Kapazität zurückzuführen; Umgebungsfaktoren haben keinen Einfluß auf diese Entwicklung. Demgegenüber behaupten Vertreter der *Mechanismus*-Auffassung, daß Intelligenz ausschließlich durch Umgebungsfaktoren bestimmt wird und biologische Reifung keinerlei Einfluß hat. Ursache aller individuellen Unterschiede sind Umgebungsbedingungen, ein Standpunkt, den z. B. Lerntheorien vertreten.

Piaget entschied sich für einen *interaktionistischen* Standpunkt, d. h. sowohl Reifungs- als auch Lernfaktoren spielen bei ihm eine Rolle. Laut Piaget besteht das geistige Wachstum aus zwei Prozessen: *Entwicklung* und *Lernen,* wobei Entwicklung strukturelle Veränderung und Lernen inhaltliche Veränderung bedeutet. Der *Entwicklungsprozeß* wird durch vier Faktoren beeinflußt (siehe auch Knoers 1973):

1. Reifung: Das allmähliche Wachstum der physischen Strukturen, mit denen ein Organismus ausgerüstet ist, beeinflußt die kognitive Entwicklung. Das beste Beispiel hierfür ist das Wachstum des Zentralnervensystems.

2. Erfahrung/Kontakt mit der Umgebung: Laut Piaget führt der Kontakt mit der Umgebung zu zwei Arten von Erfahrung. Erstens zur *physischen Erfahrung*: Sie betrifft Aktivitäten, mit denen physische Eigenschaften von Objekten abstrahiert werden. Diese physische Erfahrung liefert Wissen hinsichtlich der Eigenschaften, die direkt mit dem Objekt zusammenhängen (z. B. daß das eine Objekt schwerer ist als das andere und daß ein Apfel eine bestimmte Farbe hat). Die zweite Art der Erfahrung bezeichnet Piaget als *logico-mathematische Erfahrung.* Diese Erfahrung bezieht sich auf das Wissen, das durch interne Koordination der Handlungen des Individuums erworben wird. Wenn ein Kind mit Bausteinen spielt, diese zählt und versucht, sie auf verschiedenerlei Weise zu sortieren, lernt es etwas dabei. Was es lernt, hat nichts mit den Bausteinen zu tun, sondern mit der Einsicht in sein eigenes Zählen und Ordnen. So sieht es z. B., daß diese Handlungen keine Auswirkung auf die Anzahl der Bausteine haben.

3. Soziale Übertragung: Das Kind lebt in einer sozialen Gemeinschaft und erhält im Unterricht, durch Medien usw. Informationen, die Einfluß auf seine kognitive Entwicklung haben. In diesem Zusammenhang ist interessant, daß die Sprache laut Piaget keinen direkten Einfluß auf die kognitive Entwicklung hat; denn Denken ist für ihn internalisiertes Handeln. Ein kognitiver Entwicklungsrückstand kann deswegen auch nicht durch Sprachkompensationsprogramme beseitigt werden. Piagets These über den Zusammenhang zwischen Sprache und Denken wurde von H. Furth weiter ausgearbeitet. Dieser hatte verschiedene Male piagetanische Versuche mit tauben und schwerhörigen Kindern durchgeführt und festgestellt, daß sich bei diesen Kindern im Vergleich zu "normalen" Kindern kein Entwicklungsrückstand feststellen läßt. Er kam daher zu dem Schluß, daß die Abwesenheit der externen Sprache kein Hindernis beim Durchlaufen der verschiedenen piagetanischen Phasen sein muß. Indirekt hat die Sprache insofern Einfluß, als dasjenige Kind, das die Sprache des anderen versteht, dessen Anweisungen besser folgen kann.

4. Äquilibration: Dieser Faktor integriert die Effekte der ersten drei Faktoren, die isoliert noch keine ausreichende Erklärung des Entwicklungsprozesses geben. Äquilibration beinhaltet die selbstregulierenden Prozesse im Kind. Es ist der Prozeß, mit dem das Kind von einem Stadium ins nächste überwechselt. Im Laufe seiner Entwicklung und in seinem fortwährenden und variierten Umgang mit seiner Umgebung gerät es immer wieder in Konfliktsituationen. Eine Konfliktsituation bedeutet für das Kind einen Zustand, in dem das vorherige Gleichgewicht gestört ist. Es versucht daher, die Konfliktsituation so zu meistern, daß ein neuer Gleichgewichtszustand entsteht, der in den meisten Fällen auf einer höheren Ebene liegt.

Die *zweite Frage* betrifft die eventuelle Universalität der Stadien. Piaget geht davon aus, daß alle Menschen, in welchem kulturellen Kontext auch immer, alle vier von ihm unterschiedenen Stadien durchlaufen – und zwar in der von ihm beschriebenen Reihenfolge. Das Tempo kann dabei variieren. So wird beispielsweise ein Kind aus der sozialen Oberschicht früher von der präoperationalen Phase zum konkret-operationalen Denken überwechseln als ein Kind aus der sozialen Unterschicht und ein normal hörendes Kind früher als ein taubes oder schwerhöriges Kind.

Diese Auffassung von Piaget wird jedoch durch zwei verschiedene Untersuchungsrichtungen in Frage gestellt: (a) Kulturvergleichende Untersuchungen haben gezeigt, daß die Theorie von Piaget in starkem Maße auf eine typisch westliche Zivilisation ausgerichtet ist. (b) Wiederholungsuntersuchungen (bei gleichbleibenden Ausgangsbedingungen) in anderen kulturellen Settings führten nicht immer zu den erwarteten Resultaten.

Auch Wiederholungsuntersuchungen innerhalb der abendländischen Kultur (und dann vor allem in den sozialen Unterschichten) ergaben, daß die Theorie Piagets sich vor allem an einer Gruppe ausgewählter, gut entwickelter Kinder aus der sozialen Oberschicht orientiert.

Trotz dieser Kritik blieb Piaget überzeugt von der Universalität seiner Stadieneinteilung. Sein prinzipieller Ausgangspunkt blieb, daß alle Menschen zu einem gewissen Zeitpunkt in ihrer Entwicklung das Stadium der formalen Operationen erreichen, nachdem sie die vorangehenden drei Stadien durchlaufen haben. Er veröffentlichte jedoch 1972 einen Artikel ("Intellectual evolution from adolescence to adulthood"; in: *Human Development*), in dem er aufgrund der oben erwähnten Kritik ein paar kleine Änderungen an seinem theoretischen Konzept anbrachte. Seine früher vertretene Ansicht, daß alle Menschen das Stadium der formalen Operationen im Alter zwischen 11 und 14 Jahren erreichen, erweiterte Piaget um den Bereich von 15 bis 20 Jahren.

Darüber hinaus geht Piaget davon aus, daß jeder Mensch sich normalerweise nur in einem bestimmten Arbeitsgebiet spezialisiert. Er behauptet, daß jeder Mensch, wie auch immer, in einem bestimmten Alter zum formal-operationalen Denken imstande sein wird. Dies gilt vor allem in bezug auf Probleme, die das Fachgebiet betreffen, auf das er sich spezialisiert hat. Zum Beispiel ist ein Rechtsgelehrter in der Lage, an ein juristisches Problem formal-operational heranzugehen, besitzt diese Fähigkeit aber bei Fragen, die außerhalb seines Fachgebietes liegen, nicht. Dies heißt aber nicht, daß dieser Mann nicht formal-operational denken kann. Er verfügt prinzipiell über formal-operationale Denkstrukturen, ihm fehlen jedoch in Bereichen außerhalb seines Fachgebiets die nötigen Kenntnisse.

4.4.4 Kritische Randbemerkungen zur Theorie Piagets

Die Theorie Piagets war – vor allem in den Vereinigten Staaten – Anlaß für zahlreiche Untersuchungen, von denen viele direkt an Piagets Forschung anknüpften. Auch neue Hypothesen wurden aus seiner Theorie abgeleitet. Dabei wurde aus verschiedenen Richtungen viel Kritik an der Theorie Piagets laut. Stark bemängelt wurde z. B. seine Organismus-Auffassung. Ihrzufolge durchläuft die kognitive Entwicklung eine Reihe von Stadien, die universale Gültigkeit haben. Die kognitive Entwicklung vollzieht sich dabei spontan, und die Umgebung hat nur in geringem Maße fördernden oder hindernden Einfluß; Modifikationen sind nur in geringem Maße möglich.

Eine derartige Auffassung hat schwerwiegende Konsequenzen für die Schulpädagogik. So hätte z. B. ein althergebrachter Frontalunterricht im Klassenverband dieser Auffassung zufolge wenig Einfluß auf die kognitive Entwicklung des Kindes. Denn die Basis für kognitive Entwicklung liegt ja im handelnden Erfahren und im Umgang mit den Dingen in dieser Welt. Sprache ist keine Quelle, aus der kognitive Entwicklung entspringt; Sprache ist vielmehr ein Korrelat für kognitive Entwicklung – eine Art abhängige Variable – und sehr wohl abhängig von der kognitiven

Struktur, die wir als unabhängige Variable betrachten müssen. Die Aufgabe des Lehrers sähe dann ganz anders aus: Anstatt den Lehrstoff verbal zu vermitteln, müßte er Situationen schaffen, in denen das Kind den Stoff selbst erfahren kann, indem es handelnd mit den Dingen umgeht. Auf diese Weise kann es den Lehrstoff an bestehende kognitive Strukturen assimilieren oder sich an neue, von außen kommende Informationen akkommodieren. Wie auch immer, wenn man die Entwicklungstheorie Piagets strikt interpretiert, ist der Spielraum, von außen Einfluß auszuüben, ziemlich gering. Daher ist es nicht verwunderlich, daß seine Lehre von vielen als eine Theorie betrachtet wird, die auf *pädagogischem Pessimismus* (Kohnstamm 1970) beruht. Begreiflich ist aber auch, daß viele dafür sind, den 'Frontalunterricht' durch 'entdeckendes Lernen' zu ersetzen (Furth 1970).

Es erwies sich demnach als äußerst sinnvoll, durch Forschung herauszufinden, ob und inwieweit die Auffassungen von Piaget stimmen. Die Forschung richtete sich daher vor allem auf die Frage, ob es möglich ist, das Kind durch gezielte Übungen 'verfrüht' von der präoperationalen Phase in das Stadium der konkreten Operationen überwechseln zu lassen. Untersuchungen von Hamel und Riksen (1973) und u. a. Kohnstamm (1970) haben gezeigt, daß Kinder aufgrund gezielter Übungen tatsächlich früher vom präoperationalen in das konkret-operationale Stadium überwechseln können.

Ohne näher auf Einzelheiten einzugehen, können wir schlußfolgern, daß die Auffassungen Piagets nicht immer stimmen. Die gewonnenen Resultate beweisen, daß Kinder früher als von Piaget angenommen fähig sind, Aufgaben zu lösen, die auf einem konkret-operationalen Niveau liegen. Wenn wir die neuen Untersuchungsresultate akzeptieren und auch annehmen, daß das Kind auf unterschiedliche Weise von außen beeinflußt werden kann (oder zumindest, daß Prozesse beschleunigt werden können), dann können wir den weiter oben erwähnten *pädagogischen Pessimismus* zurückweisen. Es ist erwiesen, daß die kognitive Entwicklung von Kindern gefördert und beschleunigt werden kann. Dies bedeutet gleichzeitig, daß die vor allem auf Reifung fußende Lehre von Piaget im lerntheoretischen Sinne dahingehend erweitert werden muß, daß Kinder weit mehr für Einflüsse von außen empfänglich sind, als Piagets Theorie "erlaubt".

In diesem Zusammenhang liefert das Werk des Neo-Piagetaners Case (1985) einen wertvollen Beitrag. Verweisend auf Case stellt Knoers im Hinblick auf eine Lernaufgabenanalyse aus der Perspektive des Schülers folgendes fest: Bereits 1975 sagte Case, daß Kinder sich von Erwachsenen und untereinander nicht nur hinsichtlich der Lernerfahrung und des Tempos, mit dem sie bestimmte Fähigkeiten erwerben, unterscheiden, sondern sowohl hinsichtlich der Anzahl von Teilfähigkeiten, die sie gleichzeitig koordinieren können als auch hinsichtlich des Maßes, in dem sie falsche Anwendungen der Teilfähigkeiten und Begriffe zu vermeiden wissen (Knoers 1985). Der neue Strukturalismus (Case & Edelstein 1993) bildet eine notwendige Ergänzung des Werkes von Piaget. Diese Annäherung stellt die individuellen Unterschiede in den Mittelpunkt; bei Piaget spielen diese eine untergeordnete Rolle. Nach diesen neuen Einsichten folgen Kinder in ihrer Entwicklung ihrem eigenen Weg, und der Anspruch auf Universalität, der in Piagets Strukturalismus zentral steht, ist aufgrund von empirischen Fakten nicht aufrechtzuerhalten. Individualität und nicht Universalität kennzeichnen die kognitive Entwicklung.

4.5 Intelligenz und Schulerfolg

In der Psychologie und der Pädagogik ist der Leistungsversager *(underachiever)* ein viel besprochenes Individuum. Darunter versteht man eine Person, die Leistungen zeigt, die unter dem Niveau seiner vorhandenen intellektuellen Fähigkeiten liegen. Man geht davon aus, daß ungefähr 30% der Schüler (sowohl der Grundschule als auch der weiterführenden Schulen) aufgrund von sozialen oder emotionalen Problemen Leistungen unter ihrem Niveau erbringen.

Für die nicht durch intellektuelle Faktoren verursachten schwächeren Leistungen wird in zunehmendem Maße die sogenannte Versagerangst (Hermans 1971) verantwortlich gemacht. Die Versagerangst des Schülers von heute soll im Zusammenhang stehen mit der Unterrichtssituation, aber auch mit der gesamten Lebenssituation. Beide besitzen für den Schüler nur ein geringes Maß an Deutlichkeit und Struktur. Es wird offensichtlich immer schwieriger, die eigenen Möglichkeiten in Relation zum Unterricht und zur Erziehung zu sehen. Ein Grund ist, daß der Schüler mit immer mehr Wahlmöglichkeiten in und auch außerhalb der Schulsituation konfrontiert wird. Die Angst zu versagen, verursacht durch eine völlige Unsicherheit, kann dazu führen, daß die vorhandenen Fähigkeiten auf intellektuellem Gebiet oft nicht oder nur in beschränktem Maße zum Ausdruck kommen.

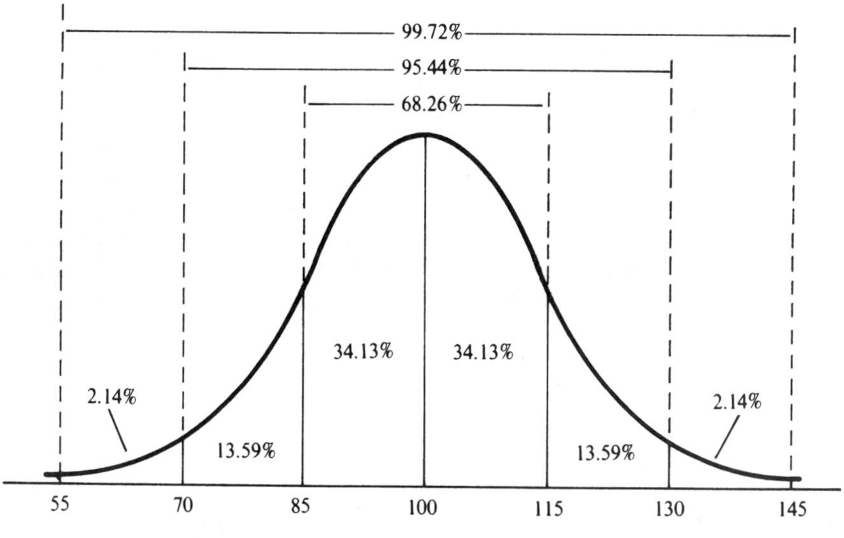

Abbildung 27. Gaußsche Kurve. Die Verteilung von IO-Werten weist die klassische "Normal"-Verteilung auf (Gaußsche Kurve). Die Abbildung zeigt den durchschnittlichen Wert (score) von 100 und den Prozentsatz Menschen über oder unter dem Durchschnitt. Beispiel: Ungefähr 34,13% der Menschen erhält 15 Punkte unter und über dem Durchschnitt (einen IQ von 115 bzw. 85). Zusammen insgesamt 68,26% der Menschen fällt zwischen diese beiden Bewertungen. Im Kontrast dazu: Nur 2,14% der Menschen erreicht eine Bewertung über 130 und unter 70.

Intelligenz wird verstanden als eine statistisch festgelegte Norm, oder – wie manche scherzhaft sagen: Intelligenz ist, was ein Intelligenztest mißt. Faktisch wird bei einem Intelligenztest die Rangstellung eines Menschen im Vergleich zu seinen Altersgenossen bestimmt. Laut allgemein gängigen Normen entsprechen Intelligenzniveaus statistischen Frequenzen. Die daraus resultierende Frequenzstreuung wird als Normalverteilung betrachtet. Eine grafische Wiedergabe dieser Normalverteilung ist eine glockenförmige Kurve (nach dem Mathematiker F. Gauß, 1777-1855, auch als Glockenkurve oder Gaußsche Kurve bezeichnet). Dieser Verteilung zufolge gehört die größte Gruppe der Menschen zum Mittelbereich, während die Anzahl in Richtung der beiden extremen Seiten (also hohe bzw. niedrige Intelligenz) progressiv abnimmt. So besitzt etwa 70% der Bevölkerung einen Intelligenzquotienten (IQ), der zwischen 85 und 115 liegt. Nur etwas mehr als zwei Prozent hat eine extrem hohe bzw. extrem niedrige Intelligenz, d. h. einen IQ von 130 (oder mehr) oder weniger als 70 (siehe Abbildung 27).

Durch die Veröffentlichung der "Bell Curve" (Herrnstein & Murray 1994) ist eine heftige Elite-Debatte entstanden (Mönks 1996). Bedingt durch die "Normalverteilung" der Intelligenz entsprechend der Glockenkurve (Bell Curve = Glockenkurve), sei die Gruppe der geistigen Elite relativ klein. Nach Meinung der Autoren ist Intelligenz nicht durch Erziehungs- und Sozialisationsmaßnahmen zu beeinflussen. Dadurch entstehe ein Ungleichgewicht in der Sozialstruktur. Denn die geistige Elite kann sich die bestbezahlten Positionen sichern, und "somit würden die gentisch verankerten Unterschiede zunehmend zu größeren sozialen und finanziellen Unterschieden führen" (Mönks 1996, 106).

Die "Bell Curve" hat die Gemüter in den Vereinigten Staaten so erregt, daß inzischen zwei Bücher als Reaktion erschienen sind (Jacoby und Glaubermann 1995; Fraser 1995). Die Aufregung ist vor allem deshalb so anhaltend, weil Herrnstein und Murray ihre Behauptungen und Generalisierungen nicht empirisch nachweisen können. Jedenfalls erlauben die Forschungsdaten, auf die sie sich beziehen, keine derartig weitreichenden Schlußfolgerungen. Letztlich gehen sie von einem längst als überwunden geglaubten "biologischen Determinismus" aus. In ganz Deutschland sowie in Europa wurden übrigens die von Herrnstein und Murray diskutierten Fragen in den 60er Jahren im Zusammenhang mit der Aktivierung sogenannter Begabungs- und Talentreserven nicht weniger heftig und kontrovers diskutiert (siehe Mönks 1996, 107).

Jeder Intelligenztest geht von einer Theorie aus. So geht der HAWIK (Hamburg-Wechsler-Intelligenztest für Kinder) von der Zwei-Faktoren-Theorie von Spearman aus. Laut Wechsler, der diesen Intelligenztest entwickelt hat, kann die vollständige Intelligenz des Individuums nicht gemessen werden. Der IQ ist ein Wert, der nur annähernd festgestellt werden kann, da Veränderungen durch individuelle und situative Faktoren auftreten können. Wechsler definiert Intelligenz folgendermaßen: "Intelligenz ist die zusammengesetzte oder globale Fähigkeit des Individuums, zweckvoll zu handeln, vernünftig zu denken und sich mit seiner Umgebung wirkungsvoll auseinanderzusetzen" (1956, 13). In dieser Definition kommt das Zwei-Faktoren-Modell deutlich zum Ausdruck; die zwei Faktoren sind nämlich der General-Faktor (G-Faktor) und die spezifischen Faktoren (S-Faktor[en]). Unter "global" versteht Wechsler dann auch das Bild, durch das das Verhalten des Individuums als Ganzes gekennzeichnet wird. Unter "zusammengesetzt" versteht er, daß spezifische Faktoren existieren, die sich qualitativ voneinander unterscheiden. Beim Älterwerden treten stets mehr spezifische Faktoren hervor.

Bezüglich der Unveränderlichkeit (Konstanz) der Intelligenz gibt es immer wieder Auseinandersetzungen. Verschiedene Studien ergaben, daß die Intelligenz nicht so konstant ist, wie früher allgemein angenommen wurde. Längsschnittuntersuchungen, die über einen Zeitraum von 40 Jahren am Felsinstitut durchgeführt wurden, haben laut McCall u.a. (1973) gezeigt, daß eine durchschnittliche Zunahme von 28 IQ-Punkten im Alter zwischen 5 und 17 Jahren besteht, das in etwa mit der Schulzeit und der Lehre zusammenfällt.

Nicht eindeutig ist auch, wie Intelligenz und Kreativität zueinander in Beziehung stehen. Kreativität wird oft definiert als divergentes Denken, während Intelligenz als konvergentes Denken definiert wird. Divergent denken bedeutet, daß man originelle, nicht auf der Hand liegende Antworten gibt. Die gebräuchlichen Intelligenztests richten sich jedoch auf das konvergente Denken, d. h. auf ein Denken, das der üblichen Vorstellung entspricht. Kreativität und Intelligenz werden also nicht ohne weiteres miteinander in Verbindung gebracht (siehe Wolters 1980).

Diese Trennung von Kreativität und Intelligenz ist eines der Dilemmas des Schulgeschehens. Im allgemeinen ist dort Intelligenz gefragt, also das angepaßte Denken und Verbalisieren, während Kreativität gerade aus nicht angepaßtem Denken und Verbalisieren besteht. Will man den Unterricht individualisieren, so bedeutet dies, daß das Schulgeschehen nicht nur durch von oben auferlegte Normen bestimmt wird, sondern auch durch die Leistungsmöglichkeiten, die das Individuum besitzt. Nur so erhält das Individuum letztlich die Chance, zu einer vollen persönlichen Emanzipation zu gelangen. Ob das bestehende Schulsystem jemals imstande sein wird, diese Chance zu bieten, ist ein bildungspolitisches Thema, das sicher noch viele Generationen beschäftigen wird.

Hohe Intelligenz als solche ist keine Garantie für Schulerfolg. Dasselbe gilt für kreative Begabung. Individualisierende Unterrichtsprogramme wie der Jena-Plan (Peter Petersen) oder der Montessori-Unterricht bieten tatsächlich Möglichkeiten für die Entwicklung der individuellen Selbständigkeit, denn sie sind so aufgebaut, daß das Lerntempo und die Lernfähigkeit des Schülers seinen eigenen Fortschritt mitbestimmen.

4.6 Zur Problematik der kompensatorischen Entwicklungsbeeinflussung

Seit 1964 gibt es rund um die vorschulische Entwicklungsbeeinflussung eine rege Aktivität und kontroverse Diskussionen. Unter "vorschulisch" verstehen wir: Vor dem Schuleintritt, d. h. bis etwa zum sechsten Lebensjahr; in den meisten Ländern tritt das Kind im Alter von sechs Jahren in die Grundschule ein. Die Diskussion wurde – wie auch viele andere Fragestellungen – in den USA angefacht und stark gefördert. Auf dem Programm von John F. Kennedy stand die Bekämpfung der Armut im materiellen wie im geistigen Bereich. Präsident Johnson konnte das von Kennedy initiierte und geförderte Programm in die Tat umsetzen. Im Januar 1965 wurde das Head-Start-Projekt angekündigt und bereits im Sommer 1965 konnte es beginnen. Es stellt sich die berechtigte Frage, wie es möglich war, daß dieses Projekt so schnell und offensichtlich auch so effizient begonnen werden konnte. Dies hatte mehrere Gründe, u. a. die zwei folgenden:

1. Es hatte sich gezeigt, daß Kinder von farbigen Eltern und Kinder aus anderen Minderheitsgruppierungen (z. B. Puertorikaner) aus finanziellen Gründen den Kindergarten nicht besuchen konnten. Kindergarten-Erziehung ist in Amerika ebenso wie in Deutschland nicht staatlich finanziert; das bedeutete, daß Eltern in Amerika bereits damals (60er Jahre) im Monat 50 Dollar oder mehr aufbringen mußten. Da Kinder aus den genannten Schichten keinen Kindergarten besuchen konnten, lagen sie im Alter von 5/6 Jahren beim Start in der Grundschule mit ihrem Wissen im Durchschnitt ein halbes Jahr im Rückstand. In Amerika beginnt die formale Erziehung mit 5 Jahren. Das erste Jahr wird als Kindergarten bezeichnet. In der 3. Klasse hatten die Kinder aus benachteiligten Gruppierungen einen Wissensrückstand von einem Jahr und in der 6. Klasse bereits einen Rückstand von zwei Jahren. Dieses Phänomen fand unter dem Namen *kumulatives Defizit* oder *progressive Retardation* Eingang in die Literatur. Gemeint ist damit: Je länger die Kinder zur Schule gingen, desto größer wurde ihr Leistungsrückstand.

2. Zur gleichen Zeit wurde deutlich, daß Intelligenz nicht in jeder Hinsicht erblich bedingt ist; die Umgebung kann viel zur Förderung von intelligenten Leistungen beitragen. Veröffentlichungen von Hunt (1969) z. B. hatten großen Einfluß darauf, daß sich die Erkenntnis durchsetzte: Intelligenz kann in positivem Sinne beeinflußt werden.

Aber auch die bereits erwähnte Publikation von Bloom (1964) machte deutlich, daß die menschliche Intelligenz und Entwicklung vor allem in den ersten Lebensjahren in entscheidendem Maße beeinflußt werden kann – positiv wie auch negativ. Anhand eines aus einer Längsschnittuntersuchung abgeleiteten Modells wies er darauf hin, daß bereits bei 4jährigen 50% der Varianz der Erwachsenenintelligenz festgestellt werden kann (vorausgesetzt, man setzt die Intelligenz im Alter von 17 Jahren auf 100% an). Dies bedeutet, daß in den ersten Jahren eine schnelle Entwicklung der Intelligenz stattfindet und daß die Qualität der Umgebung und deren Einfluß sehr bestimmend sind. Betont werden muß jedoch, daß die Ergebnisse von Blooms Modell empirisch nicht bewiesen wurden und daß Rückstände und Entwicklungsstörungen, die in den ersten Jahren entstanden waren, unter bestimmten Voraussetzungen wieder aufgeholt werden konnten.

Die Essenz aus Blooms Botschaft darf jedoch nicht aus dem Auge verloren werden: Das Kind ist von Geburt an ein ernstzunehmender Partner, der seine eigene Entwicklung aktiv mitbestimmt. Daher hat die soziale Umgebung gerade in den ersten Jahren eine große pädagogische Verantwortung. Außerdem dürfen wir nicht vergessen, daß Bloom seine Thesen (mit denen er das auf das Kind gerichtete Interesse tatsächlich beeinflußte) zu einem Zeitpunkt verkündete, zu dem man in zunehmendem Maße zu erkennen begann, wie wichtig die ersten Lebensjahre für optimale und gleiche Startchancen in der Schule sind.

Es waren vor allem diese Auffassungen – daß Intelligenz generell beeinflußbar ist, besonders aber in den ersten fünf Jahren, da sie sich in dieser Zeit am stärksten entwickelt –, die zu grundlegenden bildungspolitischen Veränderungen geführt haben. Das Projekt Head-Start war die Antwort auf die soeben beschriebenen Erkenntnisse und Auffassungen.

Das Head-Start-Projekt begann im Sommer 1965. Kinder wurden in Ferienlagern untergebracht, wo ihnen in einigen Wochen Wissen (Lesen, Schreiben und Rechnen) beigebracht wurde. Die Hoffnung, daß der Unterricht eine bleibende Wirkung haben würde, erfüllte sich jedoch nicht. Laut Caldwell (siehe Hellmuth 1970) müssen bis Anfang 1970 *vier Phasen* der empirischen Lernforschung unterschieden werden:

1. Zu Beginn war man optimistisch und enthusiastisch; mit beinahe unvorstellbarer Naivität erwartete man, daß ein Sommerkurs von sechs Wochen mit spezifischem Sprachunterricht und Sprachspielen wesentliche Veränderungen in der Lernfähigkeit des Kindes mit sich bringen würde.
2. 1966 wurde man skeptisch; die ersten Daten machten deutlich, daß zwar während dieser Sommerkurse ein deutlicher Fortschritt erzielt wurde, die Resultate jedoch auch schnell wieder verloren gingen. Die Erkenntnis, daß die Auswirkungen nur von kurzer Dauer waren, führte zu einer notwendigen Veränderung und Verbesserung des Programms.
3. Der Westinghouse-Bericht aus dem Jahre 1969 führte zu einer schweren Desillusion. Von den etwa 900 Projekten hatten noch keine 50 zu nachweisbaren Ergebnissen geführt, wobei noch die Frage unbeantwortet blieb, ob diese Effekte tatsächlich von bleibender Art waren. Im selben Jahr erschien der spektakuläre Artikel von Jensen (1969), auf den wir noch näher eingehen werden. Es entfaltete sich eine heftige und emotionsgeladene Diskussion, in der Jensen sogar persönlich bedroht wurde. Außerdem wurden in dieser Zeit neue Erkenntnisse gewonnen, mit denen sich theoretisch und empirisch besser arbeiten ließ.
4. Konsolidierung: Zu Anfang der 70er Jahre manifestierte sich eine neue theoretische und empirische Grundlage. Dies führte zu einer Verbesserung der kompensatorischen Entwicklungsbeeinflussung.

Seit einigen Jahren – so glauben wir zumindest beobachtet zu haben – ist eine Desillusionierung spürbar geworden; man hat eingesehen, daß man sich auf fundamentalere Prozesse ausrichten muß, um den Rückstand bei Minderheitsgruppierungen wieder auszugleichen. Das Head-Start-Büro in Washington veröffentlichte eine Studie, die sich auf mehr als 1.600 Dokumente in bezug auf Head-Start sowie eine Analyse von 210 Untersuchungsberichten in bezug auf Auswirkungen des Programms stützt. Dieser Bericht ist erhältlich bei: ACYF, Headstart Bureau, P.O. Box 1182, Washington DC 20013, USA (Quelle: *Newsletter* – Society for Research in Child Development, Winter 1986, 8).

Die Versuche des Head-Start-Projekts, Kindern zu helfen, waren vergleichbar mit einer kosmetischen Behandlung, mehr Schein als Sein. Gesellschaftliche Strukturen, Familien- und Nachbarschaftsstrukturen werden durch solche Programme nicht verändert.

Auch in den Niederlanden fanden diese Programme Anklang, vor allem Sprachprogramme, von denen man glaubte, sie könnten Milieuunterschiede in kürzester Zeit wettmachen. Vor allem das Programm von Bereiter und Engelmann wurde in den Niederlanden angewendet. Kohnstamm entwickelte ein Sprach-Denk-Programm, das in begrenztem Umfang in Kindergärten eingesetzt wurde. Er wollte die Sprache von Arbeiterkindern verändern, indem er sie mit wohlgeformten und gut ausgesprochenen Sätzen konfrontierte. Man erwartete, daß Kinder diese Sätze imitieren (Vernooy 1981). Bereits 1973 – nach fünf Jahren Erfahrung – bezweifelte Kohnstamm selbst den Nutzen derartiger Programme. Und 1974 wies Extra darauf hin, daß alle Pläne, Sprachkompensationsprogramme in die Praxis umzusetzen, heftiger Kritik ausgesetzt und sehr schnell wieder verworfen wurden. Eigentlich ist es unbegreiflich, daß man jemals einen Nutzen im Nachsprechen und Herunterleiern gesehen hat. Deutlich ist jedenfalls, daß spezifisch auf die Sprache gerichtete Programme wenig oder keinen Effekt haben, wenn man losgelöst von seiner direkten Umgebung (Familie und Nachbarschaft) auf das Kind einwirken will. Nur dann, wenn diese Umgebung miteinbezogen wird, kann bleibender Erfolg erwartet werden.

Heftige Diskussionen hatte der bereits erwähnte Artikel von Jensen (1969) ausgelöst. Jensen geht darin davon aus, daß die sogenannte kompensatorische Erziehung bis jetzt noch nicht den Beweis erbringen konnte, daß ein Programm eine bleibende Verbesserung der Intelligenz und der Schulleistungen zuwegebringen kann. Seine Zielsetzung war, herauszufinden, was Intelligenz ist, inwieweit Intelligenz erblich bedingt ist und inwieweit die Umgebung die Intelligenz beeinflussen kann. Es wurde bald deutlich, daß er beweisen wollte, daß erbliche Faktoren eine wichtigere Rolle spielen, als viele bereit sind zuzugeben.

Jensen zufolge werde der Einfluß der genetischen Faktoren, die die individuellen Unterschiede bestimmen, aus historischen, politischen und ideologischen Erwägungen heraus abgelehnt, da die demokratische Gemeinschaft der Gleichheit einen hohen Wert beimesse.

Jensen versucht durch eine Reihe von Beweisen aufzuzeigen, daß Erbfaktoren beim Entstehen des Verhaltens sehr wohl eine Rolle spielen. Beispiel: Es gibt eine Reihe von Menschen, die am Turnersyndrom leiden. Dies ist eine Abweichung der Chromosomenzahl; normalerweise hat der Mensch 46 Chromosomen, Menschen mit Turnersyndrom besitzen jedoch nur 45. Ihnen fehlt das Geschlechtschromosom. Menschen mit diesem Syndrom zeigen in Bezug auf verbale Tests eine Normalverteilung ihrer Intelligenz. Im Gegensatz dazu erbringen sie bei Aufgaben, bei denen es um das räumliche Vorstellungsvermögen geht, nur schwache Leistungen. Weiterhin zeigte sich, daß sie in der Grundschule im Fach Rechnen erhebliche Schwierigkeiten hatten.

Laut Jensen liegt hierin ein deutlicher Beweis, daß eine Abweichung, die mittels eines Mikroskops festgestellt werden kann, nachweisbaren Einfluß auf die kognitiven Prozesse hat. Ein anderes Argument leitet er aus einer Untersuchung von Geber und Dean (1964) ab. Diese Forscher untersuchten anhand des Geselltests zwei Gruppen einheimischer schwarzer Babys in Uganda; eine Gruppe davon war "nach europäischer Art" erzogen worden. Beide Gruppen erzielten beim Geselltest hohe Bewertungen im Vergleich mit europäischen Normen. Die beeindruckendsten Daten beziehen sich auf die motorische Entwicklung. So schienen einige motorische Fähigkeiten eher die Regel als die Ausnahme zu sein; z. B. konnten die Babys schon nach 7 Wochen einen Teil ihres eigenen Gewichts tragen und schauten sich interessiert um (bei uns sieht man derartige Verhaltensweisen erst nach 5 bis 6 Monaten); mit 9 Monaten konnten die Kinder bereits perfekt aufrecht stehen und allein laufen.

Diese und andere Daten sind laut Jensen ein deutlicher Beweis dafür, daß wir es hier mit Erbfaktoren zu tun haben, die nicht durch Umgebungseinflüsse erklärt werden können. Jensen: Wenn wir nun wissen, daß es erbliche Faktoren sind, die unser Verhalten in bedeutendem Maße beeinflussen, müssen wir dann immer wieder teure experimentelle Programme einführen, mit denen wir versuchen, die Ungleichen zu Gleichen zu machen? Aus der großen Anzahl der Untersuchungen, die bis jetzt durchgeführt worden sind und bei denen man die Intelligenz von Farbigen und Weißen untersucht hat, habe sich immer wieder eine Differenz von durchschnittlich 15 IQ-Punkten zuungunsten der farbigen Bevölkerung ergeben. Und das komme ihm zufolge daher, daß die Denkstruktur der farbigen Bevölkerung anders sei als die der weißen. Jensen unterscheidet zwischen assoziativem Denken oder Lernen (Niveau I) und begriffsmäßigem Denken oder Lernen (Niveau II). Diese Niveaus seien als ein Kontinuum von zwei genotypisch unterschiedlichen Basisprozessen zu betrachten.

1. *Niveau I* kennzeichnet sich durch neutrale Registrierung der Wahrnehmungsreize und durch Assoziationsbildung. Es handelt sich hierbei also um einfache Lernprozesse, die Gedächtnis- und Reproduktionsleistungen erfordern. Bei vielen Tests wird dies vor allem mittels Zahlenreihen, Bildgeschichten und Symbolen gemessen.

Das Entwicklungstempo der Niveaus I und II ist unterschiedlich. Die mit Niveau I zusammenhängenden Fähigkeiten entwickeln sich laut Jensen in den ersten Lebensjahren recht schnell. Dies im Gegensatz zu Niveau II, bei dem sich die entsprechenden Fähigkeiten zunächst langsam entwickeln. Im Alter zwischen 4 und 6 Jahren erreichen sie einen Höhepunkt. Mit zunehmendem Alter weisen die genannten Niveaus einen wachsenden Unterschied zwischen den sozialen Schichten auf.

Der Zusammenhang mit der sozialen Schicht ist auch die Ursache dafür, daß farbige Kinder und Kinder aus Unterschichten im allgemeinen gute Resultate bei Intelligenzleistungen erzielten, die mehr mit assoziativem als mit begriffsmäßigem Denken und Lernen zusammenhängen. Weder die Sprache der bestehenden (Mittelschicht-)Schule noch der Inhalt der gebräuchlichen Intelligenztests können in Niveau I eingestuft werden; sie gehören zum großen Teil dem Niveau II an.

2. *Niveau II* ist nicht durch Wiederholung sondern durch Transformation des aufgenommenen Lehrstoffs gekennzeichnet. Probleme zu lösen, aktiver mit dem Lehrstoff umzugehen und dem Gelernten neue Aspekte hinzuzufügen – dies alles sind Merkmale des intelligenten Lernens auf Niveau II. Dieser Typ des Denkens und Handelns wird laut Jensen vor allem von den bestehenden Intelligenztests gemessen und in Schulen mehr gefragt als das assoziative Denken. Problematische Konsequenz dieser einseitigen Höherbewertung ist, daß die Testergebnisse von begrenzter Aussagekraft sind. Kinder, die in ihrer Umgebung kaum die Möglichkeit erhalten, die Fähigkeiten des kognitiven Lernens und des abstrakten Denkens zu üben, sind in der Schule benachteiligt, da assoziatives Lernen dort nur ungenügend honoriert wird.

Wie umfangreich die Argumentation von Jensen auch sein mag, er kann nicht deutlich machen, daß Lernen keinen Einfluß auf die Entwicklung der Intelligenz hat.

Wäre die Intelligenz auch nur zu 5% von außen beeinflußbar, so müßten wir alles dafür tun, dies zu nutzen. Es wäre nämlich fatal, wenn wir uns mit einem deterministischen Standpunkt der Begabtheit abfinden würden. Es gibt genügend Daten, die darauf hinweisen, daß unser Verhalten – auch das Intelligenzverhalten – nicht völlig determiniert ist. Es besteht Spielraum für Einflußnahme, eine Chance, die vor allem Eltern und Erzieher nutzen sollten. Daß Intelligenz in hohem Maße beeinflußt werden kann, haben die Längsschnittdaten von McCall u.a. (1973) deutlich gemacht. Wir können aus diesen Daten ohne weiteres ableiten, daß jemand, der bei seiner Geburt beispielsweise einen IQ von 100 hat, unter günstigen Voraussetzungen einen IQ von 120 erreichen kann, jedoch kann sein IQ unter schlechten Voraussetzungen auch auf 80 sinken.

Zusammenfassend können wir sagen, daß kompensatorische Entwicklungsbeeinflussung, die sich ausschließlich auf isolierte Verhaltensaspekte wie z. B. die Sprache richtet, von vornherein zum Scheitern verurteilt ist. Darüber hinaus kommen wir zu dem Schluß, daß Vererbung unser Verhalten nicht völlig determiniert, sondern daß Spielraum für Beeinflussung besteht. Nur bei ganzheitlichen Fördermaßnahmen, wobei Kind, Familie und Nachbarschaft als eine Lebenseinheit behandelt werden, scheint bleibender Erfolg erreichbar zu sein. Bevor wir jedoch Beeinflussungsprogramme entwickeln, müssen wir deutlich wissen, ob es ethisch zu verantworten ist – ob es überhaupt wünschenswert ist – zu beeinflussen und aus welcher pädagogischen oder ideologischen Zielsetzung heraus wir eine derartige Beeinflussung anstreben wollen.

4.7 Hochbegabung

4.7.1 Definition

Hochbegabung ist ein gefühlsbeladener Begriff, der von vielen als überflüssig und selbst als diskriminierend im Hinblick auf Schwachbegabte betrachtet wird. Er weckt negativ beladene Vorstellungen wie "geistige Elite" oder "Glückspilze". Und doch ist es eine Tatsache, daß Menschen sich unterscheiden und zwar nicht nur in Hautfarbe und Größe, sondern auch in kognitiver, sozialer, kreativer oder motorischer Begabung. Die verkehrt verstandene Devise "gleiche Chancen für alle" (die interpretiert wurde als "alle sind gleich") trug dazu bei, daß das wissenschaftliche Interesse und die pädagogische Sorge sich erst an letzter Stelle auf diejenigen richteten, die über dem Durchschnitt lagen.

Es gibt mehrere Auffassungen darüber, wie der Begriff *Hochbegabung* zu verstehen ist. Einige betrachten außergewöhnliche Fähigkeiten – z. B. sehr hohe Intelligenz – als Hochbegabung, während andere nur dann von Hochbegabung sprechen, wenn auch tatsächlich außergewöhnliche Leistungen erbracht werden. Meistens wird Hochbegabung gleichgesetzt mit hohen oder sehr hohen Bewertungen bei einem Intelligenztest. Letztere Auffassung stammt von dem Begründer der systematischen Begabungsforschung in den USA – Lewis M. Terman (1877-1956). Für ihn war Hochbegabung gleichbedeutend mit einem Intelligenzquotienten (IQ) von 135 oder höher. Der durch einen Intelligenztest festgestellte IQ bestimmte, ob jemand von Terman als "genial" betrachtet wurde. Er nannte seine 1922 begonnene Untersuchung "Genetic Studies of Genius". Von über tausend anhand des Stanford-Binet-Intelligenztests selektierten Hochbegabten wurde bereits 1925 im ersten Teil der *"Genetic Studies of Genius"* berichtet. Der fünfte Band aus dieser Reihe erschien 1967 in dritter Auflage (Terman & Oden 1967).

Inzwischen bekam die Reihe einen anderen Namen: "Terman Study of the Gifted". Damit entfällt der Begriff "Genese", der darauf hinweist, daß Entwicklung nicht das Resultat von Interaktionsprozessen ist, sondern "biologisch determiniert" ist. – Die Teilnehmer an der Termanstudie waren im Durchschnitt 11 Jahre alt als die Studie anfing. Die noch lebenden "Termiten" – wie sie oft kurzerhalb genannt werden – sind zwischen 70 und 80 Jahre alt. Der sechste Band in der Terman Reihe bezieht sich auf diese Altersgruppe (Holahan u. a. 1995).

Obwohl Terman Intelligenz als einziges Kriterium verwendete, kam er aufgrund der längsschnittlichen Daten zunehmend mehr zu der Einsicht, daß Intelligenz zwar wichtig ist, jedoch letztendlich lediglich eine Voraussetzung für das Erzielen von außergewöhnlichen Leistungen. 1954 betonte er als Emeritus-Professor in einer Rede an der Universität in Berkeley, daß hohe Intelligenz nur im Zusammenspiel mit Durchsetzungsvermögen, Selbstvertrauen und einer positiv eingestellten sozialen Umgebung zu Leistungen auf hohem oder sehr hohem Niveau führen kann.

Bereits 38 Jahre davor – 1916 – sagte Stern, daß Begabung verkümmern kann, wenn das betreffende Kind kein Interesse an seiner Entwicklung hat oder wenn es von der Umgebung nicht ermutigt wird. Der Wille, so sagt Stern, der sich in Eifer, Durchsetzungsvermögen, Pflichtbewußtsein, Selbstdisziplin, Ehrgeiz und sozialen Intentionen äußert, ist für die Realisierung der Begabung unentbehrlich.

Auch heute gibt es noch viele, die Hochbegabung mit einem hohen IQ gleichsetzen. Stattdessen wird inzwischen immer mehr davon ausgegangen, daß Hochbegabung "sichtbar" sein muß: wahrnehmbar in Verhalten und Leistung. Verborgene Talente entziehen sich einer kontrollierbaren Beurteilung und können daher nicht die Bewertung "Hochbegabung" erhalten.

4.7.2 Hypothesen zur Hochbegabung

Die Hypothesen darüber, wie sich Hochbegabung zusammensetzt, d. h. welcher Zusammenhang besteht zwischen Persönlichkeitsmerkmalen, sozialen Variablen und Entstehungsvoraussetzungen, lassen sich in vier Teilgruppen unterteilen:

1. Hypothese der soziokulturellen Determinanten. Körperliche Akzeleration (Wachstumsbeschleunigung) geht einher mit positiven Auswirkungen, da gleichzeitig die Intelligenz zunimmt. Akzeleration betrachtet man als eine Folge der verbesserten Lebensumstände (Verringerung der wachstumsbehindernden Faktoren). Sie hat jedoch auch eine negative Seite, denn der soziale und gesellschaftliche Fortschritt gehen einher mit einer Verringerung der Begabung: Die zunehmende Infantilisierung des Unterrichts und der Ausbildung führen zu einem Rückschritt, weil Kinder dadurch dümmer werden und länger unselbständig bleiben.

2. Vererbungstheoretische Erwägungen führen zu der Schlußfolgerung, daß durch die geringen Fortpflanzungsraten in Familien mit dem höchsten Begabungspotential das Aussterben von Hochbegabten ein nicht aufzuhaltender Prozeß ist.

Aus Untersuchungen bei eineiigen Zwillingen ging hervor, daß das intellektuelle Erbgut gegenüber Umgebungsfaktoren ziemlich konstant ist. Erbfaktoren bilden die Grundlage und die Voraussetzung für Hochbegabung, aber richtige Förderung ist notwendig, wenn Erbgut nicht verloren gehen soll.

3. Die klinische Hypothese der Disharmonie. Dem Psychiater Lange-Eichbaum (1875-1950) zufolge steht jedes Genie im Zeichen des Wahnsinns. In klinischen Studien wird in der Regel – wenn auch in abgeschwächter Form – auf folgenden Zusammenhang hingewiesen: Hochbegabte begreifen schnell, sie sind auf emotionalem und sozialem Gebiet extrem sensibel, sie können die Umgebung stets wieder aus neuen Perspektiven heraus betrachten, sie sind fortwährend mit etwas beschäftigt und sie geben sich nicht mit trivialen Erklärungen und Lösungen zufrieden. Dadurch rufen sie bei Altersgenossen und Erwachsenen Widerstand hervor. Es findet eine Verfremdung statt, und sie werden zu "wunderlichen Käuzen". Selbst die eigenen Eltern fühlen ein Unbehagen oder – gerade entgegengesetzt – eine übertriebene Untertänigkeit. Kliniker weisen immer wieder darauf hin, daß die Diskrepanz zwischen dem Hochbegabten und seiner Umgebung von vornherein so unmißverständlich ist, daß eine normale Entwicklung eher die Ausnahme als die Regel ist. Tatsache ist, – das darf hier nicht verschwiegen werden –, daß der Kliniker erst dann mit dem Hochbegabten in Kontakt kommt, nachdem bereits (oft schwerwiegende) Entwicklungsstörungen aufgetreten sind.

4. Der Hypothese der Harmonie zufolge sind Hochbegabte nicht nur außerordentlich intelligent, sondern darüber hinaus auch sowohl physisch als auch psychisch kerngesund. Diese Ansicht war ein wichtiger Ausgangspunkt bei den Untersuchungen von Terman und Freeman, auf die wir noch näher eingehen werden.

4.7.3 Mehr-Faktoren-Modell der Hochbegabung: interaktionales Erklärungsmodell

Anhand von empirischen Untersuchungen (d. h. der Analyse von Artikeln und Untersuchungsdaten über Hochbegabte) erstellte Renzulli (1978; Renzulli u. a. 1981) sein "Drei-Komponenten-Modell". Das Zusammenspiel der folgenden Persönlichkeitsmerkmale schien immer wieder die Grundlage für Leistungen, die die Bezeichnung "hochbegabt" verdienen, zu bilden: Hohe intellektuelle Fähigkeiten, Kreativität und Motivation (Ausdauer/Aufgabenbewußtsein).

– *Intellektuelle Fähigkeiten* werden in der Regel mit Hilfe von Intelligenz-, Leistungs- oder Eignungstests gemessen. Hohe intellektuelle Fähigkeiten können auch aus Schulnoten und Beurteilungen der Lehrkräfte abgeleitet werden. Ob jemand auf intellektuellem Gebiet als hochbegabt identifiziert werden kann, hängt ab von der Grenze, die gezogen wird. Einige legen die Grenze der Hochbegabung bei einem IQ von 130 oder höher fest, andere wiederum die Untergrenze bei einem IQ von 140. Deutlich ist, daß es in allen Fällen um Leistungen geht, die signifikant über dem Durchschnitt liegen.

– *Kreativität* oder kreative Produktion sind grundsätzlich psychometrisch nicht exakt zu bestimmen. Kreativität beinhaltet originelles Denken, Flexibilität und Einfallsreichtum beim Lösen von Problemen, sowie Selbständigkeit und Wißbegierde bei der Annäherung an und der Lösung von Fragestellungen. Gerade weil es sich hier um eine einzigartige, divergente Art des Denkens und Problemlösens handelt – und nicht um konvergentes, konventionelles Denken und Problemlösen – entzieht sich die Kreativität einer exakten psychometrischen Bestimmung. Das Ungewöhnliche beschreiben Renzulli u. a. wie folgt: Kreativität ist "the ability to set aside established conventions and procedures" (1981, 22).

Über den Zusammenhang zwischen Kreativität und Intelligenz wurde seit der Untersuchung von Getzels & Jackson (1962) viel geschrieben, es wurden viele Untersuchungen und viele Vermutungen angestellt. Mit Hilfe von Korrelationen wurden sowohl positive als auch negative Zusammenhänge zwischen Kreativität und Intelligenz gefunden. Aus den vorhandenen Daten kann folgendes abgeleitet werden: Eine überdurchschnittliche Intelligenz ist eine notwendige, jedoch nicht ausreichende Voraussetzung für die Entwicklung der kreativen Produktion (siehe auch Van Boxtel u. a. 1985).

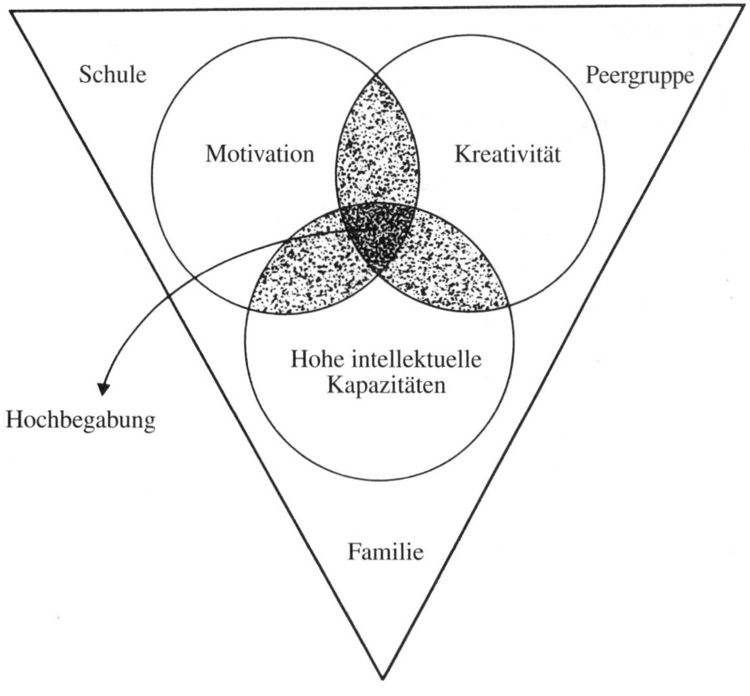

Abbildung 28. Mehr-Faktoren-Modell der Hochbegabung mit den Persönlichkeitsmerkmalen: Hohe intellektuelle Fähigkeiten, Motivation und Kreativität und den drei Sozialbereichen Familie, Schule und Peergruppe (Freunde). Erst bei einem guten Zusammenspiel dieser sechs Faktoren kann sich Hochbegabung entwickeln und zum Ausdruck kommen in besonderen Leistungen oder auffallenden Handlungen. Eine wesentliche Voraussetzung ist die Fähigkeit zum sozialen Umgang: Soziale Kompetenz (Mönks 1985; Mönks & Ypenburg 1993).

– Die *Motivation* ist ein drittes Persönlichkeitsmerkmal, das als notwendige Voraussetzung für außergewöhnliche Leistungen betrachtet werden kann. Jede Leistung – und sicher jede außergewöhnliche Leistung – setzt Einsatz, Konzentration und Ausdauer voraus. Durchsetzungsvermögen, um ein Ziel – trotz Widerständen und Schwierigkeiten – zu erreichen, ist für die Verwirklichung der Hochbegabung unentbehrlich. Diese Ausdauer kann auch als zielgerichtete Motivation (in Renzullis Terminologie "task commitment") umschrieben werden. Die Motivation liefert die nötige Energie, um einem Ziel anzustreben, sie selektiert und bestimmt die Richtung und sie reguliert. Mit anderen Worten: Es hängt von der Stärke der Motivation ab, ob eine einmal gewählte Richtung auch eingehalten wird.

Kreativität und Ausdauer sind relativ abhängig von der Aufgabe, dem Ziel und dem persönlichen Interesse. Sie können durch die soziale Umgebung beeinflußt werden, indem bestimmte Interessen geweckt und ermutigt werden. Empirische Untersuchungen zeigen, daß vor allem bei hochbegabten Schülern die Leistungen in hohem Maße durch die Motivation (Interesse) bestimmt werden – stärker als durch außergewöhnliche Fähigkeiten (Schiefele u.a. 1993).

Dieses empirisch untermauerte Modell umfaßt wichtige Merkmale der Person, jedoch fehlen Umgebungsmerkmale wie Schule, Familie und Peergruppe (= Entwicklungsgleiche – oft Altersgenossen, jedoch nicht immer und vor allem dann nicht, wenn es um Hochbegabte geht). Wenn wir Renzullis Modell mit den Umgebungsmerkmalen (social settings) erweitern, erhalten wir das *Mehr-Faktoren-Modell* (Abbildung 28, S. 175), (Mönks & Ypenburg 1993).

Aktionen, Reaktionen, Ermutigungen, Entmutigungen, Ablehnung und Bestätigung sind soziale Reize, die in der Entwicklung des Kindes oft in entscheidendem Maße das individuelle Verhalten bestimmen. Bezeichnend für das soziale Klima, in dem hochbegabte Kinder aufwachsen ist oftmals Unverständnis von seiten der Eltern, Lehrkräfte und Altersgenossen.

4.7.4 Hochbegabtenforschung

Die bisher gründlichste und längste Untersuchung ist die von Terman 1922/23 in Californien begonnene Reihe "Genetic Studies of Genius", in der bis jetzt sechs Bände erschienen sind. Anhand von Lehrerurteilen wurden aus 250.000 Kindern und Jugendlichen insgesamt 1.528 Versuchspersonen ausgewählt, die mit der Kurzfassung des Stanford-Binettests getestet wurden. Die Altersstreuung lag zwischen 6 und 14 Jahren. Die Gesamtstichprobe bestand aus drei Untergruppen:

- 661 Grundschüler (354 Jungen und 307 Mädchen); dies war die "Main Experimental Group";
- 365 Grundschüler (197 Jungen und 168 Mädchen;
- 444 Oberschüler (273 Jungen und 171 Mädchen).

Dies sind insgesamt 1470 Probanden (824 Jungen und 646 Mädchen) (siehe Minton 1988, 115). Im Jahre 1928 wurde die ursprüngliche Gesamt-Gruppe um 58 Probanden vergrößert auf 857 Jungen und 671 Mädchen. Es handelte sich hierbei um jüngere Geschwister der Jungen und Mädchen der ersten Stichprobengruppe.

Im Hinblick auf die Schichtzugehörigkeit zeigte sich ein deutlicher Zusammenhang zwischen sozialer Oberschicht und einem hohen IQ. Außerdem wuchsen diese Versuchspersonen unter günstigen sozio-ökonomischen Umständen auf. Dieser Zusammenhang zwischen Talent und sozialen Vorteilen wurde von Terman und seinen Mitarbeitern kaum analysiert. Nach heutigem Verständnis entspricht Termans Längsschnittuntersuchung nur in beschränktem Maße den methodischen Ansprüchen; sie enthält jedoch viele Anhaltspunkte für qualitative Analysen und Interpretationen. Gerade in jüngerer Zeit mehren sich die wissenschaftlichen Analysen der Originaldaten Termans (siehe Walberg 1992).

So veröffentlichte Oden (eine Mitarbeiterin Termans) im Jahre 1968 Untersuchungsergebnisse einer Nachfolgeuntersuchung, die bei einer gezielten Stichprobe durchgeführt wurde. Es handelte sich um einen Vergleich zwischen 100 Männern (Gruppe A), die es im Leben weit gebracht hatten, und 100 Männern (Gruppe B), die als Erwachsene deutlich weniger erreicht hatten. Die Personen aus Gruppe A hatten von Anfang an einen höheren IQ (A = 157; B = 150); sie erzielten immer gute Leistungen und waren vorwärtsstrebend; auch hatten sie deutlich günstigere Persönlichkeitsmerkmale: sie waren origineller, hatten mehr Durchsetzungsvermögen und waren stärker leistungsmotiviert. Darüber hinaus waren sie sozial besser angepaßt und psychisch gesünder. Beim Vergleich des schulischen Hintergrunds fällt auf, daß 97% der Gruppe A das "College" mit Erfolg absolviert hatte gegenüber 40% der Gruppe B. Zufrieden mit ihrem Beruf waren in Gruppe A 78%, in Gruppe B jedoch nur 22%. Auch die Familienhintergründe bzw. sozio-ökonomischen Faktoren waren für Gruppe A günstiger: Ihre Eltern hatten eine bessere Ausbildung, höhere und besser bezahlte Stellungen und sie waren mit ihrer Berufssituation zufrieden. Auch legten sie mehr Wert auf gute Leistungen ihrer Kinder (Interesse und Förderung). Diese Studie ergab, daß eine günstige und fördernde Umgebung von äußerster Wichtigkeit ist. Darüber hinaus ist es eine Tatsache, daß der Wille, etwas selbst zu leisten und zu vollbringen, eine notwendige Voraussetzung für gute und hohe Leistungen ist.

Freeman (1979) geht in ihrer Untersuchung von der Harmoniehypothese (siehe 4.7.2.) und dem Standpunkt aus, daß Untersuchungen über Hochbegabte mehr denn je notwendig sind, da anzunehmen ist, daß gerade sie in Zukunft Schlüsselpositionen einnehmen werden. Untersucht wurden 210 Kinder und Jugendliche im Alter zwischen 5 und 14 Jahren. Die Zielgruppe bestand aus 70 Kindern von Mitgliedern der Nationalen Gesellschaft für hochbegabte Kinder (NAGC = National Association for Gifted Children). Mitglied der NAGC kann jeder werden, der sein Kind für hochbegabt hält. Eine entsprechende Organisation in Deutschland ist die "Deutsche Gesellschaft für das hochbegabte Kind". Die Eltern der Kinder aus der Kontrollgruppe A waren keine Mitglieder der NAGC. Diese 70 Kinder waren anhand von Intelligenztests in der Klasse als hochbegabt ausgewiesen worden. Sie waren ebenso wie Kontrollgruppe B – eine Zufallsauswahl von 70 Kindern aus durchschnittlichen Schulklassen – mit der Zielgruppe bezüglich Alter, Geschlecht und Klassenniveau vergleichbar. Alle Kinder wurden gründlich untersucht und ihre Eltern und Lehrkräfte befragt. Die soziale Angepaßtheit wurde mit dem Bristol Adjustment Guide festgestellt. Es stellte sich heraus, daß 23 Kinder aus der Zielgruppe einen IQ von weniger als 140 besaßen, obwohl ihre Eltern sie als hochbegabt bewerteten.

Diese Eltern hatten viel über das schwierige und auffallende Verhalten von hochbegabten Kindern gelesen, eben weil ihre Kinder schwer zu erziehen waren. Auch in der Schule waren die meisten dieser Kinder verhaltensauffällig. 82% der Eltern war aufgrund von Erziehungsproblemen Mitglied von NAGC geworden. Laut Freeman wären unter ähnlichen häuslichen Umständen, die sich durch ihre Elternbefragung herausstellten, wahrscheinlich auch bei "normalbegabten" Kindern Probleme entstanden. Aus den Daten der Kontrollgruppe A kamen keine auffälligen Merkmale zum Vorschein – weder emotional noch schulisch oder körperlich. Diese Kinder erhielten von Anfang an Förderung und Ermutigung von ihren Eltern. Sie waren hinsichtlich ihres Sprech- und Sprachverhaltens frühreif, besaßen ein außergewöhnliches Gedächtnis und erzielten hervorragende Schulleistungen. Sie waren flexibel, hatten eine gute Auffassungsgabe und konnten ihre Aufmerksamkeit auf mehr als eine Sache richten. Außerdem waren sie strebsam und fielen auf durch ihre schlechte Handschrift (da viele dieser Kinder sich im Vorschulalter selber Lesen und Schreiben beibringen). Ihre Eltern bemerkten ihre Hochbegabung und gingen feinfühlig und fördernd darauf ein. Außerdem versuchten sie, Gelegenheiten für zusätzliche Bereicherungen (enrichment) zu nutzen.

Zusammenfassend stellt Freeman fest, daß die soziale Umgebung von ausschlaggebender Bedeutung für die Entwicklung von hochbegabten Kindern ist – sowohl in positiver als auch in negativer Hinsicht.

Die Johns Hopkins University in Baltimore (USA) betreut seit vielen Jahren umfassende wissenschaftliche Untersuchungen, die sich auf hochbegabte Jugendliche richten (seit 1979 unter der Bezeichnung "Office of Talent Identification"; seit 1994 "Institute for the Advancement of Learning"). Neben einem gründlichen Überdenken des Intelligenz-Konzepts und dessen, was Intelligenztests messen – der IQ hat nur in beschränktem Maße einen Vorhersagewert – umfaßt dieses Programm zwei große Projekte: Untersuchungen bei *verbal* und bei *mathematisch Hochbegabten*. Als Meßinstrument wurde der SAT (Scholastic Aptitude Test, V-Verbality und M-Mathematic) angewandt. Es ergaben sich deutliche Unterschiede zwischen der Gruppe, die einen hohen SAT-V-Wert erreichte und der Gruppe, die einen hohen SAT-M-Wert erreichte. Jugendliche mit hohen SAT-V-Werten erwiesen sich als origineller, intuitiver, unpraktischer und wißbegieriger. Bei Jugendlichen mit geringen Unterschieden hinsichtlich der V- und der M-Werte zeigte sich vor allem eine Einstellung, die als zielgerichtet, praktisch, realistisch und sachlich umschrieben werden kann.

Die Interventionsprogramme der Johns Hopkins University zielen vor allem auf Akzeleration, d. h. ein schnelleres Durchlaufen der Schulklassen. Dies versucht man durch gezielte Maßnahmen zu erreichen, wie Abendkurse, Samstagsgruppen, Sommerlager oder auch durch Mentoren, welche in den meisten Fällen etwas älter als die hochbegabten Jugendlichen sind. Aber auch bei den Mentoren handelt es sich um Hochbegabte. Durch die genannten Zusammenkünfte bekommt der Hochbegabte eine bessere Einsicht in die Art und die Grenzen seiner besonderen Fähigkeiten. Diese Bereicherungsprogramme scheinen vor allem gute Möglichkeiten für eine gesunde soziale Entwicklung zu bieten. Neben dem Entwickeln von treffsicheren Instrumenten und relevanten Programmen ist das frühzeitige Erkennen nicht nur als Aspekt der wissenschaftlichen Forschung wichtig, sondern vor allem auch für die richtige pädagogische Betreuung von Hochbegabten. Entsprechend dem Emanzipationsgedanken muß hier nachdrücklich darauf hingewiesen werden, daß auch der bisher vernachlässigten Gruppe der Hochbegabten genügend Aufmerksamkeit geschenkt werden muß, damit sie die Entwicklungschancen erhalten, die ihren Fähigkeiten gerecht werden.

In einem internationalen Handbuch (Heller, Mönks & Passow 1993) werden zum erstenmal in einer Übersicht Untersuchungs- und Entwicklungsaspekte zur Hochbegabung dargestellt und erörtert. Es hat sich gezeigt, daß entwicklungspsychologische Erkenntnisse und Annäherungsweisen bisher nur ungenügend bei Untersuchungen und bei der Entwicklung von Programmen miteinbezogen werden (Mönks & Mason 1993).

Ein bildungspolitisch neuer Schwerpunkt in Deutschland ist die Begabtenförderung in der beruflichen Bildung. Dabei wird darauf hingewiesen, daß Begabtenförderung alle erfassen muß und sich nicht nur auf Studierende richtet. Die Gleichwertigkeit der Berufsbildung gegenüber Schule und Studium wird betont, indem besondere Begabungen in der Berufspraxis erfaßt und entsprechend gefördert werden (siehe hierzu Manstetten 1992; 1996). Auf weitere deutschsprachige Literatur zu diesem Themenkreis sei verwiesen: Wagner 1990; Urban 1990; Heller 1991; Hany & Nickel 1992; Oswald & Klement 1993; Mönks & Ypenburg 1993.

Kontrollfragen und -aufgaben

1. Lange Zeit wurde der Beginn des Schulalters des Kindes in Zusammenhang mit seiner körperlichen Entwicklung gebracht. Was bedeutet in diesem Zusammenhang der erste Gestaltwandel?
2. Freundschafts- und Peerbeziehungen nehmen während des Schulalters zu. Welche Funktion haben sie und welche Merkmale können dabei festgestellt werden?
3. Leistungsmotivation entwickelt sich bereits bei jungen Kindern. Es zeigt sich zunächst im Wetteiferverhalten. In welchem Alter entwickelt sich die Leistungsmotivation und welche Merkmale kennzeichnen sie?
4. Was versteht man unter geschlechtsgebundenem Verhalten, wie wird es erklärt und welche empirischen Daten verdeutlichen diesen Zusammenhang?
5. Normgefühl oder Moralität sind ein zentrales Merkmal der Persönlichkeitsentwicklung. Geben Sie eine Beschreibung!
6. Piagets Theorie stützt sich auf Begriffe aus der Biologie und der Epistemologie. Erklären Sie die Begriffe.

7. Erläutern Sie die Begriffe Adaptation und Organisation sowie die Begriffe Assimilation und Akkommodation!
8. Während des sensomotorischen Stadiums (0–18 bzw. 24 Monate) entwickelt sich die Objektpermanenz. Beschreiben Sie den Zusammenhang zwischen kognitiver Entwicklung und der Entwicklung der Objektpermanenz in dieser Periode!
9. Geben Sie eine globale Beschreibung des präoperationalen, des konkret-operationalen und des formal-operationalen Stadiums!
10. Welche Kritikpunkte können zur Theorie von Piaget vorgebracht werden?
11. Was ist die sogenannte kompensatorische Entwicklungsbeeinflussung? Besprechen Sie in diesem Zusammenhang die Auffassungen von Arthur Jensen, die zu heftigen Diskussionen geführt haben!
12. Hochbegabung hat in letzter Zeit das Interesse der Entwicklungspsychologen geweckt, da sie zur optimalen Entwicklung von Kindern beitragen wollen – also auch von Kindern, die über besondere Fähigkeiten verfügen. Beschreiben Sie Ansichten über die Hochbegabung und einige Untersuchungsergebnisse und gehen Sie auf das Mehr-Faktoren-Modell näher ein!

5. Die Jugendjahre I: Körperliche und psychosoziale Entwicklung

5.1 Jugendjahre und Lebenslauf

In der Entwicklung der Persönlichkeit haben die Jugendjahre ihren eigenen Platz. Doch ist dieser Platz weniger deutlich zu bestimmen als der der anderen Lebensabschnitte. Man kann aus verschiedenen Gründen einen deutlichen Unterschied machen zwischen Kinderjahren, Erwachsensein und Alter. Das Kind ist noch unausgereift. Der Erwachsene ist – wie der Begriff bereits sagt – der Ausgereifte, der in vollem Maße über seine körperlichen und psychischen Funktionen verfügen kann. Beim älteren Menschen sehen wir einen Rückgang, vor allem der körperlichen Funktionen.

Ein Kind ist nicht nur ein Produkt der Enkulturation und Sozialisation, sondern es lernt durch aktive Anpassung auch, sich einen Platz in der Gesellschaft zu erobern. Der Erwachsene hat zwar nicht ausgelernt, doch verfügt er über genügend Möglichkeiten, um einen Platz in der Gesellschaft einzunehmen. Der ältere Mensch zieht sich immer mehr aus der Gesellschaft zurück und begegnet seiner Umgebung mit zunehmender Distanz.

Das Kind geht in die Schule, um sich zu bilden und sich eine Ausgangsposition in der Gesellschaft zu erwerben. Der Erwachsene hat seine Schulzeit hinter sich, er nimmt eine gesellschaftliche Stellung ein, er arbeitet in den meisten Fällen und ist sich seiner gesellschaftlichen und bürgerlichen Rechte und Pflichten, die er auf sich nimmt, bewußt. Der ältere Mensch arbeitet nicht mehr, verfügt zwar noch über bürgerliche und gesellschaftliche Rechte, denen jedoch zunehmend weniger Pflichten gegenüberstehen. Kind und älterer Mensch gehören zu dem wirtschaftlich noch nicht bzw. nicht mehr produktiven Teil der Gesellschaft. Sie genießen die Früchte der produktiven Arbeit des Erwachsenen: das Kind, weil es mit der Zeit seinen Platz unter den Produzierenden einnehmen soll, der ältere Mensch, weil er zu seiner Zeit durch seine produktive Arbeit seinen Beitrag für die Gesellschaft geleistet hat.

Viel weniger deutlich ist die Stellung der Jugendlichen. Erst gegen Ende der Jugendjahre sind sie ausgewachsen und verfügen vollständig über ihre körperlichen Funktionen. Sie haben noch nicht ausgelernt, und in dieser Hinsicht sind sie noch Kinder, denn sie müssen ihren Platz in der Gesellschaft noch erobern. Sie gehen noch zur Schule oder erfüllen eine partielle Schulpflicht. Ein anderer Teil der Jugendlichen ist berufstätig, andere setzen das Studium fort, wieder andere sind arbeitslos. Wenn sie bereits eine Arbeitsstelle haben, hat ihre Position oftmals einen vorläufigen Charakter, u. a. weil zumindest der männliche Teil der Bevölkerung noch wehrpflichtig ist und die Arbeit nochmals unterbrechen muß. Oft verdienen arbeitende Jugendliche einen "Jugendlohn" und werden auch in dieser Hinsicht noch nicht als gleichwertig angesehen. Der Jugendliche befindet sich in einer marginalen Position (Lewin 1939), d. h. er lebt tatsächlich in der Zeitspanne zwischen Kinderjahren und Erwachsensein. Hinsichtlich der Kinderjahre sind die Grenzen viel weniger scharf. So wurden die Jugendjahre erst gegen Ende des 18. Jahrhunderts als eine eigene – von den Kinderjahren unterschiedene – Periode in der Entwicklung betrachtet (Muchow 1962). Doch unterscheidet sich der Status (das Prestige, das eine bestimmte Position und die dazugehörige Rolle besitzt) des Jugendlichen von dem des Kindes. Die Jugendjahre sind deutlich eine Periode des *Übergangs* (Calon 1953), d. h. daß der Jugendliche den Status des Erwachsenen noch nicht erreicht und den des Kindes noch nicht ganz hinter sich gelassen hat. Untersuchungen von Roscoe und Peterson (1984) unterstützen diese Ansicht.

Den Erwachsenenstatus nennt Ausubel (1965) einen *primären Status,* der durch eigene Fähigkeiten und Anstrengungen erworben wurde. Der Status des Kindes ist ein *abgeleiteter Status,* d. h. abhängig davon, was dem Kind von den Eltern (und der Gesellschaft) zugestanden wird. Der Jugendliche besitzt einen Interimstatus, der eine teilweise noch abgeleitete und teilweise bereits selbst erworbene Position darstellt. Der *Interimstatus* hängt zusammen mit der Übergangsperiode, die nach *der Pubertät* (Geschlechtsreife) in entwickelten Gesellschaften noch eingeschoben wird, um dem Jugendlichen Gelegenheit zu geben, Erfahrungen zu sammeln, die ihn befähigen sollen, die volle Verantwortung eines Erwachsenen zu übernehmen.

Wie wir gesehen haben, weist Havighurst dem Interimstatus eine große Anzahl Entwicklungsaufgaben zu, die für den jungen Menschen in Amerika gelten sollen. In einer späteren Veröffentlichung (1976) untersuchte Havighurst, ausgehend von kulturvergleichenden Daten, was zu den allgemeinen Aufgaben des jungen Menschen gerechnet werden kann. Er nennt für 12-18jährige:

- Aspekte der biologischen Entwicklung;
- Akzeptanz der Erwachsenenrollen unter dem Einfluß der eigenen gesellschaftlichen Gewohnheiten;
- Erwerb der emotionalen Unabhängigkeit von Eltern und/oder anderen Erwachsenen;
- Erwerb der eigenen Lebensanschauung;
- Bewußtmachung einer eigenen Identität und Teilnahme an einer eigenen Jugendkultur.

In den folgenden Abschnitten dieses und des sechsten Kapitels werden alle genannten Aspekte besprochen. Bei den letzten drei Aspekten dieser Betrachtungsweise sind für nicht-abendländische Jugendliche einige Randbemerkungen angebracht.

Dieser mehr theoretischen Annäherungsweise kann man eine empirische gegenüberstellen (ausgehend von der Frage, womit sich Jugendpsychologen in ihren Untersuchungen beschäftigen). In der bedeutenden Zeitschrift *Adolescence* waren zwischen 1976 und 1981 insgesamt 455 Artikel Themen gewidmet, die in 8 Rubriken untergebracht werden können: Problemverhalten (20%), Sexualität (13,9%), Werte (u. a. Religion) (13,9%), klinische Behandlungen (13,4%), Beziehung zu Eltern und Altersgenossen (11%), Schulthemen (10,6%), Phasentheorien (7%) und eine Restkategorie, zu der z. B. das Thema "Arbeit" (10%) gehört. Dies verschafft uns einen guten Überblick über das, was in der amerikanischen Entwicklungspsychologie als wichtig angesehen wird. Die Entwicklungsaufgaben der Jugend sind darin leicht zu erkennen (Stefanko 1984).

Die Stationen auf dem Wege zum Erwachsensein sind zwar im Wesentlichen noch durch Arbeit, Wehrpflicht und Ehe markiert, ihre Bedeutung verwischt sich jedoch mehr und mehr. Zum einen entscheiden sich jungen Menschen nicht mehr automatisch für berufliche Karriere oder Ehe; andererseits hat sich die klassische Rollenverteilung verändert, so daß sowohl die Rollen vertauscht, als auch auf beide Partner verteilt sein können. Diese Entwicklung macht deutlich, wie stark sich die Auffassungen über die gesellschaftliche Position und die Rolle der Frau verändert haben. Auch die Wehrpflicht hat an Bedeutung verloren. Darüber hinaus leben auch stets mehr junge Menschen mit einem Partner zusammen, ohne verheiratet zu sein. Insgesamt hat sich die *Adoleszenz* (Lat. adolescere = adultus = erwachsen werden, sich also in der Entwicklung zum Erwachsenen befinden) verlängert; dies gilt vor allem für studierende Jugendliche im Alter zwischen 18 und 25 Jahren (White 1980). Nun spricht man mehr und mehr vom jungen Erwachsenenalter, also der Lebensperiode, in der junge Menschen bewußt (und nicht gezwungenermaßen wie die Jugendlichen) experimentieren und ihren Interimstatus aufrechterhalten, um den Moment der vollständig engagierten Teilnahme an den gesellschaftlichen Verpflichtungen der Erwachsenen (die auch beinhaltet, daß man sich an die Gesellschaft und ihre Institutionen anpassen muß) noch eine Zeitlang hinauszuschieben. Eine andere Möglichkeit ist das Bedürfnis nach Distanz von der Gesellschaft und die Entscheidung für eine Lebensweise, die nicht an den Regeln und Werten der herrschenden Gesellschaft orientiert ist (siehe Tabelle 1, S. 22)

Obwohl die Jugendjahre nach unten noch weniger scharf begrenzt sind als zum Erwachsensein hin, besteht in einer Hinsicht ein abrupter Beginn der Jugendjahre: Der plötzliche Durchbruch der (genitalen) Sexualität. Deshalb wird diese Phase auch als Pubertät bezeichnet. In der Entwicklung des Jugendlichen spielt dieses körperliche Ereignis eine sehr wichtige Rolle, so daß es sinnvoll ist, diesem Thema besondere Aufmerksamkeit zu schenken. Auch der Einfluß der körperlichen und physiologischen Prozesse auf die psychosoziale Entwicklung wird noch gesondert behandelt werden. Letztgenannte Punkte werden wir in diesem Kapitel besprechen, während im folgenden Kapitel 6 die Aspekte der zunehmenden Teilnahme des Jugendlichen am kulturellen und gesellschaftlichen Leben im Mittelpunkt stehen werden. Dann wird sich auch zeigen, daß man Jugendliche nicht als eine homogene Generation betrachten kann, sondern daß zwischen Jugendlichen aus verschiedenen und zwischen Jugendlichen desselben Milieus durchaus Unterschiede bestehen. Auch zwischen Jugendlichen aus aufeinanderfolgenden Generationen zeigen sich Unterschiede (Van Dam 1993).

5.2 Stadien der Jugend: Pubertät und Jugendalter

Eine genaue Analyse aller Aspekte der Entwicklung in den Jugendjahren (ungefähr zwischen 12 und 20) ergibt eine große Anzahl Faktoren, die – zum Teil aufeinanderfolgend, zum Teil einander überlappend – in dieser Periode in den Vordergrund treten.

In der angelsächsischen Literatur (Hill & Mönks 1977) erhält der Begriff "Jugend" (hier die Übersetzung des englischen Begriffs *youth*) eine neue Bedeutung als Übergangsperiode zwischen den Jugendjahren und dem Erwachsensein. In der englischsprachigen Fachliteratur unterscheidet man im allgemeinen zwischen *adolescence* (12-18 Jahre) und *youth* (19-24 Jahre). In diesem Buch wird dieser Tendenz – ebenso wie in der niederländischen und auch in der deutschen Literatur – nicht gefolgt (De Wit & van der Veer 1982). Wie wir später darlegen werden, gibt es gute Gründe dafür, die erste Periode der Jugendjahre mit etwa 16 Jahren als beendet zu betrachten (Knoers 1977).

Ein 13jähriger Teenager unterscheidet sich – ganz abgesehen von sozialkulturellen und sexuellen Unterschieden zwischen den Jugendlichen – beträchtlich von einem 18jährigen Teenager. Der Begriff "Teenager" stammt aus dem Englischen und bezieht sich auf das Zahlwort "zehn", das in den Zahlen dreizehn bis neunzehn enthalten ist. In der deutschen und niederländischen Literatur wird zwischen Pubertät und Jugendalter unterschieden. Letzterer Begriff wurde bereits im vorangegangenen Abschnitt erläutert. Der erste Begriff ist abgeleitet von dem lateinischen Wort "pubescere": Pubes oder Schamhaare bekommen. Es handelt sich dabei um ein sekundäres Geschlechtsmerkmal, in dem sich die Geschlechtsentwicklung manifestiert. Wenn wir also im weiteren Verlauf von dem Pubeszenten oder dem Pubertierenden sprechen, meinen wir damit den Jugendlichen etwa zur Zeit der Geschlechtsreifung. Im Durchschnitt liegt diese Periode bei Mädchen etwa zwischen 11 und 15, bei Jungen etwa zwischen ca. 12 und 16 Jahren. Die Geschlechtsreife beginnt bei manchen also bereits vor den "teens" im strengsten Sinne, jedoch manifestieren sich nicht alle Aspekte der Entwicklung gleichzeitig. Da die Geschlechtsreife (die Pubertas) nur ein Aspekt der Entwicklung in den Jugendjahren ist, folgt man auch in den Niederlanden in zunehmendem Maße der angelsächsischen und französischen Gewohnheit, den Begriff Pubertät nur für die biosexuelle Entwicklung und den Begriff Jugendalter für die gesamte Jugendperiode zu verwenden.

In der deutschen Literatur hingegen trifft man gelegentlich noch differenziertere Unterscheidungen an. Die am häufigsten verwendete Einteilung ist die in Präpubertät, Pubertät und Jugendalter. Die Präpubertät ist eine Periode von ungefähr zwei Jahren, die der Manifestation der Geschlechtsreife vorangeht (prä = vor), jedoch bereits durch jene physiologische Entwicklungen gekennzeichnet ist, die die sekundären Geschlechtsmerkmale (siehe 5.3.2) hervorrufen. Diese Entwicklungen hängen mit dem Funktionieren der verschiedenen Organe und Gewebe zusammen. In diesem Fall betrifft es eine Reihe von Veränderungen in der Entwicklung von Hormondrüsen mit interner Sekretion. Diese Drüsen sondern ihre Stoffe nicht mittels einer Röhre ab (wie z. B. die Schweißdrüsen), sondern leiten sie direkt in die Blutbahn. Die *Hormone* (griechisch, wörtlich: Reizstoffe) stimulieren den Körper bereits in der Vorpubertät und bewirken einen Reizzustand, eine hormonale Irritation, die das Kind in eine fremde, ihm nicht begreifliche Unruhe erfahren läßt. Ab diesem Zeitpunkt sind die "unbesorgten" Kinderjahre vorbei.

Remplein (1962) geht bei seiner Einteilung noch weiter, indem er zwischen Pubertät und Jugendalter noch die Jugendkrise als eigene Periode einschiebt. Mit dem von Buseman (1953) abgeleiteten Begriff "Jugendkrise" (der diesen wiederum indirekt von Debesse 'crise d'orginalité juvénile' entlehnte), deutet Remplein an, daß sich in dieser Periode kritische Phänomene zeigen, die etwas von einer Wende in der Entwicklung ankündigen. Als deutlichste Merkmale bezeichnet er erhöhte Affektivität und Labilität sowie Schul- und Berufskrisen. Durch den Jugendlichen wird der

Verlauf, den seine Entwicklung genommen hat, gleichsam aufs neue in Zweifel gezogen.

Auch empirisch konnte festgestellt werden, daß z. B. Jungen, die nach der Vollzeitschulpflicht zu arbeiten beginnen, die erste Bekanntschaft mit der Arbeitswelt nicht ohne Schwierigkeiten verläuft. Dies zeigt sich besonders in den häufigen Stellenwechseln in dieser Periode und hängt wahrscheinlich mit der oft noch wenig bewußten ersten Berufswahl zusammen. In dieser Phase entwickelt sich offensichtlich das Bewußtsein für die eigene Person. Die Krisensituation zwischen Pubertät und Jugendalter ist jedoch nicht nur eine Folge des *Reifungsgeschehens,* sondern auch ein Effekt unseres Schulsystems. Dies gilt auch für die Entscheidung für oder gegen ein Studium, die oft in diesem Alter getroffen werden muß. Die Entscheidung für einen Beruf, bzw. eine bestimmte Richtung im Gymnasium oder ein Studium in dieser Phase des Übergangs ermöglicht eine genauere Unterscheidung zwischen Pubertät und Jugendjahren. Insgesamt kann man die sogenannte Jugendkrise auch als kritisch erfahrenen Übergang von der Pubertät zum Jugendalter betrachten.

Wir werden die Präpubertät in diesem Buch nicht gesondert beschreiben, sondern die Phänomene aus dieser Periode als bereits kennzeichnend für den jungen Teenager – den Heranwachsenden – betrachten, auch wenn sich die Geschlechtsmerkmale nach außen hin noch nicht oder nur kaum manifestieren. (Für eine kritische Besprechung der Problematik der Phaseneinteilung siehe: Bergius 1959; Mönks & Heymans 1978; Buseman 1956; siehe auch 7.2.1).

Im folgenden Kapitel behandeln wir den zweiten Teil der Jugendperiode als Jugendalter im strengen Sinne. Wir sind uns bewußt, daß diese Einteilung willkürlich ist und daß keine klaren Grenzen zwischen den beiden Abschnitten der Jugendperiode existieren. Die Aufteilung geschieht mehr danach, welche Phänomene in den Vordergrund treten: Im Leben und Erleben des jungen Menschen nehmen in der ersten Periode die körperliche und sexuelle Entwicklung und die damit direkt oder indirekt zusammenhängenden psycho-sozialen Phänomene einen wichtigen Platz ein. In der zweiten Periode sind die moralischen, weltanschaulichen und gesellschaftlichen Aspekte wichtiger.

5.3 Die körperliche und sexuelle Entwicklung des Jugendlichen

Die körperliche und die sexuelle Entwicklung werden hier gemeinsam in einem Abschnitt (5.3) dargestellt und erörtert, da die genitale Geschlechtsreifung im Zusammenhang mit dem gesamten körperlichen Wachstum gesehen werden muß. Sowohl anatomische (den Körper[auf]bau betreffende, meistens äußerlich wahrnehmbare) als auch physiologische (also funktionale) Aspekte spielen eine Rolle. Nacheinander werden wir die Hauptphänomene dieser Entwicklung (die Wachstumsbeschleunigung und die Geschlechtsreife) besprechen, die trotz ihrer Verwobenheit in ihren körperlichen Manifestationen zu unterscheiden sind.

Bei der Untersuchung des Zusammenhangs zwischen psychosozialer und körperlicher Entwicklung wird deutlich, daß die körperliche der psychosozialen Entwicklung neue Impulse verschafft. Der "kausale" Zusammenhang verläuft also vom

Körperlichen zum Psychosozialen (Hill & Mönks 1977). Selbstverständlich ist die Art und Weise, mit der das Individuum auf die körperliche Entwicklung reagiert und diese verarbeitet, ihrerseits wieder abhängig vom Einfluß des Milieus und dem aktiven Beitrag des Individuums. Der Beginn der Pubertät liegt gleichsam in den Wachstums- und Reifungsphänomenen. Wie es geschieht, daß in der (Prä)pubertät die Hypophyse (= Hirnanhangsdrüse: eine unter dem Zwischenhirn liegende Drüse, die das Funktionieren vieler anderer Drüsen mit interner Sekretion reguliert) ausreift und das wichtige, auf die Geschlechtsdrüsen oder Gonaden gerichtete Gonadotrop-Hormon absondert, wodurch die Entwicklung der Sexualität und Wachstumsbeschleunigung in Gang gesetzt wird, ist in seinem komplexen Zusammenspiel noch nich völlig geklärt.

5.3.1 Wachstumsbeschleunigung (säkulare Akzeleration) und deren psychosoziale Implikationen

Die Jugendperiode ist eine Übergangsperiode, in der das Kind auch körperlich erwachsen wird, was hier wörtlich bedeutet: Es ist ausgewachsen. Die ausgereifte Hypophyse sondert eine Reihe von Hormonen ab, von denen vor allem folgende wichtig sind: das durch den Frontallappen produzierte Gonadotrop-Hormon, ein Wachstumshormon, und das auf die Nebennierenrinde gerichtete Kortikotrop-Hormon (Kortex = Rinde). Das Wachstumshormon hat bereits seit der Geburt das gesamte körperliche Wachstum gefördert. Eine Wachstumsbeschleunigung tritt auf, weil verschiedene Drüsenfunktionen koordinierend auf das Wachstum einwirken. Das gonadotrope Hormon stimuliert die Reifung der Ei- und Samenzellen, die Absonderung von Keimdrüsenhormonen und mittels des kortikotropen Hormons die Nebennierenrinde. Das Hormon der Gonaden oder Samendrüsen – bei Jungen überwiegend *Testosteron,* bei den Mädchen überwiegend *Östrogen* – bewirkt zusammen mit dem Wachstumshormon und dem Nebennierenrinden-Hormon eine *Wachstumsbeschleunigung.* Durch das koordinierte gemeinsame Funktionieren der Samendrüsenhormone und Nebennierenrinden-Hormone treten physiologische Veränderungen auf, wie beispielsweise in der Atmung, namentlich bei Atemfrequenz und beim Atemvolumen (vor allem bei Jungen).

Zum Zusammenhang zwischen Wachstum, verstärkter Hormonwirksamkeit und Wachstumsbeschleunigung ist anzumerken, daß die Organe sich unterschiedlich schnell ausbilden. So nimmt das Wachstum des Nervensystems, das sich größtenteils in den ersten vier Lebensjahren vollzieht, nach dem siebten Lebensjahr kaum noch zu. Skelett und Muskulatur entwickeln sich ganz allmählich, mit einem Schub zu Beginn der Pubertät, der mit den soeben besprochenen Einflüssen zusammenhängt. Das Wachstum der Geschlechtsorgane ist vor der Pubertät gering und geht einher mit der Beschleunigung des Wachstums von Skelett und Muskulatur. Dieser Wachstumsschub, der vor allem die Körpergröße betrifft, vollzieht sich hauptsächlich über einen Zeitraum von zwei Jahren. Bei Mädchen liegt diese Phase zwischen ca. 11 und 13 Jahren (mit einem Anlauf von eineinhalb Jahren und einem Höhepunkt mit 12 Jahren) und bei Jungen zwischen 13 und 15 Jahren (mit einem Anlauf von ca. einem Jahr und einem Höhepunkt mit 14 Jahren).

Mit kleinen Unterschieden verläuft die Zunahme der Körpergröße bei Jungen und

Mädchen bis zum 9. Lebensjahr ungefähr gleich. Danach beginnt recht schnell der Anlauf für die Wachstumsbeschleunigung bei den Mädchen, während die Entwicklung bei den Jungen bis zum Anlauf für ihre Wachstumsbeschleunigung mit etwa 12 Jahren etwas langsamer verläuft. Wenn die Phase des beschleunigten Wachstums bei den Mädchen vorbei ist, beginnt diese erst richtig bei den Jungen. Ist die Wachstumsbeschleunigung mit 13 bzw. 15 Jahren vorbei, hält das Wachsen in beiden Fällen noch drei Jahre an (bis ca. 16 bzw. ca. 18 Jahre).

Parallel zur Zunahme der Größe verläuft eine Zunahme des Gewichts, da die größte Gewichtszunahme mit dem Wachstum des Skeletts (dem relativ schwersten Teil des Körpers) zusammenhängt. Auch hier kommt ein deutlicher Unterschied zwischen den Geschlechtern zum Vorschein. Während bei den Jungen die Gewichtszunahme (sofern diese nicht mit dem Wachsen des Skeletts zusammenhängt) vor allem eine Folge der Stärkung der Muskulatur ist, wird bei den Mädchen die Gewichtszunahme zum Teil durch die Zunahme von subkutanem Bindegewebe (Fett) bestimmt – dies betrifft vor allem Hüften, Gesäß, Oberschenkel, Oberarme und Brüste. Die Rundung der Hüften in Kombination mit der Entwicklung der Brüste gibt dem Körper des Mädchens in dieser Periode die weibliche Form, während die männliche Form des Jungenkörpers zu dieser Zeit vor allem durch das Wachsen der Schultern bestimmt wird. Da die Wachstumsbeschleunigung bei Mädchen früher einsetzt als bei Jungen, werden Mädchen zwischen 12 und 13 Jahren eine Zeitlang schwerer als Jungen.

Psychosozial betrachtet, d. h. aus der Perspektive der persönlichen Reaktion auf die reale oder vermeintliche Antwort der Umgebung auf diese körperlichen Veränderungen ist das Körperwachstum für den sich entwickelnden Jugendlichen von großer Bedeutung. Nach der relativ kurzen Periode der Wachstumsbeschleunigung entsteht eine Diskrepanz zwischen dem Selbstbild, das aus einem so gut wie erwachsenen Körper entsteht und der Schwierigkeit, in der Gesellschaft einen Erwachsenenstatus anzunehmen. Diese Situation ist äußerst frustierend, und ist oft ein Grund für Konflikte mit Eltern und Lehrern und die Hinwendung zu den Altersgenossen (siehe 5.4).

Von großer Bedeutung sind körperliche Abweichungen von der typisch männlichen bzw. weiblichen Figur. Jugendliche in diesem Alter beziehen einen wichtigen Teil ihrer Selbstachtung aus ihrem Körper, dessen Bedeutung durch Wachstum, Veränderung des Ausdruckswerts und durch die neuen Möglichkeiten stark zugenommen hat. Der Jugendliche selbst ist einer der wichtigsten Beurteiler des eigenen Körpers als sozialem Reiz (Hill & Mönks 1977). Entspricht sein Körper einigermaßen der ungeschriebenen Norm, so fördert dies seine Selbstachtung. Ist dies nicht der Fall, dann vergrößern sich die Probleme im Verhältnis zum Umfang der Abweichungen. Zu lange eine kindliche Statur und ein kindliches Äußeres zu besitzen, ist sowohl für Jungen als auch für Mädchen frustrierend. Zu sehr in die Länge zu wachsen ist oft für Mädchen Anlaß zu Sorgen und Frustrationen, ebenso wie Abweichungen von der als typisch und ideal betrachteten Form: Zu schmale Schultern können z. B. für Jungen ein Problem sein. Körperliche Unzulänglichkeiten werden in der Jugendperiode als sehr ernst empfunden. Vor allem schwere körperliche Handicaps können der Selbstachtung des jungen Menschen schaden, so daß eine gesunde Persönlichkeitsentwicklung dadurch ernstlich gefährdet wird.

5.3.2 Entwicklung der Sexualität

Im vorigen Abschnitt sind wir bereits auf den Zusammenhang zwischen Körperwachstum (und im besonderen dessen Beschleunigung) und den physiologischen Faktoren, die die Entwicklung der genitalen Sexualität beeinflussen, eingegangen. Der aus der Tiefenpsychologie entlehnte Begriff "genital" bedeutet nicht, daß der Reifungsprozeß nur die Genitalien betrifft. Das innere und äußere Wachsen der Sexualorgane im strengen Sinne ist selbstverständlich bestimmend für die Entwicklung des erwachsenen sexuellen Verhaltens. Aber nicht nur diese *primären* Geschlechtsmerkmale spielen eine wichtige Rolle. Die *sekundären* Merkmale besitzen nämlich eine Signalfunktion, die sowohl für den Jugendlichen selbst als auch für seine Umgebung – vor allem psychosozial betrachtet – wichtig ist. Der "Stimmbruch" des Jungen ist für die Umgebung ein deutlicheres Zeichen für die sich entwickelnde erwachsene Männlichkeit als das Wachstum des Penis, das der Junge dadurch, daß es so allmählich geschieht, kaum bemerkt und das die Umgebung überhaupt nicht wahrnimmt. Ebenso wie das Körperwachstum hat auch der sexuelle Reifungsprozeß Einfluß auf das Verhalten des Jugendlichen und darauf, wie die Umgebung auf ihn reagiert.

Der Begriff *primäre Geschlechtsmerkmale* verweist auf das Wachstum und das Reifwerden der Organe, die direkt bei der Paarung und Fortpflanzung beteiligt sind. Beim Mädchen sind dies die Gebärmutter und die Eierstöcke, die Vagina (Scheide), die Schamlippen und die Klitoris (Kitzler); beim Jungen sind es der Penis (Glied), die Testes (Hoden) und das Skrotum (Hodensack). Die *sekundären Merkmale* sind nicht direkt auf Paarung und Fortpflanzung gerichtete körperliche Phänomene, jedoch kennzeichnend für die Männlichkeit oder Weiblichkeit der Person. Dabei handelt es sich vor allem um die Pubes (Schamhaare); der Begriff Pubertät ist von diesem Wort abgeleitet. Beim Mädchen bilden die Schamhaare ein Dreieck mit einer nach oben gekehrten Basis, beim Jungen eine darüber hinauswachsende Dreiecksform, deren Oberseite unter dem Nabel endet. Darüber hinaus gehören die bereits besprochenen Merkmale der männlichen und weiblichen Gestalt dazu: Die breiten Schultern beziehungsweise das breite Becken mit den ausgeprägten Hüften andererseits. Der Haarwuchs ist bei Mädchen überwiegend auf den Kopf, die Achseln und die Schamteile beschränkt. Beim Jungen hingegen kommen Schnurrbart und Barthaare sowie Behaarung auf Armen, Beinen und meistens auch auf der Brust hinzu. Wichtigstes sekundäres Merkmal ist beim Mädchen das Brustwachstum und beim Jungen der Stimmbruch.

Wenn wir versuchen, die Entwicklung der *Geschlechtsreifung* von Mädchen und Jungen zu beschreiben, ist es wichtig, dabei die Einzigartigkeit des Individuums zu berücksichtigen. Obwohl sich das sexuelle Reifwerden innerhalb gewisser Grenzen vollzieht und die Merkmale sich prinzipiell in einer gewissen Abfolge entwickeln, unterscheiden sich Jugendliche untereinander so sehr, daß nur Mittelwerte gelten können. Daneben bestehen – abgesehen von den beteiligten Körperteilen und den damit zusammenhängenden Phänomenen – deutliche Unterschiede zwischen Mädchen und Jungen, und zwar in dreierlei Hinsicht: 1. dem Kriterium der geschlechtlichen Reifung; 2. dem Beginn des sexuellen Reifwerdens und 3. der Reihenfolge der Reifungsphänomene.

1. In bezug auf das betreffende *Kriterium* besteht bei Mädchen mehr Eindeutigkeit als bei den Jungen. Im allgemeinen wird die Menarche – das Einsetzen der Menstruation – als Beginn der Pubertät betrachtet. Danach dauert es jedoch noch etwa eineinhalb Jahre, bis das Mädchen wirklich geschlechtsreif ist, d. h. schwanger werden kann. Die Menarche ist ein guter Orientierungspunkt, da eines der wichtigsten Merkmale der geschlechtlichen Reife, die Fähigkeit zu Empfängnis und zum Gebären, davon abhängt. Außerdem ist die Menarche ein sichtbarer Hinweis, auch wenn die menstruale Blutung zu Beginn oft noch gering ist (Konopka 1976).

Im Vergleich dazu ist das Kriterium der Geschlechtsreife bei Jungen viel weniger manifest. Wenn Jungen nicht oder nur wenig masturbieren – was vor der Pubertät meistens der Fall ist – offenbart sich die Ejakulation (Samenerguß) nur in Form nächtlicher Emissionen (Ergüsse), bei denen wenig Flüssigkeit ausgestoßen wird, die noch wenig konzentriert ist, d. h. noch wenig Samenzellen enthält. Darum verwenden einige Forscher auch andere Kriterien, wie beispielsweise das Auftreten der Pigmentation (Färbung) der Schamhaare und vor allem den Zeitpunkt, ab dem diese sich zu kräuseln beginnen. Vielfach wird auch die Wachstumsbeschleunigung als Kriterium angesetzt. Wir haben in den vorangegangenen Abschnitten gesehen, daß durch das Wachstum der Hypophyse über die Frontallappen sowohl mehr wachstumsfördernde als auch gonadotrope (auf die Keimdrüsen wirkende) Hormone abgesondert werden. Diese Korrelation zwischen Wachstumsbeschleunigung und dem Auftreten sowohl der sekundären als auch der primären Merkmale der Geschlechtsreifung ist ein verläßliches Kriterium. Prinzipiell jedoch steht das Wachstum nicht in direktem Zusammenhang mit der Sexualität.

2. Der *sexuelle Reifungsprozeß* beginnt bei den Mädchen etwa zwei Jahre früher als bei den Jungen (ebenso wie die Wachstumsbeschleunigung). Als dessen Beginn wird die Menarche angesehen, die im Durchschnitt im Alter von etwa 13 Jahren eintritt* (mit einer normalen Streuung von 10-16 ½ Jahren). Dies geschieht ungefähr ein Jahr, nachdem der Höhepunkt des Wachstumsschubes erreicht wurde. Auch bei den Jungen kann man wahrscheinlich erst ein Jahr nach dem Höhepunkt des Wachstumsschubes (der, wie wir gesehen haben, etwa mit 14 Jahren auftritt) von einer Produktion lebender Spermatozoen (Samenzellen) sprechen. Die ersten Ejakulationen können jedoch schon zu einem Zeitpunkt beobachtet werden, der vor dem Erreichen des Wachstumshöhepunkts liegt. Keimzellenhormone fördern einerseits das Wachstum (wie wir in den vorangegangenen Abschnitten gesehen haben), aber scheinen es andererseits auch zu verlangsamen. Eine echte antagonistische (gegensätzliche) Wirkung besteht jedoch nicht. Vermutlich trägt die Produktion der Keimzellenhormone anfangs zum Wachstum des Skeletts bei, d. h. die Zellen teilen sich im Epiphyseband (Knorpelband) an den Knochenenden, woraufhin sich die äußersten Teile verhärten. Bei zunehmender Produktion der Keimzellenhormone verläuft der Verhärtungsprozeß vermutlich schneller als der Zellteilungsprozeß, wodurch das Wachstum allmählich beendet wird. Sicher ist, daß ein Zusammenhang besteht zwischen Wachstumsbeschleunigung und dem Beginn der sexuellen Reife (Pubertät), die bei Jungen später einsetzt als bei Mädchen.

* Der Durchschnitt lag 1956 bei 13 Jahren und 7 Monaten; 1966 bei 13 Jahren und 4 Monaten (säkulare Wachstumsverschiebung; Van Wieringen u.a. 1968).

3. Ein dritter Unterschied zwischen der geschlechtlichen Reifung von Jungen und Mädchen liegt in der Reihenfolge des Auftretens der verschiedenen Phänomene. Manche neigen zu der Ansicht, daß die Geschlechtsreifung bei den Mädchen mit dem Auftreten der sekundären Merkmale und bei den Jungen mit dem Auftreten der primären Merkmale beginnt. Diese Annäherungsweise ist jedoch zu allgemein. Deutlich ist, daß die Entwicklung bei den Mädchen mit einem sekundären Merkmal einsetzt: dem Wachsen der Brüste – zumindest dem des Warzenhofs, also des pigmentierten Teils, der die Brustwarze umgibt. Erst in einem späteren Stadium (direkt vor der Menarche) beginnt auch das Bindegewebe um die Brustwarze herum in dem Maße zuzunehmen, daß allmählich eine Rundung der Brust entsteht. Die Brustdrüse selbst reagiert erst in der Schwangerschaft mit einer Schwellung und gegen Ende der Schwangerschaft mit der Milchproduktion als Folge von physiologischen Reaktionen, die Veränderungen der internen Geschlechtsorgane im Hypophysefrontallappen zuwegebringen. Die erste Veränderung – das Hervortreten des Warzenhofs – tritt bei Mädchen im Alter zwischen ca. 8 und 13 Jahren auf. Bei den Jungen setzt die sexuelle Reifung mit dem Wachsen der Testikel ein. Dieses Wachstum beginnt etwa zwischen dem 9. und 13. Lebensjahr und ist im Alter von $13\frac{1}{2}$ bis 17 Jahren beendet.

Tabelle 8 enthält eine Übersicht, aus der die unterschiedliche Reihenfolge bei Jungen und Mädchen deutlich wird. Bei den Daten in der Tabelle handelt es sich, da die Veränderungen je Individuum zu unterschiedlichen Zeitpunkten beginnen, nicht um exakte Zahlen, sondern um Mittelwerte.

Die Zahlen wurden "exakt" angegeben, damit deutlich zum Ausdruck kommt, wie die durchschnittliche Reihenfolge der Phänomene aussieht und mit welchen Abständen sie im Durchschnitt aufeinanderfolgen. Da die Streuung der Phänomene auch angegeben wird, erhält man ein adäquateres Bild des Ganzen, obwohl es auch dann noch immer um die normale (durchschnittliche) Streuung geht. Nur deutliche

Tabelle 8. Übersicht über die Streuung der biologisch-sexuellen Entwicklung

Wachstum/Entwicklung von	Mädchen		Jungen	
(in Jahren)	Beginn	Streuung	Beginn	Streuung
Brüste	8–13	8–18	—	—
Testikel und Skrotum	—	—	$9\frac{1}{2}$–$13\frac{1}{2}$	$9\frac{1}{2}$–17
Menarche	10	10–$16\frac{1}{2}$	—	—
Ejakulation	—	—	$13\frac{1}{2}$	?
Penis	—	—	$10\frac{1}{2}$–$14\frac{1}{2}$	$10\frac{1}{2}$–$16\frac{1}{2}$
Schamhaare (glatt)	$10\frac{1}{4}$	$10\frac{1}{4}$–$13\frac{1}{4}$	$12\frac{1}{4}$	$12\frac{1}{4}$–$16\frac{1}{2}$
Schamhaare (gekräuselt)	$12\frac{1}{4}$	$12\frac{1}{4}$–$12\frac{1}{2}$	$13\frac{1}{2}$	$13\frac{1}{2}$–$14\frac{3}{4}$
Stimme	$12\frac{3}{4}$	$12\frac{3}{4}$–$14\frac{3}{4}$	13	13–16
Achselhöhlenbehaarung	$12\frac{3}{4}$	$12\frac{3}{4}$–$14\frac{3}{4}$	$14\frac{1}{4}$	$14\frac{1}{4}$–$14\frac{3}{4}$
Gesichtsbehaarung	—	—	$15\frac{1}{4}$	$15\frac{1}{4}$–16
Brustbehaarung	—	—	gewöhnlich nach 16	
Wachstums- beschleunigung	$9\frac{1}{2}$ (Spitze: 12)	$9\frac{1}{2}$–$14\frac{1}{2}$	$10\frac{1}{2}$ (Spitze: 14)	$10\frac{1}{2}$–$17\frac{1}{2}$

Abweichungen von den höchsten und niedrigsten Grenzen der normalen Streuung deuten auf Abweichungen (= Anomalien) in der Entwicklung hin.

Sowohl bei Mädchen als auch bei Jungen läßt sich mit der Zunahme von Körpergröße und -gewicht auch eine Zunahme der Körperkraft feststellen. Dies manifestiert sich bei den Jungen viel deutlicher als bei den Mädchen. Grund dafür ist, daß die Gewichtszunahme bei Mädchen zu einem (nicht unbedeutenden) Teil durch das Wachstum des subkutanen Bindegewebes (Fett), das – wie wir gesehen haben – die weibliche Körperform kennzeichnet, und zu einem anderen Teil durch das Wachsen des Skeletts (bei Mädchen beispielsweise die ausgeprägtere Beckenbildung), zustandekommt. Nur zu einem relativ geringen Teil spielt dabei die Festigung der Muskeln und Sehnen eine Rolle.

Gemeinsam mit der Wachstumsbeschleunigung nimmt bei den Jungen auch die Körperkraft zu, die ihren Höhepunkt ca. ein Jahr nach dem Höhepunkt der Wachstumsbeschleunigung erreicht. Die Muskeln wachsen zwar mit dem Skelett mit, aber erst wenn dieses seinen Wachstumshöhepunkt überschritten hat, beginnt die Festigung des Muskelgewebes (Verdickung), die vor allem eine Kraftzunahme bewirkt. Übermäßiges Wachstum in der vorangehenden Periode kann ein geringeres Muskelwachstum zur Folge haben.

Wie wir gesehen haben, weisen nur eindeutige Abweichungen von den Streuungsgrenzen auf Abnormitäten in der Entwicklung hin. Abweichungen können auch auf andere Art und Weise entstehen. So sehen wir, daß die vor allem bei Mädchen auftretende nervöse Abmagerung (”anorexia nervosa”), u. a. eine Folge von psychischen Spannungen der unterschiedlichsten Art ist. In den Wachstumsjahren kann dieser Gewichtsverlust eine drastische Verzögerung oder sogar ein vorübergehendes Aussetzen des menstrualen Zyklus zur Folge haben. Psychische Spannungen und körperliche Folgen bilden einen Teufelskreis, der ernsthaften Folgen haben kann (siehe Crisp 1980).

Wichtiger als die biosexuelle Reifung sind die psychosozialen Aspekte der sexuellen Entwicklung und vor allem des sexuellen Verhaltens. Im allgemeinen führen neue Möglichkeiten als Folge körperlicher Reife zu Verhaltensweisen, die mit ihr in Einklang stehen. Sexuelle Möglichkeiten geben jedoch nicht unbedingt Anlaß zu einem sexuellem Verhalten, das mit den Vorstellungen der bürgerlichen Gesellschaft übereinstimmt, welhalb das Verhalten von Jugendlichen oft nicht akzeptiert oder wenig toleriert wird. Grund ist, daß nach Ansicht der traditionellen Gesellschaft Fortpflanzung und Sexualität eng verknüpft sind. Um dem Kind, das infolge des Geschlechtsverkehrs geboren werden kann, einen ”Start” in das Leben zu geben, haben Gesellschaften verschiedene Formen des Zusammenlebens zwischen Erwachsenen und Kindern entwickelt, wie z. B. die Großfamilie oder die Familie im engeren Sinne. In den westlichen Industriegesellschaften wurde die kirchlich oder staatlich geschlossene Ehe schließlich zur einzig tolerierten Form des Zusammenlebens von Eltern und Kindern.

Die Erfindung moderner Verhütungsmittel – vor allem der Pille – haben Sexualität und Fortpflanzung voneinander losgelöst. Dies hat auch die sexuelle Freiheit der Jugendlichen vergrößert und zu einer freieren Sexualmoral geführt. Die Kirche – vor allem die katholische Kirche – hält offiziell noch an dieser alten Moral fest und betrachtet die Ehe als einzige Form des Zusammenlebens, in der Geschlechtsverkehr erlaubt ist. Folge davon war bis vor nicht allzu langer Zeit, daß außerehelicher Geschlechtsverkehr tabu war und einer strengen sozialen Kontrolle unterworfen wurde. Junge Menschen mußten mit dem intersexuellen Verkehr warten, bis sie verheiratet waren. Auch Verlobte fielen in kirchlichen und bürgerlichen Kreisen unter diese Norm, so daß selbst "das Schlafen unter einem Dach" als verwerflich betrachtet wurde.

Der so entstandene Triebüberschuß wurde dann oft durch Masturbation befriedigt. In streng gläubigen Kreisen galt Masturbation (oder auch "Onanie", nach der biblischen Geschichte von Onan, über den ein Fluch kam) als Sünde. Heute wird auch in religiösen Kreisen Masturbation als eine natürliche Form des Umgangs mit dem eigenen Körper angesehen. Weitere soziale Formen des sexuellen Verhaltens sind: zum Orgasmus führendes Liebkosen und Streicheln des Körpers (auch der Genitalien) des Partners. Darüber hinaus bestehen nicht tolerierte Formen des Geschlechtsverkehrs (vor allem mit Prostituierten). Jugendliche weisen aber auch ein vorübergehendes homosexuelles Verhalten auf, das man nicht mit Homophilie (dem sich von Natur aus Hingezogenfühlen zu Partnern des eigenen Geschlechts und dementsprechendes sexuelles Verhalten) verwechseln darf. Daß vor allem weibliche Homosexualität (lesbische Beziehungen) auch politische Aspekte haben kann (u. a. die Loslösung aus der wirtschaftlichen und psychischen Abhängigkeit vom Mann) wird aus dem Hite-Report (Hite 1971) ersichtlich.

Um einen Einblick in das sexuelle Verhalten und die Einstellungen der Jugendlichen in der westlichen Welt zur Sexualität zu erhalten, sind drei Untersuchungen von Bedeutung: Die sogenannten Kinsey-Reports (Kinsey u.a. 1948; 1953) über das sexuelle Verhalten der Amerikaner, der Report von Schofield (1969), der die Sexualität von englischen Jugendlichen zwischen 15 und 19 Jahren untersuchte, und die Ausführungen von Schenk-Danzinger (1993), die auf der Innsbrucker Fragebogen-Untersuchung von Mechler (1977; in Schenk-Danzinger 1993) beruhen.

Da wir uns in diesem Buch nicht speziell mit der Entwicklung in der Pubertät beschäftigen, gehen wir nicht ausführlich auf diese Reports ein. Wir beschränken uns auf die Wiedergabe einer Anzahl markanter Resultate der amerikanischen und der englischen Daten. Schematisch können die Daten über das sexuelle Verhalten der amerikanischen Jugendlichen aufgrund der *Kinsey-Reports* wie folgt wiedergegeben werden:

1. *Beginn des nicht-kindlichen sexuellen Verhaltens*

Sexuelle Verhaltensweisen begannen bei Jungen, sobald die Pubertät einsetzte, und manchmal bereits früher; mit 15 Jahren hatten bereits 95% den ersten Orgasmus erlebt. Bei Mädchen begann diese Entwicklung später. Im Alter von 20 Jahren hatten 53% ihren ersten Orgasmus gehabt. Das höchste Niveau der Orgasmen lag bei den Jungen zwischen 16 und 17 Jahren; die Häufigkeit lag höher als dreimal pro Woche. Bei den Mädchen beziehungsweise jungen Frauen lag das höchste Niveau zwischen 26 und 30 Jahren, die Häufigkeit niedriger als zweimal pro Woche.

2. *Die Art der sexuellen Verhaltensweisen*

Wir beschränken uns hier auf die vier wichtigsten (siehe Tabelle 9). Daß der kumulative Prozentsatz bei den Jungen 100% überschreitet, weist darauf hin, daß verschiedene sexuelle Verhaltensweisen bei denselben Personen parallel vorkommen.

Tabelle 9. Sexuelles Verhalten von Jugendlichen

Art des Verhaltens	Jungen	Mädchen
a. Masturbation	90% zwischen 16 und 20 Jahren, abnehmend durch heterosexuellen Verkehr	37%
b. Heterosexueller Verkehr	12% mit 15 Jahren; 75% mit 20 Jahren (in niedrigeren sozialen Klassen höherer Prozentsatz als in Mittelklassen)	40% mit 20 Jahren (kein Unterschied in sozialen Klassen)
c. Homosexuelles Verhalten	ca. 5% mit 15 Jahren	Homosexuelle Kontakte seltener
d. "Petting to climax" (Zum Orgasmus führendes Petting)	$2^1/_2$%	18%

3. *Die Entwicklung des sexuellen Verhaltens in den Jugendjahren*
Die Entwicklung der Sexualität in den Jugendjahren ist gekennzeichnet durch einen immer frequenter werdenden heterosexuellen bzw. homosexuellen Verkehr. Ein sehr geringer Prozentsatz Jungen bekam den ersten Orgasmus als Folge einer nächtlichen Emission. Daß dennoch beinahe 100% vor der Ehe den ersten Orgasmus erlebten, bei Mädchen 70% (der Prozentsatz Masturbationen bei Mädchen lag niedriger), deutet darauf hin, daß bereits kurz nach dem zweiten Weltkrieg in Amerika die Permissivität in bezug auf sexuelles Verhalten sehr groß war.

Je mehr die sexuellen Kontakte zunahmen, desto weniger masturbierten die Jugendlichen. Die Zunahme von sexuellen Kontakten war vor allem nach dem 17. Lebensjahr groß, was mit der vermehrten Verwendung von Verhütungsmitteln (Kontrazeptiva) zusammenhing.

Petting (Reizspiel) bis zum Orgasmus kam bei Mädchen viel häufiger vor als bei Jungen. Mädchen, die diesbezüglich befragt wurden, erzählten, daß sie in vielen Fällen gar nicht so weit gehen wollten. Dies läßt auf eine größere anfängliche Zurückhaltung der Mädchen gegenüber sexuellen Kontakten schließen. Bei ihnen ließ sich jedoch kein Frequenzunterschied zwischen den unteren Schichten und der Mittelschicht feststellen, während bei Jungen die Häufigkeit sexuellen Verhaltens in den unteren Schichten höher war, was auf geringere Einschränkungen in den unteren sozialen Schichten hinweist. Mädchen lehnten sexuelles Verhalten in der Öffentlichkeit und Promiskuität ab. Dies wurde auch durch eine offene Begfragung von ca. 1000 Mädchen im Alter zwischen 12 und 18 Jahren in 12 nordamerikanischen Staaten bestätigt (Konopka 1976).

In beinahe allen Gesellschaften ist das sexuelle Verhalten der Jungen ausgeprägter als das der Mädchen und fast alle Kulturen sind restriktiver in bezug auf die Frau.

Diese Diskriminierung der Frau kann nicht alleine aus kapitalistischen Verhältnissen erklärt werden, da in sozialistischen Gesellschaften faktisch auch keine andere Situation bestand (Van Ussel 1974).

Daß kulturelle Einflüsse auf das sexuelle Verhalten von großer Bedeutung sind, zeigt sich auch darin, daß gläubige Menschen auf sexuellem Gebiet weniger konzessiv sind, was z. B. sowohl für Juden und Protestanten als auch für Katholiken gilt. In unserer bürgerlichen Gesellschaft war sexuelles Verhalten bis vor kurzem für Kinder und Jugendliche verboten. Ignorierten sie dieses Verbot, wurde das leicht als sexuelles Fehlverhalten betrachtet – also als abweichend von der Norm. Als Folge dieser Reaktionen der Erwachsenen können bei den Heranwachsenden hinsichtlich ihrer Sexualität Schuldgefühle, Widerwille und Angst entstehen. So ist es nicht verwunderlich, daß Probleme entstehen, wenn sexuelles Verhalten nach dem Heiraten auf einmal erlaubt ist.

Die Resultate von Schofield stimmen größtenteils mit denen des oben dargestellten Kinsey-Reports überein. Schofield untersuchte Jugendliche im Alter von 11-18 Jahren. Die Befragten wurden gebeten, sich an Ereignisse zu erinnern, die erst ein Jahr vorher geschehen waren. So konnte er berechnen, welche Erfahrungen die Jugendlichen in welchem Alter gemacht hatten. Unerwähnt bleibt das Thema Masturbation.

"Küssen und Verabredungen treffen (Rendezvous)" nehmen vor allem nach dem 13. Lebensjahr stark zu – bei den Mädchen im Alter von 18 Jahren mit einem etwas schnelleren Anstieg und einem etwas höheren Prozentsatz (ca. 95%) als bei den Jungen (ca. 90%). Dies gilt ebenfalls für das "Stimulieren der Brüste durch die Kleidung" ab dem vierzehnten Lebensjahr, sowohl für Jungen als auch für Mädchen (passiv) mit einer Steigerung bis zu 75 Prozent.

Das "Zungenküssen" folgt bei den Mädchen ungefähr derselben Entwicklung, allerdings verläuft die Steigerung hier steiler, bis zu etwa 80 Prozent mit 18 Jahren. Bei den Jungen verläuft die Kurve etwas flacher. Der Zungenkuß beginnt erst ab dem 15. Lebensjahr deutlich häufiger zu werden und nimmt bis auf etwa 70 Prozent bei 18jährigen zu. Diese Entwicklung läuft beinahe parallel zur Zunahme des "Stimulierens der Brüste unter der Kleidung". Bei Mädchen beginnt diese (passive) Stimulierung etwas früher als bei Jungen und steigt vor allem zwischen dem 14. und dem 18. Lebensjahr allmählich bis auf etwa 60 Prozent an.

Die Kurven der aktiven und passiven genitalen Reizung und des Geschlechtsverkehrs steigen beim Jungen (vor allem nach dem 15. bis zum 18. Lebensjahr) steiler als beim Mädchen, nämlich von etwa 10 Prozent bis auf 55 Prozent, von etwa 5 Prozent bis auf 40 Prozent bzw. von etwa 5 Prozent bis auf 30 Prozent. Bei den Mädchen zeigen die drei oben genannten Verhaltensweisen eine Zunahme von etwa 5 Prozent bis auf 28 Prozent; von etwa 10 Prozent bis auf 45 Prozent und von etwa 3 Prozent bis auf 15 Prozent. Auffallend sind vor allem die Unterschiede zwischen aktiver sexueller Reizung und Geschlechtsverkehr, die zeigen, daß Jungen sexuell deutlich "aggressiver" sind als Mädchen.

Kulturvergleichende Untersuchungen von Kulturanthropologen wie M. Mead (1958) haben gezeigt, daß die geringere "Aggressivität" kein Wesensmerkmal der Frau ist, sondern mit kulturell und gesellschaftlich bedingten Faktoren in der Erziehung zusammenhängt. In unserer westeuropäischen Gesellschaft wurde die Frau bis weit in die fünfziger Jahre in der Rolle der Abwartenden gesehen, die nur in der Ehe ihren eigenen Platz hatte und sich daher nicht zu außerehelichem Verkehr, zum Geschlechtsverkehr während der Zeit des Sich-Kennenlernens oder der Verlobung verführen lassen durfte. Nur der gesetzlich gesicherte Rahmen der Ehe wurde als Raum für weibliche Sexualität akzeptiert. Der mittlerweile selbstverständliche Gebrauch von Verhütungsmitteln ist ein Indikator dafür, daß sich die Einstellung in bezug auf voreheliches Verhalten unter Mädchen verändert hat. Schofield unterscheidet 5 Stadien der sexuellen Erfahrung, die bei Jungen und Mädchen zwischen 11 und 18 Jahren folgende Unterschiede aufweisen:

1. Wenig oder kein Kontakt mit dem anderen Geschlecht, sich ergebend aus der Tatsache, daß man noch nicht geküßt hat oder geküßt wurde: 7% der Mädchen, 16% der Jungen.
2. Eingeschränkte Erfahrungen mit sexuellen Aktivitäten; man hat noch nie Brüste unter der Kleidung gestreichelt: 46% der Mädchen, 35% der Jungen.
3. Sexuelle Intimitäten einschließlich genitaler Reizung, jedoch ohne Geschlechtsverkehr: 35% der Mädchen, 29% der Jungen.
4. Geschlechtsverkehr mit einem Partner: 7% der Mädchen, 5% der Jungen.
5. Geschlechtsverkehr mit mehr als einem Partner: 5% der Mädchen, 15% der Jungen.

Auch hieraus ergibt sich das Bild einer größeren "Aggressivität" des Jungen. Kennzeichnend ist auch die höhere Anzahl Jungen, die mit mehr als einem Partner Kontakt hatten. Aus der von Schofield durchgeführten Attitüdenuntersuchung ist ersichtlich, daß Ehe und Jungfräulichkeit sowohl für Jungen als auch für Mädchen hohe Werte darstellten.

Für den deutschsprachigen Raum ist die Innsbrucker Fragebogenuntersuchung "Schüler und Schülerinnen weiterführender Schulen" von Mechler (1977) interessant. Die Ergebnisse werden in Schenk-Danzinger (1993) besprochen. Tabelle 10 enthält die wichtigsten Daten.

Tabelle 10. Heterosexuelle Entwicklung: Alter bei Aufnahme verschiedener heterosexueller Aktivitäten (kumulative Verteilung), in Prozenten (nach Mechler 1977; siehe Schenk-Danzinger 1993, 405).

Alter in Jahren	Küssen petting		Brust-petting		Genital-petting Junge aktiv		Genital- Mädchen aktiv		Koitus	
	J	M	J	M	J	M	J	M	J	M
12 (oder jünger)9	9	2	2	3	1	3	1	1	0	
13	23	28	10	8	7	5	6	3	1	1
14	44	53	25	22	19	14	12	9	4	3
15	66	73	45	45	37	32	28	22	11	10
16	76	83	59	63	52	50	41	39	23	22
17	82	87	65	71	58	60	48	50	32	31

5.4 Die soziale Entwicklung des Jugendlichen

Die Pubertät kann als eine Periode des Heranreifens der Sexualität betrachtet werden. Dieser Reifungsprozeß hängt mit der Wachstumsbeschleunigung zu Beginn der Jugendjahre zusammen. Doch bewirkt die Pubertät auch eine gewisse Umkehr in der sozialen Entwicklung des Jugendlichen. Schon vor der Pubertät bildet sich eine starke gegenseitige Bindung zwischen gleichaltrigen Kindern. Oft bilden sich Gruppen und Clubs von Freunden, die zusammen spielen, Pläne schmieden (z. B. zusammen zelten), Erfahrungen austauschen und gemeinschaftliche Aktivitäten entwickeln. Diese Aktivitäten können auch von aggressiver oder selbst krimineller Art sein, wie z. B. Diebstahl, Vandalismus, körperliche Gewalt gegen andere usw. In diesem Fall spricht man dann von Jugendbanden.

Kennzeichnend für Jugendgruppen vor der Pubertät ist, daß sie überwiegend aus Mitgliedern desselben Geschlechts bestehen und damit einen Beitrag liefern für die Geschlechtsidentität und die damit zusammenhängende Identifikation, die die Bildung einer Identitätserfahrung vorbereitet. Wenn Kinder 5 bis 6 Jahre alt sind, ist eine deutliche Geschlechtstypisierung oder geschlechtsgebundenes Verhalten zustande gekommen, und zwar im Sinne einer deutlichen Entwicklung des Selbstbildes, das mit der kognitiven Organisation der Welt, in der die Rolle des eigenen Geschlechts von entscheidender Bedeutung ist, zusammenhängt. Danach identifiziert sich das Kind dermaßen mit seinem eigenen Geschlecht, daß vor allem in der Altersperiode von 7 bis 11 Jahren Kontakte mit dem anderen Geschlecht vermieden werden. Ein weiteres Kennzeichen dieser präpubertären Jugendgruppen ist, daß sie sich nicht von den Erwachsenen distanzieren, sondern im Gegenteil gerade Aktivitäten der Erwachsenen imitieren (in Sport und Spiel u. a.).

Nach dem Einsetzen der Pubertät tritt eine deutliche Veränderung auf, die der pubertären Jugendgruppe eigene Merkmale verleiht. So entwickeln sich oft eigene Jugendkulturen (Keniston 1960; Baacke 1976), die jedoch auch eigene Probleme mit sich bringt, auf die wir im folgenden näher eingehen werden.

5.4.1 Selbständigkeitsstreben und Originalitätskrise

In der sozialen Entwicklung des Jugendlichen vollziehen sich gleichsam zwei Bewegungen: Eine vom Erwachsenen – vor allem den Eltern – weg und eine zu den Altersgenossen hin. Diese Bewegungen können aufeinander einwirken, liegen jedoch nicht beide auf einer Linie. Dadurch ist es möglich, daß die erste Bewegung ohne die zweite zu Vereinsamung führt, die man in den Jugendjahren beobachten kann, und die Anlaß für Selbstmordgedanken und in extremen Fällen sogar für Selbstmordversuche sein kann (Ausubel 1965). Auch die Qualität der Beziehung zu den Eltern spielt hierbei eine wichtige Rolle. Verweisend auf Abschnitt 3.3 kann gesagt werden, daß eine sichere Bindung (IJzendoorn u.a. 1982), verbunden mit einem unabhängigen Verhalten in den Jugendjahren, zu einer kooperativen Einstellung des Jugendlichen führt. Bei einer unsicheren Bindung und gleichzeitiger Unabhängigkeit entwickelt sich ein übertriebenes Ausgerichtetsein auf die eigenen Belange. Im Falle von Abhängigkeit entsteht entweder eine vertrauensvoll konformierende oder eine ängstlich isolierende Einstellung.

Beide Bewegungen, vor allem jedoch die erstere, sind eine Reaktion auf den Interimstatus des Jugendlichen. Nach dem Einsetzen der Pubertät entsteht eine große Diskrepanz zwischen körperlichem Erwachsensein und sozialer Abhängigkeit vom elterlichen Milieu. Obwohl die Jugendlichen körperlich und sexuell ausgereift sind, bleiben ihre Entfaltungsmöglichkeiten beschränkt. Meistens bleiben sie im elterlichen Haus wohnen und leben daher weiter in der Familiengemeinschaft. Für die 17jährigen gilt dies für nahezu 100 Prozent, während von den 25jährigen bereits drei Viertel selbständig wohnt (SCP 1992). Solange Jugendliche noch schulpflichtig sind – und oft noch lange danach – sind sie wirtschaftlich von ihren Eltern abhängig. So ist eine Lebensgemeinschaft aus finanziellen Gründen nicht möglich, intersexueller Verkehr wird von den Eltern und anderen aus der sozialen Umgebung nicht oder nur selten toleriert. Bei den "Rendezvous" der Jungen und Mädchen (die meistens gebilligt werden), ist intersexueller Verkehr deshalb nicht einkalkuliert.

Diesen Interimstatus der Jugendjahre wählen junge Menschen nicht freiwillig, so wie junge Erwachsene dies tun können, sondern er ergibt sich für sie zwangsläufig aus den Veränderungen zum Erwachsensein. Das Gefühl, alle "im gleichen Boot zu sitzen", läßt sie Unterstützung beieinander suchen.

Ebenso wie vor dem Alter der Geschlechtstypisierung (5/6 Jahre) bilden Jungen und Mädchen auch nun wieder eigene Gruppen, nun aber aus ganz anderen Gründen als damals. Jungen und Mädchen in den Jugendjahren befinden sich tatsächlich in derselben Situation – im selben Interimstatus. Sie verbindet dasselbe Streben nach Unabhängigkeit und dieselbe Neigung, diese Unabhängigkeit auch ihrem Alter und ihrem Geschlecht entsprechend zu erfahren. Sie fühlen sich zum ersten Mal als Einheit und sie ergänzen einander. Sie fühlen sich außerdem auch zum ersten Mal deutlich zum anderen Geschlecht hingezogen, womit Erfahrungen verbunden sind, die sie bisher noch nicht kannten und die sie nun als Merkmale des Erwachsenenstatus erfahren, den sie sich erwerben wollen. Darum sind sie bereit, beim Streben nach Selbstfindung und Gruppenzugehörigkeit (Peer-Gruppe) ihre affektiven Bindungen mit den Eltern zum großen Teil aufzugeben (die Mädchen etwas weniger leicht als die Jungen).

Daß den Mädchen dies schwerer fällt, hängt vor allem mit der Unterbewertung der weiblichen Rolle in unserer Gesellschaft zusammen. Die Überbewertung der männlichen Rolle zeigt sich im Verhalten gegenüber Frauen, die ein eher maskulines Verhalten an den Tag legen. Maskuline Frauen können sich in der Gesellschaft oft anders durchsetzen als ihre feminineren Geschlechtsgenossinnen. Gerade die Jugendjahre sind geeignet, stereotype Verhaltensmuster zur Diskussion zu stellen – also auch stereotype Geschlechterrollen –, und zeichnen sich durch eine gewisse Offenheit in bezug auf traditionelle Normen aus. Kooy (1976) stellte fest, daß der *"Matrismus"* (der für die Freiheit und Anerkennung der Normen eintritt und die Geschlechtsunterschiede minimalisiert) unter den Jugendlichen zunimmt. Das Gegenteil dazu ist der *"Patrismus"*, der die Freiheit von den Normen einschränkt, Frauen als minderwertig betrachtet und die Geschlechtsunterschiede vertiefen will.

Die Loslösung von den Eltern und das Streben nach Selbständigkeit treten auch schon vor der Pubertät auf, obwohl dies hier viel weniger gerichtet und oft teilweise unbewußt geschieht. Laut Maccoby (1984) verändert sich die Haltung gegenüber dem Familiensystem (Smets 1985) folgendermaßen: Die Regulierung durch die Eltern aus den frühen Kinderjahren, aus der im Alter zwischen 8 und 12 Jahren ("middle childhood") eine Ko-Regulierung wurde (und in der Eltern den Kindern mehr Freiheit zur eigenen Initiativen lassen), geht nun in eine *Selbstregulierung* über. Dies steht einer kooperativen Interaktion zwischen Eltern und ihren Kindern in dieser Jugendperiode nicht im Wege. Das Verhältnis zum Vater ist distanzierter als das zur Mutter – vor allem bei Mädchen. Die Kommunikation mit der Mutter dreht sich um alltägliche Dinge, die mit dem Vater um Dinge, die mit der Teilnahme des Jugendlichen am gesellschaftlichen Leben zu tun haben. Zwischen Tochter und Vater kommen übereinstimmende Themen jedoch seltener vor. Söhne und Väter haben oft gemeinsame Interessen (z. B. Sport), die zwischen Töchtern und Vätern fehlen. Mütter erweisen sich gegenüber ihren heranwachsenden Kindern im allgemeinen als akzeptierender, verständnisvoller und kooperativer als Väter. Aber auch sie machen ebenso wie die Väter ihre Autorität geltend, wenn es um den Verstoß gegen allgemein akzeptierte Normen geht (Youniss & Smollar 1985).

Bei der Ablösung von der Familie erfüllt die Schule eine wichtige Rolle (Van der Linden & Roeders 1983), da Kinder mit Informationen und Werten in Berührung kommen, zum einen durch die Schule selbst, zum anderen aber auch durch den Kontakt mit Altersgenossen aus anderen Familien und Milieus. Sie entdecken auch Werte, die ihnen gefallen und die sie sich zu eigen machen wollen, um sich dadurch bis zu einem gewissen Grad vom häuslichen Milieu zu distanzieren. Auch die Medien – vor allem das Fernsehen – spielen hierbei eine wichtige Rolle. Vor allem aggressives und weniger prosoziales (d. h. positives soziales) Verhalten von Kindern wird durch das Fernsehen gefördert.

Dem Drang folgend, sie selbst zu sein, distanzieren sich Jugendliche nach dem Einsetzen der Pubertät bewußt vom elterlichen Milieu. Erikson (1968) spricht in diesem Zusammenhang von der Suche nach der Ich-Identität. Zweifellos ist die Identitätsbildung – die Entwicklung zu einer trotz Veränderungen ich selbst bleibenden und sich als solche erfahrenden Individualität – ein wichtiger Aspekt der Selbständigkeitsentwicklung. Daß man sich nicht in den Rollen verliert, die man spielt (Kind, Schüler, Freund(in), Partner, Anführer, Ledige(r)), sondern sich in jeder einzelnen als eine ich selbst bleibende Person erlebt, ist eine Erfahrung, die man bei einer gesunden Entwicklung in den Jugendjahren machen muß. Marcia (1980) glaubt, daß die Identitätsentwicklung außer vom aktiven Suchen (Exploration) auch vom Eingehen von Bindungen ("commitments") abhängig ist. Diese Entwicklung kann verschiedenen Phasen und Ausprägungen haben. Marcia unterscheidet: 1. Eine nach der Exploration entwickelte eigene Identität; 2. das Moratorium ("das Hinausschieben"), wobei die Suche nach der Identität noch in vollem Gange ist; 3. die übereilte Bindung ohne Exploration ("foreclosure"); 4. Probleme, echte Bindungen eingehen zu können (Diffusion oder Identitätskonfusion). Bindungen können schwach oder stark sein und sich nach kurzer oder längerer Exploration auf verschiedene Inhalte richten. Die wichtigsten waren bei einer Untersuchung von Bosma (1985) unter etwa 300 Jugendlichen im Alter zwischen 13 und 21 Jahren folgende: *Schule und Beruf; verschiedene Formen der Freizeitbeschäftigung; Freundschaft; das Verhältnis zu den Eltern;* politische und soziale Probleme; intime Beziehungen; Religion; die eigene Person; Umgang mit anderen; das Aussehen; Glück und Gesundheit; Freiheit; Geld. Vor allem die ersten (kursiven) Themen wurden von den Jugendlichen als sehr wichtig angesehen, d. h. daß diese Interessensgebiete die Jugendlichen bei ihrer Entwicklung zum Ichselbstsein besonders beschäftigt haben. Deutsche Untersuchungen haben ergeben, daß die Zukunftsorientiertheit ein wesentlicher Aspekt dieser Entwicklung ist (Schenk-Danzinger 1993; Mönks 1967).

Die meisten dieser Interessengebiete werden in diesem und dem folgenden Kapitel zur Sprache kommen. Debesse (1941) hatte genau erkannt, daß der Jugendliche sich weniger in seinem Ichselbstsein exponiert als in dem, was ihn von anderen Nicht-Jugendlichen unterscheidet: in seiner *Originalität.* Eigentlich ist der Begriff Originalitätskrise treffender als der Begriff Identitätskrise (Erikson 1968). Auch wenn der Jugendliche keine Altersgenossen trifft und einsam bleibt, manifestiert er doch sein Jugendlich-Sein in Aussehen und Verhalten, wodurch er sich deutlich von Kindern und Erwachsenen unterscheidet. Das Streben nach Originalität ist gleichzeitig das Sich-selbständig-Verhalten gegenüber Erwachsenen und das Sich-solidarisch-Erklären mit den Altersgenossen. Im Emanzipationsstreben vereinen sich die beiden zu Beginn dieses Kapitels erwähnten Bewegungen und bewirken Generationskonflikte und das Entstehen von Jugendgruppen und –kulturen.

Um kein Mißverständnis aufkommen zu lassen: Es handelt sich hier nicht um eine Generationskluft in dem Sinne, daß kein Einvernehmen oder Verständnis zwischen Eltern und Jugendlichen besteht. Doch verstehen Eltern oft nicht, warum Jugendliche oft ganz anders handeln, als es sich die Eltern in den meisten Fällen wünschen würden. Damit ist bereits Konfliktstoff vorgegeben, was aber noch kein Beweis für eine Generationskluft ist (Mönks & Heusinkveld 1973). Auch andere Forscher finden, daß die Hypothese der Generationskluft bisher ungenügend bewiesen wurde (De Wit & van der Veer 1982; Meeus & ‘t Hart 1993). Hinsichtlich des Konfliktstoffs zwischen Eltern und Kindern ergab eine Interviewuntersuchung unter etwa 1000 Jugendlichen und ihren Eltern, daß von ernsthaften Konflikten nicht die Rede sein kann. Die Meinungsverschiedenheiten betreffen das Aussehen, die Wahl der Freunde und Freundinnen, Taschengeld, Religion und die Zeit des Zuhauseseins am Abend (Mönks 1981). In bezug auf ihre Zukunftspläne und ihren späteren Beruf suchen die Jugendlichen jedoch oft den Rat ihrer Eltern (Youniss & Smollar 1985). Konfliktstoffe betreffen meistens konkrete Handlungen: (Zu) spätes Nachhausekommen, mangelnder Respekt vor der Autorität der Eltern, ein freieres Auftreten, das Äußern von freieren Meinungen auf sexuellem, moralischem und religiösem Gebiet und das dementsprechend freiere Verhalten. Insgesamt besteht jedoch mehr Übereinstimmung zwischen den Auffassungen der Jugendlichen und ihren Eltern als zwischen den Jugendlichen und ihren Altersgenossen.

Im allgemeinen sind die Verschiebungen hinsichtlich politischer, moralischer und weltanschaulicher Ansichten gering und nur selten extrem. Jugendliche sind gewöhnlich progressiver als ihre Eltern, jedoch sind weder ihre Auffassungen noch ihre Handlungen deutlich entgegengesetzt.

Jugendliche demonstrieren ihre Originalität gemeinsam: Mit Kleidung, Schmuck – oder dem bewußten Verzicht darauf –, Frisur, Art des Auftretens, Musikgeschmack und Festen manifestieren sie sich als Gruppe mit einem eigenen Stil. Der Begriff Originalität darf hier nicht individuell interpretiert werden; in ihrem Auftreten sind die Gruppen weder individualistisch noch kreativ. Sie verstehen sich als Schüler oder als arbeitende Jugendliche und verhalten sich, als wären sie anders als die anderen, um einen eigenen Stil – ihre eigene "Subkultur" – zu entwickeln. Diese Jugendkulturen können in einer Reihe von Fällen die Merkmale einer Gegenkultur annehmen.

In einer deutschen Untersuchung wurden zwei Gruppierungen von Jugendlichen unterschieden: Mitglieder einer Jugendkultur und stärker Familiengerichtete, die sich weniger von den Bindungen an das Zuhause losgelöst hatten (Baacke 1976). Tendenzen, sich von Jugendgruppen und -kultur zu distanzieren, findet man vor allem unter den älteren Jugendlichen, während die jüngeren sich noch durch einen Drang zur Gruppenkohäsion charakterisieren, die so stark werden kann, daß die Gruppe normierend wirkt.

5.4.2 Gruppenkonformität des Jugendlichen

Obwohl das Originalitätsstreben der Jugendlichen einerseits als Ausdruck sozialer Emanzipation zu betrachten ist (Jugendliche, die sich über die Gruppe vom Einfluß der Erwachsenen loslösen), ist der Zusammenschluß in Gruppen nicht ganz ungefährlich. In jeder Gruppe nimmt die Neigung zum Zusammenhalt (Kohäsion) mit der Häufigkeit der Interaktionen zu. In Gruppen mit einer starken Gruppenkohäsion entwickeln sich ein eigenes Gruppenklima und bestimmte Gruppennormen. Ewert (1983) spricht von einer Normierung des Verhaltens durch die Peer-Gruppe. Die Normen werden in starkem Maße durch die Anführer in der Gruppe bestimmt. Auch wenn die Normen an sich nicht verwerflich sind, gerät doch die Identitätsbildung des jungen Menschen in Gefahr. Seine Rolle als Gruppenmitglied zu erfüllen, könnte für ihn wichtiger werden als die Entwicklung eines eigenen Normenmusters. Die Gruppenmoral kann ganz anders sein als die Moral, die der Jugendliche von Haus aus mitbekommen hat und mit der er innerlich am stärksten verbunden ist, da sie auf Haltungen und Werten beruht, die schon seit frühester Jugend in dem primären Milieu erworben wurden. Sollte die Moral der Gruppe ethisch höher sein, muß das nicht beschwerlich sein, vorausgesetzt, daß sich der junge Mensch aus eigener Überzeugung bewußt zu einer solchen Gruppenmoral bekennt. Aber gerade letzteres wird durch die zwingende Kraft der Gruppennormen erschwert, wenn nicht sogar unmöglich gemacht. Das Kollektiv beherrscht dann das Handeln des Individuums. Die darin liegende anti-emanzipatorische Tendenz (die das rationale Denken einschränkende Tendenz) trägt nicht zu einer wirklichen Entfaltung der Persönlichkeit bei. Wenn die Gruppe für sich selbst ein Recht zu kollektivem Handeln fordert, das dem Individuum derartige Beschränkungen auferlegt, kann man dies nicht mehr als Emanzipation bezeichnen.

Andere beurteilen diese Gruppenkonformität positiver und zwar als einen Beitrag auf der Suche nach der eigenen Identität (De Haas 1978). Hier müssen wir auf die im ersten Kapitel besprochenen Begriffe *interne und externe Kontrollüberzeugung* zurückgreifen. Es besteht ein Zusammenhang zwischen Gruppenkonformität und externer Kontrollüberzeugung. Jugendliche, bei denen die externe Kontrollüberzeugung überwiegt, werden empfänglicher für den Einfluß der Gruppe sein. Wir haben gesehen, daß dies mit der Erziehung zusammenhängt. So fand Lefcourt (1967), daß alle sozial Schwächeren in bezug auf die externe Kontrollüberzeugung höhere Werte erzielten. Bei Untersuchungen unter 12-15jährigen auf weiterführenden Schulen konnte bei soziometrisch abgelehnten Schülern mehr externe Kontrollüberzeugung nachgewiesen werden als bei durchschnittlichen und populären Schülern. In der Theorie von Phares (1976) bedeutet dies also *"mehr"* extern als intern. Das bedeutet, daß vor allem für Jugendliche aus den unteren sozialen Schichten die Gefahr besteht, daß sie sich mit der Gruppe konform gehen. Wenn die Gruppe sozial belohnend ist, kann dies dazu führen, daß der Jugendliche entsprechend den Forderungen des/der Gruppenanführer(s) handelt, auch wenn sich diese aus moralischer Sicht verwerflich oder fragwürdig verhalten (wir denken hierbei z. B. an Vandalismus von Fußballanhängern und an Jugendkriminalität). Andererseits muß man auch sehen, daß die bürgerliche Moral von den unteren Schichten oft nicht als maßgeblich betrachtet wird. Orientierung nach innen, d. h. auf die eigenen Klassennormen kann Jugendliche aus den unteren Schichten dazu bringen, als Jugendgruppe solidarisch aufzutreten, ohne daß dies als verwerflich oder deviant (= abweichend) betrachtet werden müßte. So weist auch Phares darauf hin, daß ein Amerikaner afrikanischer Abstammung ohne weiteres in seinem eigenen Umfeld ein internes Kontrollverhalten zeigen kann, sich jedoch ansonsten verhält wie jemand, bei dem die externe Kontrollüberzeugung in einem umfassenderen sozialen und gesellschaftlichen Kontext überwiegt. Dadurch läßt sich die höhere Kriminalität der überwiegend männlichen Jugendlichen aus den ethnischen Minderheiten erklären (SCP 1992).

Die Wichtigkeit der *Jugendgruppe* variiert in amerikanischen Untersuchungen auch mit dem Alter. So schließen sich ältere Jugendliche weniger in Gruppen zusammen als jüngere (B. Brown u.a. 1986). Jugendgruppen können auch in der Schule für Konflikte sorgen, wenn die informellen Anführer in der Klasse nicht mit dem formellen Leiter, dem Lehrer, übereinstimmen. Wenn der Unterricht von den Jugendlichen als nicht sinnvoll erfahren wird, kann das sehr schnell zu sozialen Konfliktsituationen führen. Außergewöhnliche Leistungen zu zeigen, paßt nicht zum 'sozialen Charakter' (Fromm 1941) der sozial Diskriminierten. Ein stark auf Leistung gerichteter Unterricht schafft leicht eine Situation, in der sich Jugendliche aus sozial schwächeren Milieus "wie ein Mann" gegen den Lehrer und seinen Unterricht stellen. Wenn der Lehrer freundlich, warmherzig und fair ist und die Schüler gut mit ihm auskommen (Tausch & Tausch 1980), ist dies höchstens eine Scheinlösung. Die gelungene Kommunikation ist nämlich eine Interaktion (technisches Mittel) und kein *Gespräch.* Die Interaktion im Unterricht klammert gesellschaftlich-politische Grundlagen dabei völlig aus (Mollenhauer 1973) so daß sich die Gruppe vorübergehend an eine andere Norm anpaßt, die weder in der Gruppe noch in der Umgebung der Gruppe eingewurzelt ist.

Die Jugendgruppe hat selbstverständlich auch ihr eigenes Terrain, vor allem in der Freizeit, in der sie am meisten sie selbst sein kann. Damit sind – wie wir im folgenden Abschnitt sehen werden – eine Reihe positiver Aspekte verbunden.

5.4.3 Der Jugendliche und die Freizeit

Die Originalitätskrise des Jugendlichen manifestiert sich am stärksten in seiner Freizeit, denn sie ist schlechthin die eigene Zeit des (jungen) Menschen. Die Freizeit ist eine Herausforderung, da sie für den Menschen Freiheit bedeutet. Heutzutage gilt, daß viele lernen müssen, diese Zeit schöpferisch (kreativ) und erholsam (rekreativ) zu verbringen. Jugendliche, die die Schule besuchen, genießen länger als ihre arbeitenden Altersgenossen das Vorrecht der Freizeit, das erst in unserer modernen Gesellschaft eine Errungenschaft für jedermann wurde. Es ist merkwürdig, daß Jugendliche mehr Schwierigkeiten mit dem "Ausfüllen" der Freizeit haben als jüngere Kinder und daß es oft vorkommt, daß sie "die Zeit totschlagen". Im Alter zwischen 12 und 19 Jahren besteht die Freizeit aus 40,6% der Woche bei den Jungen und 36,9% bei den Mädchen; letztere müssen mehr Zeit für den Haushalt aufbringen (SCP 1992).

Freizeit ist nur dann wirklich frei – also befreiend –, wenn sie als Gelegenheit zur Selbstentfaltung und Entspannung erfahren wird. Bei kleineren Kindern ist das natürlicherweise so. In ihrem Spiel finden sie sowohl Entspannung als auch Selbstentfaltung. Aber zum Spielen muß man sein "wie die Kinder" –, und charakterisierend für den Jugendlichen ist nun gerade, daß er "kein Kind mehr ist". Und sein Drang nach Originalität, der Drang, sein Ursprünglich-Sein zum Ausdruck zu bringen (im Sinne von Anderssein als Kinder und Erwachsene) bringt ihn dazu, seine eigene Zeit auch auf originelle Weise ausfüllen zu wollen.

Das sinnvolle Ausfüllen der Freizeit auf eine dem Alter entsprechende Weise stellt viele Jugendliche vor Probleme. Langeweile und Zu-nichts-Lust-Haben ist in den Jugendjahren ein häufiges Phänomen (Knoers 1966; Oerter 1981). Oft wird dieses "Herumlungern" negativ bewertet – als ein Zeichen der Desintegration, die sich im Jugendalter vollziehen soll. Man kann es jedoch genausogut positiv auffassen. Es könnte nämlich darauf hindeuten, daß der Jugendliche nicht mehr zufrieden ist mit dem Appell, der aus der Situation heraus an ihn gerichtet wird: sich mit Aktivitäten zu beschäftigen, die er persönlich nicht als sinnvoll erfährt. Es kann aufgefaßt werden als eine Ablehnung des Appells, den *'man'* an ihn richtet, und als erster Widerstand, wodurch erreicht werden soll, daß er zu einer eigenen Stellungnahme und einer eigenen Entscheidung darüber gelangt, was für ihn persönlich sinnvolle Tätigkeiten sind. Ein derartiger Widerstand kann auch ausarten, z. B. in Vandalismus (etwa beim Fußball). Vermutlich spielt dabei die soziale Bekräftigung durch andere in der Gruppe auch eine Rolle. Aus Untersuchungen geht hervor, daß aggressives Verhalten, Vandalismus und Jugendkriminalität durch Bekräftigung verstärkt werden.

Viele Jugendliche treiben gerne Sport. Dies gilt für Mädchen in geringerem Maße als für Jungen, die vor allem mehr Wettkampfsportarten ausüben (SCP 1992). Unter den populären Freizeitbeschäftigungen steht Sport an erster Stelle. Im Sport kann er (oder sie) Originalität zum Ausdruck bringen, da man hier auf einem Niveau spielerisch tätig sein kann, das weder dem Kindesalter, noch dem Profisport des Erwachsenenalters entspricht. Der Jugendliche wird dadurch seine überschüssige Energie los und kann sich mit anderen messen bei der Suche nach einer eigenen Identität und Dominanz, die vor allem bei Jungen stärker mit sportlichen Leistungen korreliert als mit Attraktivität und Intelligenz. Er trifft (und dies ist eine Nebenerscheinung des Sports) Jugendliche im gleichen Alter, mit denen er sein Jungsein erleben kann. Daher erfüllen Sportvereine auch eine wichtige Rolle für die soziale Entwicklung von Jugendlichen. Hinsichtlich der Teilnahme an sportlichen Tätigkeiten bestehen Unterschiede, die durch persönliche, soziale und pädagogische Faktoren beeinflußt werden. Letztere stehen auch unter dem Einfluß des Sportunterrichts. Hendry (1978) fand die höchste Teilnahme unter stabilen Extravertierten aus den Mittelklassen.

Was eine Nebenfunktion des Sports ist, kann als Hauptfunktion der *Jugendbewegung* betrachtet werden, solange diese nicht dem politischen Ziel totalitärer Machthaber dient. Hier muß unterschieden werden zwischen von Erwachsenen geleiteten Jugendorganisationen (wie Pfadfindern) und der freien Jugendbewegung. Beide sind Gruppierungen, in denen sich Jugendliche zusammenfinden, um bestimmte Ziele (etwa ideeller Art) zu verwirklichen. Beide – Jugendbewegungen wahrscheinlich mehr als Jugendorganisationen – stellen eine Gelegenheit für die Jugend dar, mit einem romantischen und idealistischen Verlangen in ein eigenes "Jugendland" und eine eigene Jugendkultur – also das "wahre Leben" der Jugend – zu flüchten. Hierin liegt eine wichtige Funktion dieser Bewegungen: Jugendliche können sich ihrer Eigenheit und Originalität bewußt werden und erleben das Gefühl *gemeinsamen Jungseins* (van Dam 1993).

Und doch scheint es, daß die Zeit der Jugendbewegungen vorbei ist. Die Teilnahme daran ist geringer als vor dem zweiten Weltkrieg. Neben der oben erwähnten ideellen Funktion hat die Jugendbewegung auch die Funktion, dem Erleben der Freizeit Gestalt zu verleihen, z. B. durch ein romantisches Verhältnis zur Natur (Zelten und Lagerfeuer). Diese Funktion haben immer mehr die Erwachsenen übernommen – u. a. als Folge von längeren Ferien, längeren Wochenenden und der größen Freizeitmöglichkeiten.

Die positiven Funktionen dieser Bewegungen (dem Bedürfnis der Jugendlichen nach Kontakt, Freundschaft, Zusammengehörigkeit, Gemütlichkeit und Zusammenarbeit entgegenzukommen) werden zum großen Teil von fast allen Jugendgruppen übernommen. Das Fehlen erwachsener Leiter in ihnen kann ein Nachteil sein – dem steht jedoch gegenüber, daß die jungen Menschen mehr als in der Jugendbewegung lernen, sich zu verwirklichen – auch wenn dies für Jugendliche mit externer Kontrollüberzeugung nicht immer eine leichte Aufgabe sein wird.

Aus einer Jugendgruppe kann sich eine *Freundschaftsgruppe* entwickeln. Sie ist kleiner und beruht in starkem Maße auf intimen Kontakten zwischen den Mitgliedern der Gruppe. Die Freundschaft mit Jugendlichen desselben oder des anderen Geschlechts kann von großer Bedeutung sein, um in Zusammengehörigkeit und im Gespräch mit Gleichgesinnten Unterstützung auf der Suche nach Mündigkeit und Selbstbestimmung zu finden (Kossakowski 1987). Intime Busenfreundschaften von zwei oder drei Freunden oder Freundinnen kommen bei beiden Geschlechtern vor, vor allem jedoch bei Mädchen (Schenk-Danziger 1993; SCP 1992).

Diese Jugend- und Freundschaftsgruppen haben eine emanzipatorische Funktion, wenn wirklich tiefgehend und nicht nur oberflächlich in äußerlichen Manifestationen mit dem Ich-selbst-Sein, mit der Eigenheit der Person und der Eigenheit dieser Gruppe von Jugendlichen experimentiert wird.

Hiermit nähern wir uns bereits dem Ende der Jugendjahre. Für eine große Gruppe Jugendlicher liegt diese Periode noch innerhalb der Schulsituation. Ist dies nicht der Fall, dann sind oft bestimmte andere Institutionen, wie etwa Hobbyclubs, Jugendchöre, Sportvereine usw. nötig, um jugendlichen Menschen die Gelegenheit zu geben, Freundschaften zu formen. Das Ende der Schulpflicht ist darum auch für viele Jugendliche von entscheidender Bedeutung.

5.5 Der Jugendliche in der Schule und das Ende der Schulpflicht

Die Schulpflicht beträgt in Deutschland 9 Jahre. Ein Großteil der Jugendlichen besucht darüber hinaus einige Jahre weiterführenden Unterricht. Etwa 30 % der Hauptschüler absolvieren ein 10. Schuljahr an der Hauptschule, bzw. vorbereitenden Berufsschule. Sie sind dann etwa 16 Jahre alt, wenn sie die Schule verlassen. Jedoch verlassen eine Reihe von Schülern aus verschiedenen Gründen die Schule noch vor dem Abschlußzeugnis. Weiterführende Schulen sind die Realschule mit dem Abschluß Mittlere Reife und das Gymnasium mit dem Abitur.

Hier ist wichtig festzustellen, daß die Schulperiode nicht für alle Jugendlichen zur gleichen Zeit endet und daß oft schon mit 15 Jahren eine Trennung erfolgt zwischen den Jugendlichen, die noch die Schule besuchen, und den Jugendlichen, die einer Arbeit nachgehen oder als Auszubildender eine Berufsausbildung beginnen. Heranwachsende, die bereits mit 15 Jahren in irgendeiner Form in den Arbeitsprozeß eintreten, sollten während der Schulzeit nicht so sehr mit Wissen "vollgestopft" werden: stattdessen sollten mehr allgemeinbildende und persönlichkeitsbildende Inhalte angeboten werden. Da Berufe oft in hohem Maße spezialisiert sind oder erst neu erlernt werden müssen, bleibt für eine weitere Allgemeinbildung nach der Schule oft kein Raum.

Wir sehen, daß sich die Unterrichtsinhalte in vielen Ländern Europas tatsächlich mehr in Richtung der allgemeinen Bildung bewegen. Es muß die Frage gestellt werden, ob die Schule auch eine spezifische persönlichkeitsbildende Funktion hat, die zu der Entwicklung des Jugendlichen paßt. Anders ausgedrückt: Welchen Beitrag kann die Schule leisten hinsichtlich der Entwicklungsaufgaben und der Emanzipation des jungen Menschen in dieser Entwicklungsperiode, die global auf den Altersabschnitt von 12 bis 16 Jahren festgelegt werden kann? Welche Unterstützung bietet die Schule dem Jugendlichen beim Akzeptieren seiner Körperlichkeit, Sexualität und Geschlechterrolle, bei der emotionalen Loslösung von seinen Eltern, bei der Vorbereitung auf ökonomische Unabhängigkeit und gesellschaftliche Bewußtwerdung, bei seiner Berufswahl, beim Entwickeln von guten Beziehungen zu seinen Altersgenossen, beim sinnvollen Ausfüllen seiner Freizeit, und bei der Entfaltung seiner kreativen Qualitäten durch manuelle, bildende, dramatische und musikalische Formgebung sowie der sportlichen Ausbildung?

Wir müssen feststellen, daß die Schule mit einem solchen Bedürfniskatalog überfordert ist, vor allem dann, wenn, wie überall zu beobachten ist, die Motivationsproblematik für viele Schulen und Lehrer das zentrale Schulproblem ist. Die für Schüler übrigens stets länger werdende Schulperiode hat den Abstand zwischen den Welten von Erwachsenen und Jugendlichen vergrößert (Husén 1977). Die Frage ist, ob die Schule mitgewachsen ist, so daß sie auf neue Entwicklungen eingehen kann. Untersuchungen zufolge muß dies bezweifelt werden, und es muß noch viel geschehen, bis die Schule einen positiven Einfluß auf die Entwicklung von Jugendlichen haben wird (Van der Linden & Roeders 1983).

Das Ende der Schulpflicht oder das Abitur bedeutet für viele Jugendliche nicht, daß sie nun fähig sind, ihren eigenen Platz in der Gesellschaft einzunehmen. Für viele ist Ausbildung, Weiter- und Fortbildung eine normale Fortsetzung auf dem Weg zur wirtschaftlichen und sozialen Selbständigkeit.

Kontrollfragen und -aufgaben

1. Die Position der Jugendjahre im Lebenslauf wird von Ausubel als ein Interimstatus bezeichnet. Was ist damit gemeint?
2. Zu welchen Problemen kann die Wachstumsbeschleunigung bei Jugendlichen führen?
3. Was sind primäre und was sind sekundäre Geschlechtsmerkmale? Warum werden sie so bezeichnet?
4. Worin liegt die Bedeutung von Verhütungsmitteln für den Jugendlichen? Was kann – abgesehen von religiösen Bedenken oder vermuteten medizinischen Folgeerscheinungen – das Problematische an der Benutzung dieser Mittel für junge Menschen und ihre Beziehungen sein?
5. Kann man tatsächlich von einer sexuellen Revolution sprechen? Erläutern Sie dies!
6. Was versteht Erikson unter Identitätsentwicklung? Welche Rolle spielen Eltern und Altersgenossen oder Freunde dabei?
7. Vergleichen Sie die von Bosma gefundenen Bindungen mit den Entwicklungsaufgaben der Jugend laut Havighurst (Tabelle 2). Was fällt Ihnen dabei auf?
8. In welcher Hinsicht, durch welche Rollen, ist die Schule für die Entwicklung des Jugendlichen von Bedeutung?

6. Die Jugendjahre II: An der Grenze zum frühen Erwachsenenalter

6.1 Erwachsensein, Mündigkeit und Emanzipation

Der Begriff Erwachsensein, der als Bezeichnung einer Periode oder Phase der Entwicklung auch in der Entwicklungspsychologie auftaucht (Wijngaarden 1953; Andriessen 1972), ist aus verschiedenen Gründen kein so treffender Begriff. Etymologisch hängt das Wort mit dem Verb "wachsen" zusammen, so daß die ursprüngliche Bedeutung "Ausgewachsensein" ist. Wir haben im vorangegangenen Kapitel gesehen, daß der Jugendliche mit etwa 16 Jahren (Mädchen) bzw. 18 Jahren (Jungen) körperlich ausgewachsen ist, aber wir sind im Sprachgebrauch nicht gewöhnt, 16- bis 18jährige als Erwachsene zu bezeichnen. Nach dem Gesetz ist man mit 18 Jahren erwachsen. Diese Grenze ist ziemlich willkürlich gezogen und historisch gewachsen; sie könnte genauso gut auf 25, oder wie früher, auf 21 Jahre festgesetzt werden. Es ist das Alter, in dem der junge Mensch eine Reihe Bürgerrechte erhält, wodurch er unabhängig von den Eltern öffentliche Verpflichtungen eingehen kann: Wahlrecht, Verantwortung vor dem Gesetz, Heirat ohne Zustimmung der Eltern. Die gesetzliche Regelung besteht jedoch nur aus dem Festlegen von bürgerlichen – also gesellschaftlichen – Errungenschaften, d. h. der Begriff Erwachsensein ist eher ein soziologischer als ein entwicklungspsychologischer Begriff. Man könnte auch sagen, daß die Entwicklungsaufgaben in diesem Lebensabschnitt vor allem gesellschaftlicher Natur sind: Heiraten oder Zusammenleben, eine Familie gründen, Kinder erziehen, gesellschaftliche Verantwortung übernehmen, sich für bestimmte Gruppenziele einsetzen, einen Beruf ausüben (s. Havighurst).

Der Begriff "Erwachsensein" ist, so wie oben betrachtet, eigentlich nicht treffend. Die frühere Entwicklungspsychologie wurde anfangs als Kinder- und Jugendpsychologie bezeichnet. Erst später wurde sie als eine Beschreibung und Erklärung der psychischen Phänomene und Veränderungen während des ganzen Lebenslaufs betrachtet (Ch. Bühler 1933; Rümke 1951). Daß Entwicklung ein kontinuierlicher Prozeß ist, kommt in dem Begriff "Erwachsensein" nicht richtig zum Ausdruck. Dies war der Anlaß für die deutliche normopsychologische Annäherungsweise von Wijngaarden (1953). Er sieht die Entwicklungsaufgabe des Erwachsenen darin, das Leben zu bejahen, es innerlich auch wirklich zu akzeptieren; bei Wijngaarden wird Erwachsensein zur Norm, und alle Entwicklung ist darauf gerichtet, diese Norm zu erreichen. Dies bedeutet auch, daß die Entwicklung gleichsam "schief wächst", wenn die bewußte Lebensbejahung nicht eintritt. Erwachsensein ist hier die Norm für psychische Gesundheit. Laut Erikson (1957; 1963) gerät der Erwachsene, der seine Entwicklungsaufgaben nicht erfüllen kann, in die Isolation. Hier wird mit dem Begriff des Erwachsenseins statisch umgegangen.

Natürlich darf die Entwicklungspsychologie sich nicht von sozialen Gegebenheiten distanzieren. Gesellschaftliche Selbständigkeit und Bürgerverantwortung bilden wichtige Rechte und Pflichten eines Erwachsenen, die seine Persönlichkeitsentwicklung tiefgreifend beeinflussen. Tatsache ist auch, daß in primitiven Kulturen wie z. B. auf Samoa (Mead 1949) junge Menschen früher als Erwachsene betrachtet werden, da in weniger entwickelten gesellschaftlichen Strukturen auch die gesellschaftlichen Verantwortlichkeiten geringer sind. Es gibt jedoch keine Kultur, in der an Jugendliche, die biopsychisch noch nicht ausgereift sind, "erwachsene" Forderungen gestellt werden. Erwachsenwerden ist auch ein biopsychischer Prozeß, der gekennzeichnet ist durch körperliche, sexuelle und andere Faktoren, welche letztlich mit den gesellschaftlichen Faktoren zusammenhängen, jedoch keinesfalls zusammenfallen.

Bezeichnend für den jugendlichen Menschen zwischen der körperlichen Pubertät und dem gesetzlich-gesellschaftlichen Erwachsensein ist vor allem das Bestreben, sich selbst zu finden, d. h. *mündig* zu werden. Junge Menschen sträuben sich in diesem Alter gegen Bevormundung. Sie streben nach Selbständigkeit und möchten sich sowohl vom affektiven als auch wirtschaftlichen Einfluß der Eltern befreien. Letzteres gilt vor allem für den arbeitenden Jugendlichen, der sich auch geistig nicht mehr alles sagen läßt. Die Autorität der Vertreter der älteren Generation (z. B. Eltern und Lehrer) wird nicht mehr vorbehaltlos anerkannt.

Der Begriff Mündigkeit deutet treffend an, daß in der Entwicklung des jungen Menschen das Stadium erreicht wird, in dem er nach seinen eigenen Normen sucht und sich autonom verhält. Zwar sahen wir in Abschnitt 1.3.7, daß Adorno (1970) den Begriff Mündigkeit als eine dynamische Kategorie betrachtet, jedoch kommt damit nicht stark genug zum Ausdruck, was kennzeichnend für den Entwicklungsverlauf in dieser Periode ist.

Diese Zeit ist eine Phase der Emanzipation. Wir haben Emanzipation definiert als einen Prozeß, in dem Menschen während ihrer Entwicklung zusammen mit denjenigen, die sich in der gleichen Situation befinden, lernen, sich zu verwirklichen. Das bedeutet, daß sie sich als Gruppe gegenüber anderen Gruppen als gleichberechtigt sehen und als Einzelne innerhalb der Gruppe ihre Eigenständigkeit bewahren lernen. Dazu gehört die Loslösung von irrationalen Bindungen wie z. B. solchen, die eine Gruppe zur diskriminierten Gruppe abstempeln. Letztere Erfahrung ist sehr charakeristisch für junge Menschen dieses Alters, die – obwohl ausgewachsen – von der älteren Generation nicht für "voll" angesehen werden und sich nicht ihren erworbenen Fähigkeiten und ihrem Selbstbild entsprechend behandelt fühlen. Die daraus entstehenden Konflikte lassen sich zu allen Zeiten nachweisen (Giesecke 1974) und besitzen in Zeiten großer Veränderungen noch einen besonderen Aspekt, den man als politischen Aspekt der Emanzipation bezeichnen kann. Ein Beispiel für die unterschiedlichen Lebensauffassungen der Generationen ist die Frage nach den Überlebenschancen des Menschen, wenn er sich weiterhin so an die technischen und ökonomischen Entwicklungen anpasst, wie es die ältere Generation getan hat und noch tut. Dieser politische Aspekt verleiht der Emanzipation in den Jahren der Jugend eine eigene Farbe. Der Emanzipationsprozeß macht deutlich, daß Entwicklung mit Veränderung einhergeht. Eine Erneuerung der Denkbilder, Strukturen und Verhältnisse ist nur deshalb möglich, weil z. B. eine neue Generation sich von den alten Auffassungen, Strukturen und Verhältnissen distanziert.

Der *Konflikt* ist keine Anomie, keine Abweichung, die man versöhnend mit Verständnis und Takt überwinden muß (man könnte auch sagen "zudecken" muß), sondern er besitzt durch seine entfremdende Wirkung eine kritische Kraft zur Erneuerung. Riegel (siehe Verhofstadt-Denève 1981) sieht die menschliche Entwicklung sogar als Resultat von Kontradiktion und Konflikt, im Laufe derer der Mensch sich stets neu definiert, indem er mit internen und externen Gegensätzen abrechnen und in der Erziehung eine positiv stimulierende Rolle spielen kann. Der Jugendliche mischt sich unter die Erwachsenen als jemand, der innovativ sein und Initiative ergreifen will. Die Art und Weise, wie die Umgebung darauf reagiert, kann dem Konflikt eine negative Farbe verleihen.

Der Konflikt ist kein reiner "choc des opinions". Mussen u.a. (1974) berichten von einer Reihe Studien, aus denen hervorgeht, daß das Verhältnis zwischen Eltern und Töchtern in den Jugendjahren weniger konfliktbeladen ist als das zwischen Eltern und Söhnen, was mit der weitaus stärkeren Bestätigung, die Mädchen für anhängliches Verhalten erfahren, erklärt wird. Dies kann nicht lediglich als Schutz gegen die größeren Gefahren interpretiert werden, denen Mädchen ausgesetzt sein sollen, sondern muß im Zusammenhang mit gesellschaftlichen Verhältnissen gesehen werden. Der Emanzipationsprozess bei der Erziehung der Mädchen erfährt weniger Unterstützung, ihr natürlicher Explorationsdrang wird eher gebremst als stimuliert. Bei Jungen ist genau das Gegenteil der Fall: Sie sollen und dürfen lernen, der Welt entgegenzutreten und sich in ihr zu entfalten. Diese Unterscheidung ist im allgemeinen in den unteren Schichten stärker vorhanden. In ihrem Streben nach Selbstregulierung richten Mädchen sich jedoch neueren Untersuchungen zufolge weniger nach ihren Eltern als Jungen, sondern orientieren sich stärker an jugendkulturellen Einflüssen, wahrscheinlich als Reaktion auf Einschränkungen durch die Eltern (Van der Linden & Roeders 1983). Um zu begreifen, warum der Emanzipationsprozeß bei der studierenden Jugend zwar oft mühsamer verläuft, jedoch tiefer greift, ist es wichtig, den Unterschied in der Entwicklung von Jugendlichen aus schwächeren sozial-ökonomischen Milieus und aus höheren Schichten nicht aus dem Auge zu verlieren. Arbeitende Jugendliche fühlen sich nicht so häufig als eine diskriminierte Gruppe, sondern denken eher solidarisch mit den älteren Kollegen.

6.2 Jugendliche im Arbeitsprozeß und in der Schule

Im allgemeinen liegt das Ende der Schulpflicht etwa um das 15. Lebensjahr, was auf viele europäische Länder zutrifft. Ein Teil der Schüler wird weiterführende Schulen besuchen, ein anderer Teil wird eine praktische Berufsausbildung antreten oder direkt in den Arbeitsprozeß eintreten. Der Wunsch, praktisch tätig zu sein, ist groß (Knoers 1977), auch bei denen, die die Berufsschule erfolgreich abgeschlossen haben. Dafür bestehen eine Reihe von Gründen:

- wirtschaftliche Gründe, die eine Familie dazu zwingen, das Familieneinkommen mit Hilfe des Einkommens des Jugendlichen zu verbessern;
- psychologische Gründe, die mit dem erreichten Entwicklungsniveau des jungen Menschen, der nach dem Jugendalter selbständig sein will zusammenhängen;
- soziologische Gründe, deren Ursprung im sozialen Charakter der jeweiligen Schicht liegen und die das Rollenverhalten stark milieuspezifisch prägen, das daher weniger an Unterschiede innerhalb des Milieus (z. B. im Alter) gebunden ist;

– pädagogische Gründe, die daher rühren, daß die Schule einen typischen Mittelklasseunterricht vermittelt (Matthijssen 1971), so daß das schulische Lernen vor allem für Kinder aus der Unterschicht wenig motivierend ist.

Arbeitende Jugendliche sind weniger theoretisch und weniger breit gebildet als Schüler in den weiterführenden Schulen. Wenn sie bereits früh mit dem Arbeitsleben beginnen, gehören sie zu den "Erwachsenen". Sie können – wenn auch aufgrund des Lohns für Jugendliche nur beschränkt – ihren eigenen Lebensunterhalt bestreiten. Wenn sie sich nicht den Kreisen der organisierten Arbeiter anschließen, bleiben sie hinsichtlich der Allgemeinbildung deutlich hinter ihren Altersgenossen, die noch zur Schule gehen, zurück. Sie bauen dann – vor allem durch die Arbeit oder die Nachbarschaft – lockere Beziehungen mit anderen Jugendlichen auf, mit denen sie dann auf der Straße und in Freizeitgelegenheiten zusammenkommen. Für sie besteht nicht mehr das bindende Element der Schule, durch das Schüler den ganzen Tag gemeinsam Erfahrungen mit Altersgenossen sammeln. Ihre Erfahrungen am Arbeitsplatz teilen sie mit Erwachsenen, mit denen sie sich schnell identifizieren. Darum ist der außerschulische Arbeitsplatz für Jugendliche neben der Schule ein wichtiger Platz zum Lernen. Ungeschulte Arbeit kann schnell erlernt werden, erfordert jedoch viel Anpassung und Disziplin in einer Situation, die wenig Bewegungsfreiheit bietet (Hazekamp 1980). Die Jugendlichen müssen auch lernen (z. B. in einer Gewerkschaft), ihr Arbeitsethos zu relativieren und ihre Freizeitmöglichkeiten auszunützen.

Facharbeit erfordert einen angepaßten Lernprozeß im Sinne von praktischem Lernen in der Arbeitssituation selbst ("learning on the job"). Die Schule kann diesen gesamten Lernprozeß nicht begleiten. Bei den arbeitenden Jugendlichen droht der Emanzipationsprozeß etwa im Alter von 18 Jahren zu stagnieren. Schon dadurch, daß sie ihre Freizeit öfter als Erwachsene außer Haus verbringen, freier in ihren sexuellen Beziehungen sind und relativ mehr Geld ausgeben können für Dinge, die sie selbst wählen, bilden sie eine eigene Gruppe. Sie legen manchmal ein typisches Konsumentenverhalten an den Tag, lassen sich leicht (ver)führen durch das verlockende Angebot an Waren und die manipulativen Techniken der Werbung, gegen die sie häufig wenig kritischen Widerstand aufbringen. Sind sie organisiert, so kann die Organisation (Gewerkschaft, Jugendabteilung einer politischen Partei usw.) die emanzipierende Funktion des Unterrichts übernehmen.

Der Emanzipationsprozeß enthält das Moment der Reaktion gegen einen diskriminierenden Status. Da der Interimstatus bei Jugendlichen aus der arbeitenden Schicht früher beendet ist, wird das Gefühl, benachteiligt zu sein und von der älteren Generation nicht für "voll" angesehen zu werden, bei arbeitenden Jugendlichen meistens geringer sein, obwohl laut Welten u.a. (1973) auch jugendliche Arbeiter öfters von den Älteren in einer untergeordneten Position gehalten werden.

Zum Teil richtet sich der Emanzipationsprozeß – wie wir gesehen haben – gegen die Eltern. Bei Schülern bleibt diese mit dem Interimstatus verbundene Tendenz länger bestehen. Beets (1960) meint sogar, daß die Jugendlichen innerhalb der Schule leichter als außerhalb der Schule zu sich selbst finden können. Die Schule kann jedoch auch eine anti-emanzipatorische Wirkung haben, wie z. B. eine "Erziehung zur Sanftmut" ("Education for docility", Silberman 1970). Dies kann umso mehr der Fall sein, wenn man Schüler, die in vieler Hinsicht bereits erwachsen sind, zu nicht selbst gewählten Tätigkeiten verpflichtet.

Schulpflicht nach dem 16. Lebensjahr ist aus entwicklungspsychologischen Gründen kaum zu verteidigen (Knoers 1977), es sei denn, es werden eine Reihe von Voraussetzungen (primärer und sekundärer Art) erfüllt.

Zu den *primären* Voraussetzungen gehört, daß die "Sprache", die in der Schule gesprochen wird, eine bekannte Sprache ist. Unsere Schulen sind nämlich "Sprachschulen" (Kohnstamm 1969), womit gemeint ist, daß die Beschäftigung in der Schule überwiegend durch verbale Aktivitäten gekennzeichnet ist.

Bernstein (1970) meint wesentliche Unterschiede anführen zu können zwischen der "Schulsprache" (der Sprache der Lehrer und Unterrichtenden, also der Menschen aus der Mittel- und Oberschicht) und der "Haussprache" der Kinder aus der Unterschicht. Der mehr der geschriebenen Sprache ähnliche *differenzierte Sprachcode* (elaborated code), der in der Unterschicht nicht neben dem *eingeschränkten Sprachcode* (restricted code) verwendet wird, macht es für Kinder aus der Unterschicht sehr schwer, Anschluß in der Schule zu finden. Oevermann (1971) meint sogar, daß der Schulbeginn für Kinder aus den untersten gesellschaftlichen Klassen vor allem hinsichtlich des Sprachgebrauchs einen Bruch mit dem Milieu bedeutet, wodurch für sie sowohl intellektuelle als auch emotional schwerwiegende Probleme entstehen. Bernstein ist der Ansicht, daß die Unterschiede zwischen den beiden Codes vor allem die Satzstruktur und den Wortschatz betreffen. Der Satz ist im eingeschränkten Code kurz, seine Struktur rigide und verweisend auf einen vorhandenen Kontext. Verbindende Wörter, die u. a. die logischen Beziehungen wiedergeben wie z. B. Konjunktionen und Präpositionen, sowie Adjektive und Adverben, die Qualität ausdrücken, kommen selten vor, und wenn sie auftreten, fehlen ihnen die feineren Unterscheidungsmerkmale: Es sind Wörter wie "gut", "fantastisch", "prima", "dufte". Der längere, variiertere und zusammengesetzte Nebensatz mit den entsprechenden Wörtern im differenzierten Code ermöglicht es, Information losgelöst vom aktuellen Kontext alleine durch die Sprache zu vermitteln. Sie eignet sich deshalb besser für Situationen wie die in der Schule, in der Informationen meistens verbal vermittelt werden. Man kann sich die Situation von Kindern aus den untersten Schichten der Gesellschaft ungefähr vorstellen, wenn man daran denkt, wie es wäre, sich in einem fremden Land zurechtfinden zu müssen, dessen Sprache man nur unzureichend spricht. Man kann sich dann nicht nur schlecht in der Sprache ausdrücken, sondern auch nicht alle Wörter und Satzteile verstehen. So sind die Ausdrucksmöglichkeiten in einer solchen Situation stark reduziert. Kein Wunder also, daß Kinder aus der Unterschicht in der Schule oft eine geringere Intelligenz *zeigen*.

Eine anderer Gesichtspunkt ist, daß in einem "gleichwertigen" Umgang miteinander wirkliche Kontakte entstehen können. Das ist erschwert, wenn Schulbücher, Lehrer und Klassenkameraden einer fremden Welt oder anderen Kultur angehören. Für Schüler aus der Unterschicht und insbesondere für Immigrantenkinder kann die Schule deshalb kaum als emanzipierende Instanz fungieren.

Sekundäre Voraussetzung ist, daß eine Institution, die Bildung vermitteln will, sich auf das Entwicklungsniveau des jungen Menschen einstellt. Bis zum Jugendalter haben Kinder oft keine andere Wahl, als den vorgegebenen Wegen zu folgen; ab dieser Zeit jedoch gehen sie zunehmend ihren eigenen Weg. Eine Schule, die nur vorschreibt, ist anti-emanzipatorisch: Sie macht Schüler gefügig, anstatt ihnen mehr Freiheit zu geben. Eine Neu-Organisation der Unterrichtsstrategien im Sinne einer freieren Erziehung – nicht nur bei der Wahl des Lehrstoffs (Differenzierung), sondern auch bei der Gestaltung des Lehrprogramms und der Schulorganisation insgesamt – hätte weitreichende Konsequenzen.

Die Schule sollte sich dem gesellschaftlichen Geschehen öffnen und Jugendliche zu Menschen erziehen, die selbstregulierend sind, sie sollte ihnen soziale Fähigkeiten beibringen und eine Berufsorientierung vermitteln, die ihnen hilft, ihr Leben aktiv zu gestalten. Außerdem fehlt bei den Jugendlichen, die noch die Schule besuchen, die emanzipierende Funktion des eigenen Einkommens, das dem arbeitenden Jugendlichen eine relative wirtschaftliche Unabhängigkeit verschafft. Sie bleiben an das häusliche Milieu gebunden, dem sie sich jedoch durch Teilnahme am Schulleben und in der Altersgruppe zu entziehen versuchen. Gerade wegen der wirtschaftlichen Abhängigkeit fühlen sie sich unfrei. Sie versuchen, dieser Abhängigkeit zu entkommen, indem sie sich in eine eigene Jugendwelt flüchten, die eine eigene Jugendkultur, aber auch eine Gegenkultur sein kann.

Die *Jugendkultur* offenbart sich in der Gestaltung der eigenen Freizeit mit Musik, Tanz, Diskothek, Kino, Sport, aber auch in einer eigenen Welt von Idealen und guten Vorsätzen, in der man besser sein kann als die Erwachsenen und sich den Weltuntergangstendenzen der heutigen Gesellschaft in gemeinsamen Aktionen widersetzen kann. Laut Harmsen (1961) wird zu Unrecht von einer Jugendkultur gesprochen, da sie keine eigenen Errungenschaften der Jugend betreffe. Meeus (1993) mißt dieses eigene Gefühlsbewußtsein der Jugend mit der Skala für *Jugendzentrismus.* Dieses Zentriertsein auf die eigene Gruppe findet man verstärkt bei Jugendlichen aus den niedrigeren sozialen Schichten, und es kommt öfter bei Jungen als bei Mädchen vor.

Jede Zeit kennt auch eine Jugendkultur in Form von *Gegenkultur.* In den 60er und 70er Jahren manifestierte sich die jugendliche Gegenkultur laut Roszak (1973) in zwei Hauptströmungen, den Beatniks, Hippies, den Suchern nach psychedelischen Erfahrungen, nach Erfahrungen einer "höheren" Existenz einerseits und den Neolinken, den Provos andererseits: Soziale Aussteiger (Conger 1973) einerseits, revolutionäre Aktivisten andererseits. Darüber hinaus bildeten religiöse und semi- oder quasi-religöse Bewegungen wie Children of God, Jesus People, Young Generation und Zen eine dritte Gruppe, in der zum einen Teil der Aktivismus der Revolutionäre mit ihrem heiligen Bekehrungseifer und zum anderen Teil die Lieb-sein-zueinander-Einstellung, die Flower-power-Mentalität der Aussteiger anzutreffen war. Mit und ohne Drogen widersetzten sie sich der Leistungsgesellschaft – gegen das Evangelium der Technokraten. Keniston (1960) spricht hier von *developmental estrangement* – Entfremdung als Lebensgefühl (Tak 1972) – einem seines Erachtens nach durch Egozentrismus gekennzeichneten Phänomen, das er – bei einem Festhalten an dieser Verfremdung – als Entwicklungsstörung bezeichnen will.

Charakteristische Phänomene unter den Jugendlichen der 80er Jahre waren die idealistisch geprägte Anti-Atomkraft- und die Umweltschutzbewegung. Deutlichen Protest gegen die Gesellschaft drückten Hausbesetzer- und Punkszene aus.

Dagegen ist die Kultur der Jugendlichen der 90er Jahre weniger ein Protest gegen die Gesellschaft als ein Rückzug in eine eigene Welt: Gemeinsamer Treffpunkt sind

Techno- und House-Musik-Partys, die oft ganze Nächte dauern und außerhalb der offiziellen Diskotheken stattfinden, und zu denen auch bewußtseinserweiternde Drogen wie z.B. XTC (ecstasy), Amphetamine, LSD und andere synthetisch hergestellte Drogen gehören.

Jugendkulturelle Tendenzen treten überwiegend in der Periode der weiterführenden Schulbildung auf, gegenkulturelle Tendenzen hauptsächlich unter Studenten an Universitäten, Sozial- und Kunstakademien usw. Erstere sind mehr kennzeichnend für den Jugendlichen, letztere für bestimmte Gruppen Jung-Erwachsener, zwischen denen die Grenzen übrigens nicht fest umrissen sind. In beiden Fällen handelt es sich eindeutig um ein hinausgeschobenes Erwachsensein, oder besser um ein nicht akzeptiertes Erwachsensein, das gleichgesetzt wird mit dem Akzeptieren der verabscheuten gesellschaftlichen und kulturellen Verhältnisse und überholten Weltanschauungen.

Keniston (1960) hat mit Recht darauf hingewiesen, daß Unterschiede bestehen in der Art und Weise, wie die Jugend ihre eigene "Kultur" erlebt. Der Großteil der Jugend schlägt laut den vorhandenen Daten (Conger 1973) zumindest in Amerika die traditionellen Wege ein und unterscheidet sich eigentlich nur durch äußerliche Merkmale und durch eine gewisse Unbesonnenheit – oder wenn man so will durch eine geringere Bedächtigkeit – von der Gruppe der Erwachsenen und besitzt nicht mehr den Elan oder die Ablehnungstendenzen der Jugend der sechziger Jahre (Cross & Kleinhesselink 1976; Leges 1980). Brentjens (1978) spricht ebenso wie Harmsen nicht von einer Jugendkultur, sondern von subkulturellen Variationen bei der Jugend. Den größten Teil der Jugend zählt er zu der kompakten Mehrheit, die sich konformiert, den Rest zählt er zu diversen progressiven und regressiven Subkulturen. Zu letzteren gehören ihm zufolge sowohl die neofaschistische "Wikingerjugend" als auch Sekten-Bewegungen wie die "Jesus People". Wahrscheinlich würde er auch die "skinheads" zu der ersten Gruppe rechnen. Er kommt also zu ähnlichen Befunden wie Keniston und Conger.

Obwohl bezeichnende Unterschiede zwischen Arbeiter- und Schuljugend bestehen, ist es keinesfalls so, daß sie sich untereinander nicht beeinflussen würden. Die Organisierten unter den jungen Arbeitern haben Einfluß auf die Aktivisten unter den Studenten, und auch das Umgekehrte ist der Fall. Auch unter arbeitenden Jugendlichen findet man Anhänger der Jesus People, Young Generation, Children of God und der stetig wachsenden Bewegung New Age.

Yankelovich konnte feststellen, daß sich 67% der arbeitenden Jugend gegenüber 48% der "College"-Studenten leicht mit einschränkenden gesetzlichen Maßnahmen gegen weiche Drogen ("soft drugs") abfinden konnte (Conger 1973). Harte Drogen ("hard drugs") werden vorwiegend von sozialen Aussteigern und psychisch Gestörten konsumiert. Dies gilt ebenfalls für den zur Sucht führenden Alkoholkonsum.

Daß der Konsum von harten Drogen von arbeitenden Jugendlichen stärker abgelehnt wird, könnte darauf hinweisen, daß durch Arbeit doch eine Einstellung entsteht, die bei Jugendlichen zu einer schnelleren Akzeptanz des Erwachsenenstatus führt. Ist die Wahl eines Berufs zugleich eine Konformierung an den Erwachsenenstatus in der bestehenden Gesellschaft?

6.3 Der (zukünftige) Beruf

Das Wort "Beruf" hat in unserer Sprache nicht nur die spezifische Bedeutung "auf Dauer ausgerichtete, durch Ausbildung und Erfahrung erworbene Arbeit", sondern ist auch mit dem Begriff *"Berufung"* verbunden. Dieser Begriff offenbart noch etwas von der ursprünglichen Bedeutung des Wortes: Die Position, die man einnahm, war die Anwort auf den Appell von anderen. So sagt man von einem Pfarrer auch, daß er in sein Amt "berufen" wurde. Von Berufung spricht man meistens nur im Zusammenhang mit Gott (Berufung zum Priester) oder einer anderen Instanz, die persönliche Ambitionen oder kleine Gruppeninteressen übersteigt (das Gewissen, das Vaterland, die hungernde Menschheit). So können junge Menschen Arbeit im Rahmen der Entwicklungshilfe als eine Berufung erfahren, auch wenn sie nicht als Missionar auftreten. Es besteht dann immer ein subjektives Element: Der junge Mensch erfährt es selbst als ein Berufen-Sein; zugleich besteht ein intersubjektives Element: Die Gemeinschaft, zu der er gehört, sieht es so.

Wenn wir mit dem Wort Beruf die Position andeuten, die jemand in der Gesellschaft einnimmt, ist das Element der Berufung in viel geringerem Maße vorhanden. Zwar ist bei der Wahl des Berufs das subjektive Element vorhanden, aber es besteht mehr aus einem Vorzug für angenommene berufsintrinsische Elemente, die an die Interessen der Person, die den Beruf wählt, anschließen. Bei Kindern und Jugendlichen überwiegt das subjektive Element noch so stark, daß die Wahl vorläufig noch nicht als (völlig) real betrachtet werden kann. Das Vorschulkind will Busfahrer werden, da es ihm aufgrund seiner beschränkten Erfahrung und seines geringen Verständnisses für diesen Beruf aufregend erscheint, in einem großen Bus hinter dem Steuer zu sitzen, oder es will Bäcker werden, weil es dann immer "leckere Sachen essen kann".

Welchen Beruf man ergreift, hat nicht mehr so sehr mit "Berufung" sondern vielmehr mit "Wahl" zu tun. Implizit wurde bereits kurz angedeutet, daß die Wahl nicht das Ergebnis einer momentanen Entscheidung darstellt, sondern daß sie das Resultat eines Prozesses ist, das wiederum einen vorläufigen Charakter besitzen kann.

Es war Ginzberg (1951; 1972), der in einer Längsschnitt- und Querschnittuntersuchung (unter Verwendung von Interviewtechniken) zum ersten Mal Ordnung in die Daten über den Prozeß der Berufswahl gebracht hat. Er unterscheidet darin drei Perioden:

1. Die *Phantasieperiode* vor dem 11. Lebensjahr, in der vor allem eine Identifikation des Kindes mit Erwachsenen entsteht. Diese kindliche "Wahl" ist psychologisch nicht uninteressant. Das Vorschulkind z. B., das General werden will, offenbart darin bereits etwas von einem Charakterzug, der auch die spätere Berufswahl mitbeeinflußt.
2. Die *tentative* Periode, in der eine Konfrontation zwischen Interessen, selbst eingeschätzten Fähigkeiten und Werturteilen von anderen stattfindet. Ein Junge kann beispielsweise mit 12 Jahren Doktor werden wollen, weil er gerne kranken Menschen helfen möchte. Mit 16 kann er dann zu dem Entschluß kommen, Physiotherapeut zu werden, da seine Schulnoten nicht gut genug sind, um ein Medizinstudium mit Erfolg abzuschließen; so kann er noch verschiedene Berufsmöglichkeiten, die zu ihm passen, im Laufe der Jahre "abtasten".

3. Die *realistische* Periode mit etwa 17 Jahren, in der eine definitive Entscheidung zustandekommt. Diese Berufswahl ist dann das Resultat eines Kompromisses zwischen dem subjektiven "Abtasten" aus der tentativen Periode und den praktischen Möglichkeiten. Der Junge aus unserem Beispiel kann bei der Zulassungsprozedur oder nach der schweren einjährigen Propädeutik für die physiotherapeutische Ausbildung abgewiesen werden. Aufs neue entsteht ein Prozeß des Abwägens der Interessen, Fähigkeiten und praktischen Möglichkeiten, der schließlich zu einer Wunschwahl oder Kompromißlösung führt.

Die Kritik an Ginzberg – sowohl in bezug auf die Untersuchungsmethoden als auch auf die Begriffsumschreibung – hat dazu geführt, daß andere Betrachtungsweisen entwickelt wurden. So äußerte u. a. Super (1957) Kritik an Ginzbergs Verwendung des Wortes "Wahl". Das Wort hat in bezug auf das Vorschulkind eine ganz andere Bedeutung als in bezug auf einen 17jährigen. Wichtiger jedoch ist, daß bei Ginzberg (1951) die Entwicklung der Berufswahl dort endete, wo die traditionelle Entwicklungspsychologie die menschliche Entwicklung als abgeschlossen betrachtete. Wie wir gesehen haben, endet die Entwicklung jedoch nicht mit dem Erwachsensein – sie ist ein lebenslanger Prozeß. Obwohl die Berufswahl zweifelsohne eine Entwicklungsaufgabe des Jugendlichen und Jung-Erwachsenen ist, bedeutet dies noch nicht, daß die in dieser Periode getroffene Wahl definitiv ist. Die Berufswahl ist ein Prozeß der Entwicklung, der bei vielen Menschen erst einige Jahre, bevor sie sich aus dem Berufsleben zurückziehen (meistens zwischen 60 und 65 Jahren), zum Stillstand kommt. Viele Frühpensionäre, suchen nach ihrer Pensionierung noch einen neuen Arbeitsplatz.

Hier wurde anstatt "Beruf" der Begriff Arbeitsplatz verwandt. Wiegersma (1962) unterscheidet zu Recht zwischen Beruf, Funktion und Arbeitsplatz. Der erste Begriff bezieht sich auf eine Gesamtheit von Aufgaben, die unabhängig von einer spezifischen Organisation der Arbeit innerhalb der Gesellschaft verrichtet werden. Wird die Gesamtheit der Aufgaben hingegen bestimmt durch die spezifische Organisation der Arbeit, so sprechen wir von einer Funktion: Arzt ist also ein Beruf, Betriebsarzt eine Funktion. Das Wort "Arbeitsplatz" beinhaltet die Gesamtheit der Aufgaben, die dem Arbeitenden innerhalb der Gesellschaft zugeteilt werden. Der pensionierte Offizier, der eine Stelle in irgendeinem Ministerium antritt, wählt keinen neuen Beruf, sondern erhält einen neuen Arbeitsplatz.

Jungen Menschen schwebt oft mehr ein Arbeitsplatz als ein Beruf vor. Bevor wir eine Reihe anderer Faktoren besprechen, wollen wir hier (anhand von Super 1957) kurz auf die Berufskarriere eingehen. Das Wort "Karriere" deutet bereits an, daß die Berufswahl als Prozeß eine gewisse Perspektive enthält, die in der Wahl des Jugendlichen oder Jung-Erwachsenen bereits einkalkuliert sein kann (z. B. Jurist werden, um später eine (höhere) Funktion in der Gerichtsbehörde zu besetzen).

Im Anschluß an Ch. Bühler (1933) sieht Super den Prozeß der Berufswahl weitgehend bestimmt durch die Entwicklung des Selbstkonzepts. Der Prozeß der Berufswahl (also der Prozeß, der die Karriere bestimmt) folgt dem Verlauf der fünf Altersabschnitte (siehe 1.3): Wachstum (bis ca. 14 Jahre), Steigerung durch Exploration (14-25 Jahre), Lebenshöhe (25-50 Jahre), Übergang (50-65 Jahre) und Rückgang (ab 65 Jahren). Deutliche Grenzen liegen hier – wie wir gesehen haben – durchschnittlich bei 14 Jahren (Geschlechtsreife) und 65 Jahren (der Ausstieg aus dem Beruf). Ob die Periode der Exploration zwischen 14 und 24 Jahren liegt (was bei Jugendlichen, die weiterführende Schulen besuchen, der Fall ist) oder zwischen 14 und 20 Jahren, ist von geringerer Bedeutung und zum größten Teil abhängig von sozial-ökonomischen und sozial-kulturellen Faktoren. Für uns ist wichtig, daß sich der junge Mensch zwischen 16 und 20 Jahren (über den wir hier sprechen) in der explorativen Periode befindet – oder in der Terminologie von Ginzberg ausgedrückt – im Übergang von der tentativen zur realistischen Phase. Durch die Erwähnung der sozial-ökonomischen und sozial-kulturellen Faktoren sind wir auf Aspekte gestoßen, die die Berufswahl beeinflussen. Um diese geordnet besprechen zu können, halten wir uns an die Klassifikation von Wiegersma (1963).

Laut Wiegersma wird die definitive Wahl durch eine Anzahl wesentlicher und einer Reihe von zufälligen Faktoren bestimmt. Die *wesentlichen* Faktoren unterteilt er in grenzbestimmende und richtungweisende Faktoren. Die *grenzbestimmenden* Faktoren legen die Grenzen der Eignung fest anhand psychischer und körperlicher Fähigkeiten und anhand der Bildung und der Unterstützung, die von der häuslichen und schulischen Umgebung ausgeht. Den lenkenden Einfluß, der von einigen personellen, soziologischen, sozial-ökonomischen und charakterologischen Faktoren ausgeht, bezeichnet Wiegersma als *richtungweisend.* So haben, um für jeden der vier letztgenannten Faktoren ein Beispiel zu geben, das Geschlecht, der soziale Status, die Konjunktur und persönliche Bedürfnisse (z. B. Machtstreben) einen Einfluß auf die Richtung, in der ein Beruf gesucht wird. Ein Mädchen wurde früher kein Hufschmied; auch heutzutage sind die Mädchen in technischen Berufen noch verhältnismäßig selten vertreten, ebenso wie in Berufen, die schwere körperliche Arbeit fordern.

Im allgemeinen gehörte der Beruf bei vielen Mädchen früher nicht zu den wichtigen Lebensperspektiven, da man die Ehe als wesentliches Ziel ihres Lebens betrachtete. Dies hat sich deutlich geändert. Einer Interviewbefragung von Konopka (1976) zufolge wünschen sich die meisten amerikanischen Mädchen zwischen 12 und 18 Jahren einen Beruf, die Ehe und eine Familie und glauben, dies auch kombinieren zu können.

Wie wichtig der Einfluß der Konjunktur ist, zeigt sich vor allem in Zeiten ökonomischer Rezession. Dann wird es für die Jugendlichen schwieriger, einen qualifizierten Arbeitsplatz zu finden. Jedoch ist in unserer postindustriellen Gesellschaft auch eine andere Bewertung der Arbeit entstanden – ein anderes Arbeitsethos. So zeigen vor allem französische Untersuchungen (Delors 1977), daß der Beruf für die heutige Jugend weniger Bedeutung hat als zwischenmenschliche Beziehungen und nicht mit dem Beruf zusammenhängende Tätigkeiten, und daß die Tendenz zur Suche nach einem Teilzeitarbeitsplatz zunimmt.

Zufallseinflüsse sind vor allem unvorhergesehene, zufällige Vorfälle im Leben, die sowohl grenzbestimmend (z. B. ein schwerer Unfall) als auch richtungweisend (z. B. eine Zusammenkunft mit einer einflußreichen Person) sein können.

Die Komplexität all dieser Faktoren trägt dazu bei, daß der junge Menschen – vor allem in der tentativen, aber auch noch zu Beginn der realistischen Periode und selbst noch zu Beginn ihrer Laufbahn – ein Bedürfnis haben, Rat zu suchen. In der Schule können ihm Studienberater, außerhalb der Schule professionelle Berufsberater bei seiner Entscheidung behilflich sein. Auch die Unterstützung und der Einfluß der Eltern – bei Jungen vor allem die Rolle des Vaters als Modell – sind von großer Wichtigkeit. Einer durch Conger (1973) zitierten Untersuchung von Bell zufolge blieb der Einfluß des Vaters als Modell für die Berufswahl über die gesamte Periode zwischen 14 und 24 Jahren bestehen, erst danach nahm dieser Einfluß ab. Auch auf die Berufswahl von Mädchen haben Väter einen großen Einfluß. Mütter haben diesen Einfluß vor allem dann, wenn sie selbst einen Beruf ausüben (Jersild u.a. 1978).

Der Einfluß des Vaters liegt in der Verlängerung des richtungweisenden Einflusses des Milieus, das auch die Art der Ausbildung mitbestimmt. Welche Ausbildung die Jugendlichen erhalten haben, bestimmt, wie eine Art Schicksal den Lebenslauf des jungen Menschen mit. Der Widerwille von 15-16jährigen Berufsfachschülern, eine weiterführende Schule zu besuchen, ist so gesehen verständlich (siehe auch die an Hopman angelehnten Daten von Mooij 1979). Die platzzuweisende Funktion der Ausbildung führt dazu, daß Kinder von Arbeitern wieder Arbeiter werden. Der Beruf ist für sie nicht so sehr eine Möglichkeit zur persönlichen Entfaltung, sondern eine Einkommensquelle, durch die sie Veränderungen in ihrem Interimstatus erzielen können. Entwicklungspsychologisch betrachtet, ist für sie der Beruf ein Stück erworbene Selbständigkeit. Anerkennung der eigenen Fähigkeiten und Anstrengungen und das sich entwickelnde Vermögen zu planen – im Sinne einer effizienten Ausführung von Aufträgen – spielen dabei eine Rolle (Oerter 1981).

Für Kinder aus der Mittelschicht hingegen enhält der Beruf eine ganze Skala an Möglichkeiten: Er ist die Quelle eines Einkommens, das so hoch wie möglich zu sein hat, inklusive des dazugehörigen Status; außerdem bedeutet der Beruf Erfüllung persönlicher Bedürfnisse und Interessen. Indem man die Phase der Berufswahl möglichst lange ausdehnt, hält man sich Alternativen offen, solange diese nicht durch grenzbestimmende Faktoren ernsthaft eingeschränkt werden. Für diese jungen Menschen ist der Beruf ein Stück Erfüllung im Leben, und deswegen ist die Berufswahl für sie von äußerster Wichtigkeit.

Für den jungen Menschen aus der Mittelklasse kann der Prozeß der Berufswahl also ein Teil des Emanzipationsprozesses sein. Beim Jugendlichen aus der sozialen Unterschicht der Bevölkerung spielt die Berufswahl diese Rolle nicht. Die praktischen Möglichkeiten dieser Jugendlichen, die schon mit etwa 10 Jahren (Wechsel Grundschule – Hauptschule oder Gymnasium o.ä.) durch die schulische Erziehung in eine bestimmte Richtung "dirigiert" wurden – nannte Schelsky (1957) die Schule nicht die "zentrale Dirigierungsstelle"? –, sind so beschränkt, daß das Wort "Wahl" euphemistisch klingt und nur teilweise zutrifft. Viele müssen froh sein, wenn sie überhaupt einen Arbeitsplatz finden (in diesem Zusammenhang sei auf die große Anzahl arbeitsloser Jugendlicher und auf die Lehrstellenknappheit hingewiesen).

Die besser Qualifizierten, die überwiegend aus den höheren Milieus stammen, finden meistens Arbeit, wenn auch manchmal erst nach einer Periode des Suchens und – zumindest in der Anfangsphase auf einem Niveau, das unter ihrer Qualifikation liegt. Dies beeinflußt wiederum die Arbeitssituation der niedriger Qualifizierten im negativen Sinne.

Schulabgängern bietet sich nicht immer die Möglichkeit, einen Beruf wählen zu können. Die Arbeitslosigkeit unter den Jugendlichen ist relativ hoch. Laut einer Interview- und Fragebogenuntersuchung von Döring (1982) führt Arbeitslosigkeit bei Jugendlichen oft zu Apathie und Passivität, so daß sie nur wenig Hoffnung haben, ihre Zukunft unter Kontrolle zu bekommen.

6.4 Der Jugendliche in der Gesellschaft

Wenn wir herausfinden wollen, was der Lebensabschnitt Jugend gesellschaftlich bedeutet und wie Jugendliche sich hinsichtlich dieser Bedeutung verhalten, ist es erforderlich, die faktischen Daten vor dem Hintergrund des hier vertretenen Emanzipationskonzepts zu interpretieren. Als Interpretationsinstrument dient uns die Annäherungsweise von Mollenhauer (1973), da dieser unter Verwendung des Emanzipationskonzepts unserer Meinung nach einige wesentliche Feststellungen trifft: "Seit Rousseau, seit der politischen Theorie der Aufklärung und deutlicher noch seit Marx kann nicht mehr bestritten werden, daß Erziehungs- und Generationsverhältnisse nicht nur überlieferte kulturelle Ordnungen weiterzugeben versuchen, sondern damit zugleich Herrschaftsverhältnisse reproduzieren". Mit einfachen Worten gesagt bedeutet dies, daß in der Erziehung von jungen Menschen das als gut erachtet wird, was gut ist für den Fortbestand der gesellschaftlichen Verhältnisse und somit der bestehenden Ordnung dient. Dies alles wird hinter einer Ideologie verschleiert, die kritische Jugendliche durchschauen oder die ihnen zumindest Konfliktstoff liefert. Sie erfahren den Widerspruch zwischen dem, was die Gesellschaft ist, und dem, was sie zu sein vorgibt, da sie sich noch nicht angepaßt haben und noch eigene Ideale und eigene Perspektiven haben. Der Widerspruch, in den der junge Mensch verwickelt wird und mit dem er ohne viel Hilfe seitens der Erwachsenen zurechtkommen muß, offenbart sich laut Mollenhauer (1973, S.102-113) in folgenden sechs Punkten:

1. *Der Widerspruch zwischen Integration und kritischer Beteiligung*
Junge Menschen müssen sich in der heutigen Gesellschaft schnell integrieren. Eine kritische Haltung – die bei Erwachsenen als normal angesehen wird – wird nicht als konstruktiver Beitrag betrachtet.

2. *Der Widerspruch zwischen Aufstiegschancen und Aufstiegsstreben*
Chancengleichheit für alle ist ein Ideal, für das die Gesellschaft öffentlich eintritt. In Wirklichkeit ist es jedoch so, daß milieuspezifische Ausbildung und Schulung dazu führen, daß z. B. Arbeiterkinder wieder Arbeiter werden. Auch das Schulsystem ist ein kategoriales System mit vertikaler Gliederung, das systemverstärkend wirkt und dazu beiträgt, daß alles beim "Alten bleibt". Jugendliche, die erfahren, daß ihre Anstrengungen nicht zum gewünschten Erfolg führen, finden sich schließlich mit der Tatsache ab, daß die Chancen ungleich verteilt sind. Nur selten bestehen individuelle Chancen für einen sozialen Aufstieg aus den untersten Schichten.

3. *Der Widerspruch zwischen der Suggestion des schönen Lebens und tatsächlicher Abhängigkeit*
Eine der großen Verlockungen ist die Perspektive eines freieren, selbständigeren Lebens, weg vom Zwang der Bindungen an Familie, Milieu und Vergangenheit. Soziales Milieu, Schullaufbahn und Arbeitsmarkt bestimmen jedoch den Lebensweg mit.

4. Der Widerspruch zwischen ökonomischem Interesse und Bildungsinteresse
Durch den engen Zusammenhang, der zwischen Schulausbildung und Arbeitsmarkt propagiert wird, gerät das Bildungsbedürfnis des Jugendlichen oft in einen Zwiespalt.

5. *Der Widerspruch zwischen der politischen Funktion der Allgemeinbildung und ihrem faktisch unpolitischen Charakter*
Der umstrittene Begriff *Allgemeinbildung,* der aus der neo-humanistischen Denkwelt stammt, hat ursprünglich keinen Bezug zum allgemeinen Grundwissen, das jeder Mensch in einer modernen Gesellschaft besitzen sollte, sondern bezieht sich auf die Entfaltung des allgemein Menschlichen, losgelöst vom Beruf, den man ausübt. Im ursprünglichen Sinn handelt es sich also um die Entwicklung der Fähigkeit, wirklich kritisch am gesellschaftlichen Geschehen teilzunehmen. In unserer Zeit würden wir dies als gesellschaftliche Bewußtwerdung oder politische Bildung definieren. Es ist kennzeichnend für unsere Gesellschaft, daß der fachübergreifende Charakter dieser Bildung in unserem Unterricht dem Fach Sozialkunde zufällt, das vielen zufolge genauso unpolitisch sein sollte wie der Unterricht im allgemeinen. Es heißt dann, daß Unterricht nicht politisch sein darf, da politische Bildung, (die oft mit Parteipolitik verwechselt wird) zu den "Rechten" der Eltern gerechnet wird. Der Unterricht sollte sich jedoch mit wesentlicher, emanzipierender und humanisierender Bildung beschäftigen, die dem jungen Menschen Selbstbestimmung auch gegen die Erwartungen anderer ermöglicht (Von Hentig 1970).

6. *Der Widerspruch zwischen rationalem Anspruch und irrationaler Wirklichkeit*
Jungen Menschen wird vermittelt, daß rationales Handeln (die vernünftige Verwendung der vorhandenen Mittel) in einer entwickelten Gesellschaft ein Gebot ist. Dies steht oft im krassen Widerspruch zur Wirklichkeit. Rationalität impliziert nämlich Kontrollierbarkeit und damit Öffentlichkeit des Handelns. Trotzdem werden in der modernen Gesellschaft demokratische Prozesse nur ungenügend zugelassen. Dabei beruft man sich auf den Mangel an Expertise bei den Beurteilern, denn nur Experten sind als "troubleshooter" (Problemlöser) zu einer richtigen Beurteilung imstande; außerdem müssen Entscheidungen möglichst effizient getroffen werden. Der Mangel an wirklicher Rationalität manifestiert sich darin, daß Experten hauptsächlich die positiven Aspekte einer Entscheidung beleuchten, ohne dabei die negativen Seiten zu berücksichtigen. Es gibt genügend Beispiele dafür, daß man eine politische Entscheidung in einem späteren Stadium zurücknehmen muß, "die Uhr zurückstellen oder anhalten muß". Ein treffendes Beispiel ist die Umweltpolitik.

Einigen Entwicklungspsychologen zufolge bezieht sich Mollenhauers Analyse mehr auf die politische Orientierung von *Gegenkulturen* als auf die jugendlichen Menschen im allgemeinen. Was die Emanzipations- und Sozialisierungstheoretiker übersehen, ist der Zusammenschluß von Eltern und Jugendlichen bei der gemeinsamen Anstrengung, die Gesellschaft zu bekämpfen (Youniss & Smollar 1985). Eine niederländische Untersuchung unter Jung-Erwachsenen hat ergeben, daß lediglich ein Viertel zu den Gesellschaftskritikern gehört (Van Dam 1993). Ein Aspekt, dem viel zu wenig Aufmerksamkeit geschenkt wird, ist nämlich die große Mannigfaltigkeit der Meinungen unter den Jugendlichen.

Junge Menschen, die sich dieser Widersprüche bewußt sind und die sich nicht an die bestehende Ordnung anpassen, sondern die eine ihrer Meinung nach neue und bessere Gesellschaft schaffen wollen, in der alle Menschen über ihre Lebensform selbst entscheiden, werden meistens auf die Probleme gefaßt sein, die ein solches Streben mit sich bringt. Sie wissen, daß die vorangehende Generation zur Lösung der ihnen wichtigen Probleme zu wenig Beiträge geliefert hat und nur noch wenig liefert. Sie erfahren, daß sie sich für einen Versuch zur Selbstbestimmung entschieden haben, bei dem sie alleine stehen. Dies ist ein dialektischer Prozeß, der sich immer wieder aufs neue vollzieht (siehe auch Peeters 1975).

Der Generationskonflikt ist wesentlich mehr als der Aufstand des Sohnes gegen den Vater. Es ist der Konflikt zwischen jungen Menschen, die einen Beitrag zur Veränderung der Welt leisten wollen, und der älteren Generation, die sich mit den bestehenden Verhältnissen arrangiert hat. Und da letzteres einen stabilisierenden Effekt in der bestehenden Ordnung hat, dient es dem Interesse dieser Ordnung. Der Generationskonflikt erhält dann auch in der Periode etwa zu Beginn des Erwachsenenalters die Bedeutung eines politischen Konflikts, der sich jedoch nicht gegen die Erwachsenen als solche, sondern gegen ihren Defätismus richtet, den sie selbst nicht mehr als solchen erfahren. Der Generationskonflikt steht im Rahmen des Erlebens der eigenen Originalität. Jugendliche, die sich leicht anpassen, zeigen wenig von der Originalität, die andere Jugendliche kennzeichnet, zumindest in gesellschaftlicher und politischer Hinsicht. Politisch gesehen, kann von konformistischen Jugendlichen nicht erwartet werden, daß sie der Gesellschaft wichtige Impulse liefern.

Aber auch von einer anderen, nicht-konformistischen Gruppe kann keine Erneuerung erwartet werden: von den gesellschaftlichen Aussteigern. Ihr Verhalten ist mehr ein Versuch der Verteidigung als ein Widerstand gegen die moderne Gesellschaft (Conger 1973). Auch sie distanzieren sich, jedoch ohne eine konkrete Alternative. Wenn Havighurst (1967) das Lernen der gesellschaftlichen Verantwortung als eine Entwicklungsaufgabe betrachtet, hat er offensichtlich das Sich-Einfügen der Jugendlichen in eine stabile Gesellschaft vor Augen.

In diesem Abschnitt sollte gezeigt werden, daß junge Menschen ihre Originalität am deutlichsten durch gesellschaftliche und politische Stellungnahme manifestieren, die ein Ferment in der Gesellschaft bedeuten kann.

Es ist bedauernswert, daß Untersuchungen in bezug auf die politische Entwicklung (Bildung) von Jugendlichen noch so unvollständig sind und noch voller Gegensätze stecken.

Eine Zusammenfassung des überwiegend amerikanischen Untersuchungsmaterials (Jungbluth & Klaasen 1973) ergibt für die Periode der Jugendjahre (11-18 Jahre) lediglich, daß Jugendliche stärker relativieren, die Auffassungen aus dem eigenen Milieu nicht mehr vorbehaltslos übernehmen, daß ihr faktisches politisches Wissen zunimmt und daß ihre politische Ansicht beständiger wird. In bezug auf den Einfluß der politischen Bildung, vor allem durch den Unterricht, gehen die Meinungen in der Literatur weit auseinander. Jedoch scheint eine Teilnahme an politischer Bildung außerhalb der Schule förderlich zu sein für eine positive politische Einstellung. Die Häufigkeit der Teilname ist allerdings milieugebunden: Je höher die soziale Position der Eltern, desto größer ist ihr Interesse und ihre Teilnahme am politischen Geschehen, was sich auf die Kinder überträgt.

Konopka (1976) schließt aus ihren Interviewdaten über amerikanische Mädchen im Alter von 12 bis 18 Jahren, daß Politik oft als etwas "Schmutziges" betrachtet wird, daß die Beschäftigung mit politischen Themen individuell stark variiert und daß sie nicht wissen, wie politische Ideale in Aktivitäten umgesetzt werden können. Jersild u.a. kommen in Anlehnung an Untersuchungen von Adelson u.a. zu dem Befund, daß amerikanische Jugendliche hinsichtlich politischer und sozialer Veränderung pessimistisch sind. Auch Untersuchungen aus der ehemaligen DDR ergaben einen engen Zusammenhang zwischen dem politischen Interesse der Eltern und dem ihrer Kinder (Kossakowski 1987). Später spielen Freunde und Arbeitskollegen eine bedeutende Rolle.

Andere Untersuchungen kommen zu dem Schluß, daß ein Unterschied zwischen Jugendlichen aus der Mittelklasse und der Oberklasse einerseits und denen aus den unteren Milieus andererseits besteht. Erstere stehen der formalen Politik positiver gegenüber und legen eine stärkere demokratische Gesinnung an den Tag (v.d. Linden & Roeders 1983). Bei den Jung-Erwachsenen scheinen sich die Einstellungen, nicht allein auf dem Gebiet der Politik und Ökonomie, sondern auch auf dem Gebiet der primären Beziehungen und der Weltanschauung, zum großen Teil durch ihre Ausbildung und das Maß der Religiosität im Elternhaus erklären zu lassen (Van Dam 1993).

Im allgemeinen kann gesagt werden, daß Jugendliche oft die gleichen Ansichten wie ihre Eltern vertreten, auch wenn sich Trends (z. B. zum ökonomischen Konservativismus und zur kulturellen Progressivität) bei ihnen etwas extremer manifestieren als bei ihren Eltern (Raaimakers 1993).

6.5 Die Entwicklung der Moralität

Die Entwicklung der Moralität ist ein wichtiger Aspekt der Jugendjahre. Wir schließen uns hier Furter (1965) an, der "das moralische Leben" als die zentrale Problematik der Jugendzeit betrachtet. Bevor wir näher darauf eingehen, werden wir kurz die Entwicklung der Moralität von Kindheit an betrachten und zeigen, warum das moralische Leben gerade in den Jugendjahren eine solch wesentliche Bedeutung besitzt.

Es war – wie wir bereits in Kapitel 4 gesehen haben – vor allem Kohlberg (1964; Kohlberg & Turiel 1972), der mit seinen Mitarbeitern – von Piagets Studie über das *moralische Urteil* (1954) ausgehend – die Entwicklung der Moralität in den verschiedenen Stadien untersucht hat. Kohlberg betrachtete anhand des moralischen Dilemmas (4.3.4) die Entwicklung des moralischen Abwägens, also dessen was das Kind in verschiedenen Stadien seiner Entwicklung als gut (gehörig) oder als schlecht (ungehörig) ansieht. Die Betonung liegt also nicht primär auf dem *Handeln,* das hervorgeht aus moralischen Urteilen. Es ist für einen Forscher aus der Schule Piagets verständlich, daß er die Betonung auf den kognitiv-volitionalen Aspekt der Entwicklung legt. Kohlberg beschreibt – anhand von Kindern vorgelegten moralischen Dilemmas, die eine immer komplexere Begriffsbildung erfordern – die moralische Entwicklung in sechs Stadien, die natürlich im Zusammenhang stehen mit den vier Stadien in der intellektuellen Entwicklung laut Piaget. In einem etwas anderen Zusammenhang als in Kapitel 4 werden die Stadien hier nochmals kurz besprochen.

Den Anfang bildet das Nullstadium, in dem das Kind das für gut hält, was mit seinen Wünschen und Bedürfnissen übereinstimmt. Dieses Stadium tritt nach Piaget gleichzeitig mit dem präoperationalen Stadium der Entwicklung der Intelligenz auf. Danach folgen die beiden Stadien, die Kohlberg als *präkonventional* bezeichnet. Das Kind interpretiert etwas als gut oder schlecht aufgrund der Folgen, die ein bestimmtes Verhalten hat: Belohnung oder Strafe (Stadium 1). Im darauffolgenden präkonventionalen Stadium (2) hat das Kind sich an das, was als gut oder schlecht befunden wird, angepaßt, um belohnt zu werden oder um einer Strafe zu entgehen (Instrumentalhedonismus). Reziprozität spielt hierbei eine Rolle, jedoch noch im Sinne der "Auge-um-Auge-Zahn-um-Zahn"-Moral. Diese beiden Stadien fallen mit dem konkret-operationalen Stadium der intellektuellen Entwicklung nach Piaget zusammen. Mit dem intellektuellen Entwicklungsstadium der formalen Operationen beginnt auch die moralische Entwicklung im eigentlichen Sinne. Kohlberg unterscheidet hierbei das *konventionale Niveau* (Stadien 3 und 4) und das *postkonventionale Niveau* (Stadien 5 und 6). Im 3. Stadium wird das als gut oder schlecht beurteilt, was anderen behagt oder von ihnen gebilligt oder abgelehnt wird. Ein "süßer Junge" oder ein "braves Mädchen" zu sein, ist in dieser Periode noch sehr wichtig. Im 4. Stadium beginnt etwas wie Pflichtbewußtsein zu entstehen – in dem Sinne, daß man die bestehende Ordnung, die Autorität und die bestehenden Regeln anwenden möchte, da man sie an sich als wertvoll erachtet, doch ohne daß man dies deutlich persönlich verantworten kann.

Die letzten Stadien werden als postkonventional bezeichnet, um anzugeben, daß sich die Moralität im formal-operationalen Stadium schließlich als persönliche Stellungnahme entwickelt, also unabhängig ist von den bestehenden konventionellen Auffassungen. Auch die Originalität des Jugendlichen offenbart sich darin. Die Entwicklung verläuft folgendermaßen: Erst werden allgemeine und höhere Gesetze starr befolgt (Stadium 5). Das Gewissen schreibt zwar das Gesetz vor, aber die Gewissensurteile sind noch nicht wirklich internalisiert worden. Dies äußert sich oft in steifem und starrem Radikalismus. Danach findet eine wirkliche Internalisierung statt und zwar in dem Sinn, daß der junge Mensch zu Konsistenz, zu vom Inneren gelenkten, selbstbewußten moralischen Handlungsweisen gelangt, die er auch mit einer gewissen Anpassungsfähigkeit anzuwenden weiß (Stadium 6). 1981 fügte Kohlberg – inspiriert durch Eriksons Phase 8 – noch ein 7. Stadium hinzu (das nicht in Tabelle 11 aufgenommen wurde). Kennzeichnend dafür ist der Zwang, Handlungen zu verrichten, die über das Pflichtgemäße hinausgehen und die von höherer Hand gelenkt zu sein scheinen. Hier liegt der Zusammenhang mit dem Religiösen auf der Hand (siehe 6.6). Der Zusammenhang zwischen kognitiver und moralischer Entwicklung geht deutlich aus der Übersicht in Tabelle 11 hervor, in der auch ein Vergleich mit Rollenübernahme laut Selman (Leckie 1975) angestellt wird.

Laut Kohlberg erreichen viele das postkonventionelle Niveau erst später oder nie, was zum Teil auf subkulturelle oder kulturelle Einflüsse zurückzuführen ist. Etwa mit dem 16. Lebensjahr hatten 10 Prozent der von ihm untersuchten amerikanischen Jugendlichen dieses Niveau erreicht. Kohlberg (1975, 1981) ist der Ansicht, daß die moralische Entwicklung durch moralische Bildung stimuliert werden kann. Dies bringt uns zurück zu Furter (1965), der seiner ausführlichen phänomenologischen Betrachtung drei Thesen zugrundelegt:

Tabelle 11. Beziehung zwischen kognitiver, sozial-kognitiver und moralischer Entwicklung, Normgefühl. (Die kognitive Entwicklung wird betrachtet als eine logisch notwendige – aber nicht ausreichende – Voraussetzung für die Entwicklung der sozialen Kognition; die Entwicklung der sozialen Kognition hingegen wird betrachtet als logisch notwendige, jedoch nicht ausreichende Voraussetzung für die Entwicklung des Normgefühls).

Kognitive Entwicklungsstadien (Piaget)	Rollenübernahmeniveaus, sozial-kognitive Entwicklung (Selman & Byrne 1974)	Moralische Urteilsstadien (Kohlberg)
Präoperationales Denken	Egozentrisches Niveau (mit etwa 4 Jahren) Subjektives Niveau (mit etwa 6 Jahren)	I. Präkonventionales Niveau 1. Gehorsams- und Strafortientierung 2. Instrumental-hedonistische Orientierung
Konkret-operationales Denken		II. Konventionales Niveau 3. Orientierung auf gegenseitige interpersönliche Erwartungen
	Selbstreflexionsniveau (mit etwa 8 Jahren)	4. Orientierung auf Wahrung des sozialen Systems ("law and order")
Beginnendes formal-operationales Denken		
	Niveau der Perspektivenkoordination (mit etwa 10 Jahren)	III. Postkonventionales oder prinzipielles moralisches Urteil 5. Sozial-Kontrakt-Orientierung
Vollständige Verfügung über die formalen Operationen		6. Orientierung auf universale Prinzipien

Die Stadien von Piaget und Kohlberg wurden an anderer Stelle in diesem Buch bereits näher erläutert. Wir wollen nun etwas näher auf die Niveaus der sozial-kognitiven Entwicklung eingehen.

(1) Egozentrisches Niveau: Das Kind unterscheidet noch nicht zwischen der eigenen Perspektive und der eines anderen; so bringt es die eigene Perspektive mit der des anderen durcheinander. Es kann nicht "herausfühlen", daß jemand, der in einer bestimmten Situation nicht anwesend war, diese auf andere Weise betrachtet.
(2) Subjektives Niveau: Das Kind ist sich nun dessen bewußt, daß verschiedene Perspektiven bestehen, da sich der andere z. B. in einer anderen Situation befindet und andere Informationen oder andere Wertvorstellungen hat. Die verschiedenen Perspektiven kann das Kind noch nicht in Beziehung setzen.
(3) Selbstreflexionsniveau: Jetzt besitzt das Kind eine einseitige oder nicht umkehrbare Perspektive, d. h. das Kind ist sich dessen bewußt, daß verschiedene Menschen unterschiedliche Gefühle und Gedanken haben können; es ist jedoch noch nicht in der Lage, die eigene Perspektive und die des anderen in Beziehung zu setzen - es kann sich noch nicht richtig in den anderen hineinversetzen.
(4) Niveau der Perspektivenkoordination: Erst jetzt kann das Kind vom Standpunkt des neutralen Dritten aus eine Interaktionssituation überblicken; ab jetzt begreift es, daß die Interaktionspartner simultan und mutual den gegenseitigen Standpunkt einnehmen. "Charakteristisch für dieses Koordinieren der Perspektiven ist, daß das Kind gleichsam sich selbst verläßt und die Interaktion zwischen ihm selbst und dem/den anderen aus einer "Dritten-Person-Position" wahrnimmt und aus dieser Position heraus die gegenseitige Beziehung der Perspektiven miteinander entdeckt" (Gerris u. a. 1980; siehe auch Heymans 1979).

1. Das autonome moralische Verhalten entsteht erst im Jugendalter.
2. Der Jugendliche muß das Jugendalter wirklich als solches erleben, um zu einem autonomen moralischen Verhalten gelangen zu können.
3. Die jugendliche Existenz ist in ihrer Totalität ein moralisches Problem und muß als ein Zeuge-von-Werten-Sein betrachtet werden.

Autonomes moralisches Verhalten, so zeigen die Untersuchungen von Kohlberg und Turiel (1972), setzt eine hohe intellektuelle Entwicklung voraus. Die dazugehörige Urteilsbildung, die auf einer Interaktion zwischen vorhandenen Potentialen und Milieubeeinflussung beruht, bewirkt einen Emanzipationsprozeß hinsichtlich der Selbstbestimmung und Urteilsvermögen.

Die zweite These von Furter ist damit ebenfalls bereits zum größten Teil erläutert. Autonomes moralisches Verhalten setzt die oben erläuterte Entwicklung voraus. Da die Person des (jugendlichen) Menschen dabei voll und ganz miteinbezogen sein muß, ist es wichtig, daß das Jugendalter als Entwicklungsperiode wirklich erlebt wird.

Der dritten These zufolge bedeutet Jugendlicher sein, Zeuge von Werten zu sein; gemeint ist nicht nur ein Zur-Kenntnis-Nehmen von Werten, sondern auch deren Umsetzung. Das heißt also, daß man die moralischen Urteile wirklich internalisiert hat – sich selbst als Werte zu eigen gemacht hat – oder wie Furter es ausdrückt, daß man seine persönliche Lebensgeschichte aufgenommen und bewußt in die Hand genommen hat. Die Bewußtwerdung ist dann die Totalität von Reflexion und Aktion oder das Übertreffen der moralischen Aktion durch eine politische Aktion. Gewissensbildung verpflichtet junge Menschen dazu, nicht am Rande stehen zu bleiben. Um die Welt zu verändern, ist es erforderlich, bleibend mit Authentizität *zu leben.*

Stellt man sich nun die Frage, *wie* die Entwicklung der Internalisierung der Normen und Werte verläuft, zeigen eine Reihe von Untersuchungen, daß dies durch *Identifikation* mit Personen geschieht, die man als ideal erfährt (siehe auch Kapitel 4). Eine in sieben europäischen Ländern durchgeführte Untersuchung (Lutte u.a. 1970) zeigt (siehe Tab. 12), daß sich die Idealbilder mit zunehmendem Alter von nahen über ferne, hin zu abstrakten Idealen verschieben.

Für Schüler in den Jugendjahren – die Untersuchung betraf vorwiegend Schüler im Alter zwischen 12 und 16 Jahren – sind die am häufigsten gewählten Idealbilder die, mit denen die Jugendlichen sich identifizieren: Sympathische Erwachsene, Freunde, Berühmtheiten und selbst erfundene (überwiegend abstrakte) Ideale. Offensichtlich müssen junge Menschen sich von ihrem primären Milieu distanzieren, um durch Identifikation mit entfernten Idealen zur Bildung der eigenen Wertvorstellungen zu gelangen. Die hohe Anzahl der Identifikationen mit sympathischen Erwachsenen und Freunden und Freundinnen (die in Tabelle 12 unter "Nahideale" aufgeführt sind), ist im Rahmen der Distanzierung vom primären Milieu nur begreiflich. Dabei existieren Abstufungen der Nähe, wobei das primäre Milieu jedoch am nächsten liegt.

Hinsichtlich der Kategorie "Freunde und Freundinnen" verdienen zwei Punkte eine nähere Betrachtung. Wir haben bereits gesehen, daß die Bewegungen "weg vom primären Milieu" und "hin zu den Altersgenossen" nicht aufeinanderfolgen, sondern parallel verlaufen und aufeinander einwirken. Lasseigne kommt bei ihrer

Tabelle 12. Übersicht über die prozentuale Häufigkeit bei der Wahl der verschiedenen Idealbilder. Die Abkürzungen für die einzelnen Länder bedeuten: B= Belgien, D=Deutschland, F=Frankreich, I=Italien, N= Niederlande, P=Portugal, S=Spanien. N = 19 250.

Idealbild	Land B	D	F	I	N	P	S	M Total
Nahideale								
Vater und Mutter	5,7	10,6	3,1	5,6	3,7	9,0	3,4	5,7
Verwandte	4,6	5,5	4,7	5,7	5,9	6,5	3,0	5,1
Erzieher	6,0	6,5	3,1	4,8	2,1	3,2	7,4	4,8
Bekannte Erwachsene	18,0	13,0	16,3	9,9	11,7	14,1	14,5	13,5
Freunde, Freundinnen	12,5	9,9	9,8	18,6	23,6	18,1	17,6	16,2
Fernideale								
Religiöse Persönlichkeiten	4,4	4,5	4,0	5,2	0,2	10,8	10,8	5,4
Angesehene Persönlichkeiten	5,6	13,7	6,6	5,3	5,3	2,5	4,6	6,0
Stars	13,9	13,0	25,8	14,2	29,4	9,2	13,4	16,2
Tarzantypen	0,9	0,5	1,4	3,0	3,4	1,0	1,4	1,8
Abstrakte Ideale	26,9	19,6	24,0	24,5	11,4	22,7	20,6	22,5
Andere	1,5	3,2	1,2	3,2	3,3	2,9	3,3	2,8
Total	100,0	100,0	100,0	100,0	100,0	100,0	100,0	100,0

Untersuchung über die Bedeutung des Einflusses von Eltern und Peergruppen auf die moralischen Auffassungen von Jugendlichen zu dem Schluß, daß sie sowohl Eltern als auch Altersgenossen nötig haben und als Ratgeber und Begleiter akzeptieren (Mönks, in Mönks 1981). Außerdem ist dies – wie aus dem vollständigen Untersuchungsmaterial hervorgeht – die Periode des ersten ernsthaften Verliebtseins. Jungen wählen oft Mädchen, diese jedoch noch öfter Jungen als Ideal.

Verliebtheiten spielen im Leben der Jugendlichen eine wichtige Rolle. Bei der Wahl der Idole beschränkt man sich überwiegend auf die eigene sozial-ökonomische Klasse. Dies hängt außer mit den sozialen Möglichkeiten auch mit subkulturell verankerten Normen und Werten zusammen, denn das Normen- und Wertemuster, mit dem man sich identifiziert, ist zum größten Teil das der eigenen sozialen Schicht (Conger 1973). Dies zeigt erneut, daß es falsch wäre, Generationskonflikte als Generationskluft zu bezeichnen, da die Jugendlichen Gruppen- und Klassenmoral in der Regel von den Erwachsenen übernehmen.

Die moralische Entwicklung laut Kohlberg (1975; 1981) wird außer durch die Identifikation auch durch die *moralische Bildung* gefördert. Van der Ven (1985) unterscheidet darin u. a. *Werteübertragung* durch bewußte Beeinflussung, *Werteverdeutlichung,* die dem Jugendlichen Freiheit bei seiner Entscheidung gibt und ihn nicht lenkt, und *Wertekommunikation,* worunter er (wie auch Habermas) versteht, daß Jugendliche lernen, aufgrund vernünftiger Kommunikation und Argumentation Entscheidungen zu treffen. Dies beruht auf der Tatsache, daß Kinder in ihrer Entwicklung bereits ab etwa dem fünften Lebensjahr verschiedene Aspekte der Information integrieren können. IJzendoorn (1986) fand (laut den Resultaten eines Tests, den ein enger Mitarbeiter von Kohlberg entwickelt hat) bei etwa 100 Pädagogikstudenten und etwa 100 Schülern des Sekundarunterrichts der Oberstufe einen Zusammenhang zwischen moralischer Argumentation und einer größeren Sorge über und einem größeren Engagement für die Problematik der atomaren Rüstung.

6.6 Weltanschauliche Stellungnahme

Eine Weltanschauung als ein zusammenhängendes Ganzes der Werte (Krathwohl 1964) entwickelt, ist eines der wichtigsten Merkmale des Erwachsenseins. Sie ermöglicht es dem Menschen, alle Eventualitäten, Wahrheiten und Werte in einen Rahmen zu fassen, aus dem heraus Bedeutung zugemessen werden kann. Die Bedeutung kann bei verschiedenen Menschen sehr unterschiedlich sein: Manche sprechen von Zufall oder Schicksal, andere von der Absurdität der Eventualitäten, wieder andere messen allem, was geschieht, einen ultimativen Sinn bei. Wie sinnlos bestimmte Ereignisse auf den ersten Blick auch erscheinen mögen, man mißt ihnen doch einen Sinn bei, der ihnen eine Skala von Werten verleiht. Der Sinn oft über das Fassungsvermögen des Menschen hinaus, hin zu etwas Übermenschlichem, das nur als Mysterium begriffen werden kann. Die geheime Bedeutung der tödlichen Krankheit eines jugendlichen Menschen z. B. bleibt dem menschlichen Auge verborgen. Verborgen bleibt nicht, daß diese einen Sinn für den Kranken selbst und seine Umgebung haben muß. Das menschliche Schicksal ist nach dieser Auffassung kein reiner Zufall oder ein Verhängnis, sondern vorbestimmt. Bezieht man "Vorbestimmung" auf eine das menschliche Fassungsvermögen übersteigende Person, in dessen Hand der Mensch geborgen ist, ergibt sich ein religiöses Weltbild.

Geborgenheit als religiöses Gefühl wird jedoch leicht zum Selbstzweck. Laut Pruyser (1972) besteht scheinbar viel mehr Interesse an Trost, Ruhe und direkter Erfüllung des kindlichen Verlangens nach Sicherheit, Wärme und Festigkeit als an der Suche nach religiöser Erneuerung oder einer kreativen Neuorientierung der Kirche entsprechend den Forderungen der modernen Welt. Es besteht mehr Sehnsucht nach einem tröstenden Gottesdienst als Bejahung eines beunruhigenden Glaubens.

Mit dem Begriff weltanschauliche *Stellungnahme* meinen wir, daß der Jugendliche aus einer Vielfalt an Lebensanschauungen einen eigenen Standpunkt wählt. Am Beispiel der Religiosität heißt das, er kann religiös oder atheistisch sein, praktizierend oder nicht, einen passiven Vertröstungsglauben, einen aktiven, kreativen oder beunruhigenden Glauben haben. Wenn wirklich Stellung bezogen wird, kann in der religiösen Weltanschauung von intrinsischem, echtem Glauben gesprochen werden.

Ist es so, daß in den Jugendjahren so etwas wie eine Bekehrung stattfindet im Sinne von Schaffung einer zur Einheit gewordenen Persönlichkeit – der Persönlichkeit eines neuen Menschen als Folge einer Neuorientierung der Psyche an einem neuen Ideal oder Ziel (Spinks 1966)? Obwohl nur sehr wenig über die religiöse Entwicklung in den Jugendjahren bekannt ist, wissen wir, daß die Entwicklung einer individuellen Persönlichkeit und die Orientierung an neuen Idealen nicht der Grund für eine Hinwendung zur Religion ist.

Oft ist jemand gläubig, weil seine Eltern es auch sind (Jersild u.a. 1978), d. h. die Tendenz scheint sich fortzusetzen. So meinten zwei Drittel der gläubigen Jugendlichen, daß sie später ihre eigenen Kinder im selben Glauben erziehen werden (Van der Linden & Roeders 1983). Allen und Spilka haben eine Unterscheidung vorgeschlagen zwischen "consensual" und "committed religion" (siehe hierzu Fortmann 1968), die sich in bezug auf die fünf folgenden Faktoren unterscheiden: Inhalt, Deutlichkeit, Komplexität, Flexibilität und Wichtigkeit.

- *Inhalt:* Verwurzeltsein in abstrakten Prinzipien versus konkret-pragmatische Einstellung;
- *Deutlichkeit:* Klare Anworten versus vage und routinemäßige Antworten auf Untersuchungsfragen;
- *Komplexität:* Ausführliche und differenzierte Anworten versus einfache Antworten, ausgehend von radikalen Gegensätzen;
- *Flexibilität:* Offenheit versus Unzugänglichkeit für die Meinungen anderer;
- *Wichtigkeit:* Starkes persönliches Interesse versus geringes persönliche Interesse, das jedoch aufgrund von Traditionen als wichtig erachtet wird.

Die konventionellere "consensual religion" spricht junge Menschen wenig an. In einer nationalen amerikanischen Untersuchung fand 58% der Schüler des weiterführenden Unterrichts (high school) gegenüber 43% der Universitätsstudenten den Gottesdienst wichtig für sich selbst (Conger 1973). Diese und andere Untersuchungen zeigten, daß Jugendliche im Gegensatz zur älteren Generation mehr Betonung auf eine persönliche als auf eine institutionalisierte Religion legen. Auch heben gläubige Jugendliche die dogmatischen und traditionellen Formen weniger hervor als ältere Gläubige. Auch wenn sie die im Gottesdienst institutionalisierte Weise der Glaubenserfahrung verwerfen, haben Jugendliche bei ihrer intensiven Suche nach ideellen Werten eine wirklich religiöse Einstellung. Und doch kann die religiöse Entwicklung nicht ganz von religiösen Traditionen und Symbolen losgelöst werden (Gerritsen 1984).

Die Rückkehr zu fundamentalistischeren Religionsformen und die relativ große Anhängerschaft z. B. der Youth for Christ und ähnlicher Bewegungen könnte ein Ausdruck der Enttäuschung von der rationalen Glaubenspraxis sein, die meistens nur wenig Spiritualität enthält. Nicht zu übersehen ist unter jungen Menschen das Interesse für die Person des historischen Jesus und für andere Lehrmeister. Lange (1971) fand bei einer Stichprobe unter Protestanten, Juden und Katholiken eine deutlich positive Korrelation zwischen der Teilnahme am kirchlichen Leben und autoritären Persönlichkeiten, d. h. Personen, die sich durch autoritäres Auftreten, konservative und dogmatische Auffassungen und ein rigides Verhalten auszeichnen. Anhand einer überwiegend präkodierten Survey-Untersuchung (siehe Kapitel 1) wurde eine Korrelation gefunden zwischen Partizipation und intrinsischem Glauben. Lange vermutet, daß dies zum Teil eine Folge seiner Untersuchungsmethode ist, die den sozialen Faktor "Wunschdenken" zu wenig ausgeklammert hat.

Jersild u.a. (1978) kommen unter Berufung auf Braungart zu einem ähnlichen Schluß. Felling, Peters und Schreuder (1986) fanden einen kausalen Zusammenhang zwischen religiösen Überzeugungen, bestimmten Wertorientierungen und politischen Anschauungen, die als konservativ oder "rechts" bezeichnet werden können. Der Theorie, daß sich vor allem unter älteren Jugendlichen die Säkularisation (Verweltlichung) durchsetzt, konnten sie aufgrund ihrer Daten nicht widersprechen. Wenn man gesellschaftliches Engagement, das sich in Aktionen äußert, als Manifestation einer progressiven Gesinnung betrachten kann, besteht eine Übereinstimmung mit dem Konservatismus, den Lange unter Angehörigen von Glaubensgemeinschaften antraf. Ebenso wie dies in weltanschaulicher Hinsicht der Fall ist, fand De Hart (1990) das stärkste politische Interesse dort, wo diesem in der Familie Aufmerksamkeit geschenkt wurde. Die Dekonfessionalisierung von Jugendlichen geht oft einher mit deren Sympathie für gesellschaftserneuernde Bewegungen und Aktivitäten. Die weltanschauliche Stellungnahme von Jugendlichen wird in hohem Maße durch die Wahrhaftigkeit und die Erlebensqualität der Glaubensgemeinschaft bestimmt.

Daß Persönlichkeiten unter den Mitgliedern von Glaubensgemeinschaften oft autoritäre Merkmale besitzen, könnte erklären, warum unter Jugendlichen nur ein geringes Interesse am institutionalisierten Glauben besteht. Auch das starke Interesse unter der Jugend für Taizé weist in die Richtung eines Interesses an einem persönlicheren, weniger dogmatischen Glauben. Die Ordensgemeinschaft von Taizé bleibt mit ihrem Glauben innerhalb der christlichen Kirche (De Bruyn/Willems 1976).

Laut Rümke (1949) durchläuft eine gesunde Religiosität eine Entwicklung von sieben Stadien. Das höchste Stadium ist dabei, daß die Hingabe an Gott als "Boden meiner Existenz" zur Grunddirektive des Lebens wird. Dieses Stadium erreicht der Mensch erst dann, wenn er nicht mehr zu befürchten braucht, sich selbst in der Hingabe zu verlieren. Abgesehen von der Frage, ob Rümke (dessen Buch mehr ein persönliches Zeugnis als eine religionspsychologische Studie ist) nicht all jene ausklammert, die keinen personifizierten Gott anerkennen, kann man feststellen, daß der jugendliche Mensch nicht so leicht zu einer derartigen Hingabe bereit ist. Dies ist der Grund dafür, daß wir in diesem Abschnitt für die Art der jugendlichen Weltanschauung den Begriff *Stellungnahme* verwendet haben. Durch Nachdenken über den Sinn ihrer Existenz und über ihre Lebensziele – ein Denken, das für den Emanzipationsprozeß der Jugendjahre Identitätssuche, Originalitätskrise und Autonomiestreben charakteristisch ist – kommen Jugendliche dazu, ihren eigenen Standpunkt einzunehmen und sich manchmal auch von einem paternalistischen, autoritären oder dogmatischen Glauben loszulösen oder sich ihm zu widersetzen. Entfernte, selbst gewählte Ideale, die "Begegnung" mit Menschheitslehrern wie z. B. Buddha oder Jesus, können inspirieren und Perspektiven geben, auf der Suche nach Friedfertigkeit und Menschenliebe, Streitlust im Interesse einer guten Sache, nach ethischer Orientierung. Zern (1987) kommt in seiner Untersuchung über College-Studenten zu dem Schluß, daß Religiosität das Potential einer Person maximalisiert.

"Committed religion" (die durch Spranger als "der religiöse Typ" bezeichnet werden) findet sich am häufigsten in streng gläubigen Kreisen – auch unter Jugendlichen zwischen 15 und 24 Jahren.

Die wenigen vorhandenen Untersuchungsdaten (Kooy 1976) deuten darauf hin, daß das Interesse der Jugendlichen eher "diesseitig" als "jenseitig" ist. 1968 richtete sich ihr Interesse überwiegend auf Probleme von Unrecht und Elend in der Welt; es zeugte eher von einer humanistischen oder humanitären als von einer christlichen oder marxistisch-ideologischen Einstellung. 1974 war unter den befragten Jugendlichen ein signifikanter Rückgang der kirchlichen Partizipation festzustellen. 1985 war sie noch niedriger und der Großteil der Jung-Erwachsenen wies Gott nur eine geringe Bedeutung zu (Van Dam 1993).

Kontrollfragen und -aufgaben

1. Warum befinden sich Jugendliche zwischen 16 und 19 Jahren an der Grenze zum Jung-Erwachsenseins?
2. Erläutern Sie, warum der Begriff Generationskluft die Beziehung zwischen Eltern und Kindern nicht gut wiedergibt! Berücksichtigen Sie bei Ihrer Antwort auch Abschnitt 5.4.1!
3. Erläutern Sie theoretisch, warum in dieser Periode die arbeitende oder arbeitslose und die Schuljugend eine unterschiedliche Entwicklung durchlaufen und versuchen Sie, diese Unterschiede zu kennzeichnen!
4. Erklären Sie, warum ein Zusammenhang besteht zwischen Schulerfahrung, regelmäßigem Schuleschwänzen und frühzeitigem Schulabgang!
5. Welche Rolle spielt die Jugendkultur für Jugendliche? Welche Rolle spielt die Gegenkultur bei einer Reihe frühzeitiger Schulabgänger und einer Reihe von arbeitenden, aber vor allem arbeitslosen Jugendlichen?
6. Welche Unterscheidung trifft Wiegersma zwischen Beruf, Funktion und Arbeitsplatz? Besteht ein Widerspruch zwischen der Bevorzugung eines bestimmten Arbeitsplatzes und dem sich verändernden Arbeitsethos?
7. Bewegt sich Ihrer eigenen Erfahrung nach die Einstellung der Jugendlichen in bezug auf die Gesellschaft mehr in Richtung des Emanzipationspädagogen Mollenhauer oder mehr in Richtung der Entwicklungspsychologen Youniss und Smollar?
8. Skizzieren Sie die moralische Entwicklung nach Kohlberg und erläutern Sie, wie er diese durch moralische Bildung anhand der Besprechung von Dilemmas zu fördern versucht!
9. Warum ist die weltanschauliche Stellungnahme gerade für viele Jugendliche so wichtig?

7. Der Erwachsene und der ältere Mensch

7.1 Psychologie des Alterns

Es ist allgemein anerkannt, daß die Entwicklung nicht beim Erreichen des körperlichen Erwachsenseins im Jugendalter und dem Erreichen des gesellschaftlichen Erwachsenseins im frühen Erwachsenenalter endet. Während des gesamten Lebenslaufs treten immer wieder Veränderungen auf. Diese Veränderungen beziehen sich auf das körperliche und motorische Funktionieren, die Wahrnehmung und das Denken, die Motive und das Gefühlsleben, die sozialen Beziehungen und die gesellschaftliche Integration. Der Alterungsprozeß geht einher mit körperlichen Veränderungen und Beschwerden und ist ein Teil des Älterwerdens als Ganzes, der sowohl durch die Gesellschaft als auch den Einzelnen mitstrukturiert wird. Während die körperliche Alterung naturgegeben ist, ist das gesellschaftliche Älterwerden von festen Vorstellungen und Normen geprägt und vorgegeben. Aufgrund unserer Fähigkeit zur Selbstregulierung gehen wir auf unsere eigene Weise damit um.

Entwicklung im Sinne von Wachstum, Zunahme, Differenzierung, d. h. als dynamischer Veränderungsprozeß, geht im Erwachsenenalter einher mit dem Altern, das nach Thomae (1968) folgende Veränderungen mit sich bringt:

(1) "Biomorphose" oder "primärer Alterungsprozeß" (Birren 1961) sind biochemische und physiologische Prozesse im psychophysiologischen Grenzgebiet
(2) pathologische oder Krankheitsprozesse
(3) funktionell-psychologische Veränderungen
(4) Persönlichkeitsveränderungen im engeren Sinn
(5) sozial-psychologische Umstrukturierungen, die mit dem Übergang in die höheren Altersklassen verbunden sind
(6) Veränderungen, die mit der Tatsache zusammenhängen, daß man das Älterwerden nicht nur als solches erfährt, sondern demgegenüber auch Stellung bezieht; letztere Gruppe der Veränderungen nennt Thomae die "chrono-ästhetischen Alternsprozesse".

Birren und Schroots (1984) unterscheiden drei verschiedene Prozesse: (a) Vergreisen als biologischer Prozeß (senescing), (b) Senior werden oder sozial älter werden (eldering) und (c) subjektiv psychisch älter werden (geronting). Diese drei Arten der Veränderung, die die Physis des älteren Menschen, seine gesellschaftliche Position und seine Selbsterfahrung betreffen, spielen sich natürlich im Laufe der Zeit ab und müssen nicht an ein exaktes Alter gebunden sein. Tempo und Verlauf der Veränderungen können von Person zu Person und, da auch die Gesellschaft bei der Strukturierung des Lebenslaufs eine Rolle spielt, je nach historischem Kontext variieren.

So wie es nicht leicht ist anzugeben, wann das Erwachsensein beginnt, so ist es auch nicht leicht, den Beginn des Älterwerdens zu bestimmen. Prinzipiell wäre dies auch nicht so wichtig, wenn Älterwerden und Altsein in unserer westlichen Gesellschaft nicht so negativ bewertet würden (Marcoen 1988).

7.2 Entwicklungsphasen des Erwachsenseins

7.2.1 Die Struktur im Lebenslauf

Phasentheorien waren schon immer populär. Schon in der Antike wurde der Lebenslauf in Phasen eingeteilt. Diese Gewohnheit ist durch die Jahrhunderte hindurch beibehalten worden – vor allem, weil die Phaseneinteilung einem didaktischen Bedürfnis entgegenkommt: Sie schafft Ordnung und macht Dinge übersichtlich. In den letzten Jahrzehnten sind jedoch große Zweifel an der Möglichkeit, Entwicklungsphasen zu unterscheiden, aufgekommen. Vor allem in bezug auf das Erwachsensein und das Alter scheint es unmöglich, eine universale Struktur im Entwicklungsverlauf zu erkennen. Trotzdem haben Phasentheorien ihre Anziehungskraft noch immer nicht verloren – weder beim Wissenschaftler noch beim großen Publikum.

Phaseneinteilungen haben nicht selten einen normativen Charakter (Busemann 1956). Auch wenn dies nicht beabsichtigt ist, werden sie doch oft als Maßstab verwendet. Dies entspricht der sozialen Normierungstendenz in jeder Gesellschaft. Im gewissen Sinne verleiht die Gesellschaft – durch die Institutionen und die Mentalität, die sie fördert – dem Lebenslauf ihrer Mitglieder Struktur. Diese explizite und implizite Normierung ist nicht unveränderlich.

In einer statischen Gesellschaft bestehen mehr oder weniger feste Szenarios oder Scripts, die von den Individuen mit Hilfe ihrer nächsten Umgebung und unter der sozialen Kontrolle der breiteren Gemeinschaft befolgt werden müssen. Die Modernisierung der Gesellschaft und des Zusammenlebens haben viele Szenarios untauglich gemacht und deren zwingenden Charakter stark vermindert. Das Lebensalter ist kein verläßliches Kriterium mehr für die thematische Strukturierung des Lebenslaufs, weder für die Lebensperiode nach dem Jugendalter, noch für den Beginn des Alters. Doch ist das Phänomen der sozialen Uhr nicht ganz verschwunden. Noch immer bestehen Erwartungen von Seiten der Gesellschaft, die mit bestimmten Altersabschnitten zusammenhängen und die vom Individuum internalisiert werden. Dadurch kann der Einzelne sich in dem Moment, zu dem er eine bestimmte Rolle übernimmt, mit dem von der Gesellschaft erwarteten Zeitpunkt für diese Rollenübernahme übereinstimmend fühlen oder nicht. Mit 50 Jahren z. B. Großvater oder Großmutter zu werden, geschieht zur rechten Zeit. Mit 75 Jahren zum ersten Mal Großeltern zu werden, wird als "spät" wahrgenommen. Veränderungen in diesen altersgebundenen Erwartungsmustern werden in der Zukunft zunehmen. Im höheren Alter Vater oder Mutter zu werden, ist keine Ausnahme mehr; der "späte Vater" ist ein gesellschaftlich akzeptiertes Phänomen. Soziale Rollen, wichtige Ereignisse, Lebensthemen oder Entwicklungsaufgaben an ein bestimmtes Lebensalter zu knüpfen, ist schwieriger geworden, da die Lebensläufe der Menschen individueller und außergewöhnlicher geworden sind. Gibt es dann überhaupt eine Möglichkeit, Lebenslaufphasen zu unterscheiden? Die Antwort auf diese Frage ist abhängig davon, was man auf der Zeitlinie des Lebenslaufs festlegen will. Die Phaseneinteilung kann Bezug nehmen auf die Veränderungen des Verhaltens und des Erlebens der Person in seiner Gesamtheit, auf übernommene soziale Rollen (z. B. Elternrolle, Berufsrolle, Rollen in der Freizeit) oder auf spezifische Verhaltensweisen. Durch die Unterteilung in Phasen werden Lebensläufe thematisch vergleichbar. Wichtig ist jedoch, im Auge zu behalten, daß die Bedeutung konkreter Phasen stets relativ ist.

7.2.2 Zwei Phasentheorien

7.2.2.1 Erikson

Im ersten Kapitel dieses Buches wurde bereits ausführlicher auf die Lebenslauftheorie von Erikson (1963) hingewiesen. Nach dem Jugendalter, in dem der junge Mensch im allgemeinen zu seiner Identität findet, und der sechsten Phase, in der der Jung-Erwachsene die "Aufgabe" Intimität versus Abkapselung zu zu lösen sucht, folgen zwei weitere Phasen, die den größten Teil des Lebens als Erwachsener umfassen. Sie beziehen sich auf die gegensätzlichen Aspekte Generativität (zeugende Fähigkeit) versus Stagnation und Ich-Integrität versus Verzweiflung (siehe Tabelle 1 in diesem Buch).

Die siebte Phase, deren Thema der Gegensatz von Generativität und Stagnation ist, nimmt den zentralen Teil des menschlichen Lebens ein. In dieser Periode trägt der Mensch Sorge für die nächste Generation. Gleichzeitig entwickeln sich die Eltern in der wechselseitigen Beziehung mit der jüngeren Generation. Die Phase der Elternschaft ist eine Phase der Produktivität und Kreativität. Neben dem erfolgreichen Erziehen der Kinder ist auch der kreative Beitrag zur Entwicklung der Kultur ein Zeichen von Generativität und schöpferischer Betätigung. Der Generativität steht der Stillstand gegenüber, das Gefangensein im eigenen Egozentrismus. Diejenigen, die diesen psychosozialen Prozeß mit Erfolg bewältigt haben, sind laut Erikson zu echter Fürsorge imstande. Sie können jemanden uneigennützig lieben und sich ganz selbstlos für eine Sache einsetzen.

Die bewußt erlebte Elternschaft, die Menschen und Dinge, Arbeit und Ideen miteinbezieht, schafft die besten Voraussetzungen für einen günstigen Verlauf des psychosozialen Prozesses, der sich in Ich-Integrität an Stelle von Verzweiflung äußert. Ich-Integrität kennzeichnet den älteren Menschen, der auf die eine oder andere Weise für Menschen und Dinge Sorge getragen hat, der standhaft geblieben ist trotz Erfolgsdruck, Fehlschlägen und Enttäuschungen, die Eltern bei der Erziehung ihrer Kinder erfahren. Sie kennzeichnet auch all diejenigen, die etwas zustandegebracht haben, die sich für etwas eingesetzt haben und die für ihre Ideen und Überzeugungen eingetreten sind.

Ich-Integrität bedeutet: sich integriert wissen in einem Universum von Ordnung und Sinn, in erster Linie die Menschen zu lieben und eben dadurch das Vertrauen in eine Weltordnung und einen geistigen Sinn zum Ausdruck zu bringen. Sie bedeutet auch: seinen eigenen einzigartigen Lebenszyklus als Gegebenheit zu akzeptieren; zufrieden zu sein mit dem, was man geworden ist; die Eltern als die ursprüngliche Grundlage des eigenen Lebenslaufs zu schätzen; zu akzeptieren, daß andere Lebensstile sinnvoll für andere sein können oder sinnvoll waren zu anderen Zeiten; seinen eigenen Lebensstil in Ehren zu halten und gegen jede Bedrohung zu verteidigen, da man begreift, daß man in einem festgelegten historischen und gesellschaftlichen Kontext lebt, der sich durch einen eigenen Integritätsstil auszeichnet ist. Der Mensch, der die Ich-Integrität realisiert, ist seinem eigenen Ursprung und Werdegang treu und verleugnet sich nicht; er akzeptiert sich so, wie er vor dem Hintergrund seines soziokulturellen Milieus geworden ist. Die Tugend, die ihn kennzeichnet, ist Weisheit.

Der Ich-Integrität stehen Verzweiflung und Abscheu gegenüber. An diesem Pol findet man bei den einen z. B. Gefühle der Todesangst, bei anderen wiederum das Gefühl, daß man sein Leben unwiderruflich ruiniert hat und daran nichts mehr zu ändern ist. Auch hinter einer extremen Aversion gegen bestimmte Menschen, Dinge und Institutionen kann sich Verzweiflung und Abscheu vor sich selbst verbergen. Diese Gefühle und Einstellungen sind das Gegenteil des tieferen Verständnisses und der Milde, die diejenigen kennzeichnen, die durch Ich-Integrität zur Weisheit gelangt sind.

Erikson, Erikson und Kivnic (1986) betonen die Bedeutung des vitalen Interesses an der Wirklichkeit bis ins hohe Alter. Der Mensch muß sich in bezug auf die gesellschaftlichen Erwartungen immer wieder neu definieren. Die Ich-Identität – das Schlüsselphänomen in Eriksons Betrachtung des Jugendalters – findet niemals eine definitive Gestalt. Solange der Mensch lebt, sind Veränderungen nötig, die es ermöglichen, daß das Ich und die Gesellschaft aufeinander abgestimmt sind. Oft wurde Erikson vorgeworfen, daß er in dieser Hinsicht zu einseitig auf die Gesellschaft Wert legt und daß er durch seine konservative Einstellung nicht sieht, daß Ich-Integrität, die Harmonie mit der Gesellschaft bedeutet, einen zu hohen Preis von denjenigen fordern kann, die der Gesellschaft kritisch gegenüberstehen.

In Eriksons Theorie nehmen die letzten zwei Phasen den größten Teil des Lebenslaufs ein, die Peck (1956) noch differenzierte, indem er für den mittleren Lebensabschnitt und das Alter zusätzliche Gegensätze formulierte. Die Gegensätze im mittleren Lebensabschnitt beziehen sich auf die Quellen des Selbstwertgefühls, die Qualität der Beziehungen, das Engagement und die geistige Aktivität. Peck unterschied folgende Gegensätze:

(1) Weisheit gegen Körperkraft
(2) Vertiefung gegen Sexualisierung sozialer Beziehungen
(3) Beziehungsflexibilität gegen Beziehungsverarmung
(4) geistige Beweglichkeit gegen geistige Starrheit.

Während des Alterns müssen Akzentverschiebungen stattfinden in bezug auf die Arbeit (Berufslaufbahn), den eigenen Körper und das eigene Ich. Daraus ergeben sich die folgenden psychosozialen Krisen:

(1) Ich-Differenzierung versus Verhaftetbleiben in der Berufsrolle
(2) Überwinden der Neigung, sich auf den eigenen Körper zu konzentrieren, versus Verhaftetsein in körperlichen Beschwerden und
(3) Erweiterung der Perspektive versus Ich-Bezug.

Diese Zusätze sind nützlich, respektieren jedoch nicht die innere Logik von Eriksons System. Es handelt sich um theoretische Beschreibungen wichtiger Themen. Dasselbe gilt für die Beobachtungen von Vaillant (1977), die Anlaß zur Annahme einer Übergangsphase zwischen der siebten und der achten Phase in Eriksons Theorie waren. Er beschreibt sie mit dem Gegensatz "Bewahren des Sinnvollen gegen Rigidität". Dieser Gegensatz muß vor dem Hintergrund der Interaktionen zwischen der mittleren Generation, die an der Schwelle des Älterwerdens steht, und der jungen Generation, die in der Berufswelt Verantwortung übernehmen will, betrachtet werden. Auf der positiven Seite dieser psychosozialen Krise steht die Sorge der Älteren, die wesentlichen Einsichten, die sie durch Lebenserfahrung erworben haben, zu erhalten und als Bausteine für die fortschreitende persönliche Entwicklung, an der die Jüngeren zu arbeiten beginnen, weiterzugeben. Auf der negativen Seite steht die unproduktive Haltung der Rigidität, d. h. blinder Konservatismus, der den Standpunkt der anderen – vor allem der Jüngeren – nicht begreifen kann oder will, sowie Starrheit im Denken und Handeln. Diese Haltung ist darauf gerichtet, kulturelle Übergänge und Entwicklungen so stark wie möglich zu verhindern.

7.2.2.2 Levinson

Levinson untersuchte mit seinen Mitarbeitern (1978) die "Jahreszeiten im Leben eines Mannes". Sein Interesse gilt nicht so sehr dem Lebenslauf, sondern mehr dem Lebenszyklus. Er sucht nach dem universalen Muster der aufeinanderfolgenden Lebensperioden, das dem Lebenslauf zugrundeliegt. Der Lebenslauf verläuft für jedes Individuum anders. Was sich während des Lebenslaufs verändert, ist die Lebensstruktur oder das zugrundeliegende Muster oder der Entwurf des Lebens eines Menschen zu einem bestimmten Zeitpunkt. Die Lebensstruktur reguliert die Transaktion zwischen Persönlichkeitsstruktur und sozialen Strukturen. In der Lebensstruktur treffen das Ich des Menschen und die Grundart der Welt aufeinander. In jedem Augenblick besteht das Leben des Menschen aus einem Netzwerk von Beziehungen mit der sozialen, materiellen, kulturellen und imaginären Welt. Durch Entscheidungen werden die Struktur des Lebens und deren Veränderungen mitbestimmt. Levinson unterscheidet vier große Lebensperioden:

(1) die Kinderzeit und das Jugendalter (0-22)
(2) das frühe Erwachsenenalter (17-45)
(3) das mittlere Erwachsenenalter (40-65)
(4) das späte Erwachsenenalter (60 und älter).

In den Übergangsphasen ergeben sich Überlappungen von 5 bis 7 Jahren zwischen zwei aufeinanderfolgenden Perioden. Levinson glaubt, daß die Einteilung in Lebensperioden und Entwicklungsphasen einen universalen Charakter hat.

Zwischen dem 17. und dem 22. Lebensjahr befindet sich der junge Mann zwischen zwei Welten. Er verläßt die Welt der Kinderjahre und sucht einen ersten Kontakt mit dem frühen Erwachsensein, das wiederum aus drei Phasen besteht. Die erste ist die Phase des Kennenlernens der Erwachsenenwelt (11-28). Man erkennt sich selbst und seine Welt und beginnt am Aufbau einer stabilen Lebensstruktur. Man sucht seinen Platz in der Berufswelt und im privaten Beziehungsleben. Gegen Ende Zwanzig werden zunehmend mehr Entscheidungen, die strukturelle Veränderungen mit sich bringen, wichtig. Beim Übergang in die Dreißiger (28-33) verlieren die Lebensentscheidungen ihren vorläufigen und explorativen Charakter. Zur Festigungsphase (33-40) gehört, sich einen eigenen Platz in der Gesellschaft zu schaffen und seine Arbeit in Hinsicht auf berufliches Weiterkommen zu orientieren. In diesem Abschnitt kann sich erfüllen, worauf man in der Aufbauphase (17-33) gehofft und hingearbeitet hat. Mentorbeziehungen werfen Früchte ab, die übernommenen Rollen in Berufs- und Familienleben bieten Möglichkeiten der persönlichen Entfaltung.

Im Alter von etwa 40 Jahren wird der Höhepunkt des frühen Erwachsenseins erreicht. Nun beginnt der Übergang zum mittleren Erwachsenenalter (40-45), in dem der Mann vor drei Aufgaben steht: Neubewertung der Vergangenheit, Veränderung der Lebensstruktur und Individuationsprozeß. Das Bewußtsein der Vergänglichkeit bewegt dazu, die Vergangenheit zu prüfen, zwischen Illusion und Wirklichkeit zu unterscheiden und – mit Blick auf die Zukunft – äußere oder innere Veränderungen in der Lebensstruktur vorzunehmen. Der Individuationsprozeß, der bei der Geburt beginnt, besteht in dieser Übergangsphase aus der Konfrontation von vier Polaritäten, die Integration verlangen: jung-alt, vernichtend-schaffend, männlich-weiblich, bindend-abkapselnd. Bereits während des Arbeitens an der Integration der Polaritäten formt sich eine neue Lebensstruktur – auch noch in der folgenden Lebensphase, die als Beginn des mittleren Erwachsenenalters (45-50) bezeichnet wird. Wenn es dem Mann beim Übergang zum mittleren Erwachsenenalter nicht wirklich gelungen ist, sein Leben neu zu strukturieren, kann der Übergang in die Fünfziger (50-55) eine Krise bedeuten. Danach wird ein Höhepunkt erreicht (55-60), der direkt zur Schwelle zum späten Erwachsensein führt. Levinson verfügt im Hinblick auf das mittlere Erwachsenenalter über wenige "präzise" Angaben, da die Personen, die er untersucht hat, dieses Alter noch nicht erreicht hatten.

Levinson wurde stark von den lebenslauftheoretischen Einsichten C.G. Jungs beeinflußt. Wie so oft bei Phasentheorien, neigt auch Levinsons Theorie durch die exakten Altersangaben (er akzeptiert nur Abweichungen von maximal 5 Jahren) zur Scheingenauigkeit. Die Idee der Lebensstruktur hingegen verdient es, auf ihre Brauchbarkeit hin untersucht zu werden. Jedoch scheint ein zu rigides Festhalten an einem festen Lebenszyklus nicht haltbar.

Diese kritischen Randbemerkungen ändern nichts an der Tatsache, daß Levinson eine Lebensthematik des Erwachsenseins beschrieben hat, die möglicherweise nicht universal vorkommt, jedoch als exemplarisch für viele Männer in unserer westlichen Industriegesellschaft angesehen werden kann.

7.3 Altern als individuelles Ereignis

7.3.1 Theorien und Typologien

Theorien über das Altern beschreiben und erklären das Älterwerden und zeigen so eine Möglichkeit auf, wie dieser Prozeß durch bestimmte Formen der Intervention im günstigen Sinne beeinflußt werden kann. Die vielen Theorien über das Altern können auf einer Skala von biologischen Theorien hin zu soziologischen (Rollen)theorien untergebracht werden (Thomae 1970). Darunter befinden sich unter anderem die psychologischen Theorien, die sowohl soziologischer als auch biologischer Art sein können. Zu den soziologischen Theorien gehören beispielsweise die Disengagement-Theorie (Loslösungstheorie oder Theorie des Abstandnehmens) und die Aktivitätstheorie.

Daneben bestehen auch entwicklungspsychologische Theorien von Erikson (1963), Ch. Bühler (1972) und Havighurst (1953). Mit Ryff (1982) können wir diese als Optimierungstheorien bezeichnen, da sie die Betonung auf die Wachstums- und Entwicklungsmöglichkeiten bis ins hohe Alter legen. Diese Theorien richten sich auf den ganzen Menschen. Sie thematisieren das alternde Individuum in bezug auf sich selbst und seine Umgebung. Diese Theorien verbinden Entwicklungsniveaus mit Altersangaben, was eine gewisse normative Vorgehensweise bedeutet. Weniger normativ-vorschreibend ist Thomaes (1970) kognitive Theorie über die älter werdende Persönlichkeit.

Neben den umfassenderen Theorien, die die gesamte Persönlichkeit ins Visier nehmen, bestehen auch Theorien, die spezielle Bereiche des Alterns näher betrachten. Mit dem Älterwerden verändern sich bestimmte Fähigkeiten. Theorien über die Entwicklung des Gedächtnisses, der Intelligenz, der Sexualität und der Partnerbeziehungen sowie der Berufszufriedenheit im Laufe des des Lebens sind Beispiele für Mikro- oder Aspekttheorien.

Nach anfänglichen Versuchen, das Altern als ein globales und universales Veränderungsgeschehen aufzufassen, hat sich – auch aufgrund der zugenommenen empirischen Forschung – die Einsicht durchgesetzt, daß der Alterungsprozeß sehr individuell abläuft.

In den sechziger Jahren wurde mit der empirischen Forschung über typische Muster und Arten des Alterns begonnen. Diese Studien liefern oft stark voneinander abweichende Typologien, deren Diskrepanz mit der Art der Stichproben und der verwendeten Meßinstrumente zusammenhängt. In einer dieser Studien wurden die Daten der Bonner Gerontologischen Längsschnittstudie (BOLSA) verwendet. Die Längsschnittuntersuchung begann 1965 unter der Leitung von Thomae. Daran waren 222 Männer und Frauen im Alter von 60-65 bzw. 70-75 Jahren beteiligt. 1981 wurde die siebte Messung beendet. Zu diesem Zeitpunkt nahmen noch 52 Senioren (20 Männer und 32 Frauen) an der Untersuchung teil. Diese sehr eingehende Untersuchung lieferte eine höchst ergiebige Menge an Daten. In einer der letzten Studien, die diese Daten verwendete, lieferte Thomae (1983) einen wichtigen Beitrag zu einer differenziellen Gerontologie. Er will die große Verschiedenheit der Arten des Alterns betonen, indem er von Ordnungskriterien ausgeht, die wichtigen theoretischen Einsichten in die Gerontologie entnommen sind. Aus der Einsicht, daß ein erfolgreiches Altern aus der fortwährenden Wiederherstellung des Gleichgewichts zwischen den Bedürfnissen des Individuums und den Forderungen der sich verändernden Situation besteht, leitet er das Kriterium (1) *Lebenszufriedenheit* ab. Darüberhinaus unterscheidet er das Niveau der (2) *subjektiv erfahrenen psychischen Belastung* (abgeleitet von den Stress- und Coping-Theorien) und das (3) *Maß an Aktivität* (Disengagement- und Aktivitätstheorie). Schließlich ließ er sich auch durch den theoretischen Begriff der (4) *sozialen Kompetenz* inspirieren.

Das Untersuchungsmaterial der oben erwähnten Längsschnittstudie (BOLSA) wurde für jede Versuchsperson im Hinblick auf die vier erwähnten Kriterien analysiert. Die Kombination von dem Maßes an erfahrener psychischer Belastung und dem Maß an Zufriedenheit lieferte vier Typen von Altersschicksalen. Eine weitere Differenzierung innerhalb eines jeden Musters oder Typs hinsichtlich entfalteter Aktivität und Kompetenz lieferte insgesamt 12 Stile des Alterns. In Tabelle 13 wird darüber eine Übersicht gegeben. Es scheint, daß tatsächlich große Unterschiede darin bestehen, was dem alternden Menschen an Belastendem widerfährt, und in der Art und Weise, mit der es ihm gelingt, mit dem, was das Leben zu bieten hat, zufrieden bzw. nicht zufrieden zu sein.

Tabelle 13. Übersicht über Altersschicksale und Alternsstile (Thomae 1983).

Altersschicksal A	Hohe Belastung, große Zufriedenheit	14
Stil A1	Viel Aktivität - große Kompetenz	4
Stil A2	Viel Aktivität - mittlere Kompetenz	6
Stil A3	Wenig Aktivität - geringe Kompetenz	4
Altersschicksal B	Hohe Belastung, geringe (mittlere) Zufriedenheit	26
Stil B1	Viel/mittlere Aktivität, große Kompetenz	6
Stil B2	Viel Aktivität, mittlere Kompetenz	4
Stil B3	Mittlere/wenig Aktivität, mittlere Kompetenz	6
Stil B4	Wenig Aktivität, geringe Kompetenz	10
Altersschicksal C	Geringe Belastung, mittlere/große Zufriedenheit	31
Stil C1	Viel/mittlere Aktivität, große Kompetenz	11
Stil C2	Wenig/mittlere Aktivität, mittlere Kompetenz	16
Stil C3	Wenig Aktivität, geringe Kompetenz	4
Altersschicksal D	Geringe Belastung, geringe Zufriedenheit	10
Stil D1	Viel/mittlere Aktivität, große Kompetenz	6
Stil D2	Viel/mittlere Aktivität, mittlere Kompetenz	4

Im Rahmen der spezifischen "Schicksale", die ihnen widerfahren, entfalten ältere Menschen in sehr unterschiedlichem Maße Aktivitäten mit einem teilweise sehr hohen Maß an Kompetenz. Weder geringe Belastung noch viel Aktivität und hohe Kompetenz gewährleisten eine große Lebenszufriedenheit und damit ein erfolgreiches Altern. In praktisch allen untersuchten Lebensstilgruppen kommen sowohl Männer als auch Frauen vor. Bei einem Vergleich der Biographien von älteren Menschen in jeder Stilgruppe bemerkt Thomae (1983, 204), wie groß die Unterschiede sind. Selbst wenn die Personen in bezug auf die vier Basisdimensionen vergleichbar sind, unterscheiden sie sich doch erheblich voneinander. Letztlich entstehen dadurch grundsätzliche Zweifel am Nutzen von Untersuchungen, die Gruppenmuster für ältere Menschen aufstellen, denn jeder hat sein eigenes Lebensschicksal und seinen ganz persönlichen Stil, alt zu werden.

7.3.2 Der ältere Mensch im Schnittpunkt vieler Einflüsse

7.3.2.1 Stabilität und Veränderung auf vielen Gebieten

Der Einzigartigkeit jedes Menschen wird letztlich nur die Biographie gerecht. Alle Versuche eines vergleichenden Eingruppierens zu unterlassen, würde der differentiellen Gerontologie jedoch auch nicht dienen, meint Thomae. Eine Differenzierung anhand der vier Dimensionen sei trotzdem lehrreich. Bereits 1976 hatte sich Thomae von Typologien des Alterns distanziert. Ihm zufolge ist das Altern eine fortschreitende Interaktion zwischen dem Individuum und der Welt. Muster des Alterns müssen anhand von biologischen, sozialen und perzeptiv-motivationalen Prozessen identifiziert werden. Thomae sieht im Altern ein Zusammenspiel von Veränderungen in zehn Subsystemen, in denen sich ältere Menschen stark voneinander unterscheiden können. Es handelt sich um folgende Subsysteme:

1. Die "nature-nurture"-Konstellation (reifen-lernen) zu Beginn des Prozesses des Alterns (z. B. Vererbung, Erziehungs- und Bildungsvergangenheit, Angewohnheiten in bezug auf körperliche und geistige Aktivitäten, Ernährung, Rauchen, das Unterhalten von Interessen und sozialen Kontakten).
2. Durchgemachte Veränderungen im biologischen System (z. B. Gesundheit, sensorische Funktionen, Biomorphose des primären Alterungsprozesses, ein schlechteres Gedächtnis).
3. Durchgemachte Veränderungen im System der sozialen Rollen (Pensionierung, Verlust des Lebenspartners, Verlust von Freunden und Verwandten; neue Freundschaften, neue soziale Rollen).
4. Sozio-ökonomische und ökologische Situation (z. B. Einkommen, soziale Sicherheit, Wohnung, Transport- und Fortbewegungsmöglichkeit, die Verfügbarkeit von medizinischer Versorgung und präventiven Maßnahmen).
5. Konsistenz und Veränderung der Persönlichkeitsmerkmale wie Aktivität, Interesse, Stimmung, Kreativität, Anpassung, Ich-Kontrolle.
6. Konsistenz und Veränderung im gesamten kognitiven Bereich.
7. Individueller Lebensraum (life-space) wie Selbstkonzept, Wahrnehmung von "wichtigen Modellen" ("significant others"), Wahrnehmung der sozio-ökonomischen, politischen und historischen Situation, allgemeine Religions- und Wertorientierung, Haltung gegenüber Tod und Vergänglichkeit.
8. Lebenszufriedenheit oder das Maß des erreichten Gleichgewichts zwischen individuellen Bedürfnissen und der wahrgenommenen Lebenssituation.
9. Die Kapazität zur Wiederherstellung des Gleichgewichts durch "aktive Konfrontation" und mit Hilfe eines leistungsgerichteten Verhaltens, Anpassung und kognitive Neustrukturierung nicht aufzugeben.
10. "Soziale Kompetenz" als Maß für die Fähigkeit des Individuums, sozialen und biologischen Anforderungen zu genügen, wobei auch von der Gesellschaft erwartet wird, daß sie individuellen Bedürfnissen und Möglichkeiten entgegenkommt (vgl. Thomae 1976, 161).

Durch seine Beschränkung auf eine begrenzte Anzahl von Dimensionen des Alterns – insgesamt zehn Dimensionen –, skizzierte Thomae einen sehr offenen Rahmen für die Erforschung von Mustern des Alterns. Seine differenzierten Vergleiche zwischen älteren Menschen hinsichtlich wichtiger Dimensionen ergaben Gruppen, die den großen Unterschieden zwischen Menschen gerechter werden als die grobe Zweiteilung in *zufriedene, zurückgezogene* ältere Menschen (Disengagement-Theorie) und *zufriedene, aktive* ältere Menschen (Aktivitätstheorie).

7.3.2.2 Die ökologische Perspektive in der Psychogerontologie

Ein Teilbereich der ökologischen Psychologie, die den Menschen in der direkten Wechselbeziehung mit seiner Umgebung betrachtet, ist die ökologische Gerontopsychologie (Wahl 1992), die die Beziehungen zwischen dem älteren Menschen und seiner Umgebung beschreibt und erklärt. Sie versucht, den Zusammenhang zwischen dem Denken, dem Erleben sowie dem Verhalten des älteren Menschen einerseits und den physischen und sozialen Merkmalen seines Milieus andererseits zu begreifen. Darüberhinaus untersucht sie, unter welchen Voraussetzungen die Anpassungsprozesse zustandekommen und welche Folgen sie haben. Bei dieser Art von Untersuchungen wird die Wechselbeziehung zwischen dem Individuum und seiner Umwelt in den Mittelpunkt gestellt.

Wie jemand älter wird und welche Art von Leben alte Menschen führen, hängt in hohem Maße von der Qualität der Umwelt ab – sowohl auf Mikro- als auch auf Makroniveau. Die Umwelt kann alte Menschen mehr oder weniger dazu herausfordern, von ihren Möglichkeiten Gebrauch zu machen. Sowohl das materielle Umfeld (Altersheime) als auch die Haltung der sozialen Umwelt gegenüber alten Menschen sind oft negativer Art. Hierdurch werden beispielsweise bleibende Aktivität und selbständiges Handeln entmutigt. Die Einstellung der sozialen Umwelt ist in hohem Maße bestimmend für die Lebenszufriedenheit des Menschen. So betrachtet Wahl (1992, 235) folgende Fragen an die folgenden Generationen als sehr wichtig: Welche Milieuverhältnisse – sei es im Hinblick auf die gebaute, die soziale oder die gesellschaftliche Umwelt – sind notwendig, um eine *optimale Entwicklung* zu ermöglichen? Wie kann der Mensch so lange wie möglich seine Kompetenz und Lebensfreude erhalten, auch dann, wenn er biologisch verletzlicher geworden ist?

Untersucht wurden z. B. der Einfluß auf das Verhalten von älteren Menschen, wenn sie von der Stadt aufs Land umzogen oder umgekehrt, oder auf einer Mikroebene der Effekt bestimmter Wohnformen (z. B. im Altersheim) oder die Interaktionen zwischen Alten und Pflegepersonal. Zu letzterem gehören auch die zahlreichen Interventionsstudien. In gerontologischen Interventionsstudien manipuliert man bestimmte Aspekte der Wohnsituation von älteren Menschen, um zu erforschen, welche Auswirkungen dies hat. All diese Untersuchungen (siehe Saup 1993; Wahl 1992) lieferten wichtige Einsichten in die Möglichkeiten, ältere Menschen anhand von Milieuveränderungen zu mehr Selbständigkeit und dem Erhalt ihrer Kompetenz zu stimulieren.

Oben Erwähntes könnte den Eindruck erwecken, daß das soziale Umfeld für ältere Menschen hauptsächlich eine Quelle für Spannung und Streß ist. Untersuchungen haben jedoch gezeigt, daß viele ältere Menschen – auch wenn ihre physischen Möglichkeiten nachlassen – in der Lage sind, ihrem Leben aktiv Gestalt zu verleihen.

Der ältere Mensch kann ebenso wie der jüngere Mensch seine Umgebung zur Förderung seines Wohlbefindens umformen und ihr eine neue Bedeutung verleihen. Wenn die Umgebung und die Situation völlig unveränderlich geworden sind, bleiben nur noch kognitive Mittel übrig. Wie die Person diese Situation dann betrachtet, ist entscheidend für die Art der Folgen. Diese kognitiven Lebenstechniken sind das zentrale Element in Thomaes integrativ-kognitiver Theorie des Alterns.

7.3.2.3 Eine integrativ-kognitive Theorie über die älter werdende Persönlichkeit

Ohne den Einfluß des Lebensbereichs und der Situationen, in die das Individuum eingebettet ist, zu unterschätzen, wird immer mehr die selbständige Rolle des Menschen bei der Gestaltung des eigenen Älterwerdens anerkannt. Altern ist ein soziales Schicksal und eine biologische Tatsache, aber es ist auch das Produkt des Beitrags der Person selbst. Der älter werdende Mensch ist dem, was ihm in seinem körperlichen und sozialen Kontext widerfährt, keineswegs hilflos ausgeliefert. Stellung beziehen, wählen, der Situation und der Reaktion darauf selbst Gestalt verleihen, ist jedoch nicht einfach. Dieser Betrachtungsweise liegt die kognitive Theorie über die älter werdende Persönlichkeit mit zugrunde.

Thomae (1970) versucht, die vielen Theorien, die zwischen den zwei Polen liegen, also die physiologischen und die sozialen Rollentheorien zu integrieren. Er formuliert eine Theorie, die von drei Thesen ausgeht (siehe nächster Abschnitt). Veränderungen, die mit dem Altern einhergehen, können nach dieser Theorie persönliche Erfahrungen sein. Der ältere Mensch kann diese Erfahrungen so interpretieren, daß sie Auswirkungen auf sein Leben haben. Es handelt sich hier um eine Theorie, die nicht ausschließlich auf den älteren Menschen beschränkt ist, sondern auch auf andere Altersperioden angewendet werden kann. Die drei Thesen lauten wie folgt:

(1) Eine Veränderung im Verhalten hängt mehr mit der Wahrgenommenen zusammen als mit objektiven Veränderungen in der Situation
(2) die Art und Weise, wie Veränderungen in der Situation erfahren werden, ist abhängig von vorherrschenden Bedürfnissen und Erwartungen des Individuums oder der Gruppe
(3) Anpassung an das Altern ist eine Funktion des Gleichgewichts zwischen den kognitiven und motivationalen Systemen des Individuums.

Diese drei Thesen sind Ausdruck von fünf zusammenhängenden Basisvariablen:

1. objektive Veränderungen der Situation
2. wahrgenommene Veränderungen
3. Veränderungen in der Motivation
4. Veränderungen im Verhalten
5. die Anpassung an das Altern

Es wurden viele empirische Untersuchungen durchgeführt, die illustrieren, daß die genannten Thesen haltbar sind. Die Brauchbarkeit der Theorie auf individuellem Niveau zeigt folgendes Beispiel. Das Verhalten einer sehr alten Dame und die Gewohnheiten (Variable 4), die sie nach Aufnahme in ein Altersheim (Variable 1) annimmt, werden weniger bestimmt durch die objektive Tatsache der Aufnahme, sondern mehr durch die Art und Weise, wie die alte Dame der Aufnahme gegenübersteht (Variable 2). Sie kann die Aufnahme entweder als bedeutende Verbesserung oder aber als Verschlechterung ihrer Situation betrachten. Wie sie die Aufnahme betrachtet, ist wiederum abhängig von motivationalen Aspekten (Variable 3). Wenn diese am Rande der Stadt etwas isoliert wohnende Frau sich nicht mehr sicher fühlte und soziale Kontakte vermißte, dann wird sie aus diesem Mangel heraus das Altersheim als eine neue Chance betrachten. Man kann sich leicht andere und negative Gesichtspunkte in bezug auf das Altersheim vorstellen und zwar aus dem Drang nach Selbständigkeit, Freiheit oder Intimsphäre heraus. In letzterem Fall ist die Gefahr groß, daß Anpassung oder ein Wiederaufbau des Gleichgewichts abgelehnt wird. Die Chance besteht wohl, wenn die alte Frau ihre Erwartungen, Wünsche und Ansprüche (Variable 4) und das, was sie sieht, erlebt und erfährt (Variable 2), in Übereinstimmung bringen kann. Hierzu kann sie sowohl ihre Wünsche als auch ihre Wahrnehmung der Situation ändern. Ein Gleichgewicht besteht, wenn die alte Dame hat, was sie verlangt, und verlangt, was sie hat.

7.4 Einige Themen der Psychogerontologie

7.4.1 Intelligenz und Weisheit

7.4.1.1 Das Defizitmodell

Daß das Altern notwendigerweise mit einem Rückgang der intellektuellen Fähigkeiten einhergeht, ist ein hartnäckiger Mythos. Vor allem die Wirtschaft macht explizit oder implizit von diesem Mythos Gebrauch, um die Entlassung älterer Arbeitnehmer zu legitimieren. Das Defizitmodell der Intelligenzentwicklung wurde lange Zeit gestützt von Resultaten aus Querschnittuntersuchungen aus den Zwanziger- und Dreißigerjahren, die tatsächlich ergaben, daß die psychometrische Intelligenz etwa mit 20 Jahren ihren Höhepunkt erreichte und dann langsam aber sicher auf immer niedrigere Niveaus zurückfiel.

Kritiker dieser Untersuchungen haben u. a. auf methodische Probleme wie die Verwendung der Querschnittmethode hingewiesen, wobei Altersunterschiede und Kohortenunterschiede nicht voneinander getrennt werden können. Auch wies man auf die Tatsache hin, daß Intelligenz kein eindimensionaler Begriff sei. Es müsse auf jeden Fall unterschieden werden zwischen der sogenannten *fluiden Intelligenz* (fluid intelligence), bei der Erbfaktoren und körperliches Funktionieren eine wichtige Rolle spielen, und der *kristallinen Intelligenz* (cristallized intelligence) oder der Intelligenz der Kultur, die man während des Lebens fortwährend aufbaut – eine Intelligenz also, die stark mit Lernen und Erfahrung zusammenhängt. Die fluide Intelligenz soll tatsächlich nach dem Höhepunkt im dritten oder vierten Lebensjahrzehnt einen Rückgang aufweisen. Die kristalline Intelligenz kann bis ins hohe Alter auf einem ziemlich hohen Niveau beibehalten werden. Außerdem stellte Schaie (u. a. Schaie & Strother 1968) fest, daß bei älteren Menschen bis ins hohe Alter über eine Zeitspanne von sieben Jahren nicht nur Rückgang, sondern auch Stabilität und Fortschritt beobachtet werden konnte. Jedes Alter war über die Jahre hinweg vor allem durch eine große Stabilität gekennzeichnet. Ein weiterer Befund war, daß die verwendeten Tests nicht an Erwachsene und ältere Menschen angepaßt waren. Dies hätte sicherlich Einfluß auf die Motivation der Versuchspersonen gehabt. Lehr (1972) bemerkte in diesem Zusammenhang, daß das Alter lediglich eine von vielen Variablen ist, die das Leistungsniveau in Intelligenztests mitbestimmen.

Als Schaie den an das Alter gebundenen Rückgang der Intelligenz einen Mythos nannte, wurde dies u. a. von Horn und Donaldson (1976) als zu optimistisch betrachtet. Sie wiesen darauf hin, daß – welche Forschungsstrategie man auch verwendet – die Stichproben niemals repräsentativ sein werden. Es bleibt auch die Frage, ob man behaupten darf, daß kein Rückgang besteht, wenn man zuvor aus den Stichproben alle Kranken entfernt hat, da eine Reihe von Krankheitszuständen altersgebunden sind. Längsschnittuntersuchungen mit wiederholten Messungen führen wegen Stichprobenverschleiß und Lerneffekten zu positiveren Resultaten. Horn und Donaldson glauben, daß es realistisch ist, davon auszugehen, daß mit dem Älterwerden – und sicher ab dem 50. Lebensjahr – ein Rückgang der Intelligenz stattfindet. Sie warnen vor der Erschaffung eines neuen Mythos, nämlich der Auffassung, daß beim Altern überhaupt nichts geschehe.

Eine Reaktion auf die soeben dargestellten Auffassungen finden wir bei Schaie, der 1980 zu folgenden nuancierten Schlußfolgerungen kam (Schaie 1980, 270-280):

(1) Intellektuelle Veränderung und Rückgang der Fähigkeiten beim Lösen von Problemen sind bei Personen vor dem Ende der Fünfziger eher pathologisch als normal.
(2) Im Alter zwischen dem Anfang der Sechziger und Mitte der Siebziger findet bei manchen Menschen ein normaler Rückgang einiger Fähigkeiten statt. Hat man das Alter von achtzig Jahren überschritten, dann ist ein Rückgang für die meisten Personen die Regel.
(3) Für die meisten Menschen beginnt ein Rückgang zu Beginn der Fünfziger und zwar bei den Fähigkeiten, die schnelle Antworten erfordern, sowie bei Fähigkeiten, die empfindlich auf kleine Beschädigungen des peripheren Nervensystems reagieren.
(4) Einen Rückgang verschiedener Fähigkeiten trifft man auch bei Menschen mit schweren Herz- und Gefäßkrankheiten an – was unabhängig vom Alter ist – und bei Menschen, die in relativ undifferenzierten oder sozial deprivierten Milieus wohnen.
(5) Wegen des gewaltigen Tempos der soziokulturellen Veränderungen leiden die meisten Menschen, die auf die Sechzig zugehen oder älter sind, bis zu einem gewissen Grad unter den Auswirkungen der "Überalterung" (Überalterung hier in der Bedeutung des englischen Wortes *obsolescence* = außer Gebrauch geraten). Im Vergleich mit ihren jüngeren Mitmenschen erbringen sie weniger gute Leistungen, obwohl ihre Fähigkeiten gleich geblieben sind.
(6) Für Kliniker ist es wesentlich, zwischen individuellem Rückgang und persönlichem Nachteil als Folge von "Überalterung" zu unterscheiden. Im ersten Fall kann therapeutische Intervention erforderlich sein, im zweiten helfende Unterrichtung (remedierender Unterricht).
(7) Die Daten über komplexes problemlösendes Verhalten sind augenblicklich noch nicht sehr deutlich, da sich unser Wissen meistens auf Querschnittuntersuchungen stützt. Jedoch gibt es wenig Gründe anzunehmen, daß es große Unterschiede gibt zwischen der Fähigkeit, Probleme zu lösen und den intellektuellen Fähigkeiten, die wir weiter oben besprachen.

7.4.1.2 Das Modell "Wachstum und Rückgang"

Testpsychologen haben anhand einer Faktorenanalyse der vielen Intelligenztests, die in den vorigen Jahrzehnten entworfen wurden, etwa fünfzig primäre Fähigkeiten entdeckt. Unter diesen Bausteinen der Intelligenz (oder primären Faktoren) suchten sie – ebenfalls unter Verwendung der Faktorenanalyse – nach sogenannten "zweitrangigen" Faktoren. Die zwei gefundenen Faktoren nannte Cattell (1963) *fluide Intelligenz* (FI) bzw. *kristalline Intelligenz* (KI). Tests für diesen Intelligenzfaktor sind relativ kulturfair, wie z. B. Tests, die sich auf Wahrnehmung und Handeln richten (perzeptive und performale Tests) und einige spezielle Beurteilungs- und Argumentationstests. Beispiele sind: Figurenlegen, Bilderergänzen, Mosaiktest, Symbole und Zahlennachsprechen. All diese Aufgaben setzen die Fähigkeit zum Erkennen von Beziehungen und zum Ableiten von Zusammenhängen voraus. Sie richten sich auf die Fähigkeit, verschiedene Dinge gleichzeitig im Bewußtsein zu behalten, und sie implizieren Begriffsbildung, Argumentations- und Abstraktionsvermögen.

Die kristalline Intelligenz äußert sich in Formen der Urteilsfähigkeit, die durch Erfahrung und durch Lernen innerhalb der Kultur erworben werden können. Dazu gehören Wortschatz, Verwendung von Synonymen (verschiedene Wörter mit gleicher oder ähnlicher Bedeutung), numerische Fähigkeiten, mechanisches Verständnis, ein gutes Langzeitgedächtnis und die Fähigkeit, logisch zu argumentieren. Die kristalline Intelligenz gibt an, in welchem Maße eine Person sich die kollektive Intelligenz seiner Kultur für den persönlichen Gebrauch zu eigen gemacht hat. Zum Teil ist diese natürlich abhängig von der fluiden Intelligenz der Person, da sie die Grundfähigkeit besitzen muß, sich das, was einmal neu gewesen sein muß, anzueignen. Aber die Faktoren, die eine Person in die Lage versetzen, mit der Kultur in Kontakt zu treten und von diesem Kontakt auch zu lernen, sind größtenteils unabhängig vom Niveau der fluiden Intelligenz (Horn & Cattell 1967). Auch Motivation und Vitalität sind mitbestimmend dafür, in welchem Maße man sich die Intelligenz seiner Kultur zu eigen macht.

Die KI und die FI erfordern auch verschiedene Strategien des Wissenerwerbs. Die FI impliziert die Entwicklung sehr persönlicher Strategien, während KI eher durch die Anwendung von Strategien gekennzeichnet wird, die einer bestimmten Kultur eigen sind. Zur Grundstruktur der allgemeinen Intelligenz gehören u.a. auch zwei Gedächtnisfaktoren, nämlich das *Kurzzeitgedächtnis* (KZG) und das *Langzeitgedächtnis* (LZG). Zwischen der FI und dem KZG besteht ein gewisser Zusammenhang, jedoch sind sie nicht aufeinander zurückzuführen. Dasselbe gilt für KI und LZG.

Über Altersunterschiede in bezug auf Fähigkeiten, die mit den theoretischen Begriffen FI, KI, KZG und LZG angedeutet werden, wurden in großem Umfang Untersuchungen durchgeführt. Im Vergleich zu dem meistens im Alter von 20 Jahren erreichten Leistungsniveau bei Tests, die diese Fähigkeiten messen, ist ein deutlicher Rückgang der fluiden Intelligenz (FI) und der Gedächtniskapazitäten des Kurzzeitgedächtnisses (KZG) wahrzunehmen. Bei der Interpretation des Rückgangs dieser miteinander im Zusammenhang stehenden Fähigkeiten muß man jedoch vorsichtig sein. Gedächtnisschwäche kann ohne einen Rückgang der fluiden Intelligenz auftreten und umgekehrt.

Bei der kristallinen Intelligenz wurden mit dem Altern keine verringerten Leistungen festgestellt – im Gegenteil, durchschnittlich kann man sogar von einer Zunahme sprechen. Dies gilt in hohem Maße auch für das LZG. Auch diese beiden Fähigkeiten können sich unabhängig voneinander entwickeln. Horn und Donaldson (1980) geben zu, daß große Unterschiede in den individuellen Intelligenzkurven vorhanden sind. Übrigens ist mit dem Feststellen von steigenden und fallenden Funktionen noch nichts darüber gesagt, wie der Erwachsene mit Hilfe dieser Funktionen seine täglichen Lebensaufgaben erfüllt. Es bleibt nämlich die Frage, in welchem Maße der Erwachsene und der ältere Mensch diese Funktionen benötigt, um in Übereinstimmung mit seinen Wünschen gut und angenehm leben zu können. Diese und andere Fragen werden in der zweiten Annäherungsweise an die Intelligenzentwicklung thematisiert, die im folgenden Abschnitt behandelt wird.

7.4.1.3 Das Modell "Selektive Optimierung mit Kompensation"

Dieses Modell, das von Baltes und seinen Kollegen (Baltes & Dittmann-Kohli 1982; Baltes, Dittmann-Kohli & Dixon 1984) formuliert wurde, unterstreicht die große Verschiedenartigkeit und den Reichtum des intellektuellen Funktionierens in der Lebenspraxis. Diese Forscher haben den Intelligenzbegriff erweitert, so daß er mehr beinhaltet als das, was mit Intelligenztests gemessen wird. Sie integrieren das Phänomen des intelligenten Handelns in den Kontext des täglichen Lebens und des gesamten Lebenslaufs und gehen dabei von vier Thesen aus, die sich auf Ergebnisse wissenschaftlicher Untersuchungen stützen:

(1) Das Intelligenzphänomen besitzt viele Dimensionen oder Aspekte *(Multidimensionalität)*
(2) deren Entwicklung hat nicht für alle Individuen und Gruppen denselben Verlauf – sie kann in viele Richtungen verlaufen *(Multidirektionalität)*
(3) hinsichtlich des Niveaus des intellektuellen Funktionierens und Entwickelns bestehen große individuelle Unterschiede *(interindividuelle Variabilität)*
(4) ein einmal eingeschlagener Entwicklungsweg und ein erreichtes Niveau des Funktionierens stehen für Veränderungen offen *(intra-individuelle Plastizität)*

Diesem Modell zufolge umfassen die bereits erwähnte FI und KI, die mit Tests gemessen werden, nur einen kleinen Teil der Intelligenz im Erwachsenenalter. Die in diesem Modell zum Ausdruck gebrachte Erweiterung erfolgt u. a. dadurch, daß man die Tatsache berücksichtigt, daß Menschen auf verschiedenen Gebieten intelligent und auf anderen Gebieten auch "unintelligent" handeln können. Für Menschen, die sich mit abstrakten Tägigkeiten beschäftigen, können Autopannen ein großes Problem darstellen. Daß viele Frauen sehr gekonnt den Haushalt führen, wird oft als selbstverständlich betrachtet – und im besten Falle geschätzt –, aber nur selten als ein Ausdruck von Intelligenz gesehen. Um auch diesen Anwendungs- oder inhaltlichen Aspekt zu berücksichtigen, unterscheiden Baltes und seine Kollegen zwei Arten der kognitiven Prozesse. Einfach ausgedrückt handelt es sich um *reines Denken* und *angewandtes Denken.* Baltes u. a. nennen dies den ersten bzw. zweiten kognitiven Prozeß. Auf beiden Gebieten kann man sehr befähigt sein.

Der *erste kognitive Prozeß* umfaßt die fundamentalen kognitiven Prozesse, die frei von Inhalt sind. Baltes u. a. umschreiben diese Prozesse als "Kognition qua Kognition", d. h. die Mechanik oder Basisstruktur der Informationsverarbeitung und Problemlösung (Baltes, Dittmann-Kohli & Dixon). Dabei handelt es sich um die basis-kognitiven Operationen und kognitiven Strukturen, die zusammenhängen mit Aufgaben wie dem Erkennen von Zusammenhängen, der Klassifikation und dem logischen Argumentieren. Der Erwerb der Konstruktion der formalen Logik und die dazu benötigten kognitiven Operationen bilden auch einen wesentlichen Teil dieses ersten Prozesses. Soweit diese Fähigkeiten mit Tests gemessen werden können, handelt es sich hierbei um die sogenannte fluide Intelligenz.

Der *zweite kognitive Prozeß* bezieht sich auf die Funktion der Intelligenz, d. h. die kontextgebundene Anwendung der Mechanik der Intelligenz. Diese Anwendung ist gekennzeichnet durch pragmatisches Handeln, d. h. das Vermögen, sich auf intelligente Weise an die Lebensumstände im weitesten Sinne anzupassen. Zu Beginn des Lebenslaufs entwickeln sich vor allem die rein kognitiven Fähigkeiten. Im Erwachsenenalter wird die entwickelte Mechanik der Intelligenz wieder aufgenommen in der Intelligenzpragmatik mit ihren spezialisierten und prozeduralen Wissenssystemen. Anhand des Potentials an primären intellektuellen Fähigkeiten (der erste Prozeß) entwickelt der Erwachsene vor allem Fähigkeiten, die zum zweiten Intelligenzprozeß gehören. Aufgrund dessen, was ihm auf seinem Lebensweg begegnet, oder aufgrund des gewählten Lebensweges entscheidet er sich für intellektuelle Fähigkeiten, die zu den pragmatischen Handlungsweisen gehören. Er übt sich gut im Treffen der Entscheidung und bringt diese im oft komplizierten Wissenssystem unter. Die intellektuelle Entwicklung mündet in einer Expertise auf dem einen oder anderen Gebiet, in sozialer Kompetenz und manchmal in Weisheit.

Die *Spezialisierung* auf ein bestimmtes Gebiet geht meistens auf Kosten der Unangepaßtheit auf einem anderen Gebiet. Die intellektuellen Fähigkeiten werden durch die Ereignisse des Lebens und den Einsatz der Person zu einem einzigartigen Anpassungsvermögen modelliert. Die Größe des "Spielraums" für die Anpassung wird bestimmt durch die Obergrenze der zur Verfügung stehenden grundlegenden kognitiven Operationen und intellektuellen Routine sowie durch die Art und den Umfang der Forderungen, die durch die Umgebung an den Intellekt gestellt werden. Innerhalb dieses Spielraums ist Platz für gezielte *Optimierung und Kompensation.* Dieser Spielraum wird mit dem Altern kleiner, und Kompensationsprozesse werden daher in zunehmendem Maße wichtiger. So kann eine gut einstudierte Routine in einer vertrauten Umgebung den Verlust von kognitiven Grundfähigkeiten für lange Zeit kompensieren.

Die Intelligenzentwicklung im Erwachsensein bezieht sich vor allem auf kontextgebundenes Wissen und Beurteilen. Da der Mensch mit vielen Kontexten in Berührung kommt, entwickeln sich auch viele Gebiete mit Expertenwissen. Der Beruf, der Haushalt, die Erziehung, das soziale Leben und die Freizeitbeschäftigung sind alles Kontexte, in denen man ein Experte werden kann. Dies bedeutet, daß man den betreffenden Kontext in seiner Struktur und seinem Funktionieren immer besser kennenlernt, so daß man in ihm adäquat seine Rolle erfüllen kann. Es handelt sich hier um Prozesse der *Selektion* und *Optimierung* (siehe Baltes u. a. 1982; 1984). Da sich der Wissensbestand in bezug auf diese Kontexte stets erweitert, müssen auch immer wieder Reservefähigkeiten mobilisiert werden. Dies ist nötig, um das praktische Wissen zu aktualisieren und aufrechtzuerhalten, so daß man sich auf dem betreffenden Gebiet behaupten kann. Zu den kompensierenden Möglichkeiten wird auch das Erfahrungslernen gezählt; durch Erfahrung lernt man Wege kennen, die zu Hilfestellungssystemen führen. Fähigkeiten, die man auf dem einen Gebiet entwickelt, kompensieren den Rückgang auf anderen Gebieten.

Wiederholt wurde Weisheit als ein Aspekt des zweiten, des angewandten Intelligenzprozesses genannt, der tatsächlich eine besondere Form der Altersintelligenz sein könnte. (Sternberg 1990). Vor dem Hintergrund des oben erläuterten Intelligenzkonzepts erscheint Weisheit als ein Aspekt dessen, was Dittmann-Kohli (1984) die synthetisierte Intelligenz und die erworbene Fähigkeit, Probleme zu lösen (problem-solving behavior) nennt. Sie ist ein Produkt der Erfahrung, die für die Intelligenz der Erwachsenen kennzeichnend ist. Dittmann-Kohli (1984, 115) schreibt: "Die besonderen Eigenheiten der Erwachsenenintelligenz spiegeln daher wider, daß viele wesentlichen Bestandteile dieser synthetisierten Intelligenz erst im Laufe des Erwachsenenalters erworben werden können, weil ihr Aufbau viel Zeit braucht oder von Erfahrungen abhängt, welche erst im späteren Leben auftreten können. Weisheit ist nach dieser Konzeption ... eine außergewöhnlich hoch entwickelte Art von synthetisierter Intelligenz, die sich als überlegenes Problemlösungspotential im Bereich einer bestimmten Wissensdomäne manifestiert. Der Aufbau eines solchen Potentials ist nicht mit der biologischen und sozialen Programmierung von Kindheit und Jugendalter abgeschlossen; vielmehr wird bis dahin Akkumuliertes im Verlauf des weiteren Lebens ergänzt und modifiziert". Traditionelle Überlieferungen und moderne Begriffsexplorationen verbinden mit Weisheit und Altersintelligenz – abhängig von dem Gebiet, auf das sie sich beziehen, – vor allem drei Aspekte. Man unterscheidet zwischen philosophischer, praktischer und interpersoneller Weisheit. Der letzte Aspekt wird auch als soziale Intelligenz bezeichnet (siehe Sternberg 1990).

7.4.2 Sexualität, Intimität und Partnerschaft

Partnerbeziehungen, intime Verhältnisse und die Rolle der Sexualität darin verändern sich während des Erwachsenseins und des Alters. Die Ursachen dieser Veränderungen gehen zurück auf körperliche Veränderungen, Veränderungen im sozialen Kontext, gesellschaftliche Erwartungen und Normen sowie die Anhäufung der Lebensereignisse und deren Verschmelzung mit dem persönlichen Lebenslauf.

7.4.2.1 Entwicklung und Veränderung in vier Dimensionen der Sexualität

Laut Van Emde Boas (Nijs 1976) kann Sexualität in vier Dimensionen unterteilt werden: (1) Die Fortpflanzung, (2) die Lust, (3) die Beziehung und (4) die Institutionalisierung. Der Grad der Verwobenheit dieser Dimensionen oder das Maß, in dem eine oder mehrere Dimensionen in sexuellen Verhaltensweisen oder in einer Beziehung den Ton angeben, ist abhängig von der Lebensperiode, in der die Person sich befindet, der Verfügbarkeit von Verhütungsmitteln, von gesellschaftlichen Werten und persönlicher Sinngebung.

(1) Die *Fortpflanzungsfunktion* spielt bei den meisten Partnern – verheiratet oder nicht – im frühen Erwachsenenalter eine wichtige Rolle. Der Wunsch nach einem Kind markiert eine Phase im Wachsen einer intimen sexuellen Beziehung. Da in der Regel Verhütungsmittel zur Verfügung stehen, fällt das "Timing" der Elternschaft unter die Kontrolle der Partner. Man sieht, daß heutzutage der Zeitpunkt der Geburt des ersten Kindes oft hinausgeschoben wird. Dies hängt u. a. mit der zunehmenden Teilnahme der Frau am Arbeitsprozeß zusammen. Frauen versuchen, eine Familien- und Berufslaufbahn zu kombinieren. Das Synchronisieren dieser Laufbahnen im Dialog mit dem Partner ist keine leichte Aufgabe.

Wenn der Erwachsene Vater oder Mutter wird, beginnt für ihn oder sie eine neue Phase des Lebenslaufs. Eine Phase, in der sich die Lebensumstände gründlich verändern. Kinder rufen bei den Eltern Fähigkeiten hervor, die günstig für das Kind sind, so daß es sich so gut wie möglich entwickeln kann.

Nach der Menopause der Frau (etwa mit 50 Jahren) verliert die Sexualität ihre Fortpflanzungsfunktion. Ob damit auch die Sexualität an sich ihre Bedeutung verliert, hängt ab von der Bedeutung, die ihr zuvor geschenkt worden ist. Für viele ältere Menschen aus der vorigen Generation bedeutete sie nicht selten den definitiven Abschied von der Sexualität. Für andere bedeutete sie eine Befreiung, die Platz schuf für das Erleben anderer Dimensionen der Sexualität, z. B. der Lust.

(2) Die *Genuß- und Lusterfahrung* ist ein wesentlicher Aspekt der menschlichen Sexualität. Bereits zu Beginn des Lebens ist der Mensch auf Lusterfahrungen gerichtet. Das Baby genießt seine Nahrung und angenehme Körperwahrnehmungen wie gestreichelt, geküßt und geschaukelt zu werden. Diese Erfahrung der Lust hat auch eine psychologische Dimension. In der Regel erfährt das Kind Genuß, wenn es eine Bindung an eine Person hat, die das Kind liebhat und die lieb zu ihm ist.

Zum sinnlichen Genießen gehört die Sexualität im strengeren Sinne: Die Erregung und die Klimax im Orgasmus. Ältere Menschen können bis ins hohe Alter Sexualität genießen. Männer, wenn sie das Alter von 55 Jahren überschritten haben, müssen mit einer trägeren Erektion, weniger Druck bei der Ejakulation, einem verringerten Ejakulatvolumen, einem verringerten Drang zum Ejakulieren und einem kürzeren Orgasmus rechnen. Auch dauert es nach einem Samenerguß länger, bis eine neue Erregung erfolgen kann; abhängig von Alter und Gewohnheiten auf diesem Gebiet kann dies bis zu 24 Stunden und länger dauern. Bei der Frau im fortgeschrittenen Alter stellte man fest: Eine langsamere Produktion der vaginalen Erregungssekretion, Verlust der Elastizität der Vaginawände, Verkleinerung der Vagina, geringere und langsamere Ausweitung der Vagina in Länge und Diameter, längerer Anlauf bis zum Orgasmus, der auch kürzer und weniger intensiv wird.

Keine einzige dieser mit dem normalen Alterungssprozeß zusammenhängenden physiologischen Veränderungen macht einen normalen sexuellen Verkehr im höheren Alter unmöglich. Das anatomisch-physiologische System des sexuellen Verhaltens des älter werdenden Menschen unterliegt einem normalen Alterungsprozeß, der sich bereits im Alter von etwa 40 Jahren manifestiert – also schon lange, bevor man wirklich vom Altsein sprechen kann. Dieser Prozeß ist genetisch bedingt, aber die festgestellten interindividuellen Unterschiede machen deutlich, daß es sich auch hier um Erfahrungseinflüsse handelt. Wer während des Erwachsenenalters sexuell sehr aktiv war, wird dies auch im Alter bleiben. Es ist selbstverständlich, daß mit Krankheit verbundene Veränderungen im sexuellen System auch Veränderungen im sexuellen Verhalten mit sich bringen können. Man denke dabei an Herzkrankheiten, Diabetes, Prostataektomie und Hysterektomie (operative Entfernung der Vorsteherdrüse bzw. der Gebärmutter).

(3) Die verschiedenen Dimensionen der Sexualität können im Prinzip vollkommen voneinander getrennt werden. Jedoch wurde immer wieder festgestellt, daß sexuelle Lust, das Vermitteln und Empfangen von Wärme nur in einer *intimen Beziehung* voll zum Ausdruck kommen können. In derartigen Beziehungen teilt man nicht nur seinen Körper mit dem anderen, sondern auch seine Gedanken und Gefühle. Mit den Jahren kann die Intimität vor dem Hintergrund eines gemeinsamen Lebenslaufs stets größer werden. Die Zufriedenheit mit der Beziehung – meistens dasselbe wie die Zufriedenheit mit der Ehe – scheint – nach einem Rückgang in der Periode der Erziehung der Kinder – in der sogenannten "Leeren-Nest-Phase" wieder zuzunehmen. Viele Partner finden einander erneut, wenn auch manchmal erst nach längeren Anpassungsperioden, in denen die Pensionierung in so manchen Fällen ein entscheidender Wendepunkt ist. Nicht alle Beziehungen entwickeln sich zu einer engen Partnerschaft bis an die Schwelle des Todes. Einige Partner entfremden sich in der Mitte des Lebens voneinander, beginnen neue Beziehungen und gründen nicht selten eine neue Familie.

(4) Eine vierte Dimension der Sexualität als menschlicher Gegebenheit ist die *Institutionalisierung*. In allen Kulturen und Gesellschaften wird die Sexualität strukturiert und normiert. Die Ehe ist noch immer eine privilegierte Institution für die Integration der drei anderen Funktionen der Sexualität als umfassendes Phänomen. Die Ehe als einzige Form des Zusammenlebens hat jedoch an Bedeutung verloren, d. h. es sind neue Formen des Zusammenlebens entstanden, die sozial akzeptiert werden. Es wird ein Minimum an sozialer Anerkennung des Zueinandergehörens von Partnern angestrebt – auch von denen, die die Ehe ablehnen. In unserer westlichen Gesellschaft werden Verliebtsein, Gefühle füreinander oder Liebe als zentrale Motive für eine intime Beziehung und eine bleibende Partnerschaft betrachtet. Für viele ist dabei die offizielle Anerkennung der Verbindung von sekundärer Bedeutung.

7.4.2.2 Sexuelles Verhalten und Erfahren

Es bestehen nur wenige Untersuchungen über die Sexualität bei älteren Menschen, und diese haben meistens nur eine begrenzte Ausrichtung (Marcoen 1990). Die meisten Studien sind explorativer Art und beschränken sich auf die genitale Sexualität. Die verwendeten Stichproben sind keineswegs repräsentativ. Vor allem Frauen sind in derartigen Untersuchungen zu gering vertreten. Die Befragungstechniken werden oft nicht angepaßt, und die Meßinstrumente sind selten verläßlich und gültig.

Neben Untersuchungen über die Physiologie des Alterns der Sexualität, auf die wir oben hingewiesen haben, wurden auch Untersuchungen vorgenommen über das sexuelle Verhalten und Erfahren, über sexuelle Wünsche und Interessen und die Haltung älterer Menschen gegenüber Sexualität und sexueller Moral. Auf diese drei Themen gehen wir nachfolgend kurz ein.

In den meisten Studien über das sexuelle Verhalten von älteren Menschen wird die Häufigkeit bestimmter Verhaltensweisen untersucht. Dem emotionalen und sozialen Kontext des Verhaltens und der individuellen Sinngebung widmet man keine Aufmerksamkeit. Faktisch weiß man also wenig über das Erleben. Nach dem 50. Lebensjahr nimmt die Häufigkeit des sexuellen Verkehrs bei Männern und Frauen ab – Männer bleiben jedoch insgesamt aktiver.

In zwei repräsentativen Stichproben stellte Wilson (1975) das Fehlen von Geschlechtsverkehr bei 25 Prozent der Männer und 50 Prozent der Frauen im Alter von 60 Jahren und älter fest. Von den Männern hatten 27 Prozent mindenstens einmal pro Monat sexuellen Verkehr, bei den Frauen 12 Prozent. Jedoch gaben 14 bzw. 23 Prozent keine Antwort. Eine sehr auffallende Häufigkeitsabnahme des Geschlechtsverkehrs ließ sich im Durchschnitt etwa im Alter von 75 Jahren beobachten. Vor allem bei ledigen Frauen, die ohnehin sexuell weniger aktiv waren als verheiratete Frauen, nahm die Aktivität mit dem Älterwerden noch mehr ab. Eine feste Partnerbeziehung scheint für viele ältere Frauen eine Grundvoraussetzung für Geschlechtsverkehr zu sein. Frauen mit älteren Ehemännern haben weniger Geschlechtsverkehr. Es bestehen jedoch große interindividuelle Unterschiede. In verschiedenen Längsschnittuntersuchungen fand man ältere Menschen, die noch im hohen Alter regelmäßig Geschlechtsverkehr hatten. Über einen Zeitraum von 6 Jahren konnten George und Weiler (1981) beobachten, daß die Häufigkeit des Geschlechtsverkehrs unverändert bleibt.

Pfeiffer und Davis (1972) suchten nach Korrelationen des sexuellen Verhaltens im Alter. Bei Männern fanden sie positive Korrelationen mit sexuellen Erfahrungen aus der Vergangenheit und mit Männlichkeit sowie mit Einkommen, sozialer Klasse, Gesundheit und Zufriedenheit mit dem Leben. Negativ korrelierte hingegen das Alter. Verheiratetsein korrelierte positiv mit sexueller Aktivität bei Frauen. Unterschiede in den sexuellen Wünschen zwischen Männern und Frauen und deren Auswirkungen in der sexuellen Vorgeschichte machen sich deutlich bis ins Alter bemerkbar. Geschlechtsverkehr ist bei Frauen deutlicher eingebettet in eine emotionale Beziehung, die viele Liebesäußerungen ermöglicht. In dem bleibenden sexuellen Verlangen von Witwen oder geschiedenen Frauen scheint der Tastsinn eine große Rolle zu spielen. Manche Frauen kanalisieren ihre Sexualität in nichtsexuellen Berührungen mit Freunden, Kindern und Kuscheltieren (Ludeman 1979).

Das Phänomen der Masturbation wurde wenig untersucht. Bei älteren verheirateten Frauen kommt Masturbation nicht häufiger vor als Koitus, jedoch verdoppelt sich die Häufigkeit bei Witwen und Geschiedenen (Christenson & Gagnon 1965). Kinsey, Pomeroy und Martin (1948) beobachteten bei Männern eine Abnahme der Masturbation mit dem Altern. Für 60- bis 70jährige und älter wurden Zahlen von ungefähr 25% genannt. Catania und White (1982) fanden einen deutlichen Zusammenhang zwischen Masturbation und interner Kontrollüberzeugung. Sie meinen, daß Personen mit interner Kontrollüberzeugung dadurch ihr sexuelles Leben regeln und versuchen, ihre sexuelle Identität – allen negativen Attitüden der Gesellschaft zum Trotz – zu erhalten.

Die Beschäftigung mit erotischer Literatur, Abbildungen und Filmen nimmt bei älteren Menschen ab, verschwindet jedoch nicht ganz. Das Interesse bleibt geweckt. Streicheln, Küssen und Kuscheln findet man laut Schneider (1980; 1982) bei älteren Menschen auf jeden Fall mehr als sexuellen Umgang. In einer Gruppe von gesunden 80- bis 120jährigen waren Berühren und Streicheln ohne Koitus die meist vorkommende sexuelle Aktivität (Bretschneider & McCoy 1988).

Zusammenfassend kann gesagt werden, daß die sexuelle Aktivität mit dem Altern abnimmt, vor allem nach dem 70. Lebensjahr. Große interindividuelle Unterschiede geben Anlaß zu weiteren Untersuchungen der Bedingungen, unter denen das sexuelle Verhalten nicht verschwindet. Auch sollte untersucht werden, welche Gemütsverfassung einen positiven bzw. negativen Einfluß auf das sexuelle Verhalten hat.

Sexuelles Verhalten ist ein Ausdruck sexueller Wünsche, jedoch nicht jeder sexuelle Wunsch wird geäußert. Das sexuelle Interesse von Männern ist größer als das der Frauen. Die meisten Studien zeigen, daß ungefähr zwei von drei Männern und eine von drei Frauen sexuell interessiert sind oder nach sexuellem Umgang verlangen. Auch hier sieht man, daß Männer und Frauen ihrem sexuellen Verhalten anders Sinn verleihen. Für Frauen bedeutet es meistens eine Dimension einer Beziehung, während Männer Sex auch als ein alleinstehendes Bedürfnis betrachten. Bei einigen Gruppen in hohem Alter fand man im Vergleich zu jüngeren Seniorengruppen eine Zunahme des Prozentsatzes an sexuell Interessierten. Jedoch handelte es sich hierbei um eine erlesene Gruppe von Überlebenden. Sexuelle Wünsche kommen auch in Träumen und Tagträumen zum Ausdruck.

Zusammenfassend kann man sagen, daß sexuelles Interesse und sexuelle Wünsche bei vielen älteren Menschen und vor allem bei Männern bestehen. Das Interesse übertrifft deutlich die Aktivität. In einer Längsschnittuntersuchung von Pfeiffer, Verwoerdt und Wang (1968) waren zwischen den Männern die Unterschiede am größten. Sie wurde im untersuchten Altersabschnitt von 68 bis 78 Jahren auch immer größer. Bei den älteren Frauen (66-76 Jahre) bestanden viel weniger sexuelles Interesse und Aktivität. Die Aktivität-Interesse-Kluft war klein und unveränderlich.

Der Unterschied zwischen Männern und Frauen wird immer wieder aufs neue bestätigt. Das Leben älterer Männer scheint mehr sexuell gefärbt zu sein und zwar in dem Sinne, daß ihre Sexualität weniger Einkleidung und Kontext erfordert. Für die ältere Frau hingegen scheint die Sexualität weniger wichtig zu sein. Aber vielleicht scheint dies bloß so, weil die Befragungstechniken nicht einfühlsam genug sind, um subtilere Formen des sexuellen Interesses und der sexuellen Aktivität bei Frauen zu entdecken. Aber auch dann noch wäre die weibliche Sexualität im hohen Alter qualitativ anders, was auf die mehr als persönliche Beziehung erfahrene Sexualität während des ganzen Lebenslaufs zurückzuführen ist. Jedoch geht es in all diesen Untersuchungen um ältere Menschen von heute. Sie sagen also nichts über die alten Menschen von morgen, da sich die Bedeutung der Sexualität im Laufe der Zeit verändert. Die Alten von heute wurden in einem anderen Zeitalter sexuell erzogen. Im Vergleich zu jüngeren Menschen hatte ihr sexuelles Leben andere Anfangsbedingungen, da andere Normen und Gewohnheiten vorherrschten. Manche sind mit den Neuerungen mitgewachsen, andere nicht.

7.4.2.3 Sexualität in befriedigenden Beziehungen

Sexuelle Äußerungen sind für viele Menschen ein Teil einer bleibenden Beziehung mit einer langen Vergangenheit. Sexuelle Wünsche und Äußerungen können in einer Beziehung blühen oder verkümmern, von primärer Bedeutung sein oder anderen Werten untergeordnet sein. Das eine oder andere kann eine Folge der eigenen Vergangenheit, zwingender Einflüsse oder persönlicher Entscheidungen sein.

Wie entwickelt sich die Sexualität im Kontext einer befriedigenden Beziehung? Bleibt sie das ganze Leben lang gleichbedeutend? Laut einer Untersuchung von Reedy, Birren und Schaie (1981) geraten Leidenschaft und sexuelle Intimität mit dem Älterwerden etwas in den Hintergrund und werden Zärtlichkeit und Loyalität relativ wichtiger. Mehr als aus einer intensiven Kommunikation und dem Sich-Mitteilen (disclosure) schöpfen ältere Erwachsene die Festigkeit und das Glücklichsein in ihrer Partnerbeziehung aus dem Gefühl, ein Paar zu sein, aus ihrer gegenseitigen Abhängigkeit und Treue, aus dem Gefühl der Sicherheit und dem Einsatz für das Wohlergehen des anderen.

Bei der Beurteilung der Resultate der Untersuchung von Reedy u. a. muß man die Tatsache berücksichtigen, daß es sich um eine Querschnittuntersuchung handelte. Vielleicht werden in Zukunft Sexualität und Kommunikation auch im hohen Alter nicht an Bedeutung verlieren. Übrigens muß auch darauf hingewiesen werden, daß in der Untersuchung für alle Altersgruppen Sicherheit die wichtigste Liebesdimension war, gefolgt von Respekt. Danach folgten Kommunikation, Hilfs- und Spielverhalten, sexuelle Intimität und Loyalität. Frauen betonten vor allem die emotionale Sicherheit, Männer mehr die Loyalität. Beide maßen der sexuellen Intimität und der Kommunikation die gleiche Bedeutung zu.

7.4.2.4 Einstellung älterer Menschen gegenüber Sexualität und sexueller Moral

Die Einstellung älterer Menschen gegenüber der Sexualität unterscheidet sich von der jüngerer. Sie stellen bei sich selbst auf sexuellem Gebiet eher Unzulänglichkeiten fest. Cameron (1970) stellte fest, daß ältere Menschen sich selbst im Vergleich zu jüngeren als uninteressiert an Sex, weniger fähig, weniger geschickt und weniger aktiv beurteilten. Snyder und Spreitzer (1976) fanden bei älteren Menschen viel mehr Intoleranz gegenüber sogenanntem nicht-traditionellen Sex (vorehelicher und außerehelicher Geschlechtsverkehr und Homosexualität). Daraus könnte man schließen, daß Menschen mit dem Älterwerden auch stärker konservative und traditionelle Haltungen annehmen. Viele glauben, daß das so ist. Andere glauben, daß sich einmal erworbene Einstellungen nicht mehr ändern – schon gar nicht bei älteren Menschen.

Cutler (1985) führte eine querschnittlich angelegte Untersuchung über die Entwicklung der Einstellung gegenüber nicht-traditioneller Sexualität bei fünf Kohorten durch. Zwischen 1972 und 1982 führte er sechs Messungen durch. Die Fragen mußten beantwortet werden mit Ausdrücken wie "immer verkehrt, meistens verkehrt, manchmal verkehrt, ganz und gar nicht verkehrt". Das Maß an Toleranz nimmt von der jüngsten zur ältesten Kohorte deutlich ab. Insgesamt genommen ist man dem vorehelichen Geschlechtsverkehr gegenüber am tolerantesten; die Durchschnittswerte für alle Kohorten bei allen Messungen bewegen sich zwischen "manchmal" und "meistens". In bezug auf außerehelichen und homosexuellen Geschlechtsverkehr liegen die Mittelwerte zwischen "meistens" und "immer" verkehrt. Schneider (1980; 1982) kam zu vergleichbaren Feststellungen, entdeckte jedoch, daß jüngere die Toleranz von älteren Menschen unterschätzen.

Cutler (1985) kam im Zusammenhang mit den Einstellungsveränderungen in bezug auf sexuelle Moral zu folgendem Schluß: Die Resultate zeigen ein konsistentes Muster für die drei Themen (sexuelles Verhalten und Erleben, sexuelle Wünsche und Interessen sowie die Einstellung gegenüber Sexualität und sexueller Moral). Veränderungen bei den älteren Kohorten waren minimal. Würden die Resultate sich nur auf die Daten von älteren Kohorten stützen, so wäre die Versuchung groß, als Resultat des Alterungsprozesses Einstellungsrigidität gegenüber der Sexualmoral festzustellen. Diese Schlußfolgerung ist jedoch unbegründet, wenn man feststellt, daß das Fehlen von Veränderung auch die jüngeren Kohorten kennzeichnet.

Die Kohortenunterschiede und das Fehlen jeder Veränderung in bezug auf die moralische Bewertung des nicht-traditionellen sexuellen Verhaltens läßt vermuten, daß die moralischen Einstellungen schon im jungen Alter einen relativ festen Inhalt erhalten. Unterstützt oder nicht unterstützt von der gleichgesinnten sozialen Gruppe bleiben sie dann weiterhin stabil.

Die moralischen Auffassungen in bezug auf die Sexualität haben sich im Laufe der Geschichte geändert. In den vergangenen Jahrzehnten folgten drei verschiedene Formen der Sexualethik aufeinander (Frenken 1976; Frenken & Kwant 1981). In der Periode vor dem zweiten Weltkrieg und auch noch danach herrschte vor allem die *Beherrschungsmoral.* Sexualität war für die Fortpflanzung bestimmt und die Ehe hierfür der gesetzliche Rahmen. In den Sechzigerjahren erfolgte eine Umkehrung der Werte. Durch das Vorhandensein verläßlicher Verhütungsmittel wurden Sexualität und Fortpflanzung voneinander losgelöst. Nun trat die sogenannte *leistungsgerichtete Sexualmoral* in den Vordergrund. Lust und Genuß wurden gepriesen. Sexualität wurde zur Ware.

Neben der noch immer bei vielen Menschen dominanten Beherrschungs- bzw. sexuellen Leistungsmoral ist eine neue Sinngebung entstanden, bei der die *Intimität der Beziehung* als Kontext für das Sexualitätserleben betont wird.

Wie Jüngere und Ältere in unserer Gesellschaft die Sexualität erleben und wie sie diese gestalten, wird in hohem Maße abhängig sein von der Sexualethik, die ihnen Richtung gibt. Das Alter selbst spielt hierbei keine Rolle, wohl jedoch die Einstellung, die man Sexualität, Intimität und der Ehe gegenüber hat. Die älteren Menschen von heute sind in der Regel in einer Atmosphäre der Beherrschungsmoral erzogen worden. Wenn sie in den vergangenen Jahrzehnten von der sexuellen Revolution der sechziger Jahre unangetastet geblieben sind, wird ihr sexuelles Leben heute weniger aktiv sein als das derjenigen, die sich freiere Anschauungen zu eigen gemacht haben.

Kontrollfragen und -aufgaben

1. Warum sind Phasentheorien immer noch wichtig für die Untersuchung des menschlichen Lebenslaufs?
2. Wie ergänzen Peck und Vaillant die Lebenslauftheorie von Erikson?
3. Was versteht Levinson unter ”Lebensstruktur”?
4. Welche Einsichten hat die ökologische Gerontopsychologie uns vermittelt?
5. Illustrieren Sie die kognitive Theorie der älter werdenden Persönlichkeit von Thomae mit einem Beispiel, in dem die fünf Grundvariablen behandelt werden!
6. Besprechen Sie die Schlußfolgerung von Schaie in bezug auf die Untersuchung über die Intelligenzentwicklung während des Lebenslaufs!
7. Erläutern Sie den Unterschied zwischen fluider und kristalliner Intelligenz und besprechen Sie die Altersunterschiede, die bei beiden auftreten!
8. Welche zwei kognitiven Prozesse unterscheidet Baltes in seinem Modell des intellektuellen Funktionierens?
9. Besprechen Sie die Resultate der Untersuchung über das sexuelle Verhalten und Erleben im Alter!
10. Bestehen Unterschiede zwischen der Einstellung gegenüber der Sexualität bei Jüngeren und Älteren? Kann man von einer Entwicklung sprechen?

8. Entwicklungsstörungen und deviantes Verhalten

8.1 Einleitung

In Abschnitt 1.1 haben wir Entwicklung als einen lebenslangen und dynamischen Prozeß definiert. Die Interaktion zwischen individuellen Anlagen und sozialer Umgebung bestimmt, welches Verhalten (Handeln) und welche Verhaltens- bzw. Handlungsmotive *aktualisiert und manifestiert werden.*

Wenn diesem Prozeß die Dynamik fehlt – sei es durch einen Defekt in der individuellen Eigenart, sei es durch eine Unzulänglichkeit in der Umgebung oder ein Defizit in der Interaktion zwischen den beiden –, treten Entwicklungsstörungen auf. Deren Ausprägung ist unter anderem abhängig vom Alter, in dem die Störungen auftreten. Meistens manifestiert sich die Störung am stärksten in einem bestimmten Aspekt der Persönlichkeit, so daß man von (überwiegend) körperlichen und psychomotorischen, intellektuellen, sozialen, moralischen und manchmal auch von emotionalen Störungen spricht (Hewett 1968).

Störungen in den Körperfunktionen (Mönks & Hendriks 1973) und in der Psychomotorik können auf zentrale oder periphere organische Defekte zurückgeführt werden, also auf Defekte im Zentralnervensystem oder in den Gliedmaßen, Muskeln, Drüsen und Sinnen. Diese werden hier nicht behandelt. Für Krankheiten wie Schizophrenien, Depressionen, Psychopathien, Psychosomatosen oder Neurosen sei auf die Psychiatrie und die klinische Psychologie verwiesen.

Zu den überwiegend intellektuellen Störungen gehören Formen der geistigen Behinderung, die zum Teil auf zentrale Defekte zurückzuführen sind, zum anderen Teil aber auch mit Umgebungseinflüssen und sozialen und gesellschaftlichen Forderungen zusammenhängen können. Schwere und mittelschwere geistige Behinderung werden in diesem Buch nicht besprochen. Leichte geistige Behinderung oder Debilität werden wir im Abschnitt über die Lernprobleme behandeln. Die Begriffe "Schwachsinn" und "Debilität" sind nicht mehr gebräuchlich, da sie häufig mit dem Bild eines vollständig unselbständigen Menschen verbunden werden. Und dies trifft ja keineswegs auf all jene Personen zutrifft, die früher "leicht schwachsinnig" genannt wurden und heutzutage mit dem Begriff "lernbehindert" bezeichnet werden (van Weelden 1988). Möglicherweise haben sie vor allem Probleme mit den Anforderungen, die die Schule an sie stellt.

Störungen, die vor allem im psychosozialen und moralischen Verhalten zum Ausdruck kommen, werden in dem Begriff Devianz zusammengefaßt. Von einer gestörten Entwicklung wird nur bei einer erheblichen Abweichung von der Normalität, d. h. vom durchschnittlichen Verhaltensmuster der jeweiligen Entwicklungsperiode, gesprochen. Es besteht eine gewisse Streuung der Verhaltensvarianten rund um den Durchschnitt; Verhaltensweisen innerhalb der Streuung werden zur Normalität gezählt, wobei sowohl fließende als auch abrupte Übergänge zu gestörten Verhaltensmustern vorkommen.

Im folgenden werden zunächst die Probleme in der kognitiven Entwicklung besprochen. Dies geschieht im Abschnitt über Lernprobleme. Danach folgen psychosoziale Probleme im Abschnitt über Verhaltensprobleme (einschließlich Delinquenz = Straffälligkeit). Obwohl die kognitiven und sozial-emotionalen Probleme wie in zwei verschiedenen Abschnitten besprochen werden, besteht ein Zusammenhang zwischen kognitiven und sozial-emotionalen Problemen. Wiederholt wurden z. B. Zusammenhänge zwischen Lernproblemen und Delinquenz gemeldet (Brier 1989). Möglicherweise spielt dabei die ADHD (Attention Deficit Hyperactivity Disorder) eine wichtige Rolle. Brier (1989) macht jedoch auch auf eine alternative Erklärung aufmerksam, für die in Untersuchungen Hinweise gefunden wurden: die erhöhte Wahrscheinlichkeit, mit der Personen mit Lernproblemen für das gleiche Delikt eher verurteilt werden als Menschen ohne Lernprobleme.

8.2 Lernprobleme

Unter Lernproblemen versteht man Probleme, die Kinder beim Erlernen von Wissen haben, das sie in der Schule erwerben sollen. Kinder mit ernsten Lernproblemen sind in zwei Arten von Schulen untergebracht: Schulen für Kinder mit Lern- und Erziehungsschwierigkeiten und Schulen für lernbehinderte Kinder.

Lerngestörte Kinder sind Kinder mit einem spezifischen Lernproblem (z. B. Schwierigkeiten beim Lesen). Sie besitzen eine normale Intelligenz (einen IQ höher als 85/90) und keine anderen Abweichungen, die ihren Lernrückstand erklären könnten. Für diese Kinder gibt es in den Niederlanden (noch) eine eigene Schulform: Schulen für lern- und erziehungsschwierige Kinder.

Lernbehinderte Kinder werden in der Regel beschrieben als Kinder mit einer allgemeinen Retardation (Rückstand) auf gewissen Lerngebieten und einem IQ von 50/55 bis 80 (van Weelden 1988). Früher wurde hierfür der Begriff "leicht schwachsinnig" verwendet. Für lernbehinderte Kinder gibt es in den meisten Ländern eigene Schulen.

Oft ist es schwierig, genau zwischen lerngestört und lernbehindert zu unterscheiden. Daher sind genaue Diagnosen, aus denen ersichtlich wird, auf welchem Gebiet (oder Teilgebiet des Lesens, Rechnens usw.) das Kind Schwierigkeiten mit dem Lernen hat viel hilfreicher. Eine gute und genaue Diagnose ist der beste Anfang einer gezielten schulischen Hilfestellung.

Im folgenden verwenden wir den allgemeinen und neutralen Begriff "Lernprobleme", da er wertfreier ist als Begriffe wie "Lernstörung" und "Lernbehinderung".

Was kann über die Ursachen von Lernproblemen gesagt werden? Während beispielsweise bei mittelschwerer und schwerer geistiger Behinderung viele Ursachen organischer Art bekannt sind, können diese bei einem Kind mit Lernproblemen fast nie festgestellt werden (Hallahan & Kauffmann 1991). Im allgemeinen wird angenommen, daß sowohl Vererbung als auch die Umgebung eine Rolle spielen. Aber auch neurologische Abweichungen werden nicht ausgeschlossen (Hallahan & Kauffmann 1991). Viele Untersuchungen zeigen, daß sowohl lernbehinderte als auch lerngestörte Kinder oft Probleme haben mit schulischen Lernaufgaben, weil es ihnen an kognitiven Strategien mangelt. So ist es nicht so sehr die Gedächtniskapazität von Kindern mit Lernproblemen, die beschränkt ist, sondern sie machen oft keinen oder nur ungenügend Gebrauch von Wiederholungen, um etwas im Kurzzeitgedächtnis zu speichern (Bray & Turner 1986; Brown & Campione 1986). Durch Training im Anwenden einer Wiederholungsstrategie sind diese Kinder in der Lage, normale Leistungen bei einer Gedächtnisaufgabe zu liefern (Bray & Turner 1986; Brown & Campione 1986).

Offensichtlich haben Kinder mit Lernproblemen nur wenig Einsicht in die Art und Weise, wie sie mit ihrem eigenen kognitiven System umgehen können. Hätten sie diese Einsicht, wüßten sie genauso wie Kinder ohne Lernprobleme, daß es einfacher ist, etwas zu behalten, wenn man das Material, das behalten werden muß, laut oder für sich selbst wiederholt. Diese Art von Wissen über das eigene kognitive System und dessen Regulierung nennt man Metakognition. Übungen, die darauf ausgerichtet sind, strategisches Wissen und Metakognition zu erlernen, werden daher als metakognitives (Strategie-)Training bezeichnet. Verwandte Begriffe dafür sind "kognitive Verhaltensmodifikation" und "Selbstinstruktionstraining". Dies sind Übungen, die Kindern im allgemeinen beibringen – angewandt auf ein bestimmtes Gebiet –, ihr eigenes Verhalten zu regulieren, indem sie planmäßig einer bestimmten Aufgabenstrategie folgen.

In den folgenden Abschnitten wird der englische Ausdruck "grade" mit (Schul-) Klasse wiedergegeben.

8.2.1 Leseprobleme

Der Anteil dyslektischer Kinder im Grundschulalter wird auf etwa 5 Prozent geschätzt. Diese Kinder befinden sich sowohl in der Regel- wie auch in der Sonderschule. Gerade die Tatsache, daß es Kinder mit einer ganz offensichtlich normalen Intelligenz gibt, die trotzdem ein Leseproblem haben, hat bei vielen zu der Annahme geführt, daß es sich hier um eine sehr spezifische Lernstörung handelt, die das Lesen betrifft. Sie tritt bei Personen mit einer mindestens normalen Intelligenz auf und wird als Dyslexie bezeichnet(Dumont 1990). Ebenso wie Dumont verwenden auch wir den Begriff "Dyslexie", der sich in der englischsprachigen Fachliteratur eingebürgert hat, während vor allem im deutschen Sprachraum der Begriff "Legasthenie" vorherrscht.

Die Diskrepanz zwischen Intelligenz und der dabei zurückbleibenden Lesefertigkeit wird als der Kern der Dyslexie betrachtet, obwohl oft auch andere Kriterien bei der Definition und Diagnose der Dyslexie hinzugezogen werden (Dumont 1990). Das Diskrepanzkriterium als Kernaspekt der Dyslexie wird in letzter Zeit stets heftiger kritisiert (Siegel 1989; Stanovich 1991). Diese Kritik wird später erläutert werden.

Was ist das Kernproblem der Dyslexie? Ein anderes Wort für Dyslexie ist Wortblindheit. Der Begriff scheint zu suggerieren, daß das Kernproblem von visueller Art ist. Selten jedoch läßt sich Dyslexie zurückführen auf periphere Störungen im visuellen System, wie beispielsweise auf bestimmte Abweichungen der Augen (Dumont 1990) oder auf Abweichungen der Augenbewegungen (Stanovich 1986; van Lieshout 1982). Um besser zu begreifen, worin das Problem besteht, ist es notwendig, kurz etwas über den Leseprozeß und die Entwicklung der Lesefertigkeit zu sagen.

Im Prinzip können Wörter durch zwei verschiedene "Routen" erkannt werden (Dumont 1990; Rack, Snowling & Olson 1992; Struiksma, van der Leij & Vieijra 1987). Bei der einen Route können Wörter direkt auf der Grundlage des visuellen Musters erkannt werden. Dieses direkte Erkennen gelingt vor allem bei Wörtern, die der Leser bereits früher erkannt hat. Die andere Erkennungsroute – die phonologische Rekodierung – verläuft indirekt. Die visuelle Information wird erst in einen Lautcode umgesetzt, wodurch das Wort als solches ausgesprochen werden kann. Dies bedeutet, daß Laute mit Buchstaben verbunden und dann zu einem Wort zusammengefügt werden. Erst nachdem die Lautform verfügbar geworden ist, wird das Wort erkannt. Mit dieser Methode können auch Wörter gelesen werden, die der Leser noch niemals zuvor gesehen hat. Der beginnende Leser liest vor allem mittels der phonologischen Route. Durch Übung verläuft der phonologische Rekodierungsprozeß zunehmend effizienter und die phonologische Wiedergabe eines Wortes wird an die visuelle Form dieses Wortes gekoppelt. Der erfahrene Leser verwendet vor allem die direkte visuelle Route, außer bei relativ unbekannten Wörtern, bei denen auf die phonologische Informationsverarbeitung zurückgegriffen wird. Eine Übersicht der Leseuntersuchungen führt zu dem Schluß, daß schwache Leser Schwierigkeiten beim phonologischen Rekodieren haben und daß ihr Mangel an phonemischem (bzw. phonologischem) Bewußtsein dabei eine wichtige Rolle spielt (Wagner & Torgeson 1987; Rack u. a. 1992). Diese Schlußfolgerung soll im folgenden nun näher erläutert werden.

Probleme beim phonologischen Rekodieren traten bei Experimenten auf, in denen Versuchspersonen mit und ohne Leseprobleme beurteilen mußten, ob eine Buchstabenreihe ein Wort bildet, sowie in Experimenten, in denen gemessen wurde, wie schnell vor allem Pseudowörter benannt werden. Pseudowörter sind keine echten, jedoch aussprechbare Wörter wie z. B. "Dilf". Ein Pseudowort kann also nicht anhand des direkten Erkennens ausgesprochen werden, sondern es muß erst phonologisch rekodiert werden. Kinder mit Leseproblemen haben viel Mühe mit den erwähnten Aufgaben der Wortbeurteilung und -benennung (Wagner & Torgeson 1987).

Das phonemische Bewußtsein bezieht sich auf das Bewußtsein der Anwesenheit phonologischer Information und auf die Möglichkeit, diese Information zu verwenden. Aufgaben, mit denen das phonemische Bewußtsein gemessen wird, sind folgende: Phonemische Segmentierung (z. B. die Unterteilung eines auditiv angebotenen Wortes in Lautgruppen) und phonemisches Diskriminieren (die Beurteilung, ob z. B. zwei auditiv angebotene Silben identisch sind). Derartige Aufgaben wurden Kindern mit und ohne Leseprobleme(n) vorgelegt, wobei die Gruppen so zusammengestellt waren, daß das Leseniveau und eventuell auch die Intelligenz gleich waren. (Bei dieser Prozedur sind die Kinder mit Leseproblemen älter als die Kinder ohne Leseprobleme). Kinder mit Leseproblemen bewältigten die Aufgaben weniger gut als Kinder ohne Leseprobleme (Stanovich 1991; Wagner & Torgeson 1987). Auch zeigte sich, daß das Trainieren des phonemischen Bewußtseins bei Leseanfängern schwierig ist und daß sich diejenigen, die ein derartiges Training erhalten, bei Lese- und Buchstabierungsprüfungen verbessern (Rack u. a. 1992; Wagner & Torgeson 1987).

Zusammenfassend kann gesagt werden, daß Untersuchungen zur phonologischen Rekodierfertigkeit deutliche Hinweise auf die Richtigkeit der Hypothese ergaben:

ein Mangel an phonologischer Fertigkeit ist eine wichtige Ursache für das Entstehen von Leseproblemen (Rack u. a. 1992; Stanovich 1991).

Bedingt durch die Schwierigkeiten, die beginnende lesegestörte Leser beim Erwerb der phonologischen Fertigkeiten haben, lesen sie lange Zeit schleppend und buchstabierend; oder sie weichen auf das Raten von Wörtern anhand des Kontexts aus, wodurch sie zwar ein höheres Lesetempo erzielen, aber auch mehr Fehler machen (Struiksma u. a. 1987).

Übrigens haben sie auch bei der Verwendung kontextueller Information mehr Schwierigkeiten als gute Leser (Wagner & Torgeson 1987). Für Kinder mit Leseproblemen ist das Lesen daher weniger ermutigend als für Kinder ohne Leseprobleme. Deshalb lesen Kinder mit Leseproblemen auch weniger aus eigenem Antrieb. Lesen führt zu einer Zunahme des Wortschatzes und des phonemischen Bewußtseins. Dadurch wird die phonologische Rekodierfertigkeit bei guten Lesern weiter verstärkt, während dieser Prozeß bei schwachen Lesern nicht oder nur in geringerem Maße stattfindet. Dieses sich stets weiter voneinander Entfernen zwischen schwachen und guten Lesern wird als *Matthäuseffekt* (siehe Stanovich 1986) bezeichnet: Die Reichen werden reicher und die Armen werden ärmer.

Es wurde bereits erwähnt, daß die Dyslexie durch eine Diskrepanz zwischen einer normalen Intelligenz und einem Rückstand beim Lesen gekennzeichnet ist. Diese Auffassung wurde jedoch zunehmend kritisiert (Siegel 1989; Stanovich 1991). Zur Erläuterung dieses und der vorangegangenen Punkte möchten wir eine sehr einschlägige Untersuchung etwas ausführlicher besprechen. Hurford u. a. (1993) wollten herausfinden, inwieweit Kinder mit Lesestörungen abweichen von ebenfalls lesegestörten Kindern einerseits und von Kindern, die normale Leseleistungen erbringen andererseits. Außerdem beobachteten sie, wie sich diese Gruppen innerhalb des ersten Schuljahrs entwickeln. Sie prüften 209 Erstkläßler einige Wochen nach Beginn des Schuljahres (Zeitpunkt 1) und erneut gegen Ende des Schuljahres (Zeitpunkt 2). Die Kinder erhielten neben zwei Lesetests auch zwei Tests zur Messung des phonemischen Bewußtseins: Eine phonemische Diskriminierungsaufgabe und eine phonemische Segmentierungsaufgabe. Da die Forscher bei der phonemischen Diskriminierungsaufgabe in einer Reihe von Analysen keine Unterschiede zwischen den Gruppen fanden, wird hier auf diese Aufgabe nicht näher eingegangen. Bei der phonemischen Segmentierungsaufgabe wurde ein Wort vom Versuchsleiter ausgesprochen und das Kind mußte dasselbe Wort entweder ohne Anfangs- oder ohne Endlaut aussprechen.

Anhand der Lesetestdaten zum Zeitpunkt 2 und ihrer Bewertung in einem Intelligenztest wurden die Kinder in drei Gruppen unterteilt. Eine Gruppe (12 Schüler) bestand aus Kindern mit Lesestörungen. Sie hatten einen IQ von etwas mehr als 85 (*eine* Standardabweichung über dem Durchschnitt) und eine Lesebewertung von 85 (eine Standardabweichung unter dem Durchschnitt) oder weniger. Diese Kinder erfüllten damit das Diskrepanzkriterium und das Kriterium einer zumindest normalen Intelligenz. Diese Gruppe wird im weiteren Verlauf als *Diskrepanzgruppe* bezeichnet und entspricht dem, was andere Forscher als Dyslexiegruppe bezeichnen würden.

Die zweite Gruppe (10 Schüler) bestand aus Kindern, die sowohl eine Lese- als auch eine Intelligenzbewertung von 85 oder weniger hatten. Sie hatten einen Leserückstand, der ihrem allgemeinen kognitiven Rückstand entsprach. Diese Gruppe wird daher im weiteren Verlauf als *Rückstandsgruppe* bezeichnet.

Die dritte Gruppe (187 Schüler) bestand aus Schülern ohne Leseprobleme. Bei allen lag die Bewertung des Lesetests über 85. Ihr durchschnittlicher IQ betrug 103. Hurford u. a. (1993) konnten zeigen, daß in Übereinstimmung mit der Auswahlprozedur zum Zeitpunkt 2 die Leseleistungen der Gruppe ohne *Leseprobleme* deutlich besser waren als die Leseleistungen der beiden anderen Gruppen mit Leseproblemen. Die Diskrepanzgruppe unterschied sich nur wenig von der Rückstandsgruppe. Auch bei der phonemischen Segmentierungsaufgabe, bei der sie wiederum schlechtere Leistungen als die Gruppe ohne Leseprobleme erbrachten, unterschieden sich die beiden letzten Gruppen nicht. Dasselbe Muster der Unterschiede zwischen den Gruppen war bereits zum Zeitpunkt 1 sichtbar gewesen. Von Zeitpunkt 1 aus konnte beinahe perfekt vorausgesagt werden, was welches Kind in welcher Gruppe zum Zeitpunkt 2 leisten würde. Ein Vergleich der Leistungen zum Zeitpunkt 1 und 2 zeigte, daß die Gruppe ohne Leseprobleme nicht nur die höchsten Lesebewertungen erzielte, sondern auch die einzige Gruppe war, deren Bewertungen der zwei Lesetests sich vom ersten bis zum zweiten Zeitpunkt steigerten. Der Unterschied zwischen dieser Gruppe und den zwei Gruppen mit Leseproblemen wurde also größer.

Auch in dieser Untersuchung wurde also ein Hinweis auf die Existenz des *Matthäuseffekts* gefunden – sowohl für die Diskrepanzgruppe als auch für die Rückstandsgruppe. Hurford u. a. (1993) kommen dann auch zu dem Schluß, daß die Diskrepanzgruppe der Rückstandsgruppe sehr ähnelt. Dies stimmt mit den Schlußfolgerungen von Siegel (1989) überein. Sie findet, daß die Unterscheidung zwischen Kindern mit Leseproblemen und normaler Intelligenz (Dyslektiker) und Kindern mit Leseproblemen und einer niedrigen Intelligenz (retardierte Kinder) sinnlos und unlogisch ist. Stanovich (1991) schließt sich dieser Kritik an. Eine große Anzahl Untersuchungen erbrachte dieselben Resultate wie die Untersuchung von Hurford u. a. (1993), nämlich, daß – im Vergleich zu sich normal entwickelnden Lesern – beide Typen von Kindern einen vergleichbaren Rückstand in den phonemischen Fertigkeiten haben. Das gleiche Heilmittel kann demnach beiden Gruppen Hilfe bringen – und nicht nur der Gruppe der Dyslektiker.

Stanovich (1991) befürwortet die Abschaffung des heutigen Diskrepanzkriteriums, bei dem das Intelligenzniveau eine Rolle spielt. Ihm zufolge ist ein Diskrepanzkriterium, das sich auf das Zurückbleiben der Leseleistungen bei der passiven Sprachbeherrschung bezieht, besser geeignet. Solange keine Eindeutigkeit hinsichtlich der Eignung dieses letzten Kriteriums besteht, können Leseprobleme ihm zufolge besser als unzulängliche Worterkennung beschrieben werden.

Stanovich (1986) rät, bei beginnenden Leseproblemen mit dem Training des phonemischen Bewußtseins zu beginnen, um die sich häufenden Folgen des *Matthäuseffekts* zu vermeiden. Für diejenigen, die bereits ein ernstes Leseproblem entwickelt haben, hält er Leseübungen für sinnvoll. Die kurze Darbietung eines Wortes, das das Kind laut lesen muß (die im Unterricht bekannte Methode des blitzartigen Erfassens) verstärkt wahrscheinlich den phonologischen Rekodierprozeß (van den Bosch, van Bon & Schreuder 1990). Van der Leij (1990), van der Leij & Kool (1980) und Kollegen (z. B. van Daal & van der Leij 1992) zeigten die Effektivität verschiedener computergesteuerter Wortübungen, wobei der Computer auf Wunsch des Kindes auch die Lautform des Wortes wiedergab, so daß das Kind den Zusammenhang mit der visuellen Form des Wortes lernen konnte.

Dyslexie ist auch ein Thema der neuropsychologischen Forschung. Ein Beispiel hierfür ist das Werk von Bakker (1992) und seinen Kollegen. Er unterscheidet anhand verschiedener Untersuchungen zwei Subtypen innerhalb der Dyslexie: Den P(erzeptiven) Typ und den L(inguistischen) Typ. Der P-Typ verarbeitet visuell-räumliche Informationen besser als verbale, liest träge und holprig (ähnlich dem buchstabierenden Leser) und weist Anzeichen von Mängeln in der linken Gehirnhälfte auf. Der L-Typ hingegen verarbeitet verbale Informationen besser als visuell-räumliche, liest schnell mit wenig Fehlern (ähnlich dem ratenden Leser) und weist Anzeichen von Mängeln in der rechten Gehirnhälfte auf. Bakker (1992) berichtet, daß ungefähr 60% aller Dyslektiker als P- oder L-Typ klassifiziert werden können. Bei der Behandlung des P-Typs müßte die linke Gehirnhälfte und beim L-Typ die rechte Gehirnhälfte stimuliert werden. In Trainingsexperimenten von Bakker (1992) und seinen Kollegen wurden tatsächlich Verbesserungen der Leseleistungen und Verschiebungen in der elektrischen Aktivität der Gehirnhälften nachgewiesen. Trotzdem bestehen noch verschiedene ungelöste Probleme hinsichtlich der Einteilung in Subtypen und hinsichtlich der richtigen Behandlungsform (Bakker 1992; Dumont 1990; Hynd 1992).

8.2.2 Rechenprobleme

Kinder mit Lernproblemen haben im allgemeinen einen großen Rückstand in Rechenfertigkeiten gegenüber ihren Altersgenossen und können das Wissen, das sie besitzen, nicht anwenden (Kraemer, Bokhove & Janssen 1991).

Worin genau unterscheiden sich Kinder mit Rechenproblemen von Kindern ohne Rechenprobleme? Handelt es sich um einen Mangel an mathematischem Wissen oder handelt es sich um ein qualitativ anderes mathematisches Wissen? Um diese Frage beantworten zu können, verglichen Russell und Ginsburg (1984) drei Gruppen von Schülern einer regulären Grundschule. Eine Gruppe bestand aus 27 lerngestörten Viertkläßlern mit Rechenproblemen (ein Rückstand von einem Jahr), jedoch mit einer normalen Intelligenz. Eine zweite Gruppe bestand aus 27 Viertkläßlern ohne Rechenprobleme und einer ebenfalls normalen Intelligenz. Die dritte Gruppe schließlich bestand aus einer willkürlichen Gruppe Drittkläßler. Den Kindern wurde eine große Anzahl Tests vorgelegt (14 insgesamt), mit denen die mathematischen Kernbegriffe und -fertigkeiten gemessen werden.

Die Kinder mit Rechenproblemen erbrachten bei 7 der 14 Tests deutlich schlechtere Leistungen als die Viertkläßler ohne Rechenprobleme. Darüber hinaus waren ihre Leistungen im allgemeinen nicht deutlich besser als die der Drittkläßler. Es gab hierbei zwei Ausnahmen. So hatten die Viertkläßler mit Rechenproblemen weniger automatisiertes Wissen der Rechenfakten als die Drittkläßler. Dasselbe zeigte sich – wenn auch in geringerem Maße – bei der Fähigkeit des Lösens von Textaufgaben. Daß diese beiden Gebiete extra negativ auffallen, stimmt mit der Praxis überein. Bevor wir näher auf diese zwei Gebiete eingehen, müssen wir erst noch einmal zur ursprünglichen Fragestellung der Forscher zurückkehren. Da die Leistungen der Schüler mit Rechenproblemen in beinahe allen Tests ungefähr auf demselben Niveau lagen wie die der Drittkläßler und sie auch dieselbe Art von Fehlern machten, schlossen die Forscher daraus, daß die Kinder mit Rechenproblemen im Prinzip die gleichen Fähigkeiten wie die Drittkläßler hatten – jedoch mit einem Rückstand. Obwohl auch andere Forscher diesen Standpunkt unterstützen, bestehen auch noch andere Betrachtungsweisen.

So fand Rourke (1993) Hinweise auf die Existenz von zwei sehr unterschiedlichen Subtypen von Kindern mit Rechenproblemen. Der Unterschied zwischen den Subtypen kann zurückgeführt werden auf einen Unterschied in neuropsychologischen Abweichungen. In einer Reihe von Untersuchungen, die er und seine Kollegen vornahmen, wurden Kinder mit Rechenproblemen in zwei Gruppen eingeteilt: eine Gruppe mit Kindern, die neben schwachen Rechenleistungen auch Probleme beim Lesen und Buchstabieren zeigten (im weiteren Verlauf als LB-Gruppe bezeichnet), und eine Gruppe mit Kindern, die keine Probleme mit dem Lesen und Buchstabieren hatten (im weiteren Verlauf als R-Gruppe bezeichnet). Die R-Gruppe erbrachte genauso schwache Rechenleistungen wie die LB-Gruppe und hatte denselben IQ. Die Kinder wurden einer großen Anzahl Tests unterzogen, mit denen verbale, auditive, visuelle, sensomotorische und begriffliche Fertigkeiten gemessen wurden. Die LB-Gruppe schien lediglich mit den verbalen und vor allem den auditiven Tests Schwierigkeiten zu haben, während die R-Gruppe gerade bei den übrigen Tests schwache Leistungen erbrachte. Aufgaben wie die verbalen und auditiven Tests beanspruchen vor allem die linke Gehirnhälfte. Die übrigen Tests beanspruchen vor allem die rechte Gehirnhälfte. Bei der LB-Gruppe handelt es sich also um eine defiziente linke Gehirnhälfte, während bei der R-Gruppe die rechte Gehirnhälfte weniger gut zu funktionieren scheint (vgl. die Untersuchung von Bakker [1992], die im Abschnitt über die Leseprobleme zur Sprache kam).

Rourke (1993) interpretiert die Unterschiede in den Testleistungen – unter Einbeziehung anderer Untersuchungsergebnisse – als einen Hinweis auf die Existenz neuropsychologischer Ursachen, die für beide Gruppen sehr unterschiedlich und bereits seit der Geburt vorhanden sind. Darüber hinaus gibt es laut Rourke (1993) Hinweise darauf, daß Personen, die die Merkmale der Kinder der R-Gruppe besitzen, auch soziale Anpassungsprobleme haben, die auf denselben neuropsychologischen Ursachen beruhen.

Außer Vorschlägen für helfende Maßnahmen ist nur wenig bekannt über Resultate aus gründlichen Untersuchungen nach effektiven Behandlungsmethoden für die zwei Subtypen von Kindern. Ansatzpunkte für eine Behandlung von Lernproblemen sind im allgemeinen leichter zu finden, wenn man nicht nach zugrundeliegenden Ursachen (wie neuropsychologischen), sondern direkt nach den Lücken im Rechenwissen selbst sucht (Brown & Campione 1986). – Aus der bereits erwähnten Untersuchung von Russell und Ginsburg (1984) kamen zwei Wissensgebiete als am lückenhaftesten zum Vorschein: Rechenfaktenwissen und Textaufgaben. Auf diese gehen wir nun näher ein.

Mit automatisiertem Wissen der Rechenfakten meint man das Schnell-zur-Hand-Haben der richtigen Anwort auf einfache Rechenaufgaben. Wird beispielsweise die Aufgabe 5 + 3 =   gestellt und die Antwort durch Abzählen an den Fingern gefunden, kann von automatisiertem Wissen nicht die Rede sein. Nur wenn die Antwort "8" direkt durch die Aufgabe hervorgerufen wird, spricht man von automatisiertem

Wissen. Das Einmaleins zu kennen gehört zum automatisierten Wissen. Automatisiertes Faktenwissen ist wichtig, da bei schwierigeren Aufgaben, für die im allgemeinen keine automatisierte Antwort zur Verfügung steht, der Lösungsprozeß erschwert wird, wenn die einfachen Rechenfakten, die einen Teil der schwierigeren Aufgabe darstellen, nicht sofort zur Verfügung stehen. Selbst ältere Schüler mit Rechenproblemen scheinen einfache Additions- und Subtraktionsaufgaben unter 10 noch zählend zu lösen. Manchmal tun sie dies ganz auffällig mit den Fingern, oft aber auch, indem sie Punkte aufs Papier setzen oder nach einem regelmäßigen, zählbaren Muster in der Umgebung suchen.

Es gibt viele Untersuchungen darüber, wie rechnerisches Faktenwissen erworben und behalten wird (Pellegrino & Goldman 1987). Diese ergaben u. a., daß Automatisierung die Endphase einer Entwicklung von immer besseren und effizienteren Zählprozeduren ist, wobei stets weniger konkrete Objekte gezählt werden. Über die richtige Art der Behandlung von Automatisierungsproblemen ist wenig bekannt. Bei Übungen, die auf die Automatisierung gerichtet sind, ist es auf jeden Fall sinnvoll, dem Kind auch Einsicht in die Berechnung der richtigen Antwort zu verschaffen.

Textaufgaben, d. h. eingekleidete Rechenaufgaben, bilden ein komplexes Gebiet, in dem neben Rechenwissen u. a. auch die Fähigkeit des logischen Denkens sowie Sprachfertigkeit eine Rolle spielen (Briars & Larkin 1984). Bilsky und Judd (1986) verglichen lernbehinderte Kinder mit einem Lebensalter von durchschnittlich 15 Jahren und einem Intelligenzalter von neun Jahren mit Kindern, deren Lebens- und Intelligenzalter neun Jahre betrug. Sie legten beiden Gruppen Textaufgaben vor, in denen addiert oder subtrahiert werden mußte. Darüber hinaus erhielten beide Gruppen "kahle" Rechenaufgaben (Rechenaufgaben ohne Text) mit denselben Rechenkombinationen und denselben Operationen, die auch bei den Textaufgaben erforderlich waren. Die beiden Gruppen unterschieden sich nicht hinsichtlich ihrer (hohen) Leistungen bei den kahlen Rechenaufgaben. Jedoch waren die Leistungen der Gruppe der lernbehinderten Kinder bei den Textaufgaben bedeutend geringer.

Dies macht deutlich, daß die Unterschiede in der Fertigkeit des Lösens von Textaufgaben nicht mit Unterschieden in der Rechenfertigkeit (d. h. der Fertigkeit zu addieren und zu subtrahieren) erklärt werden können. Möglicherweise hat der Rückstand, den die lernbehinderten Kinder bei den Textaufgaben hatten, dieselbe Ursache wie die anfangs schwachen Leistungen von jungen Kindern (ohne Lernprobleme) bei bestimmten Typen von Textaufgaben. In der normalen Entwicklung mangelt es Kindern nämlich zu Anfang an einem ausreichenden Wissen, um sich eine geeignete Vorstellung von den Problemen zu machen, die in bestimmten eingekleideten Rechenaufgaben enthalten sind (Briars & Larkin 1984). Kinder mit einem normalen Entwicklungsverlauf erwerben bereits, bevor sie formalen Rechenunterricht erhalten, genügend informelles Wissen, um selbständig einfache Additions- und Subtraktionstextaufgaben zählend zu lösen, eventuell sogar mit Hilfe von Übungsmaterial (Briars & Larkin 1984). Die Textaufgaben können daher eine wichtige Funktion erfüllen beim Schaffen von Zusammenhängen zwischen informellem Wissen, das außerhalb der Schule erworben wurde, formellem Wissen, das im Rechenunterricht angeboten wird, und Anwendungen im täglichen Leben (van Lieshout & Jaspers 1992).

Kindern mit Lernproblemen kann geholfen werden, indem ihnen Lösungsstrategien beigebracht werden, die von Kindern ohne Lernprobleme "abgeguckt" worden sind (Jaspers & van Lieshout 1989; van Lieshout & Jaspers 1992). Dies wird nachweislich erreicht, indem man ihnen beibringt, adäquate Vorschläge für Textaufgaben zu machen. Und lernbehinderten Kindern wird mit Erfolg beigebracht, Textaufgaben anhand des Legens und Zählens von Klötzchen darzustellen. Aber auch das Üben der metakognitiven Fertigkeiten scheint Kindern mit Lernproblemen beim Lösen von Textaufgaben zu helfen (van Lieshout 1989; van Lieshout & Jaspers 1992).

Neben den auffälligen Problemgebieten der Automatisierung der Rechenfakten und der Fertigkeit zum Lösen von Textaufgaben haben Kinder mit Lernproblemen – verglichen mit Altersgenossen – auch auf einer Reihe von anderen Gebieten einen schweren Rückstand (Russell & Ginsburg 1984). Eines dieser Gebiete betrifft das richtige Ausrechnen von Additions- und Subtraktionsaufgaben, in denen mehr als eine Zahl pro Element vorkommt (z. B. 58 - 16 =). Derartige Aufgaben führen vor allem dann zu Problemen, wenn ein Zehnerübergang erforderlich ist (z. B. 56 - 18 =). Ein oft auftretender Fehler ist beispielsweise das Umkehren der Reihenfolge der Einheiten (Beispiel: 6 – 8 geht nicht, 8 – 6 geht, also: 56 – 18 = 42) (Baltussen & van Lieshout 1990). Van Luit (1987; 1989) entwarf auf dem Gebiet der Additions- und Subtraktionsaufgaben ein Selbstinstruktionsprogramm, das sowohl bei lernbehinderten wie auch bei lerngestörten Kindern wirksam zu sein scheint. Baltussen (1993) konnte jedoch mit einem Untersuchungsansatz, der in einer Reihe von Punkten von dem van Luits abwich, diesen Übungseffekt nicht wiederholen.

8.3 Verhaltensprobleme

Es ist schwierig, eine genaue Definition der Verhaltensprobleme zu geben (Dodge 1990). Laut Hallahan und Kauffman (1991) ist lediglich diese vage Definition möglich: Kinder werden als verhaltens- oder gefühlsgestört angesehen, wenn dies von einem Experten festgestellt wird. Es handelt sich um Kinder, die über einen längeren Zeitraum hinweg und auf auffallende Weise eine oder mehrere der folgenden Verhaltensweisen oder Merkmale aufweisen: Hänselei und Rauferei, Stehlen, Schikanieren und Schule-Schwänzen, Unkonzentriertheit, Überaktivität, soziale Zurückgezogenheit und Ängstlichkeit. Auch psychotisches Verhalten wird oft als Merkmal genannt, jedoch gehört dies in eine andere Kategorie als die erwähnten Merkmale, da psychotische Kinder schwer oder überhaupt nicht zugänglich für andere sind und oft ein außergewöhnlich launenhaftes und bizarres Verhalten an den Tag legen. Innerhalb dieser Kategorie muß man zwischen autistischen und schizophrenen Kindern unterscheiden. Bei der Besprechung des Autismus gehen wir hierauf näher ein.

Faktisch handelt es sich bei Verhaltensproblemen um eine Reihe heterogener Verhaltensweisen, die verschiedene Ursachen und einen unterschiedlichen Verlauf haben (Dodge 1990). Kinder mit ernsten Verhaltensproblemen findet man u. a. in Schulen für erziehungsschwierige Kinder oder in Erziehungsanstalten. Die Anzahl der Jungen mit Verhaltensproblemen ist viermal so hoch wie die der Mädchen (Lytton 1990). Die Untersuchungen beziehen sich daher oft nur auf Jungen.

Wie wir bereits gesehen haben, handelt es sich bei den Verhaltensmerkmalen von Kindern mit Verhaltensproblemen um eine große Anzahl verschiedener Verhaltensweisen. Außerdem unterscheiden sie sich auch im Ernst der Auswirkungen für die Umgebung und den Betreffenden selbst. So stellt ein sozial zurückgezogenes und ängstliches Kind, das von den Mitschülern abgewiesen wird, für diese in der Klasse kein Problem dar. Jedoch kann ein solches Kind leicht Schikanen ausgesetzt sein (Olweus, zitiert in Parkhurst & Asher 1992) und depressiv werden (Jansen & van Aken 1991). Das Kind hat also selbst darunter zu leiden. Ein aggressives Verhalten hingegen geht auf Kosten der Umgebung. Außerdem ist dieses Verhalten im Gegensatz zu einem sozial zurückgezogenen Verhalten ein stärkerer Indikator für ein zukünftiges delinquentes Verhalten (Loeber 1990). Wir gehen nun auf einige Befunde aus Untersuchungen über Verhaltensprobleme und emotionale Probleme in der Schulklasse ein.

Jansen und van Aken (1991) untersuchten in einer Längsschnittstudie den Zusammenhang zwischen depressiven Merkmalen und geringer Popularität bei 93 Kindern zwischen 10 und 12 Jahren. Sie teilten die Kinder in fünf Kategorien ein: beliebt, kontrovers, durchschnittlich, negiert und abgewiesen. Die letzten beiden Kategorien bilden gemeinsam die Gruppe der unbeliebten Kinder. Die Einteilung kam aufgrund des soziometrischen Status eines jeden Kindes zustande. Dieser Status wurde festgestellt, indem in der untersuchten Klasse alle Schüler gefragt wurden, welche drei Mitschüler sie für die nettesten und welche drei sie für die unartigsten halten. Darüber hinaus wurde jeder Schüler vom Klassenlehrer unter Verwendung einer Depressionsskala beurteilt.

Diese Skala enthielt nicht nur Beschreibungsmerkmale von Gefühlskomponenten, sondern beispielsweise auch soziale Beziehungsmerkmale, Schul- und Verhaltensprobleme. In Übereinstimmung mit ihren Erwartungen fanden die Forscher, daß innerhalb der Gruppe der unbeliebten Kinder tatsächlich unterschieden werden muß zwischen negierten und abgewiesenen Kindern. Die abgewiesene Gruppe besaß die meisten depressiven Verhaltensmerkmale. Im Alter von 12 Jahren gingen diese einher mit Beziehungs- und Verhaltensproblemen (Feindseligkeit oder übertriebene Anpassung). Die Forscher kamen zu dem Schluß, daß nur die abgewiesenen Kinder eine Risikogruppe bilden. Dieser Untersuchungsbefund stimmt überein mit dem, was andere Wissenschaftler bereits früher fanden. Jansen und van Aken wiesen außerdem darauf hin, daß der Status des Abgewiesenwerdens eine Folge aggressiven Verhaltens anderen Kindern gegenüber sein kann.

In einer ähnlichen Untersuchung mit 450 Oberschülern fanden Parkhurst und Asher (1992), daß die am stärksten abgewiesenen Schüler entweder aggressiv oder untertänig waren. Deswegen teilten sie alle Versuchspersonen in aggressive oder untertänige Kinder ein und untersuchten das Vorkommen prosozialen Verhaltens (positives soziales Verhalten wie Zusammenarbeit und Unterstützung). Es zeigte sich, daß die Kombination von Aggressivität, Untertänigkeit und wenig prosozialem Verhalten durchweg einherging mit der Abweisung durch die Mitschüler. Betont werden muß, daß prosoziales Verhalten auch zusammen mit Aggressivität vorkommen kann. Auch schienen die untertänigen Abgewiesenen am stärksten unter Einsamkeit zu leiden und sich am meisten über soziale Beziehungen mit anderen Sorgen zu machen.

In der soeben besprochenen Untersuchung ging es um die Beziehung zwischen dem Verhalten der Kinder und der Einstellung der Mitschüler ihnen gegenüber. Diese Beziehung könnte auf eine gegenseitige Beeinflussung schließen lassen, wodurch Verhaltensprobleme möglicherweise aufrechterhalten oder verstärkt werden. Kinder, die abgewiesen werden, können z. B. als Folge davon verhärten oder ihre Aggressivität gegen jene, die sie abweisen, verstärken und sich Leidensgenossen anschließen. In dieser Gruppe der "Opfer" besteht die Gefahr, daß bestimmte Formen des antisozialen Verhaltens zum Vorbild werden und übernommen werden. Darauf kommen wir später noch zurück.

Anstelle der Klassenkameraden oder "Peers" kann man sich auch auf die Eltern von schwer erziehbaren Kindern konzentrieren. Ein Beispiel hierfür ist die Untersuchung von Frick u. a. (1992). Sie untersuchten 177 Jungen im Alter von 7 bis 12 Jahren, die bei einer psychiatrischen Klinik angemeldet waren. Man wollte herausfinden, ob sich die Eltern von Kindern mit einem oppositionellen, nicht-kooperativen, negativen und schikanierenden Verhalten (oppositional defiant disorder) anders verhielten als die Eltern der Kinder der Kategorie der ernsthaften Verhaltensprobleme (antisoziales Verhalten). Von antisozialem Verhalten (conduct disorder) spricht man, wenn die Grundrechte anderer verletzt werden und die wichtigsten gesellschaftlichen Normen und Regeln überschritten werden. 70 Kinder wurden als Kinder mit oppositionellen Verhaltensproblemen diagnostiziert, 68 Kinder fielen in die Kategorie der ernsthaften Verhaltensprobleme und für 39 Kinder war keine der beiden Beschreibungen zutreffend. Letztere bildeten die Kontrollgruppe. Die biologischen Eltern der Kinder wurden u. a. mit Hilfe von Interviews untersucht. Die Kinder aus den beiden Gruppen mit Verhaltensproblemen schienen im Vergleich zur Kontrollgruppe öfter Eltern zu haben, bei denen die Diagnose "antisoziales Persönlichkeitsproblem" gestellt worden war. Auch wurde ein Zusammenhang gefunden zwischen ernsthaften Verhaltensproblemen und einem übermäßigen Gebrauch an betäubenden oder süchtig machenden Mitteln seitens des biologischen Vaters festgestellt. Anhand dieser Untersuchung war es nicht möglich herauszufinden, ob die Verhaltensprobleme auf Vererbung zurückzuführen sind oder durch ein Modellverhalten von den Eltern übernommen wurden. In anderen Untersuchungen wurde ein Zusammenhang zwischen Erziehungspraktiken und antisozialem Verhalten der Kinder gefunden (für eine Übersicht siehe Loeber 1990).

Bis jetzt wurde nur auf die Rolle, die "Peers" und Eltern beim Entstehen und Instandhalten von Verhaltensproblemen spielen, hingewiesen. Es besteht jedoch auch die Möglichkeit, daß das Kind dabei selbst eine wichtige Rolle spielt. So rufen Kinder mit Verhaltensproblemen bei Müttern von Kindern ohne Verhaltensprobleme genauso negative Reaktionen hervor wie bei ihren eigenen Müttern (Lytton 1990). Auch scheinen Kinder mit Verhaltensproblemen ziemlich unempfänglich für soziale Bekräftigung und Strafe zu sein (Lytton 1990). In der Literatur wird die Rolle, die das Kind selbst spielt, als "Kindfaktor" bezeichnet. Ein Hinweis auf die Existenz eines Kindfaktors ist die Fortdauer des Verhaltens in verschiedenen Situationen über einen längeren Zeitraum hinweg.

Welcher Zusammenhang besteht nun zwischen Kindfaktor, elterlichem Verhalten und Peer-Verhalten einerseits und dem antisozialen Verhalten des Kindes andererseits? Vuchinich, Bank und Patterson (1992) untersuchten diese Faktoren bei 206

Jungen. Diese Jungen besuchten Schulen in Stadtteilen, die einen hohen Prozentsatz an Festnahmen von Jugendlichen aufwiesen. Das Verhalten der Kinder wurde registriert bei Beobachtungen zu Hause und durch Beurteilungsskalen, die durch Eltern, Lehrer und das Kind selbst ausgefüllt wurden. Darüber hinaus wurden auch soziometrische Daten gesammelt. Die Messungen fanden zu zwei Zeitpunkten statt: Als die Kinder 9 bis 10 und als sie 11 bis 12 Jahre alt waren. Vuchinich u. a. (1992) verglichen mit Hilfe von avancierten statistischen Techniken eine Anzahl Modelle hinsichtlich ihrer Eignung zur Beschreibung der kausalen Beziehung zwischen den verschiedenen Variablen. Bei dem geeignetsten Modell erwies sich das antisoziale Verhalten als sehr stabil und hatte einen negativen Einfluß sowohl auf das Erziehungsverhalten als auch auf die Peer-Beziehungen. Umgekehrt zeigte sich, daß antisoziales Verhalten durch Erziehungsverhalten verstärkt wird. Erziehung und antisoziales Verhalten stehen – so die Schlußfolgerung – in einer reziproken Beziehung zueinander.

Scholte (1991) untersuchte 150 Jugendliche im Alter von etwa 15 Jahren, die mit der Polizei in Berührung gekommen waren. Das Problemverhalten in dieser Untersuchung bestand aus Schlägereien, Vandalismus und Ladendiebstählen, also Formen des antisozialen Verhaltens, bei denen Gesetze mißachtet werden und die miteinander in Beziehung stehen. Außerdem zeigte sich ein starker Zusammenhang zwischen antisozialem Verhalten und der Anwesenheit problematischer Freunde sowie zwischen einer problematischen Erziehungssituation und schulischen Problemen.

Antisoziales Verhalten in den Kinderjahren ist ein Indikator für Devianz und kriminelles Verhalten im Erwachsenenalter (Loeber 1990; Lytton 1990). Anhand der Resultate einer großen Anzahl von Untersuchungen erstellte Loeber (1990) eine tentative Skizzierung des Entwicklungsverlaufs vom Kind zum erwachsenen Delinquenten. Tabelle 14 enthält eine Übersicht der drei Pfade, auf denen diese Entwicklung verlaufen kann. Beim ersten Pfad – vom aggressiv-vielseitigen Verhalten zu Gewalttätigkeiten, Eigentumsdelikten und Drogenmißbrauch – kann von einem sehr frühen Beginn gesprochen werden. Dabei denkt man an ein "schwieriges" Temperament von sehr jungen Kindern. Weiterhin fällt die Rolle der Hyperaktivitäts-, Impulsivitäts- und Konzentrationsproblematik auf (angedeutet als ADHD = Attention Deficit Hyperactivity Disorder). Diese Probleme bilden Untersuchungen zufolge einen wichtigen Risikofaktor.

Personen, die sowohl Gewalt- als auch Eigentumsdelikte begehen, bezeichnet man als "Vielseitige". Ihre Jugendjahre sind gekennzeichnet durch eine große Varietät des antisozialen Verhaltens, wozu Schuleschwänzen, Diebstahl und Schlägereien gehören. Auf dieser Route findet man mehr Jungen als Mädchen.

Der zweite Pfad – vom nicht-aggressiven antisozialen Verhalten zu Eigentumsdelikten und Drogenmißbrauch – beginnt später und unterscheidet sich – wie aus der Tabelle zu ersehen ist – hinsichtlich verschiedener Aspekte vom ersten Pfad. Kennzeichnend ist, daß Jugendliche, die diesem Pfad folgen, nicht aggressiv sind und sich auf Diebstahl, Lügen, Schuleschwänzen und Drogenmißbrauch beschränken. Bis zu dem Zeitpunkt haben sie außerdem ein gutes Verhältnis zu ihren Eltern (bis zu dem Zeitpunkt, zu dem ihr Problemverhalten manifest wird). Darüber hinaus brechen Jugendliche auf dieser Route ihre ungünstige Entwicklung eher ab als die

Personen auf dem ersten Pfad. Diejenigen, die diesen Weg weitergehen, machen sich später vor allem des Diebstahls und der Wirtschaftskriminalität schuldig. Im Vergleich zum ersten kommen auf dem zweiten Pfad relativ mehr Mädchen vor.

Der dritte Pfad – vom gelegentlichen Gebrauch von betäubenden oder süchtig machenden Mitteln zu Drogenmißbrauch – beginnt zuletzt. Über diesen Pfad ist weniger bekannt als über die ersten beiden Pfade. Loeber (1990) weist darauf hin, daß sicherlich nicht jeder, der am Beginn eines dieser Pfade steht, diesen auch bis zum Ende durchläuft. Je weiter man sich jedoch auf dem Pfad befindet, desto schwieriger ist es, umzukehren. Daher müssen Präventivmaßnahmen so früh wie möglich erfolgen.

Tabelle 14. Drei Entwicklungspfade zum antisozialen Verhalten (nach Loeber 1990)

1. Ein aggressiv-vielseitiges Verhalten hin zu Gewaltdelikten, Eigentumsdelikten und Drogenmißbrauch.
Beginn der Verhaltensprobleme: In der Vorschulperiode Aggressives und heimliches Problemverhalten Mehr Hyperaktivitäts-/Impulsivitäts-/Konzentrationsprobleme Schwache soziale Fertigkeiten Schwache Beziehungen zu Altersgenossen Lernprobleme in der Schule Starke Entwicklung eines neuen antisozialen Verhaltens Wenig Verringerung des antisozialen Verhaltens
2. Vom nicht-aggressiven antisozialen Verhalten zu Eigentumsdelikten und Drogenmißbrauch
Beginn: In den späten Kinderjahren bis zur Mitte der Pubertät Meistens nicht-aggressive Verhaltensprobleme Keine Hyperaktivitäts-/Impulsivitäts-/Konzentrationsprobleme von Bedeutung Fähig zu sozial gewandtem Verhalten Umgang mit devianten Altersgenossen Wenig Entwicklung eines neuen antisozialen Verhaltens Große Verringerung des antisozialen - zumindest des delinquenten - Verhaltens
3. Vom gelegentlichen Drogengebrauch zur Drogenabhängigkeit
Beginn: Im mittleren bzw. späten Jugendalter Keine vorangegangenen Verhaltensprobleme von Bedeutung

Ist das Auftreten ernsthafter Verhaltensprobleme nun durch genetische Faktoren oder durch die Umgebung bedingt? Einige Autoren messen den genetischen Faktoren eine große Bedeutung zu und weisen dabei auf die hohe Stabilität des antisozialen Verhaltens über einen großen Zeitraum hinweg hin (siehe z. B. die Reaktion von Dodge [1990] auf Lyttons [1990] Veröffentlichung). Dies ist jedoch kein ausreichender Beweis. Das stabile Verhalten kann beispielsweise früh begonnen worden sein als Folge von Einflüssen aus der Umgebung. Andere biologische Erklärungen stützen sich auf die Wirkung von Neurotransmittern und Hormonen. So soll ein Zusammenhang zwischen einem erhöhten Niveau des männlichen Hormons Testosteron und der Aggressivität bestehen, wodurch sich auch erklären ließe, warum antisoziales Verhalten bei Jungen viel häufiger vorkommt als bei Mädchen (Lytton 1990). Auch der Einfluß der Umgebung ist evident. Untersuchungen über die Auswirkungen von Programmen zur Veränderung des elterlichen Verhaltens in der Erziehung von Kindern mit einem antisozialen Verhalten haben gezeigt, daß sich das aggressive Verhalten vermindern läßt (Webster-Stratton 1991; Mönks & Hendriks 1973). Es ist jedoch ganz gewiß nicht so, daß entweder nur genetische "Vorprogrammierung" oder nur Umgebungsfaktoren zu den Bedingungsfaktoren gehören. Es ist auch möglich, daß sich beide unabhängig voneinander mitbedingen oder daß eine gegenseitige Beeinflussung stattfindet. Die Frage, welche Ursachen das Problemverhalten hat, ist zu komplex, um zum gegenwärtigen Zeitpunkt befriedigend beantwortet werden zu können.

Wie bereits erwähnt, kann die Behandlung von Verhaltensproblemen erfolgreich sein. Handelt es sich um relativ leichte Verhaltensprobleme in der Klasse – wie Nicht-auf-seinem-Platz-Bleiben im Klassenzimmer, Streitereien und Hänseleien usw. –, kann eine bewährte und einfach anwendbare Verhaltensbeeinflussungstechnik einen Ausweg bieten. So z. B. die Methode der Selbstkontrolle ("self-monitoring"), die darauf beruht, daß der Schüler selbst beispielsweise anhand einer Kontrolliste überprüft, ob er/sie mit der gestellten Aufgabe beschäftigt ist. Untersuchungen haben gezeigt, daß das Problemverhalten auf diese Weise verringert werden kann (Webber, Scheuermann, McCall & Coleman 1993).

Bokhorst und Goossens (1991) erzielten günstige Ergebnisse bei einer Untersuchung über die Auswirkungen eines Programms zur Verminderung der sozialen Angst. Bei ernsthaften Verhaltensproblemen scheinen Programme, die sich direkt auf das Verhalten des Kindes richten, ziemlich erfolgreich zu sein (Singh, Deitz, Epstein & Singh 1991; Webster-Stratton 1991). Den größten Erfolg haben offenbar Programme, die sich auf das Erziehungsverhalten der Eltern richten (Webster-Stratton 1991).

8.4 Autismus

Der Begriff *Autismus* ist als wissenschaftlicher Begriff in den vierziger Jahren entstanden. An drei verschiedenen Orten wurden damals darüber unabhängig voneinander wissenschaftliche Erkenntnisse gewonnen. Da es meistens das frühe Kindesalter betraf, sind auch Begriffe wie *frühkindlicher Autismus* oder *infantiler Autismus* (early infantile autism) gebräuchlich.

In den Niederlanden wurden seit etwa 1938 Untersuchungen durch Frije vorgenommen, in Amerika durch L. Kanner ab etwa 1942 und in Wien seit ungefähr 1943 durch H. Asperger. Im Vordergrund stand vor allem die Frage, ob diese Störung sich von der bereits länger bekannten Kinderschizophrenie unterscheidet und ob Autismus wirklich eine Störung mit einem eigenen Entstehens- und Erscheinungsbild ist. In den letzten Jahrzehnten wurden immer mehr Hinweise darauf gefunden, daß Autismus unter den verschiedenen Verhaltens- und Gefühlsstörungen einen eigenen Platz einnimmt. Autismus kommt bei vier bis fünf von 10.000 Menschen in einem

Verhältnis von drei bis vier Jungen auf ein Mädchen vor (van Berckelaer-Onnes 1992). Kennzeichnend ist folgendes:

(1) die gestörte Entwicklung der sozialen Beziehungen
(2) die gestörte Entwicklung der Kommunikation
(3) das beschränkte und stereotype Muster der Verhaltensweisen
(4) das Hervortreten der Störung in den ersten drei Lebensjahren (Rutter & Schopler 1987)

Diese Merkmale bilden faktisch die Diagnosekriterien für Autismus. Die Merkmale manifestieren sich in vielen Verhaltensformen. Rutter und Schopler (1987) geben eine ausführliche Beschreibung der Merkmale und ihrer Erscheinungsformen, von denen im folgenden einige Beispiele aufgeführt sind:

(1) Das erste Merkmal – die gestörte Entwicklung der sozialen Beziehungen – bezieht sich auf die Unfähigkeit, auf soziale Signale reagieren zu können und sein Verhalten entsprechend auf die soziale Situation abzustimmen. Dies äußert sich u. a. im Vermeiden von Blickkontakten, dadurch daß selten bei anderen Trost gesucht wird, andere selten getröstet werden, andere selten gegrüßt werden, daß selten die Initiative zum Spielen ergriffen wird und durch das Fehlen von Freundschaften. Oft wird die Unfähigkeit, emotionale Beziehungen aufzubauen, als bezeichnendstes Merkmal des Autismus betrachtet. Ist die Ursache hierfür, daß autistische Personen nicht begreifen, was bei anderen Emotionen hervorruft? Baron-Cohen (1991) versuchte, eine Antwort auf diese Frage zu erhalten, indem sie Kinder fragte, wie eine Puppe – Jane genannt – emotional auf verschiedene Situationen reagieren würde. So wurde beispielsweise erzählt, daß Jane hingefallen ist und sich am Knie verletzt hat. Man fragte die Kinder dann, wie Jane sich fühlt und warum sie sich so fühlt. Auch zeigte der Versuchsleiter den Kindern eine Schachtel mit Süßigkeiten, die Jane gern mochte, sowie eine zweite Schachtel mit Süßigkeiten, die Jane nicht mochte. Während die Schachteln verschlossen blieben, fragte der Versuchsleiter, wie Jane sich fühlen würde, wenn sie nach ihren Lieblingssüßigkeiten fragt und daraufhin erst die erste bzw. erst die zweite Schachtel erhält. Die Antworten der autistischen Kinder unterschieden sich nicht signifikant von denen von geistig retardierten Kindern und normalen Kindern im selben Intelligenzalter. Später sagte der Versuchsleiter, daß Jane kurz weg muß. Er öffnete beide Schachteln und ließ die Kinder sehen, daß sich die begehrten Süßigkeiten in der zweiten Schachtel befanden und daß die erste Schachtel leer war. Er ließ Jane wieder zurückkommen und fragte die Versuchspersonen, wie Jane sich fühlt, wenn sie die erste bzw. die zweite Schachtel erhält. In dieser Situation ging es darum, daß sich die Versuchspersonen nicht durch ihr Wissen, was sich in den betreffenden Schachteln befand, irreführen ließen, sondern nur von dem ausgingen, was Jane über den Inhalt der Schachteln dachte (Janes Überzeugung).

Bei dieser Aufgabe waren die autistischen Kinder deutlich schlechter als die anderen Versuchspersonen. Baron-Cohens Untersuchung zeigte, daß die autistischen Kinder bis zu einem gewissen Grad Wissen über die Ursachen von Emotionen bei anderen besitzen, ein Wissen, das auf Grund übereinstimmender Reaktionen bei normalen Kindern ihrem Intelligenzalter entsprach. Was die autistischen Kinder nicht verstanden war die Beziehung zwischen Überzeugungen und Gefühlen bei anderen.

(2) Das zweite Merkmal – die gestörte Entwicklung der Kommunikation – betrifft den Mangel an verbaler und non-verbaler Kommunikation. Dies äußert sich u. a. in einer aus- oder zurückbleibenden Entwicklung der gesprochenen Sprache, im seltenen Ergreifen der Initiative, der Unfähigkeit, eine Kommunikation zustandezubringen und aufrechtzuerhalten, im Verwenden von "du", wenn "ich" gemeint ist, einer mangelhaften präverbalen Kommunikationsfähigkeit und der Unfähigkeit zu "So-tun-als-ob"-Spielen.

(3) Das dritte Merkmal – das stereotype Muster der Verhaltensweisen – manifestiert sich in einem zwanghaften rituellen Verhalten, beschränkten Interessen und der starren Aufmerksamkeit für kleine Details in der Umgebung. Auffallend ist, daß gehörlose Kinder trotzdem in der Lage sind, (non-verbal) zu kommunizieren, während nicht sprechende autistische Kinder diese Kompensation nicht finden. Sogar gut sprechende autistische Personen sind in ihrer Art des Kommunizierens abweichend. Ihre Sprache ist beispielsweise sehr formal und drückt selten Emotionen aus.

Loveland und Tunali (1991) suchten Antwort auf die Frage, warum selbst autistische Personen, deren Fähigkeiten auf einem verhältnismäßig hohen Niveau lagen, während einer sozialen Interaktion nicht adäquat reagieren. Sie gingen davon aus, daß sich solche Personen der sozialen Erwartungen oder "Scripts", die die Kommunikation zwischen Menschen regeln, weniger bewußt sind. Um diese These zu prüfen, verglichen sie je 13 Personen, bei denen infantiler Autismus diagnostiziert worden war, mit 13 Personen mit Down-Syndrom. Die beiden Gruppen waren so zusammengestellt, daß sie sich hinsichtlich des verbalen Intelligenzalters nicht unterschieden (durchschnittliches verbales Intelligenzalter: 75 Monate). Auch das durchschnittliche Lebensalter war ungefähr gleich (etwa 15 Jahre). Jede Versuchsperson nahm zusammen mit zwei Beobachtern an einer Teevisite teil. Während der Teevisite erzählte jeder der Beobachter ein unangenehmes persönliches Erlebnis, wie beispielsweise den Verlust der Geldbörse. Es wurde dann beobachtet, ob dies bei den Versuchspersonen eine mitfühlende oder hilfsbereite Reaktion hervorrief. Reagierte die Versuchsperson nicht, wurde ein zweiter Versuch unternommen, indem beispielsweise gesagt wurde: "Da ich jetzt kein Geld mehr habe, kann ich auch nichts mehr zu essen kaufen". Die Situation, in der sich die Versuchsperson befand, kann charakterisiert werden als Kommunikationssituation, in der zwei soziale Scripts gleichzeitig zur Anwendung kommen, nämlich die Konversation über Essen und Trinken (die Teevisite) und die Konversation über ein negatives persönliches Erlebnis. Die Personen mit dem Down-Syndrom zeigten öfter mitfühlende (z. B.: "Das ist aber schade") oder hilfsbereite Reaktionen (z. B.: "Wenn du Geld verloren hast, mußt du zu deiner Mutter gehen") als die autistischen Personen, während letztere öfter innerhalb des Scripts der Teevisite reagierten (z. B.: "Kann ich noch ein paar Erdnüsse haben?"). Die Forscher kamen zu dem Schluß, daß die autistischen Personen offensichtlich Mühe hatten beim Übergang vom einen Script (der Teevisite) zum anderen (negative persönliche Erfahrung), und zwar deswegen, weil autistische Personen sich mit dem Wahrnehmen von Gefühlen bei anderen (was für das zweite Script erforderlich war), schwerer tun.

(4) Die Entwicklung der kommunikativen Fertigkeiten autistischer Menschen wird möglicherweise behindert, da bei ihnen auch schon in einem sehr jungen Alter nur wenig Interesse an der Sprache anderer besteht. Klin (1991) argumentiert wie folgt: Babys mit einer normalen Entwicklung hören die menschliche Sprache lieber als andere Geräusche. Das wiederum regt eine verbale Annäherung von Seiten der Umwelt (wie den Eltern) an. In dieser sich gegenseitig bekräftigenden Interaktion zwischen Kind und Erwachsenen wird die Grundlage für eine weitere Sozialisierung und Kommunikation gelegt. Wenn autistische Neugeborene dieses Interesse für die Sprache nicht besitzen, gerät die Entwicklung ihrer kommunikativen Fertigkeiten in Gefahr. Um festzustellen, ob autistische Kinder tatsächlich weniger Interesse an der Sprache haben, führte Klin (1991) folgendes Experiment durch.

Autistische Kinder im Alter von etwa fünf Jahren erhielten ein besonderes Spielzeug, an dem sich zwei Druckknöpfe befanden. Durch Drücken auf den einen Knopf wurde dem Kind ein Stück Text vorgespielt, den die Mutter zuvor auf Band gesprochen hatte. Drücken auf den anderen Knopf führte zum Abspielen eines monotonen Stimmengewirrs, das in einer vollbesetzten Kantine aufgenommen worden war und dem die kennzeichnenden Eigenschaften der Sprache fehlten. Zum Vergleich wurden auch leicht geistigbehinderte Kinder im selben Alter und sich normal entwickelnde (junge) Kinder im selben Intelligenzalter (non-verbale Intelligenz) wie die autistischen Kinder in die Untersuchung miteinbezogen. Die sich normal entwickelnden Kinder und die geistig behinderten Kinder hörten 83,1% bzw. 77,5% der Zeit, die sie mit dem Abspielen der Geräuschquellen verbrachten, der Stimme der Mutter zu. Bei den autistischen Kindern war dies lediglich 41% der Zeit.

Während sich alle normal entwickelnden Kinder und auch die geistig retardierten Kinder lieber die Stimme der Mutter anhörten, hatten einige autistische Kinder keine Bevorzugung und andere autistische Kinder bevorzugten sogar das monotone Stimmengewirr. Der Mangel an Präferenz für die Stimme der Mutter kann nicht darauf zurückgeführt werden, daß die Entscheidungsaufgabe nicht begriffen oder nicht erlernt wurde. In einer vorangegangenen Kontrollaufgabe, die aus der Entscheidung zwischen musikalischer Darbietung mit einem Synthesizer und Kindergesang bestand, hatten alle Kinder – auch die autistischen – eine Präferenz für den Gesang. Darin unterschieden sich die Gruppen nicht. Klin (1991) bemerkte, daß dies übereinstimmt mit dem, was verschiedenen Müttern bereits aufgefallen war, nämlich, daß ihre autistischen Kinder zugänglicher waren, wenn man sich ihnen singend anstatt sprechend näherte.

Für sich betrachtet, können die verschiedenen Verhaltensmerkmale auch auf andere Störungen verweisen, wodurch Autismus und andere Störungen bei einer oberflächlichen Betrachtung Ähnlichkeit aufweisen. So kommt beispielsweise ein bizarres Verhalten sowohl beim Autismus als auch bei der Schizophrenie vor. Es existieren jedoch wichtige Unterschiede: Halluzinationen und Wahnvorstellungen sind kennzeichnend für die Schizophrenie, jedoch nicht für Autismus; typisch für die Schizophrenie ist ein Wechsel zwischen "normalen" und "abnormalen" Perioden, während Autismus gleichbleibend ist. Außerdem kommt Autismus selten in der Familie einer autistischen Person vor, während Schizophrenie sehr oft einen familiären Hintergrund hat. Jedoch gibt es auch beim Autismus Hinweise auf die Existenz gewisser erblicher Tendenzen (Kalat 1992). Darüber hinaus entwickelt sich bei einem Viertel der autistischen Personen Epilepsie, was bei der Schizophrenie eine Seltenheit ist. Sehr wichtig bei der Unterscheidung zwischen Autismus und Schizophrenie ist das vierte Merkmal des Autismus, nämlich das Alterskriterium, das in den ersten Lebensjahren angesetzt werden muß. Während Schizophrenie im allgemeinen erst in der Pubertät auftritt, beginnt Autismus in der frühen Kindheit. Daher wird oft auch die Bezeichnung "infantiler Autismus" verwendet.

Daß Autismus bereits in einem sehr jungen Alter auftritt, wurde durch die folgende Untersuchung illustriert. Adrien u. a. (1991) studierten Filmmaterial, das Familienangehörige von den Kindern gemacht hatten, noch bevor diese Kinder als autistisch diagnostiziert worden waren. In diesen Filmen war zu sehen, daß die Kinder schon in den ersten Lebensmonaten spezifische Verhaltensabweichungen aufwiesen, die sie auch in späteren Altersabschnitten kennzeichneten. Die Eltern waren sich dessen damals nicht bewußt. Den Filmen zufolge schienen sie ein kompensierendes Verhalten in bezug auf ihre Kinder an den Tag zu legen, obwohl sie damals noch nicht wußten, daß ihr Kind autistisch ist.

Es bestehen auch Ähnlichkeiten zwischen Autismus und Sprachstörungen (Rutter & Schopler 1987). Bei sprechenden autistischen Personen ist nicht so sehr der rein linguistische Bereich, sondern mehr der kommunikative Gebrauch der Sprache gestört. Außerdem spielen beim Autismus oft umfangreiche, ernsthafte kognitive Probleme eine Rolle. Dies wirft die wichtige Frage nach dem Zusammenhang zwischen Autismus und geistiger Retardation auf. Einige autistische Personen haben kognitiv ein sehr hohes Niveau. Dreiviertel der autistischen Menschen ist jedoch geistig retardiert (Rutter & Schopler 1987). Autistische Personen unterscheiden sich jedoch laut Rutter und Schopler deutlich von geistig behinderten Personen. Obwohl sich bei einem Viertel der Kinder in beiden Gruppen Epilepsie entwickelt, ist der Zeitpunkt des Beginns unterschiedlich. Bei autistischen Kindern liegt er in der Pubertät, bei geistig behinderten Menschen viel früher. Weiter haben autistische Kinder viel mehr Mühe mit sozial-emotionalen Signalen, dem Begreifen von Bedeutung und Sprache. Dies ergaben u. a. die bereits erwähnten Untersuchungen von Baron-Cohen (1991) und Loveland und Tunali (1991), die autistische und geistig retardierte Kinder im selben (verbalen) Intelligenzalter miteinander verglichen.

Über die genauen Ursachen des Autismus ist nur wenig bekannt. Es handelt sich jedoch deutlich um eine Störung, die nicht durch die Umgebung entstanden ist (z. B. durch Erziehung), sondern eine organische Grundlage hat (Kalat 1992; Rutter & Schopler 1987). Trotzdem hat auch die Umgebung einen wichtigen Einfluß auf die Entwicklung des Autismus. Obwohl die Prognose tatsächlich ungünstig ist, bedeutet dies nicht, daß keine Verbesserung möglich wäre. Es wurden Versuche unternommen, Verbesserung mit dem Mittel Fenfluramine zu erzielen. In gut kontrollierten Untersuchungen wie der von Duker, Welles, Seys, Rensen und Vis (1991) wurden jedoch keine Auswirkungen von Fenfluramine auf das Verhalten von hyperserotonergischen autistischen Personen, die mäßig bis ernsthaft geistig behindert waren, gefunden. Verbesserungen sind eher von Verhaltenstherapien zu erwarten. Lovaas (1987) und McEachin, Smit und Lovaas (1993) berichten von einem erfolgreichen Versuch, autistische Kinder hinsichtlich ihres kognitiven Fähigkeiten und ihres Sozialverhaltens zu "normalisieren". Der Preis für den Erfolg war jedoch nicht gering. Die Kinder, die zu Beginn des Trainings jünger als vier Jahre alt waren, erhielten 40 Stunden pro Woche mindestens zwei Jahre lang Verhaltenstraining in einer Einzelbeziehung (Therapeut-Kind). Dieses Training richtete sich auf das Entwickeln von Sprache, sozialem Verhalten, gemeinsamem Spiel mit anderen und dem adäquaten Umgang mit Spielsachen. Außerdem richtete sich das Training auf die Verminderung von Riten, Wutanfällen und aggressiven Verhaltensweisen. Zum Erfolg sind eine intensive Behandlung und ein frühzeitiger Beginn nötig (Hallahan & Kauffman 1991). Auch die Längsschnittergebnisse von Frije (1968) zeigen, daß Autismus eine Entwicklungstörung ist, d. h. das Resultat von Erb- und Umgebungsfaktoren, die sich gegenseitig beeinflussen. Durch langanhaltende und sehr intensive Begleitung konnten Behandlungserfolge erzielt werden, die auch bleibend waren.

Kontrollfragen und -aufgaben

1. Besprechen Sie verschiedene Ursachen der gestörten Entwicklung!
2. Was ist das auf Lernstörungen angewendete Diskrepanzmodell und wie lautet die Kritik daran?
3. Worin bestehen die wichtigsten Problemgebiete beim Rechnen? Erklären Sie, warum diese wichtig sind!
4. Wie verlaufen die Pfade der Entwicklung des antisozialen Verhaltens?
5. Versuchen Sie, auch für die Entwicklung des sogenannten Matthäuseffekts bei ernsthaften Leseproblemen einen Entwicklungspfad anzugeben!
6. Welche Faktoren spielen beim Entstehen und Fortbestehen von ernsthaften Verhaltensproblemen eine Rolle?
7. Worin bestehen die Risikofaktoren, die das Entwickeln von Delinquenz begünstigen?
8. Warum spricht man von frühkindlichem Autismus? Besprechen Sie eine mögliche Behandlung!

Literatur

Adorno, Th.W., (1970). Erziehung zur Mündigkeit. Frankfurt a.M.: Suhrkamp.
Adrien, J. L., Faure, M., Perrot, A., Hameury, L., Garreau, B., Barthelemy, C. & Sauvage, D. (1991). Autism and family home movies: Preliminary findings. Journal of Autism and Developmental Disorders, 21, 43-49.
Albinski, M. (1967). Survey-research. Utrecht: Het Spectrum.
Alleman, C. (1951). Über das Spiel. Zürich: Juris Verlag.
Allport, G.W. (1966). Pattern and growth in personality. New York: Holt, Rinehart & Winston.
Amelang, M. & Bartussek, D. (1990). Differentielle Psychologie und Persönlichkeitsforschung. Stuttgart: Kohlhammer.
Andriessen, J.H.T.H. (1972). Interne of externe beheersing. Nederlands Tijdschrift voor Psychologie, 27, 173-198.
Andriessen, H.C.L. (1984). Volwassenheid in perspectief. Inleiding tot de psychologie van de volwassen levensloop. Nijmegen: Dekker & van de Vegt.
Ariès, P.H. (1962). Centuries of childhood. A social history of family life. New York: Vintage Books.
Asher, S.R. & Gottman, J.M. (Hrsg.) (1981). The development of children's friendships. Cambridge: Cambridge University Press.
Auhagen, A. E. (1994). Persönlichkeit und soziale Beziehungen: Unpersönliche Beziehungslosigkeit? In D. Bartussek und M. Amelang (Hrsg.), Fortschritte der Differentiellen Psychologie und Psychologischen Diagnostik. Göttingen: Hogrefe.
Ausubel, D.P. (1965). Theories and problems of adolescent developent. New York: Grune & Stratton (Deutsch: Das Jugendalter, München: Juventa, 1971).
Baacke, D. (1976). Die 13- bis 18jährigen. Einführung in Probleme des Jugendalters. München: Urban & Schwarzenberg.
Bakker, D. (1992). Neuropsychological classification and treatment of dyslexia. Journal of Learning Disabilities, 25, 102-109.
Baltes, P.B. & Dittmann-Kohli, F. (1982). Einige einführende Überlegungen zur Intelligenz im Erwachsenenalter. Neue Sammlung, 22, 261-278.
Baltes, P.B., Dittmann-Kohli, F., & Dixon, R.A. (1984). New perspectives on the development of intelligence in adulthood: Toward a dual process conception and a model of selective optimization with compensation. In P.B. Baltes & O.G. Brim (Hrsg.), Life-span development and behavior. Vol. 6 (S.33-76). New York: Academic Press.
Baltes, P.B., Reese, H.W. & J.R. Nesselroade (1977). Life-span developmental psychology: Introduction to research methods. Monterey, California: Brooks/Cole Publ. comp.
Baltussen, M. W. J. (1993). 7 trainingsvarianten voor rekenproblemen. Een vergelijkend onderzoek uitgevoerd bij moeilijk lerende kinderen en kinderen met leerproblemen. Dissertatie Universiteit van Nijmegen, 's-Hertogenbosch: K.P.C.
Baltussen, M. W. J. & Lieshout, E. C. D. M. van. (1990). Rekenfeiten in het cijferend optellen en aftrekken tot 100. Pedagogische Studiën, 67, 306-316.
Bandura, A. (1977). Social learning theory. Englewood Cliffs, N.J.: Prentice-Hall.
Baron-Cohen, S. (1991). Do people with autism understand what causes emotion? Child Development, 62, 385-395.
Bee, H. (1994). Lifespan Development. New York: Harper Collins.
Beets, N. (1960). Volwassen worden. Utrecht: Bijlveld.
Beke, B.M.W.A. (1987). Weggelopen minderjarigen uit kinderbeschermingstehuizen. Diss. Nijmegen.
Belotti, E.G. (1975). Zo worden kleine meisjes groot. De maatschappelijke conditionering van de vrouw in de vroege kinderjaren. Den Haag: Bert Bakker (Italienisch 1973).

Benbow, C.P. & Stanley, J.C. (1980). Sex differences in mathematical ability: Fact or artifact? Science, 210, 1262-1264.
Berckelaer-Onnes, I. A. (1992). Leven naar de letter. Tijdschrift voor Orthopedagogiek, 31, 413-424.
Bergius, R. (1959). Entwicklung als Stufenfolge. In H. Thomae (Hrsg.) Entwicklungspsychologie (S. 104-195), Handbuch der Psychologie, Bd. 3, Göttingen: Hogrefe.
Bernstein, B.A. (1970). A sociolinguistic approach to socialization with some reference to educability. In F. Williams (Hrsg.) Language and poverty; perspective on a thema. Chicago: Markham.
Bertels, K. & Nauta, D. (1969). Inleiding to het modelbegrip. Bussum: De Haan.
Bilsky, L. H. & Judd, T. (1986). Sources of difficulty in the solution of verbal arithmetic problems by mentally retarded and nonretarded individuals. American Journal of Mental Deficiency, 90, 395-402.
Birren, J.E. (1961). A brief history of the psychology of aging. The Gerontologist, 1, 69-77.
Birren, J.E. & Schroots, J.J.F. (1984). Steps to an ontogenetic psychology. Academic Psychology Bulletin, 6, 177-190.
Bloom, B.S. (1964). Stability and change in human characteristics. New York: John Wiley.
Bloom, L. (1970). Language development: Form and function in emerging grammars. Cambridge, Mass.: MIT Press.
Bogt, T.F.M. ter & Praag, C.S. van (1992). Jongeren op de drempel van de jaren negentig. Rijswijk: Sociaal Cultureel Planbureau. (Zitiert als SCP 1992).
Bogt, T. ter (1993). Vierkwartmaat — Popmuziek en stijl. In A. J. Dieleman, F. J. van der Linden & A. C. Perreijn (Hrsg.). Jeugd in meervoud — theorieën, modellen en onderzoek van leefwerelden van jongeren (S. 230-259). Heerlen: De Tijdstroom.
Bokhorst, J. & Goossens, F. A. (1991). Effecten van een curriculum 'sociale vorming' voor de bovenbouw van het basisonderwijs. Tijdschrift voor Orthopedagogiek, 30, 247-253.
Bolinger, D. (1968). Aspects of language. New York: Harcourt Brace.
Boom, D. C. van den (1994). The influence of temperament and mothering on attachment and exploration: An experimental manipulation of sensitive responsiveness among lowerclass mothers with irritable children. Child Development, 65, 1457-1477.
Boom, D. C. van den (1995). Do first-year intervention effects endure? Follow-up during toddlerhood of a sample of Dutch irritable children. Child Development, 66, 1798-1816.
Boom, J. & Olthof, T. (1994). Kohlbergs theorie over de ontogenese van rechtvaardigheidsoordelen. In T. Olthof und D. Brugman (Hrsg.), Het ontstaan van moreel besef - cognitie, emotie en gedrag. Lisse/ Amsterdam: Swets & Zeitlinger.
Bosch, K. van den, Bon, W. H. J. van & Schreuder, R. (1990). Flash Cards; een vergelijking van toepassingsprocedures. Tijdschrift voor Orthopedagogiek, 29, 233-244.
Bosma, H. & Graafsma, T. (Hrsg.) (1982). De ontwikkeling van identiteit in de adolescentie. Nijmegen: Dekker & van de Vegt.
Bosma, H.A. (1985). Identity development in adolescence. Coping with commitments. Diss. Groningen.
Bower, T.G.R. (1974). Development in infancy. San Francisco: W.H. Freeman.
Bowlby, J. (1951). Maternal care and mental health. Geneve: World Health Organization.
Boxtel, H.W. van, Mönks, F.J. & Pijnenburg, H.M. (1985). Taakgerichte motivatie en creatieve productie. In F.J. Mönks & P. Span (Hrsg.). Hoogbegaafden in de samenleving (S.330-353). Nijmegen: Dekker & van de Vegt.
Bray, N. W. & Turner, L. A. (1986). The rehearsal deficit hypothesis. In N. R. Ellis & N. W. Bray (Hrsg.), International review of research in mental retardation. Vol. 14 (pp. 239-252). Orlando: Academic Press.
Brentjens, H.J.H. (1978). Visies op jeugd. Deventer: Van Loghum Slaterus.
Bretschneider, J.G. & McCoy, N.L. (1988). Sexual interest and behavior in healthy 80- to 102-year-olds. Archives of Sexual Behavior, 17, 109-129.
Briars, D. J. & Larkin, J. H. (1984). An integrated model of skill in solving elementary word problems. Cognition and Instruction, 1, 245-296.

Brier, N. (1989). The relationship between learning disability and delinquency: A review and reappraisal. Journal of Learning Disabilities, 22, 546-553.
Bronfenbrenner, U. (1976). The experimental ecology of education. Educational Researcher, 5-15.
Bronfenbrenner, U. & Ceci J. (1994). Nature-nurture reconceptualized in developmental perspective: A biological model. Psychological Review, 101, 568-586.
Brown, A. & Campione, J. C. (1986). Psychological theory and the study of learning disabilities. American Psychologist, 14, 1059-1068.
Brown, B.B., Eicher, S.A. & Petrie, S. (1986). The importance of peergroup ('crowd') affiliation in adolescence. In: Journal of Adolescence, 9, 73-96.
Brown, R., Cazden, C. & Bellugi, U. (1969). The child's grammar from 1 to 3. In J.P. Hill (Hrsg.) Minnesota Symposium on child psychology, 2. Minneapolis: University of Minnesota Press.
Bründel, H. (1989). Das Kieler Einschulungsverfahren und das Mannheimer Schuleingangsdiagnostikum. Psychologie in Erziehung und Unterricht, 36, 140-144.
Bruner, J.S. (1972). The relevance of education. London: George Allen & Unwin.
Bruner, J.S., Jolly, A. & Sylva, K. (1976). Play – its role in development and evolution. New York: Basic Books.
Bruyn, F. de & Willems, W. (1976). Vervreemding door religie. Religiositeit en engagement, Jeugd en Samenleving, 7/8, S. 599-609.
Bühler, Ch. (1928). Kindheit und Jugend. Leipzig: Hirzel.
Bühler, Ch. (1933). Der menschlichen Lebenslauf als psychologisches Problem. Leipzig: Hirzel
Bühler, Ch. (1972). Wenn das Leben gelingen soll. München: Knaur.
Bühler, K. (1965; Erstauflage 1929). Die Krise der Psychologie.Jena: Gustav Fischer.
Buseman, A. (1953). Krisenjahre im Ablauf der menschlichen Jugend. Ratingen: A. Henn Verlag.
Buseman, A.N.N. (1956). Zum Problem der Abgrenzung der Entwicklungsphasen. In O.W. Haselhoff u.a. (Hrsg.) Moderne Entwicklungspsychologie. Berlin: De Gruyter.
Buytendijk, F.J.J. (1932). Het spel van mensch en dier als openbaring van levensdriften. Amsterdam: Kosmos.
Buytendijk, F.J.J. (1933). Wesen und Sinn des Spiels. Berlin: Kurt Wolff Verlag.
Caldwell, B. (1970) siehe Hellmuth, J.
Caillois, R. (1961). Man, play and games. New York: The Free Press of Glencoe. (Übersetzung von Les yeux et les hommes. Paris: Gallimard, 1958).
Calon, P.J.A. (1953). De Jongen. De psychologie van de jongen van de laatste schooljaren tot aan de volwassen leeftijd. Heemstede: De Toorts.
Cameron, P. (1970). The generation gap: Beliefs about sexuality and self-reported sexuality. Developmental Psychology, 3, 272-273.
Case, R. (1985). Intellectual Development. Birth to Adulthood. Orlando/London: Acad. Press.
Case, R & Edelstein, W. (Hrsg.) (1993). The new structuralism in cognitive development. Basel: S. Karger AG.
Catania, J.A., & White, C.B. (1982). Sexuality in an aged sample: Cognitive determinants of masturbation. Archives of Sexual Behavior, 11, 237-245.
Cattell, R.B. (1963). Theory of fluid and crystallized intelligence: A critical experiment. Journal of Educational Psychology, 54, 1-22.
Centraal Bureau voor de Statistiek (zitiert als CBS) (1992). Statistiek van het basisonderwijs, het speciaal onderwijs en het voortgezetspeciaal onderwijs 1991/'92. Scholen en leerlingen. Voorburg: Auteur.
Chomsky, N. (1957). Syntactic structures. Den Haag: Mouton.
Chomsky, N. (1959). A review of verbal behavior by B.F. Skinner. Language, 35, 26-58.
Chomsky, N. (1965). Aspects of the theory of syntax. Cambridge, Mass.: MIT Press.
Chomsky, N. (1968). Language and mind. New York: Harcourt Brace.
Christenson, C.V., & Gagnon, J.H. (1965). Sexual behavior in a group of older women. Journal of Gerontology, 20, 351-356.

Clarke, A.D.B. & Clarke (1976). Early experience: Myth and evidence. London: Open Books.
Conger, J.J. (1973). Adolescence and youth. London: Harper & Row.
Cools, A. & Hermanns, J.M.A. (1979). Denver Ontwikkeling Screeningtest, handleiding. Amsterdam: Swets en Zeitlinger.
Crain, W.C. (1980). Theories of development: Concepts and application. Englewood Cliffs, N.J.: Prentice-Hall.
Crisp, A.H. (1980). Anorexia Nervosa. Let me be. London: Academic Press.
Cross, H.J. & Kleinhesselink, R.R. (1976). Youth and the Counterculture. In J.F. Adams, Understanding Adolescence, 412-440.
Csikszentmihalyi, M. (1975). Beyond boredom and anxiety. San Francisco: Jossey-Bass.
Cutler, S.J. (1985). Aging and attitudes about sexual morality. Aging and Society, 5, 161-173.
Daal, V. H. P. van & Leij, A. van der. (1992). Computer-based reading and spelling for children with learning disabilities. Journal of Learning Disabilities, 25, 186-195.
Dale, S. (1972). Language development, structure and function. Hinsdale, Illinois: The Dryden Press.
Dam, B.A.F.N. van (1993). Een generatie met verschillende gezichten. Nijmegen: ITS.
Dasberg, L. (1980). Grootbrengen door kleinhouden als historisch verschijnsel. Meppel: Boom.
Davidow, W.W. (1961). Die Veränderung der Art der Tätigkeit als Ursache der psychischen Entwicklung des Kindes. Zeitschrift für Psychologie, 165, 264-172.
Debesse, M. (1941). La crise de l'orginalité juvénile. Paris: Presses universitaires de France.
Deci, E.L. (1976). Intrinsic motivation. New York: Plenum Press.
Degenhardt, A. & Trautner, H.M. (Hrsg.) (1979). Geschlechtstypisches Verhalten. München: Beck.
Delors, J. (1977). The attitudes of adolescence to education and work. In J.P. Hill & F.J. Mönks (Hrsg.), Adolescence and youth in prospect, (S. 201-212), Guilford: IPC Science and Technology Press.
Developmental Psychology Today (1971). Del Mar, CA: CRM Books.
Dirksen, M. (1985). Postpartum depressie en gehechtheid. Diplomarbeit KU Nijmegen, Fachbereich Entwicklungspsychologie.
Dittmann-Kohli, F. (1984). Weisheit als mögliches Ergebnis der Intelligenzentwicklung im Erwachsenenalter. Sprache und Kogniton, 2, 112-132.
Dittmann-Kohli, F. (1994). Das persönliche Sinnsystem. Göttingen: Hogrefe.
Dodge, K. A. (1990). Nature versus nurture in childhood conduct disorder: It is time to ask a different question. Developmental Psychology, 26, 698-701.
Döring, K. (1982). Tätigkeitsstrukturen und psychische Verarbeitungsprozesse bei Arbeitslosen und Arbeitenden Jugendlichen. Giessen: Nicht publizierte Doktorarbeit.
Drenth, P.J.D. (1973). De psychologische test. Deventer: Van Loghum Slaterus.
Duker, P. C., Welles, K., Seys, D., Rensen, H., Vis, A. & Berg, G. van den. (1991). Effects of Fenfluramine on communicative, stereotypic, and inappropriate behaviors of autistic-type mentally handicapped individuals. Journal of Autism and Developmental Disorders, 21, 355-363.
Dumont, J. J. (1990). Dyslexie. Theorie, diagnostiek, behandeling. Rotterdam: Lemniscaat.
Durkin, K. (1995). Developmental Social Psychology. Oxford: Blackwell.
Elbers, E. (1988). Social Context and the Child's Construction of Knowledge. Utrecht (Diss.): Elinkwijk b.v.
Elkind, D. (1970). Children and adolescents. New York/London: Oxford University Press.
Elkind, D. (1971). Egocentrism in Adolescents. In J.P. Hill & J. Shelton (Hrsg.), Readings in adolescent development and behavior. Englewood Cliffs (N.J.): Prentice-Hall.
Erikson, E.H. (1957). Kindheit und Gesellschaft. Zürich: Pan-Verlag
Erikson, E.H. (1963). Childhood and society. New York: Norton.
Erikson, E.H. (1968). Identity, youth and crisis. New York: Norton & Company.
Erikson, E.H., Erikson, J.M., & Kivnic, H.Q. (1986). Vital involvement in old age. New York: Norton.

Ewert, O. (1978). Über die Bedeutsamkeit frühkindlicher Erfahrungen für die menschliche Entwicklung. In R. Dollase (Hrsg.) Handbuch der Früh- und Vorschulpädagogik. Düsseldorf: Schwann.
Ewert, O. (1983). Entwicklungspsychologie des Jugendalters. Stuttgart: Kohlhammer.
Extra, G. (1974). Taalcompensatieprogramma's als bijdrage aan het socialisatieprogramma van het kind? Forum der Letteren, 15, 198-223.
Felling, A., Peters, J. & Schreuder, O. (1986). Geloven en Leven. Een nationaal onderzoek naar de invloed van religieuze overtuigingen. Zeist: Kerckebosch.
Ferguson, G.A. (1966). Statistical analysis in psychology and education. London: McGraw Hill.
Flavell, J.H. (1977). Cognitive development. Englewood Cliffs, New Jersey: Prentice-Hall.
Flavell, J.H. & Ross, L. (Hrsg.) (1981). Social Cognitive Development. Cambridge: Cambridge University Press.
Fortmann, H. (1968). Als ziende de onzienlijke, deel 3 B. Hilversum: Paul Brand.
Francescato, G. (1973). Spracherwerb und Sprachstruktur beim Kinde. Stuttgart: Klett.
Frank, A. (1950) Das Tagebuch der Anne Frank. 12. Juni 1942 - 1. August 1944. Heidelberg: Lambert Schneider.
Fraser, S. (Hrsg.) (1995). The Bell Curve wars. New York: Basic Books.
Fraser, C., Bellugi, U. & Brown, R. (1963). Control of grammar in imitation, comprehension and production. Journal of Verbal Learning and Verbal Behavior, 2, 121-135.
Freeman, J. (1979). Gifted Children. Lancaster: MTP Press Limited.
French, J.R.P. & Raven, B. (1968). The bases of social power. In D. Cartwright & A. Zander (Hrsg.) Group Dynamics. New York: Harper & Row.
Frenken, J. (1976). Afkeer van seksualiteit. Deventer: Van Loghum Slaterus.
Frenken, J. & Kwant, R. C. (1981). Gemengde gevoelens: Seksualiteitsbel eving in de huwelijksrelatie. Deventer: Van Loghum Slaterus.
Freud, S. (1953). Abriss der Psychoanalyse. Frankfurt a.M.: Fischer.
Frick, P. J., Lahey, B. B., Loeber, R., Stouthamer-Loeber, M., Christ, M. A. G. & Hanson, K. (1992). Familial risk factors to oppositional defiant disorder and conduct disorder: Parental psychopathology and maternal parenting. Journal of Consulting and Clinical Psychology, 60, 49-55.
Frije, I.B.M. (1968). Fremde unter uns. Meppel: Boom.
Fromm, E. (1941). Escape from freedom. New York: Holt, Rinehard & Winston.
Furter, P. (1965). La vie de l'adolescent: bases d'une pédagogie. Neuchatel: Imprimerie Delachaux & Niestlé.
Furth, H.G. (1966). Thinking without language: psychological implications of deafness. New York: The Free Press.
Furth, H.G. (1969). Piaget and knowledge: theoretical foundations. Englewood Cliffs, New Jersey: Prentice-Hall.
Furth, H.G. (1970). Piaget for teachers. Englewood Cliffs, New Jersey: Prentice-Hall.
Furth, H.G. & Wachs, H. (1974). Thinking goes to school. New York: Oxford University Press.
Geber, M. & Dean, R.F.A. (1964). Le développment psychomoteur et somatique des jeunes enfants africaines en Ouganda. Courrier, 14, 425-437.
Geert, P. van (1978). Perceptie, kognitieve en taalontwikkeling: theoretische overwegingen en een longitudinale gevalsbeschrijving. In F.J. Mönks & P.G. Heymans. Communicatie en interaktie bij het jonge kind. Nijmegen: Dekker & van de Vegt.
Gehlen, A. (1941). Der Mensch. Seine Natur und seine Stellung in der Welt. Berlin: De Gruyter.
Geld, A.M.C. (1984). Opvoedingshulp in theorie en praktijk. Leuven/Amersfoort: Acco.
George, L.K., & Weiler, S.J. (1981). Sexuality in middle and late life: The effects of age, cohort, and gender. Archives of General Psychiatry, 39, 919-923.
Gerris, J.R.M., Jansen, F.J. & Badal, C.R. (1980). Denken over jezelf en de ander. Den Bosch: Malmberg.
Gerris, J.R.M. (1986). Sociale ontwikkeling: Een pedagogische uitdaging voor het onderwijs. In Handboek Basisonderwijs. Deventer: Van Loghum Slaterus.

Gerritsen, A.J. (1984). Religieuze ontwikkeling. Lisse/Amsterdam: Swets & Zeitlinger.
Gesell, A. (1953). Säugling und Kleinkind in der Kultur der Gegenwart. Bad Nauheim: Christian-Verlag.
Gesell, A. (1954). The ontogenesis of infant behavior. In L. Carmichael (Hrsg.) Manual of child psychology (2nd ed.). New York: Wiley.
Getzels, J.W. & Jackson, Ph.W. (1962). Creativity and intelligence. London: Wiley.
Gibson, E.H. & Walk, R.R. (1960). The 'visual cliff'. Scientific American, 202, 2-9.
Giesecke, H. (1974). Einführung in die Pädagogik. München: Juventa.
Gilligan, C. (1984). Die andere Stimme - Lebenskonflikte und Moral der Frau. München: Piper.
Ginneken, J. van (1917). De roman van een kleuter. Nijmegen: Malmberg.
Ginzberg, E. (1951). Occupational choice. New York: Columbia University Press.
Ginzberg, E. (1972). Towards a Theory of occupational choice: A restatement. Vocational Guidance Quarterly, 20, 169-176.
Goodnow, J. (1983). Children's drawing. Oxford: Fontana
Graber, G.H. (1956) Die Not des Lebens und ihre Überwindung. Bern: Ardschuna.
Graber, G.H. & Kruse, F. (Hrsg.) (1973). Vorgeburtliches Seelenleben. München: Goldmann Medizin (9038).
Grégoire, A. (1937). L'apprentissage du langage: Vol.1. Les deux premières annés. Paris: Droz.
Grégoire, A. (1947). L'apprentissage du langage: Vol. 2. La troisième années suivantes. Paris: Droz.
Grimm, H. (1982). Sprachentwicklung: Voraussetzungen, Phasen und theoretische Interpretationen. In R. Oerter & L. Montada (Hrsg.), Entwicklungspsychologie (S. 506-566). München: Urban & Schwarzenberg.
Haas, G.C. de (1978). Beknopte jeugdkunde. Alphen a.d. Rijn: Samsom.
Habermas, J. (1968). Technik und Wissenschaft als Ideologie. Frankfurt a.M.: Suhrkamp.
Hallahan, D. P., & Kauffman, J. M. (1991). Exceptional children. Introduction to special education. Englewood Clifs, NJ: Prentice-Hall.
Hamel, B.R. & Riksen, B.O.M. (1973). Identity, reversibility, verbal rule instruction and conversation. Developmental Psychology, 9, 66-72.
Hany, E.A. & Nickel (Hrsg.) (1992). Begabung und Hochbegabung. Göttingen: Huber.
Harlow, H.F. (1971). Learning to love. San Francisco: Ablion Publishing Company.
Harlow, H.F., McGaugh, J.L. & Thompson, R.F. (1971). Psychology. San Francisco: Ablion Publishing Company.
Harmsen, G.J. (1961). Blauwe en rode jeugd. Een bijdrage tot de geschiedenis van de Nederlandse Jeugdbeweging tussen 1853 en 1948. Assen: Van Gorcum.
Hart,J.J.M. de (1990). Levensbeschouwlijke en politieke praktijken van Nederlandse middelbare scholieren. Kampen: J.H. Kok.
Hartup, W.W. (1963). Dependence and independence. In H.W. Stevenson (Hrsg), Child psychology, The 63rd yearbook of the national society for study of education, (S.333-363). Chicago: University of Chicago Press.
Hartup, W. W. (1970). Peer interaction and social organization. In Mussen, P.H. (Hrsg.) Carmichael's manual of child psychology 2. New York: John Wiley.
Hartup, W. W. (1973). Hechting van baby's en jonge kinderen. In J. de Wit, H. Bolle und R. Jessurun Cardozo-van Hoorn (Hrsg.), Psychologen over het kind 3. Groningen: Tjeenk Willink.
Hartup, W. W. (1974). Aggression in childhood: developmental perspectives. American Psychologist, 29, 336-341.
Hartup, W. W. (1977). Adolescent peer relations: A look to the future. In J.P. Hill & F.J. Mönks (Hrsg.). Adolescence and youth in prospect. Guilford: IPC Science and Technology Press.
Hau, Th.F. & Schindler, S. (1982). Pränatale und perinatale Psychosomatik. Richtungen, Probleme, Ergebnisse. Stuttgart: Hippokrates.
Havighurst, R. (1953, 1972). Human development and education. New York: Longmans, Green.

Havighurst, R.J. (1967). Developmental tasks and education. New York: David McKay.
Havighurst, R.J. (1976). A cross-cultural View. In J.F. Adams (Hrsg.) Understanding Adolescence. Current Developments in Adolescent Psychology. Boston: Allyn & Bacon, Inc.
Hazekamp, J. (1980). Arbeidersjongeren. Meppel/Amsterdam: Boom.
Heckhausen, H. & Roelofsen, I. (1962). Anfänge und Entwicklung der Leistungsmotivation (I) im Wetteifer des Kleinkindes. Psychologische Forschung, 26, 313-397.
Heckhausen, H. (1980). Motivation und Handeln. Berlin: Springer.
Heinbokel, A. (1996). Springen als eine Form schulischer Akzeleration. Dissertation Universität Osnabrück.
Heller, K.A. (Hrsg.) (1991). Begabtendiagnostik in der Schul- und in der Erziehungsberatung. Göttingen: Huber.
Heller, K.A., Mönks, F.J. & Passow, A.H. (Hrsg.) (1993). International Handbook of Research and Development of Giftedness and Talent. Oxford: Pergamon Press.
Hellmuth, J. (Hrsg.) (1970). Disadvantaged child. Vol.3. New York: Bruner.
Hendry, L.B. (1978). School, Sport and Leisure. London: Lepus Books.
Hentig, H. von (1970). Systemzwang und Selbstbestimmung. Über die Bedingungen der Gesamtschule in der Industriegesellschaft. Stuttgart: Klett.
Hermans, H.J.M. (1971). Prestatiemotivatie en faalangst in gezin en onderwijs. Amsterdam: Swets & Zeitlinger.
Hermans, H.J.M. (1974). Waardegebieden en hun ontwikkeling: theorie en methode van zelf-confrontatie. Amsterdam: Swets & Zeitlinger.
Herrnstein, R. J. & Murray, C. (1994). The Bell Curve: Intelligence and class structure in American life. New York: The Free Press.
Hetzer, H. (1968). Kind und Jugendlicher in der Entwicklung. Hannover: Schroedel.
Hewett, F.M. (1968). The emotionally disturbed child in the classroom. Boston: Allyn & Bacon.
Heymans, P.G. (1979). Wikken en wegen. Meppel: KRIPS (KU Nijmegen).
Heymans, P. G. (1988). De ontwikkeling van het morele denken. In W. Koops und J. J. van der Werff (Hrsg.), Overzicht van de empirische ontwikkelingspsychologie 3. Groningen: Wolters-Noordhoff.
Heymans, P. G. (1994). Hoe beïnvloedt de dagelijkse omgeving de morele ontwikkeling? In J. Boom & T. Olthof (Hrsg.), Het ontstaan van moreel besef — cognitie, emotie en gedrag. Lisse/Amsterdam: Swets & Zeitlinger
Hill, J. (1973). Some perspectives on Adolescence in American Society. Position paper prepared for the Office of Child Development, United States Department of Health Education and Welfare.
Hill, J.P. & Mönks, F.J. (Hrsg.) (1977). Adolescence and youth in prospect. Guilford: IPC Science and Technology Press.
Hite, Sh. (1971). De Hite-rapport. Een studie over de seksualiteit van de vrouw. Amsterdam: Arbeiderpers/Wetensch. Uitg.
Hoffman, M.L. (1970). Moral Development. In P.H. Mussen (Hrsg.) Carmichael's Manual of Child Psychology 2. London: John Wiley.
Holahan, C. K., Sears, R. R. & Cronbach, L. J. (1995). The gifted group in later maturity. Stanford, CA: Stanford University Press.
Horn, J.L. & Cattell, R.B. (1967). Age differences in fluid and cristallized intelligence. Acta Psychologica, 26, 107-129.
Horn, J.L., & Donaldson, G. (1976). On the myth of intellectual decline in adulthood. American Psychologist, 31, 7O1-719.
Horn, J.L., & Donaldson, G. (1980). Cognitive development in adulthood. In O.G. Brim, Jr. & J. Kagan (Hrsg.), Constancy and change in human development (S. 445-529), Cambridge, Mass.: Harvard University Press.
Huizinga, J. (1940). Homo Ludens. Proeve eener bepaling van het spelelement der cultuur. Haarlem: Tjeenk Willink en Zoon.
Hunt, J.McV. (1969). The challenge of incompetence and poverty. London: University of Illinois Press.

Hurford, D. P., Darrow, L. J., Edwards, T. L., Howerton, C. J., Mote, C. R., Schauf, J. D. & Coffey, P. (1993). An examination of phonemic processing abilities in children during their first-grade year. Journal of Learning Disabilities, 26, 167-177.

Husén, T. (1977). The adolescent and the school in Europe. In J.P. Hill & F.J. Mönks (Hrsg.), Adolescence and youth in prospect (S. 186-200), Guilford: IPC Science and Technology Press.

Hynd, G. W. (1992). Neurological aspects of dyslexia: Comment on the balance model. Journal of Learning Disabilities, 25, 110-123.

IJzendoorn, M. H. van (1986). Morele argumentatie en bezorgdheid over kernbewapening. Enkele empirische studies oder jongeren. Pedagogische Studiën, 63, 1-13.

IJzendoorn, M. H. van, Tavecchio, L. W. C. & Goossens, F. A. (1982). Opvoeden in geborgenheid. Een kritische analyse van Bowlby's Attachmenttheorie. Groningen: Van Loghum Slaterus.

Jacoby, R. und Glaubermann, N. (1995). The Bell Curve debate. New York: Times Books.

Jansen, I. I. & Aken, M. A. G. van. (1991). Depressieve gedragskenmerken bij onpopulaire kinderen. Tijdschrift voor Orthopedagogiek, 30, 123-136.

Janssens, J.M.A.M., Gerris, J.R.M. & Janssen, A.W.H. (1990). Ouderlijke opvoedingsgedragingen, empathie en prosociale ontwikkeling van het kind. Pedagogische Studiën, 67, 403-416.

Jaspers, M. W. M. & Lieshout, E. C. D. M. van. (1989). Een trainingsprogramma voor kinderen met leerproblemen gericht op het aanleren van concrete representaties voor redactie- opgaven. Pedagogische Studiën, 66, 240-255.

Jensen, A.R. (1969). How much can we boost I.Q. and scholastic achievement? Harvard Education Review, 39, 1-123.

Jersild, A.T., Brook, J.S. & Brook, D.W. (1978). The Psychology of Adolescence. 3d ed. New York: MacMillan Publ.Co., Inc.

Joffe, J.M. (1969). Prenatal determinants of behavior. London: Pergamon Press.

Jonge-Adriaanssen, A. de (1985). Het vierde trimester van de zwangerschap: een longitudinale studie van beginnend moederschap. Diplomarbeit KU Nijmegen, Fachbereich Entwicklungspsychologie.

Jonkergouw, Th.A.J.M. (1971).Emancipatie, sociologische kanttekeningen bij een sociaalhistorisch begrip. Intermediair, 42, 39-41.

Jungbluth, P.L.M. & Klaassen, C.A.C. (1973). De vorming van waarden en houdingen in socialisatieprocessen. Nijmegen: ITS.

Kagan, J. (1980). Four questions in psychological development. International Journal of Behavioral Development, 3, 231-241.

Kalat, J. W. (1992). Biological psychology. Belmont, CA: Wadsworth.

Kemmler, L. (1957). Untersuchungen über den frühkindlichen Trotz. Psychologische Forschung, 25, 279-338.

Keniston, K. (1960). The uncommitted: Alienated youth in American Society. New York: Dell.

Kern, A. (1954). Sitzenbleiberelend und Schulreife. Freiburg: Herder.

Killen, M. & Hart, D. (Hrsg.) (1995). Morality in everyday life — Developmental perspectives. Cambridge: Cambridge University Press.

Kinsey, A.C., Pomeroy, W.B., & Martin, C.E. (1948). Sexual behavior in the human male. Philadelphia: Saunders.

Kinsey, A.C., Pomeroy, W.B., Martin, C.E. & Gebbard, P.H. (1953). Sexual behavior in the human female. Philadelphia: Saunders.

Klin, A. (1991). Young autistic children's listening preferences in regard to speech: A possible characterization of the symptom of social withdrawal. Journal of Autism and Developmental Disorders, 21, 29-42.

Kline, P. (1994). Personality tests. In A. M. Colman (Hrsg.), Companion Encyclopedia of Psychology, Vol 1. London: Routledge.

Knebel, A. (1973). Die werdende Mutter: Zeugung, Schwangerschaft und Geburt. In G.H. Graber & F. Kruse (Hrsg.) Vorgeburtliches Seelenleben. München: Goldmann.

Knoers, A.M.P. (1966). De verveling in de puberteit. Assen: Van Gorcum & Comp.

Knoers, A.M.P. (1973). Leren en ontwikkeling. Assen: Van Gorcum.

Knoers, A.M.P. (1977). Enige ontwikkelingspsychologische kanttekeningen bij de Contourennota. In L. Van Gelder (Hrsg.) Vernieuwing van onderwijs (S. 24-51), Groningen: Wolters-Noordhoff.
Knoers, A.M.P. (1985). Leren en ontwikkeling. A continuing story. In Info, Tijdschrift voor Onderwijswetenschap, 16, 45-60.
Knoers, A. M. P. (1995). Het onderwijs in Nederland. Leuven/Apeldoorn: Garant.
Kohlberg, L. (1963). The development of children's orientation toward a moral order. I. Sequence in the development of moral thought. Human Development (Vita Humana), 6, 11-33.
Kohlberg, L. (1964). Development of moral character and moral ideology. In M.L. Hoffman & L.W. Hoffman (Hrsg.) Review of child development research. New York: Russell Sage Foundation.
Kohlberg, L. (1966). A cognitive-developmental analysis of children's sexrole concept and attitudes. In Maccoby, E.E. (Hrsg.) The development of sex differences. Stanford: University Press.
Kohlberg, L. & Turiel, E. (Hrsg.) (1972). Recent research in moral development. New York: Holt, Rinehart & Winston.
Kohlberg, L. (1975). The cognitive developmental approach to moral education. In Phi Delta Kappan 6.
Kohlberg, L. (1981). Essays on moral development. Vol.I. San Francisco.
Kohnstamm, G.A. (1969). Taalontwikkeling en milieu. Amsterdam: Noord-Hollandse Uitgevermaatschappij.
Kohnstamm, G.A. (1970). Experiments on teaching Piagetian thought operations. In J. Hellmuth (Hrsg.) Cognitive studies. New York: Brunner/Mazel.
Kohnstamm, G.A. (1973). Een persoonlijke visie op 5 jaar onderzoek naar milieuverschillen in taalontwikkeling en op pogingen om de verschillen te verkleinen. Nederlands Tijdschrift voor Psychologie, 28, 155-165.
Konopka, G. (1976). Young girls. A potrait of adolescence. Englewood Cliffs, NJ: Prentice-Hall.
Kooy, G.A. (1976). Jongeren en seksualiteit. Sociologische analyse van een revolutionaire evolutie. Deventer: Van Loghum Slaterus.
Kossakowski, A. (1966). Über die psychologischen Veränderungen in der Pubertät. Berlin: Volk und Wissen.
Kossakowski, A. (1987). Psychische Entwicklung der Persönlichkeit im Kindes- und Jugendalter. Berlin: Volk und Wissen.
Kraemer, J. M., Bokhove, J. & Janssen, J. (1991). Vooronderzoek periodieke peiling onderwijsniveau in lom en mlk. Tijdschrift voor Nascholing en Onderzoek van het Rekenwiskundeonderwijs, 9(3), 16-32.
Krathwohl, D.R. (Hrsg.) (1964). Taxonomy of educational objectives. The classification of educational goals. Handbook II: The affective domain. New York: McKay.
Kretschmer, E. (1955). Körperbau und Charakter. Berlin: Springer.
Krieger, R. (1990). Entwicklung von Werthaltungen. In H. Hetzer, E. Todt, I. Seiffge-Krenke & R. Arbinger (Hrsg.), Angewandte Entwicklungspsychologie des Kindes- und Jugendalters (S. 265-306). Heidelberg: Quelle & Meyer.
Kruse, F. (1973). Die Anfänge der individuellen Erfahrungsbildung. In G.H. Graber & F. Kruse (Hrsg.) Vorgeburtliches Seelenleben. München: Goldmann.
Kuyk, J. Van & Verhoeven, L. (1996). Stimulering van geletterdheid bij kleuters. Tijdschrift voor Onderwijsresearch, 21, 33-53.
Kuyk, J. Van (1991). Een schets voor het onderwijs aan jonge kinderen (4-8 jaar). Pedagogische Studiën, 68, 378-389.
Labov, W. (1970). The logical non-standard English. In F. Williams (Hrsg.) Language and poverty. Chicago: Markham.
La Gaipa, J.J. (1979). A developmental study of the meaning of friendship in adolescence. Journal of Adolescence, 2, 201-213.
Lange, A. (1971). De autoritaire persoonlijkheid en zijn godsdienstige wereld. Assen: Van Gorcum.

Langeveld, M.J. (1959). Kind und Jugendliche in anthropologischer Sicht. Heidelberg: Quelle und Meyer.
Langeveld, M.J. (1954). Ontwikkelingspsychologie. Groningen: Wolters-Noordhoff.
Langeveld, M.J. (1964). Studien zur Anthropologie des Kindes. Tübingen: Max Niemeyer.
LaTorre, R.A. & Kear, K. (1977). Attitudes toward sex in the aged. Archives of Sexual Behavior, 6, 203-213.
Leckie, G. (1975). Ontwikkeling van sociale cognitie. Een ontwikkelingsmodel voor rolnemingsvaardigheid bij kinderen. Diss. U. Nijmegen
Lefcourt, H.M. (1967). Internal versus external control of reinforcement. A review. Psychological Bulletin, 65, 206-220.
Lefcourt, H.M. (1967). Effects of cue explication upon persons maintaining external control expectancies. Journal of Personality and Social Psychology, 5, 372-378.
Leges, R.G. (1980). Where have all the flowers gone? Adolescence, XV, 58vs1, 283-300.
Lehr, U. (1959). Entwicklung und Periodizität. In H. Thomae (Hrsg.) Entwicklungspsychologie. Bd. 3, Handbuch der Psychologie, Göttingen: Hogrefe.
Lehr, U. (1972). Psychologie des Alterns. Heidelberg: Quelle & Meyer.
Lehr, U. (1979). Interventionsgerontologie. Darmstadt: Steinkopf.
Leij, A. van der. (1990). De constructie van een computergestuurd programma voor aanvankelijk lezen. Tijdschrift voor Orthopedagogiek, 29, 245-257.
Leij, A. van der & Kool, E. (1980). LOM/MLK. Deel 2. Enkele voorlopige konklusies over de mogelijkheden tot onderwijskundige integratie. Tijdschrift voor Orthopedagogiek, 20, 199-222.
Levelt, W.J.M. (1989). Speaking: From intention to articulation. Cambridge: MIT Press.
Levelt, W.J.M. (1994). The skill of speaking. In P. Bertelson, P. Eelen & G. d'Ydevalle, (1994). International perspectives on psychological science. — Vol. 1: Leading themes. Hove (UK): Lauwrence Erlbaum.
Levinson, D.J., Darrow, C.N., Klein, E.B., Levinson, M.H., & McKee, B. (1978). The seasons of a man's life. New York: Knopf.
Lewin, K. (1939). Field theory and experiment in social psychology. American Journal of Sociology, 44, 868-897.
Lewin, K. (1963). Feldtheorie in den Sozialwissenschaften. Stuttgart: Huber.
Lieshout, C.F.M. & Ferguson, T. J. (1991). Relaties met leeftijdgenoten in het onderwijs. Pedagogische Studiën, 68, 45-55.
Lieshout, E. C. D. M. van. (1989). Een metacognitief georiënteerde computergestuurde training voor redactierekenen bij moeilijk lerende kinderen. In P. Span, E. De Corte & B. van Hout Wolters (Hrsg.), Onderwijsleerprocessen. Strategieën voor de verwerking van informatie (S. 163-170). Amsterdam: Swets & Zeitlinger.
Lieshout, E. C. D. M. van. (1982). Oogbewegingsonderzoek: methode, resultaten en betekenis voor onderzoek van het onderwijs. Tijdschrift voor Onderwijsresearch, 7, 145-171.
Lieshout, E. C. D. M. van & Jaspers, M. W. M. (1992). Instructievarianten voor redactierekenen. In A. J. J. M. Ruijssenaars & J. H. M. Hamers (Hrsg.), Rekenen als probleem. Praktijk en onderzoek (S. 53-74). Leuven: Acco.
Linden, F.J. van der & Roeders, P.J.B. (1983). Schoolgaande jongeren, hun leefwereld en zelfbeleving. Nijmegen: Hoogveld Instituut.
Loeber, R. (1990). Development and risk factors of juvenile antisocial behavior and delinquency. Clinical Psychology Review, 10, 1-41.
Looft, W.R. (1972). Egocentrism and social interaction across the life span. Psychological Bulletin, 78, 73-92.
Lovaas, O. I. (1987). Behavioral treatment and normal educational and intellectual functioning in young autistic children. J. of Consulting and Clinical Psychology, 55, 3-9.
Loveland, K. A. & Tunali, B. (1991). Social scripts for conversational interactions in autism and Down syndrome. Journal of Autism and Developmental Disorders, 21, 177-186.
Ludeman, K. (1979). The sexuality of the older person: Review of the literature. The Gerontologist, 21, 203-208.
Lugo, J.O. & Hershey, G.L. (1974). Human development. London: Collier-MacMillan.

Luit, J.E.H. van (1987). Rekenproblemen in het speciaal onderwijs. Diss. Nijmegen.
Luit, J.E.H. van (1989). Instructie aan leerlingen met (ernstige) rekenproblemen. Pedagogische Studiën, 16, 137-146.
Lukesch, H. & Lukesch, M. (1976). Ein Fragebogen zur Messung von Einstellungen zu Schwangerschaft, Sexualität und Geburt. Göttingen: Hogrefe.
Lutte, G., Mönks, F.J., Sarti, S. & Preun, H. (1970). Leitbilder und Ideale der europäischen Jugend. Wuppertal-Elberfeld: Aloys Henn.
Lytton, H. (1990). Child and parent effects in boys' conduct disorder: A reinterpretation. Developmental Psychology, 26, 683-697.
Maccoby, E.E. (1984). Middle childhood in the context of the family. In W.A. Collins (Hrsg.) Development during middle childhood. Washington D.C.: Nat.Acad.Press.
Maddox, G.L. (1964). Disengagement theory: A critical evaluation. Gerontologist, 4, 80-83.
Magnis-Suseno, F. (1981). Javanische Weisheit und Ethik. München: R. Oldenburg.
Manstetten, R. (Hrsg.) (1992). Begabung im Spannungsfeld von Bildung und Beruf. Bad Heilbrunn: Julius Klinkhardt.
Manstetten, R. (Hrsg.) (1996). Begabtenförderung in der beruflichen Bildung. Göttingen: Hogrefe.
Marcia, J.E. (1980). Identity in adolescence. In J. Adelson (Hrsg.) Handbook of adolescent psychology (S.159-187). New York: John Wiley.
Marcoen, A. (1988). Ouder worden en ouderdom: Beeld en tegenbeeld. Acta Hospitalia, 28, 1, 35-48.
Marcoen, A. (1990). Human sexuality in later life: Psychosocial issues. In A. Vansteenwegen (Hrsg.). Human sexuality and family health sciences (S.75-98). Leuven: Peeters.
Marx, M.H. (Hrsg.) (1963). Theories in contemporary Psychology. London: Collier-MacMillan.
Matthijssen, M.A.J.M. (1971). Klasse-onderwijs. Deventer: van Loghum Slaterus.
McCall, R.B., Appelbaum, M.J. & Hogarty, P.S. (1973). Developmental changes in mental performance. Monographs of the Society for Research in Child Development, 38 (3, serial no.150).
McEachin, J. J., Smith, T. & Lovaas, O. I. (1993). Long-term outcome for children with autism who received early intensive behavior treatment. American Journal on Mental Retardation, 97, 359-372.
McNeill, D. (1966). The creation of language. Discovery, 27, 34-38.
Mead, M. (1949). Coming of age in Somoa. New York: The New American Library.
Mead, M. (1958). Mann und Weib – Das Verhältnis der Geschlechter in einer sich wandelnden Welt. Hamburg: Rowohlt.
Mead, M. (1959). Geschlecht und Temperament in primitiven Gesellschaften. Hamburg: Rowohlt.
Mechler, H.J. (Hrsg.) (1977). Schülersexualität und Sexualerziehung. Ergebnisse eine Repräsentativbefragung in Österreich. (siehe Schenk-Danzinger 1993).
Meeus, W. & Hart, H. t' (Hrsg.) (1993). Jongeren in Nederland. Amersfoort: Academische Uitgeverij.
Merz, F. (1979). Geschlechterunterschiede und ihre Entwicklung. Göttingen: Hogrefe.
Miller, S. (1973). Ends, means and galumphing: Some leitmotifs of play. American Anthropologist, 75, 87-98.
Minton, H.L. (1988). Lewis M. Terman: Pioneer in Psychological Testing. New York/London: New York University Press.
Mollenhauer, K. (1973). Erziehung und Emanzipation. München: Juventa.
Mönks, F.J. (1967). Jugend und Zukunft. München: J.A. Barth.
Mönks, F.J. (1971). Van Montessori tot Head-Start-Projekt. In J. de Wit u.a. (Hrsg.) Psychologen over het kind. Groningen: Wolters-Noordhoff.
Mönks, F.J. (1975a). Inleiding tot de ontwikkelingspsychologie. Nijmegen: Eigene Ausgabe Universität, Fachbereich Entwicklungspsychologie.
Mönks, F.J. (1975b). Ansatz zur biographischen Forschung bei Jugendlichen. In U.M. Lehr & F.E. Weinert (Hrsg.), Entwicklung und Persönlichkeit (S. 113-124). Stuttgart: Kohlhammer.

Mönks, F.J. (Hrsg.) (1981). Psychologie van jeugdjaren en adolescentie. Nijmegen Dekker & van de Vegt.
Mönks, F.J. (1986). Moraliteit: Historisch, maatschappelijk en individueel bezien. In H.F.M. Peeters & F.J. Mönks (Hrsg.) De menselijke levensloop in historisch perspectief. Assen: Van Gorcum.
Mönks, F.J., Rost, H. & Coffie, N. (1972; 1978). Nijmeegse schoolbekwaamheidstest (NST). Monografie en handleiding. Nijmegen: Berkhout.
Mönks, F.J. & Hendriks, A.F. (1973). Erziehung als sozialer Prozeß. Stuttgart: Kohlhammer.
Mönks, F.J. & Heusinkveld, H.G. (1973) De mythe van de generatiekloof. In J. de Wit u.a. (Hrsg.) Psychologen over het kind 3. Groningen: Tjeenk Willink.
Mönks, F. J. & Heymans, P. G. (1978). Communicatie en interactie bij het jonge kind. Nijmegen: Dekker & van de Vegt.
Mönks, F.J., Munckhof, C. van den, Wels, P. & Kowalski, Ch. (1975). Application of Schaie's most efficient design in a study of the development of Dutch children. Human Development, 18, 466-475.
Mönks, F.J. & Ypenburg, I.H. (1993). Unser Kind ist hochbegabt. München: Ernst Reinhardt.
Mönks, F.J. & Mason, E.J. (1993). Developmental Theories and Giftedness. In K. A. Heller, F.J. Mönks & A.H. Passow (Hrsg.), International Handbook of Research and Development of Giftedness and Talent (S.89-101), Oxford: Pergamon Press.
Mönks, F. J., Lens, W. & Bouffard, L. (1995). Zeitperspektive im Alter. In A. Kruse & R. Schmitz-Scherzer (Hrsg.) Psychologie des Lebenslaufs. Darmstadt: Steinkopff-Verlag.
Mönks, F. J. (1996). Elite-Debatte im Scheinwerfer. Psychologie in Erziehung und Unterricht, 43, 219-224.
Mooij, T. (1979). Probleemanalyse van het voortijdig schoolverlaten in het l.b.o., mavo, havo en v.w.o. Nijmegen: ITS.
Muchow, H.H. (1962). Jugend und Zeitgeist. Hamburg: Rowohlt.
Mueller, E.C. & Cooper, C.R. (Hrsg.) (1986). Process and outcome in peer relationships. New York: Academic Press.
Mühle, G. (1955). Entwicklungspsychologie des zeichnerischen Gestaltens. München: J.A. Barth.
Mussen, P.H., Conger, J.J. & Kagan, J. (1974). Child development and Personality. New York: Harper & Row.
Nickel, H. (1995). Pränatale Psychologie aus ökologischer Perspektive: Plädoyer für ein noch immer vernachlässigtes Gebiet der Entwicklungspsychologie. Psychologie in Erziehung und Unterricht, 42, 77-81.
Nijs, P. (1976). De eenzame samenspelers. Antwerpen: Nederlandse Boekhandel.
Oden, M.H. (1968). The fulfillment of promise: 40-year follow-up of the Terman gifted group. Genetic Psychology Monographs, 77, 3-93.
Oerter, R. (1970). Die Struktur und Wandlung von Werthaltungen. München: Oldenbourg.
Oerter, R. (1981). Cognitieve socialisatie gedurende de adolescentie. In F.J. Mönks (Hrsg.) Psychologie van jeugdjaren en adolescentie, (S.41-76). Nijmegen: Dekker & Van de Vegt.
Oerter, R. & Montada, L. (Hrsg.) (1982). Entwicklungspsychologie. München: Urban & Schwarzenberg.
Oerter, R. (1992). Ökologische Perspektiven der Entwicklung von Hochbegabten. In E. A. Hany und H. Nickel (Hrsg.), Begabung und Hochbegabung. Göttingen: Huber.
Oevermann, U. (1971). Schichtenspezifische Formen des Sprachverhaltens und ihr Einfluß auf die kognitiven Prozesse. In H. Roth (Hrsg.), Begabung und Lernen. Stuttgart: Klett.
Olthof, T. (1990). Blame, anger and aggression in children: A social-cognitive approach. Diss. KU Nijmegen.
Oswald, F. & Klement, K. (Hrsg.) (1993). Begabungen – Herausforderung für Bildung und Gesellschaft. Wien: Jugend & Volk

Papousek, H. & Papousek, M. (1978). Interdisciplinary parallels in studies of early human behavior: from physical to cognitive needs, from attachment to dyadic education. International Journal of Behavioral Development, 1, 37-49.
Parkhurst, J. T. & Asher, S. R. (1992). Peer rejection in middle school: Subgroup differences in behavior, loneliness, and interpersonal concerns. Developmental Psychology, 28, 231-241.
Parreren, C.F. van (1979). Onderzoek van de cognitieve ontwikkeling in de Soviet-Unie. In W. Koops & J.J. van der Werff (Hrsg.), Overzicht van de ontwikkelingspsychologie. Groningen: Wolters-Noordhoff, 195-214.
Parten, M.B. (1932). Social participation among pre-school children. Journal of Abnormal and Social Psychology, 27, 243-269.
Patterson, G.R., Littman, R. & Bricker, W. (1967). Assertive behavior in children: A step toward a theory of aggressionm. Monographs of the Society for Research in Child Development, 32, (5).
Peck, R. (1956). Psychological developments in the second half of life. In J.E. Anderson (Hrsg.), Psychological aspects of aging (S. 42-53). Washington: American Psychological Association.
Peeters, H.F.M. (1975). Kind en jeugdige in het begin van de moderne tijd (ca. 1500 - ca.1650). Meppel: Boom.
Pellegrino, J. W. & Goldman, S. R. (1987). Information processing and elementary mathematics. Journal of Learning Disabilities, 20, 23-32,57.
Pfeiffer, E., & Davis, G.C. (1972). Determinants of sexual behavior in middle and old age. Journal of the American Geriatric Society, 10, 151-158.
Pfeiffer, E., Verwoerdt, A., & Wang, H.S. (1968). Sexual behavior in aged men and women. Archives of General Psychiatry, 19, 756-758.
Phares, E.J. (1976). Locus of Control in Personality. Morristown, NJ: General Learning Press.
Phares, E.J. (1979). Clinical psychology: Concepts, methods, and profession. Homewood III.: The Dorsey Press.
Piaget, J. (1937). La construction du réel chez l'efant. Neuchâtel: Delachaux & Niestlé.
Piaget, J. (1947). La psychologie de l'intelligence. Paris: Librairie Armand Colin.
Piaget, J. (1951). Play, dreams and imitations. New York: Norton (Übersetzung von La formation du symbole chez l'efant. Neuchâtel: Delachaux & Niestlé, 1945).
Piaget, J. (1954). Das moralische Urteil beim Kinde. Zürich: Rascher.
Piaget, J. (1970). Piaget's theory. In P.H. Mussen Carmichael's manual of child psychology. New York: Wiley.
Piaget, J. (1972). Intellectual evolution from adolescence to adulthood. Human Development, 15, 1-12.
Piaget, J. & Inhelder, B. (1973). Die Psychologie des Kindes. Freiburg i. Br.: Walter-Verlag.
Portmann, A. (1951). Biologische Fragmente zu einer Lehre vom Menschen. Basel: Benno Schwabe.
Portmann, A. (1956). Zoologie und das neue Bild vom Menschen. Hamburg: Rowohlt.
Portmann, A. (1976). An den Grenzen des Wissens. Frankfurt a.M.: Fischer.
Prahl-Andersen, B. Kowalski, Ch. & Heydendael, P. (Hrsg.) (1979). A mixed-longitudinal interdisciplinary study of growth and development. New York: Academic Press.
Preyer, W.Th. (1893). Die geistige Entwicklung in der ersten Kindheit. Leipzig: J.A. Barth.
Pruyser, P.W. (1972). Wat doen met ons geloof? Bilthoven: Ambo.
Raaimakers (in W. Meeus & H. t'Hart (Hrsg.) (1993).
Rack, J. P., Snowling, M. J. & Olson, R. K. (1992). The nonword reading deficit in developmental dyslexia: A review. Reading Research Quarterly, 27, 29-53.
Rank, O. (1924). Das Trauma der Geburt. Wien.
Reedy, M.N., Birren, J.E., & Schaie, K. (1981). Age and sex differences in satisfying love relationship across the adult life span. Human Development, 24, 52-66.
Reinhold, E. & Gitsch, E. (1977). Medikamentöse Beeinflussung des foetalen Bewegungsverhaltens in der Frühschwangerschaft. In H. Husslein (Hrsg.) Gynäkologie und Geburtshilfe. Wien: Egermann.

Remplein, H. (1962). Die seelische Entwicklung des Menschen in Kindes- und Jugendalter. München/Basel: Ernst Reinhardt Verlag.
Renzulli, J.S. (1978). What makes giftedness? Reexamining a definition. Phi Delta Kappan, 60, 180-184 + 261.
Renzulli, J.S., Reis, S.N. & Smith, L.H. (1981). The revolving door identification model. Mansfield Center, Connecticut: Creative Learning Press.
Richards, M.P.M. (1974). The integration of a child into a social world. Cambridge: University Press.
Riksen-Walraven, J.M.A. (1978). Stimulering van de motivatie-ontwikkeling in de pre-verbale periode. In F.J. Mönks & P.G. Heymans (Hrsg.) Communicatie en interaktie bij het jonge kind. Nijmegen: Dekker & Van de Vegt.
Riksen-Walraven, J. M. & Aken, M. A. G. van (1996). Effects of two mother-infant intervention programs upon children's development at 7, 10 and 12 years. In W. Koops, J. B. Hoekema und D. C. van den Boom (Hrsg.), Early mother-child interaction and attachment: Traditional and non-traditional approaches. Amsterdam: North-Holland.
Roscoe, B. & Peterson, K.L. (1984). Older Adolescents. A Self-Report of Engagement in Developmental Tasks. In Adolescence, XIX, 74, 391-396.
Roszak, Th. (1973). Opkomst van een tegenkultuur. Amsterdam: Meulenhoff.
Rotter, J.B. (1966). Generalized expectancies for internal control or reinforcement. Psychological Monographs, 80, 1-28.
Rourke, B. P. (1993). Arithmetic disabilities, specific and otherwise: A neuropsychological perspective. Journal of Learning Disabilities, 26, 214-226.
Rümke, H.C. (1949). Karakter en aanleg in verband met het ongeloof. Amsterdam: W. ten Have.
Rümke, H.C. (1951). Levenstijdperken van de man. Amsterdam: Arbeiderpers.
Russell, R. L. & Ginsburg, H. P. (1984). Cognitive analysis of children's mathematics difficulties. Cognition and Instruction, 1, 217-244.
Rutter, M. (1972). Maternal deprivation. Harmondsworth: Penguin Books.
Rutter, M. (1979). Maternal deprivation, 1972-1978: New findings, new concepts, new approaches. Child Development, 50, 283-305.
Rutter, M. & Schopler, E. (1987). Autism and pervasive developmental disorders: Concepts and diagnostic Issues. Journal of Autism and Developmental Disorders, 17, 159-186.
Ryff, C.D. (1982). Intelligence and problem solving. In J.E. Birren & R.B. Sloane (Hrsg.), Handbook of mental health and aging (pp. 262-284). Englewood Cliffs: Prentice Hall.
Sader, M. und Weber, H. (1996). Psychologie der Persönlichkeit. München: Juventa.
Saup, W. (1993). Alter und Umwelt: Eine Einführung in die Ökologische Gerontologie. Stuttgart: Kohlhammer.
Scarr, S. und McCarthy, K. (1983). How people make their own evironments: A theory of genotype-environment effects. Child Development, 54, 424-435.
Schaerlaekens, A.M. (1977). De taalontwikkeling van het kind. Groningen: Wolters-Noordhoff.
Schaffer, H.R. (1971). The growth of sociability. Harmondsworth: Penguin Books.
Schaie, K.W. (1965). A general model for the study of developmental problems. Psychological Bulletin, 64, 92-107.
Schaie, K.W. (1980). Intelligence and problem solving. In J.E. Birren & R.B. Sloane (Hrsg.), Handbook of mental health and aging (S. 262-284). Englewood Cliffs. N.J.: Prentice-Hall.
Schaie, K.W., & Stother, C.R. (1968). A cross-sequential study of age changes in cognitive behavior. Psychological Bulletin, 70, 671-680.
Schelsky, H. (1957). Schule und Erziehung in der industriellen Gesellschaft. Würzburg: Werkbund Verlag.
Schenk-Danzinger, L. (1959). Schulreife und Erziehungsprobleme im Rahmen des Anfangsunterrichts. In H. Hetzer (Hrsg.), Pädagogische Psychologie, (S. 219-247), Handbuch der Psychologie, Bd. 10, Göttingen: Hogrefe.
Schenk-Danzinger, L. (1971). Handbuch der Legasthenie im Kindesalter. Weinheim: Beltz.

Schenk-Danzinger, L. (1993). Entwicklungspsychologie. Wien: Österreichischer Bundesverlag Gesellschaft m.b.H.

Schiefele, U., Krapp, A. & Schreyer, I. (1993). Metaanalyse des Zusammenhangs von Interesse und schulischer Leistung. Zeitschrift für Entwicklungspsychologie und Pädagogische Psychologie, XXV, 120-148.

Schindler, S. (siehe Hau und Schindler 1982).

Schindler, S. (1988). Die pränatale Zeit als Thema der Wissenschaft — Wege in einen neuen Forschungsbereich. In G.Schusser & W. Hatzmann (Hrsg.), Das Leben vor und während der Geburt. Schriftenreihe Fachbereich 3 (S.21-32). Osnabrück: Universität.

Schneider, H.D. (1980). Sexualverhalten in der zweiten Lebenshälfte. Stuttgart: Kohlhammer.

Schneider, H.D. (1982). Sexuelle Verhaltensweisen im Alter. Zeitschrift für Gerontologie, 15, 214-219.

Schofield, M. (1969). Das sexuelle Verhalten junger Leute. Hamburg: Rowohlt.

Scholte, E. M. (1991). Hulpverlening bij psychosociale (gedrags)problemen. Een voorstel voor een sociaal ecologische benadering. Tijdschrift voor Orthopedagogiek, 30, 80-92.

SCP 1992. Siehe Bogt, T.F.M. ter & Praag, C.S. van (1992).

Selman, R.L. & Byrne, D.F. (1974). A structural developmental analysis of levels of role-taking in middle childhood. Child Development, 45, 803-6.

Shorter, E. (1975). The making of the modern family. New York: Basic Books

Siegel, L. S. (1989). IQ is irrelevant to the definition of learning disabilities. Journal of Learning Disabilities, 22, 469-478,486.

Silberman, C.E. (1970). Crisis in the Classroom: The remarking of American education. New York: Random House.

Singh, N. N., Deitz, D. E. D., Epstein, M. M. & Singh, J. (1991). Social behavior of students who are seriously emotionally disturbed. A quantitative analysis of intervention studies. Behavior Modification, 15, 74-94.

Skeels, J.M. & Dye, H.A. (1939). A study of the effects of differential stimulation in mentally retarded children. Proceedings and Addresses of the American Association on Mental Deficiency, 44, 114-136.

Skinner, B.F. (1972). Cumulative record. New York: Appleton-Century-Crofts.

Slansky, M.A., Silverman, S.W. & Rabichow, H.G. (1969). The High School Adolescent. New York: Asscoiation Press.

Smets, A.G. (1985). Systems and Symptoms. Family Cohesion and Adaptibility as Correlates of Childhood Psychopathology. Diss. Nijmegen.

Smotherman, W. P. & Robinson, S. R. (Hrsg.) (1988). Behavior of the Fetus. Caldwell, NJ: Telford Press.

Snyder, E.E., & Spreitzer, E. (1976). Attitudes of the aged toward non-traditional sexual behavior. Archives of Sexual Behavior, 5, 249-254.

Sokolov, E.N. (1960). Perception and conditioned reflex. New York: MacMillan.

Sontag, L.W., Baker, C.T. & Nelson, V.L. (1958). Mental growth and personality development: a longitudinal study. Monographs of the Society for Research in Child Development, 23, (2, Serial No. 68).

Spiel, C. (1994). Begabungen aus der Perspektive lebenslanger Entwicklung. In A. Fischl und A. Kern (Hrsg.), Begabungsförderung - eine Herausforderung für Schule und Gesellschaft. Wien: Bundesministerium für Unterricht und Kunst.

Spinks, G.S. (1966). Psychologie en godsdienst. Utrecht: Het Spectrum.

Spitz, R.A. (1946). Hospitalism: A follow-up report. In Eissler, R.S. et al. (Hrsg.) The psychoanalytic study of the child. Vol. II. New York: International Universities Press.

Spranger, E. (1955; Erstauflage 1924). Psychologie des Jugendalters. Heidelberg: Quelle & Meyer.

Stanovich, K. E. (1991). Discrepancy definitions of reading disability: Has intelligence led us astray? Reading Research Quarterly, 24, 7-29.

Stanovich, K. (1986). Matthew effects in reading: Some consequences of individual differences in the acquisition of literacy. Reading Research Quarterly, 21, 360-407.

Stefanko, M. (1984). Trends in Adolescent Research: A Review of articles published in Adolescence 1976-1981. In Adolescence, Vol. XIX, 73, 1-14.
Stein, A.H. Sex Role Development. In Adams, H.F. Understanding Adolescence, 233-257.
Stern, W. (1916). Psychologische Begabungsforschung und Begabungsdiagnose. In P. Petersen (Hrsg.), Der Aufstieg der Begabten (S.105-120). Leipzig: Teubner.
Stern, C. & Stern, W. (1928). Die Kindersprache. Leipzig: J.A. Barth.
Sternberg, R.J. (Hrsg.) (1990). Wisdom: Its nature, origins, and development. Cambridge: Cambridge University Press.
Stijnen, P. J. J. und Knoers, A. M. P. (1990). Ontwikkelingslijnen in het Nederlands onderwijsbestel. Heerlen: Open Universiteit.
Struiksma, A. J. C., Leij, A. van der & Vieijra, J. P. M. (1987). Diagnostiek van technisch lezen en aanvankelijk spellen. Amsterdam: VU Uitgeverij.
Süllwold, F. (1983). Pädagogische Diagnostik. In K.-J. Groffmann & L. Michel (Hrsg.), Intelligenz- und Leistungsdiagnostik, Enzyklopädie der Psychologie. Göttingen: Hogrefe.
Super, D.E. (1957). The psychology of careers. New York: Harper & Row.
Sutton-Smith, B. (1979). Piaget, play and cognition. Paper delivered to the Annual Meeting of the Jean Piaget Society, Philadelphia, Pennsylvania, June 2, 1979.
Tak, T. (1972). Vervreemding als levensgevoel. De invloed van de welvaartsmaatschappij op jeugdigen. Meppel: Boom.
Tausch, R. & Tausch, A. M. (1980). Erziehungspsychologie. Begegnung von Person zu Person. Göttingen: Hogrefe.
Terman, L.M. (1954). The discovery and encouragement of exceptional talent. American Psychologist, 9, 221-230.
Terman, L.M. & Oden, M.H. (1967). The gifted group at mid-life. Genetic Studies of Genius, Bd. V, Stanford, CA: Stanford University Press.
Thomae, H. (1944). Das Wesen der menschlichen Antriebsstruktur. Leipzig: J.A. Barth.
Thomae, H. (1955). Persönlichkeit. Bonn: Bouvier.
Thomae, H. (1960). Das Problem der Konstanz und der Variabilität der Eigenschaften. In Ph. Lersch & H. Thomae (Hrsg.), Persönlichkeitsforschung und Persönlichkeitstheorie (S.281-353). Handbuch der Psychologie. Bd. 4, Göttingen: Hogrefe.
Thomae, H. (1968a). Das Individuum und seine Welt. Göttingen: Hogrefe.
Thomae, H. (1968b). Persönlichkeit und Altern. In R. Schubert (Hrsg.) Herz- und Atmungsorgane im Alter. Psychologie und Soziologie in der Gerontologie. Darmstadt: Steinkopf.
Thomae, H. (1970). Theory of aging and cognitive theory of personality. Human Development, 13, 1-16.
Thomae, H. (1976) (Hrsg.). Patterns of aging: Findings from the Bonn Longitudinal Study of Aging. (Contributions to Human Development 3) Basel: Karger.
Thomae, H. (1983). Alternsstile und Altersschicksale. Bern: Huber.
Thomae, H. (1985). Cognition, motivation and personality. A retrospective view on forty-five years of research. Zeitschrift für Differentielle und Diagnostische Psychologie, 6, 129-145.
Thomae, H. (1985). Dynamik des menschlichen Handelns. Bonn: Bouvier.
Trautner, H. M. (1995). Allgemeine Entwicklungspsychologie. (Grundriss der Psychologie; Bd. 12). Stuttgart: Kohlhammer.
Urban, K.K (1990). Besonders begabte Kinder im Vorschulalter: Grundlagen und Ergebnisse pädagogisch-psychologischer Arbeit. Heidelberg: HVA, Ed. Schindele.
Ussel, J. van (1974). Afscheid van de seksualiteit. Deventer: Van Loghum Slaterus.
Vaillant, G.E. (1977). Adaptation to life. Boston: Little Brown.
Ven, J.A. van der (1985). Vorming in Waarden en Normen. Kampen: Kok, Agora.
Verdonck, P.F. (1972). Lichaamsbouw en gedrag. Haarlem: De Toorts.
Verhoeven, L. & Kuyk, J. Van (1991). Peiling van conceptuele en metalinguïstische kennis bij de aanvang van het basisonderwijs. Pedagogische Studiën, 68, 415-425.
Verhofstadt-Deneve, L.M.F. (1981). Adolesentiecrisis en jonge volwassenheid tegen de achtergrond van een dialectisch ontwikkelingsmodel. In F.J. Mönks (Hrsg.) Psychologie van jeugdjaren en adolescentie, (122-165), Nijmegen: Dekker & van de Vegt.

Vernooy, T. (1981). Taal, school, dialect. Diplomarbeit KU Nijmegen, Fachbereich Entwicklungspsychologie.
Verny, T. R. (1989). The Scientific Basis of Pre- and Peri-Natal Psychology: I. Pre- and Peri-Natal Psychology Journal, 3, 157-170.
Vuchinich, S., Bank, L. & Patterson, G. R. (1992). Parenting, peers, and the stability of antisocial behavior in preadolescent boys. Developmental Psychology, 28, 510-521.
Vygotsky, L.S. (1967). Play and its role in the mental development of the child. Soviet Psychology, 5, 6-18.
Waele, J.P. de (1961). Zur Frage der empirischen Bestätigung psychoanalytischer Grundannahmen. Zeitschrift für Psychologie, 165, 90-138.
Wagner, H. (Hrsg.) (1990). Begabtenförderung in der Schule: Pädagogische Modelle in der Diskussion. Bad Honnef: Bock.
Wagner, R. K. & Torgesen, J. K. (1987). The nature of phonological processing and its causal role in the acquisition of reading skills. Psychological Bulletin, 101, 192-212.
Wahl, H. W. (1992). Ökologische Perspektiven in der Gerontopsychologie: Ein Blick in die vergangenen drei Jahrzehnte und in die Zukunft. Psychologische Rundschau, 43, 232-248.
Walberg, H.J. (1992). Early educational and environmental effects on gifted individuals: The Terman data revisited. Vortrag gehalten auf der dritten europäischen Konferenz zur Hochbegabung (ECHA), München, 11.-14. Oktober 1992.
Walk, R.D. (1966). The development of depth perception in animals and human infants. Monographs of the Society for Research in Child Development, 31, no.107.
Wall, W.D. (1968). Adolescents in School and Society. N.F.E.R. Occasional Publication Nr. 17.
Walraven, J. (1973). Vroegkinderlijke ontwikkeling, omgevingsfaktoren en milieu. Gedrag, 4-5, 259-276.
Webber, J., Scheuermann, B., McCall, C. & Coleman, M. (1993). Research on self-monitoring as a behavior management technique in special education classrooms: A descriptive review. Remedial and Special Education, 14(2), 38-56.
Webster-Stratton, C. (1991). Strategies for helping families with conduct disordered children. The Journal of Child Psychology an Psychiatry and Allied Disciplines, 32, 1047-1062.
Wechsler, D. (1956). Die Messung der Intelligenz Erwachsener. Stuttgart: Huber.
Weelden, J. van (1988). Moeilijk lerende kinderen. Rotterdam: Lemniscaat.
Weir, R. (1962). Language in the crib. Den Haag: Mouton.
Welten, V.J., Bergen, J.M.S. van, Linden, V.J. van der & Stoop, W. (1973). Jeugd en emancipatie. Een voorstudie voor een empirisch onderzoek. Bilthoven: Ambo.
Werner, H. (1959). Einführung in die Entwicklungspsychologie. München: J.A. Barth.
Wertheimer, M. (1961). Psychomotor coordination of auditory and visual space at birth. Science, 134, 16-92.
Wheeler, L.R. (1942). A comperative study of the intelligence of East Tennessee mountain children. Journal of Educational Psychology, 33, 321-334.
White, B.L. (1969). The initial coordination of sensorimotor schemas in human infants — Piaget's ideas and the role of experience. In D. Elkind & J.H. Flavell (Hrsg.) Studies in cognitive development. New York: Oxford University Press.
White, K.M. (1980). Problems and characterisation of college students. Adolescence, XV, no 57, 23-41.
White, R. (1959). Motivation reconsidered: The concept of competence. Psychological Review, 66, 297-323.
Wiegersma, S. (1962). Psychologie der beroepskeuze. Utrecht: Het Spectrum.
Wieringen, J.C. van, Wafelbakker, F., Verbruggen, H.P. & Haas, J.H. (1968). Groeidiagrammen Nederland 1965. Groningen: Wolters-Noordhoff.
Wijngaarden, H.R. (1953). Hoofdproblemen der volwassenheid. Utrecht: Bijleveld.
Wilson, W.C. (1975). The distribution of selected sexual attitudes and behaviors among the adult population of the United States. Journal of Sex Research, 11, 46-64.
Wit, J. de & van der Veer, G. (1982). Psychologie des Jugendalters. Donauwörth: Auer.
Wolters, B.J. (1980). Studies over creativiteit. 's-Gravenhage: S.V.O.-reeks.

Youniss, J. & Smollar, J. (1985). Adolescent relations with mothers, fathers and friends. Chicago: The University of Chicago Press.
Zeller, W. (1936). Der erste Gestaltwandel des Kindes. Leipzig: J.A. Barth.
Zeller, W. (1952). Konstitution und Entwicklung. Göttingen: Springer.
Zern, D.S. (1987). The relationship of religious involvement to a variety of indicators of cognitive ability and achievement in college students. Adolescence, XXII, 88, 883-895.

Sachregister